말,
살,
흙

Bodily Natures: Science, Environment, and the Material Self

by Stacy Alaimo

Copyright © 2010 by Stacy Alaimo

Korean language rights licensed from the original English-language publisher, Indiana University Press.

말, 살, 흙 : 페미니즘과 환경정의

초판1쇄 펴냄 2018년 10월 05일
초판3쇄 펴냄 2022년 12월 30일

지은이 스테이시 앨러이모
옮긴이 윤준 · 김종갑
펴낸이 유재건
펴낸곳 (주)그린비출판사
주소 서울시 마포구 와우산로 180, 4층
대표전화 02-702-2717 | **팩스** 02-703-0272
홈페이지 www.greenbee.co.kr
원고투고 및 문의 editor@greenbee.co.kr

편집 이진희, 구세주, 송예진, 김아영 | **디자인** 권희원, 이은솔
마케팅 육소연 | **물류유통** 유재영 | **경영관리** 유수진

ISBN 978-89-7682-459-2 93300

學問思辨行: 배우고 묻고 생각하고 판단하고 행동하고

독자의 학문사변행을 돕는 든든한 가이드 _그린비 출판그룹

그린비 철학, 예술, 고전, 인문교양 브랜드
엑스북스 책읽기, 글쓰기에 대한 거의 모든 것
곰세마리 책으로 크는 아이들, 온가족이 함께 읽는 책

이 저서는 2017년 대한민국 교육부와 한국연구재단의 지원을 받아 수행된 연구임(NRF-2017S1A5B8057457)

말, 살, 흙

스테이시 앨러이모 지음 | 윤준·김종갑 옮김

Bodily Natures : Science, Environment, and the Material Self

: 페미니즘과
환경정의

그린비

이 책을 지구촌 곳곳의 환경운동가들에게 바친다

감사의 말

이 책은 『유물론적 페미니즘들』*Material Feminisms*(2008) 이전에 기획되었지만, 완성하는 데 많은 시간이 필요했다. 『말, 살, 흙』은 『유물론적 페미니즘들』에 실린 다양한 학문적 논의들의 도움을 받았으며, 또한 그 책의 공동편집자인 수전 헤크먼Susan G. Hekman과의 풍성한 이론 토론에 도움을 받았다. 수전의 방대한 페미니즘 이론과 철학에 대한 이해 그리고 그녀의 우정은 값을 매길 수 없을 것이다. 또한 텍사스 알링턴 대학University Texas Arlington(UTA)의 동료들, 특히 웬디 패리스Wendy Faris, 페니 잉그럼Penny Ingram, 캐드릭 메이Cadrick May, 닐 매서슨Neill Matheson, 크리스 모리스Chris Morris, 팀 모리스Tim Morris, 켄 뢰머Ken Roemer, 그리고 재키 스토드닉Jackie Stodnick에게 이 책에 관심을 가져 준 것에 대해 감사를 드린다. 수전 헤크먼과 조안나 스미스Johanna Smith는 이 책의 1장에 대해 통찰력 넘치는 조언을 해주었고, 켄 뢰머는 북미 원주민 문학에 대한 그의 방대한 지식을 나눠 주었다. 5장 화학물질복합과민증 초고를 함께 읽기 위해 모인 UTA/SMU 여름 독회의 참가자들, 수전 보스트Susan Bost, 데니스 포스터Dennis Foster, 진 해밍Jean Hamming, 브루스 레비Bruce Levy, 베스 뉴먼Beth Newman, 니나 슈워츠 Nina Schwartz, 에린 스미스Erin Smith, 그리고 라자니 수단Rajani Sudan에 게 그들의 소중한 생각을 나눠 준 것에 감사를 드린다. 이 책을 위해 한 학기 동안 안식년을 제공한 텍사스 알링턴 대학에 감사를 드린다. 인문 대학은 자료 조사를 위한 경비를 마련해 주었다. 영문학과 학과장인 웬 디 페리스는 오랫동안 이 책을 지켜보고 후원을 아끼지 않았다.

나는 정말 운이 좋게도 미국과 캐나다에서 수많은 학자들과 열띤 토론을 하며 우정과 동지애를 느낄 수 있었다. 특히 내가 존경해 마지 않는 칼라 암브루스터Karla Armbruster, 다이앤 크리스홈Dianne Chrisholm, 조반나 디 치로Giovanna Di Chiro, 우슬라 헤이즈Ursula Heise, 로버트 마 클리Robert Markley, 케이트 모티머-샌딜랜즈Cate Mortimer-Sandilands, 댄 필리폰Dan Phillipon, 그리고 레이첼 스타인Rachel Stein에게 감사드린다. 특히 조반나와 우슬라와의 아주 값진 활기 넘치는 대화를 통해 이론, 정치, 일상의 연관 관계를 밝힐 수 있었다. 과학연구와 환경인문학을 연 대하기 위해서, 나는 문학과 환경 학회ASLE와 문학, 과학, 예술 학회SLSA 학술대회를 위해 몇몇 패널들을 조직했고, ASLE 과학연구 워크숍을 개 최했다. 그 세션들에 참석했던 참가자들 모두에게 감사를 드린다. 나는 아주 많은 것을 배울 수 있었다. 지난 수년간 ASLE 학술대회에서 활기 넘치고 사유를 촉발하는 발표와 질의응답에 감사를 드린다. 이 자리에 서 환경 인문학에 헌신하는 풍성한 지성 공동체를 만드는 데 도움을 준 모두에게 감사의 말을 전하지 못하는 것이 못내 아쉽다. 마지막으로 영감을 불어넣어 준 다나 해러웨이Donna Haraway와 케리 넬슨Cary Nelson의 저서에 내가 얼마나 감사한지 표하고 싶다.

내가 지난 몇 년 동안 받아 온 학술 발표 초대와 논문 투고에 대해서도 다음의 분들께 심심한 감사의 말을 전한다. 그레고리 케이코Gregory Caicco, 「장소의 윤리: 건축, 기억, 환경윤리」Ethics in Place: Architecture, Memory, and Environmental Ethics, 케이트 모티머-샌딜랜즈와 미건 샐허스Megan Salhus, 「중차대한 자연」Nature Matters, 케이트 모티머-샌딜랜즈와 브루스 에릭슨Bruce Erickson, 「퀴어 생태학」Queer Ecologies, 토드 리처드슨, 「텍사스 퍼미언 베이슨 대학 특별 강좌」UT Permian Basin Distinguished Lecture Series, 힐다 뢰머 크리스찬센Hilda Rømer Christensen, 효스 올드럽Hjorth Oldrup, 그리고 미칼라 흐비드 브린가드Michala Hvidt Breengaard, 「젠더화하는 기후와 지속가능성 컨퍼런스」Gendering Climate and Sustainability Conference에 감사를 전한다. 또한 나의 질문에 재기 넘치는 답을 해준 니나 라이크Nina Lykke에게 감사를 드린다. 댄 필리폰, 브루스 브라운Bruce Braun, 출판사, 쿼드런트 프로젝트Quadrant Project를 맡은 미네소타 대학의 학제적 연구소Institute for the Advanced Study at the University of Minnesota에게도 감사의 말을 전한다. 실비아 메이어Sylvia Mayer, 크리스토프 모크Christof Mauch, 그리고 메이크 즈윈겐버거Meike Zwingenberger의 「녹색 문화」Green Cultures에도 감사를 드린다.

무엇보다도 대학원 학생들과의 협업은 가장 즐거운 일이었다. 특히 페미니즘 이론, 환경 인문학, 과학연구에 쏟아 낸 관심과 참여에 대해 브리지트 바클레이Bridgite Barclay, 킴 바우어Kim Bowers, 트레이 클러프Trae Clough, 다이안 파울러Dyane Fowler, 저스틴 러벅Justin Lerberg, 매튜 러벅Matthew Lerberg, 크리스티 티드웰Christy Tidwell, 데이비드 월러스David Wallace, 그리고 메리 와렉카Mary Warejcka에게 감사를 표한다. (등산에 동행한 매튜와 저스틴에게 감사의 말을 전한다.) 이 책을 시작하는 데 참신한 아이디어를 제공한 「말하는 물질」Telling Matter 과학연구 세미나에 용기를 내 참석해 준 대학원 학생들, 브라이언 첸Brian Chen, 토니 매닝Tony Manning, 바버라 노예스Barbara C. Noyes, 로드니 래더Rodney Rather, 미셸 샌더스Michele Sanders, 그리고 크리스티 티드웰에게 감사한다. 지적 탐구, 환경주의, 사회정의에 대한 열정으로 수업에 보람을 느끼게 해준 학부 학생들에게 감사의 말을 전한다.

자신의 사진집 『박탈당한 자: 화학물질복합과민증과 더불어 살기』에서 네 장의 사진을 싣는 데 동의한 론다 즈윌링거에게 감사한다. 그녀의 삶, 작품에 대한 이야기는 너무 고마웠다. 또한 친절하게도 두 장의 사진을 싣는 데 동의해 준 환경정의재단에도 감사의 말을 전한다. 책 표지로 「중독된 소녀」를 사용하도록 허락한 디지털 아티스트 파와즈 알올레이와트Fawaz AlOlaiwat에게도 고마움을 표하고 싶다. 사이먼 오티즈는 고맙게도 그의 시를 인용하도록 허락해 주었다.

이 책의 몇몇 부분은 다른 곳에서 이미 출판되었다. 이 책의 1장은 『유물론적 페미니즘들』의 서문과 「횡단-신체적 여성주의와 자연의 윤리 공간」Trans-Corporeal Feminism and the Ethical Space of Nature에서 이미 많은 부분 논의가 이뤄졌다. 이 책 3장의 축약본은 『토피아: 캐나다 문화연구 학회지『TOPIA: Canadian Journal of Cultural Studies에 「문제적인 화학물질복합과민증: 환경질병에 대한 과학과 실천에 나타나는 물질 작용능력」MCS Matters: Material Agency in the Science and Practices of Environmental Illness으로 출판되었다. 이 책 2장의 앞부분은 『ISLE: 문학과 환경 학제 연구』ISLE: Interdisciplinary Studies in Literature and Environment에 「격동의 동지: 메리델 르 쉬외르, 문화연구, 그리고 신체적 전회」 'Comrades of Surge': Meridel Le Sueur, Cultural Studies, and the Corporeal Turn로 출판되었다.

꼼꼼하게 읽어 주고 유익한 코멘트를 준 익명의 두 독자에게 많은 빚을 졌다. 출판에 도움을 준 편집자 디 모텐슨Dee Mortensen과 솜씨 좋은 일러스트레이터 댄 파일Dan Pyle에게도 감사의 말을 전한다. 그들을 만난 것은 정말 행운이었다.

마지막으로 공동육아와 삶의 통찰을 나누어 준 에반 잉월Evan Engwall에게 감사한다. 그가 없었으면, 글쓰기도 여행도 불가능했을 것이다. 함께 산책하고 같이 놀아 준 내 동물 친구들, 카멜, 핍, 그리고 크랙커에게도 감사의 말을 전한다. 엠마 앨러이모Emma Alaimo와 카이 잉월Kai Engwall은 기꺼이 내가 작업하고 학술 여행을 하는 데 마다하지 않았다. 그들은 삶이 노고가 아니라 기쁨임을 알게 했다. 진심으로, 진해밍에게 그녀의 지성과 에너지, 열정, 지지에 대해 감사를 드린다.

차례

| 일러두기 |

1 이 책은 Stacy Alaimo, *Bodily Natures: Science, Environment, and the Material Self*, Bloomington & Indianapolis: Indiana University Press, 2010을 완역한 것이다.
2 본문의 주석은 모두 각주이며, 옮긴이가 추가한 각주의 경우, 그리고 원서의 주석에 옮긴이가 덧붙인 내용이 있는 경우 해당 내용의 앞에 [옮긴이]라고 표시해 두었다.
3 단행본·정기간행물에는 겹낫표(『 』)를, 논문·단편·시·영화 등에는 낫표(「 」)를 사용했다.
4 외국 인명이나 지명, 작품명은 2002년 국립국어원에서 펴낸 외래어표기법을 따르되, 관례가 굳어서 쓰이는 것들은 관례를 따랐다.

말,
살,
흙

: 페미니즘과
환경정의

1장

서론—몸된 자연

물질은 수동적으로 의미화를 기다리는 자연의 작은 조각들, 빈 서판, 표면, 또는 장소가 아니다. 과학, 페미니즘, 또는 마르크스주의 이론을 위한 논란의 여지 없는 토대도 아니다. 물질은 변화 불가능하지도, 수동적이지도 않다. 또한 담론의 지속 가능성을 위한 고정된 지지대, 장소, 참조점, 또는 원천도 아니다. — 캐런 배러드, 『우주를 중간에서 만나기』[1]

그리고 환경이라는 단어. 이 핏기 없는 단어. 좁아든 가슴으로 발을 질질 끌며 걷는 단어. 자연 세계와 맺는 관계로부터 점점 더 분리되고 있는 단어. 도시 계획가, 산업가, 경제학자, 개발자가 사용하는 이 단어. 이것은 진정 상실된 단어다. 기계론적이고, 자연에서 일반적으로 느껴지는 차가움에 기이하게 잘 어울리는 차가운 단어. — 조이 윌리엄스, 『아픈 자연』[2]

20세기 후반과 21세기 초반, 캐런 배러드와 조이 윌리엄스는 '물질'과 '환경'을 다루는 다소 낡은 이론과 수사학적 방식을 경고한다. 세

---

1 Karen Barad, *Meeting the Universe Halfway: Quantum Physics and the Entanglement of matter and Meaning*, Durham, N.C.: Duke University Press, 2007.
2 Joy Williams, *Ill Nature*, New York: Vintage, 2002.

계와 우리 자신을 이루는 방대한 구성요소인 **물질**은 조작 가능한 '조각들'bits로 분할되거나 인간이 마음대로 쓸 수 있는 '빈 서판'blank slate으로 평면화시켰다는 것이다. **환경**은 인간의 '개발'을 위한 단순한 텅 빈 공간, '논란의 여지 없이 확실한 토대'로 이용되기 위해 자신의 피, 살아 있는 생명체들, 상호작용, 관계들을, 요약하면 '자연'으로 간주되었던 모든 것을 빼앗겼다.

만일 자연이 중요하다면[3] 우리는 물질성을 더 강력하고, 더욱 복합적으로 이해해야 한다. 언어학적 전회에 대한 배러드의 비판과 **환경**이라는 어휘에 대한 윌리엄스의 평가는 현대 사회이론의 비물질성과 비인간 자연nonhuman nature에 대한 광범위하고 대중적인 무시 사이의 문제가 많은 유사점을 암시하고 있다. 이 책은 인간을 넘어서는 세계와 인간의 물질성에 관해 좀 더 이론적으로 완성도가 높고 복합적으로 개념화할 수 있는 방법을 찾아, 상아탑의 이론, 대중 문화, 현대 담론과 일상 행위들을 가로질러 퍼져 있는 비물질화하는 연결망들dematerializing networks을 다루려는 시도이다. 특히 『말, 살, 흙: 페미니즘과 환경정의』[4]

---

3 이 문구는 2007년 10월 토론토 요크 대학의 캐트리오나 모티머-샌딜랜즈(Catriona Mortimer-Sandilands)와 메건 샐허스(Megan Salhus)가 개최한 주목할 만한 「중차대한 자연」(Nature Matters) 학술대회에서 왔다. 나는 발목 부상 때문에 이 중요한 학제적 행사에서 발표하지 못한 것에 아쉬움을 느낀다.

4 [옮긴이] 이 책의 영어판 제목은 '몸된 자연: 과학, 환경, 물질적 자아'(Bodily Natures: Science, Environment, and the Material Self)이다. 한국어 번역어인 '몸된 자연'이라는 용어를 직관적으로 이해하는 것이 쉽지 않아서 저자의 동의하에 『말, 살, 흙』으로 정했다. '말, 살, 흙'의 얽힘(entanglement)은 이 책 1장에 나오는 라델 맥휘터와 비키 커비를 통해 잘 설명되고 있다. 그들의 이론을 통해 우리는 인간의 말 또는 문화가 우리의 몸, 그리고 우리를 둘러싼 자연과 어떤 방식으로 관계를 맺는지 이해할 수 있다. 맥휘터나 커비

는 인간 몸과 비인간 자연들 사이의 상호연결, 상호교환 그리고 이동을 탐구한다. 인간을 넘어서는 세계와 인간 사이의 물질적 상호연결에 주의를 기울임으로써 "특히 관심 또는 경이의 주체로서 사람 또는 사물과 관련되는 사물의 상황이나 상태"(옥스퍼드 영어 사전)라는 물질matter(또는 **문제**the matter)의 관용적 정의에 잠복한 윤리학을 환기시킬 수 있다. 윤리학의 맥락이 단지 사회적일 뿐만 아니라 물질적일 때 관심과 경이가 촉발될 것이다. 이때 물질적인 것은 생물학적·기후적·경제적·정치적 힘들이 궁극적으로 상호작용하는 창발적이면서 지도화 불가능한unmappable 배치가 될 때, 관심과 경이는 수렴한다.

강력한 윤리적·정치적 가능성은 인간 신체성과 인간을 넘어서는 자연 사이의 문자 그대로의 접촉 지대로부터 부상한다. 인간이 언제나 인간을 넘어서는 세계와 맞물리는 지점인 횡단-신체성trans-corporeality으로 인간 신체성을 상상한다는 건 인간을 구성하는 물질이 궁극적으로 '환경'과 분리가 불가능하다는 것을 잘 보여 준다. 발 플럼우드가

의 경우, 그리고 2장의 르 쉬외르의 시에 등장하는 한 여성 화자의 경우와는 다르게, 말, 살, 흙, 또는 인간의 문화, 몸, 자연의 얽힘이 언제나 행복한 '동맹'으로 끝나는 것은 아니다. 2장에서 뤼케이서가 미국 1930년대 규폐증을 통해 보이듯이, 바위로부터 추출된 이산화규소라는 자연의 물질이 노동자의 폐와 상호작용해서(살과 흙의 얽힘) 미국 최악의 산업재해를 발생시켰다. 이 산업재해에서 '말' 혹은 인종차별적 '문화'가 사태를 악화시켰던 것은 두말할 필요가 없을 것이다. 이어지는 장에서 이러한 말-살-흙의 얽힘은 바위에서 추출한 우라늄과의 얽힘, 그리고 생체이물 화학물질과의 얽힘으로도 나타난다. 또한 몸과 자연, 몸과 환경 사이의 얽힘을 둘러싼 '말'의 전쟁도 이어지는 장에서 잘 나타난다. 말, 살, 흙의 얽힘, 몸과 자연을 가로지르는 운동을 강조하는 차원에서 이 책에서 다뤄지는 주요한 두 가지 운동, 페미니즘과 환경정의를 부제로 달았다.

표현하듯이,[5] 인간의 착취 덕분에 '자연'은 언제나 우리의 피부만큼이나 ― 아마도 그보다 훨씬 더 ― 가깝고, 따라서 자연을 단순한 우리의 배경으로 취급하기 어렵게 되었다. 실제로 몸들을 가로질러 사유하다 보면 비활성적이고 텅 빈 공간이나 인간이 사용할 자원으로만 여겨지는 환경이, 사실은 그들 자신의 필요, 요구, 행위를 지닌 살된 존재fleshy beings의 세계임을 인식하게 된다. 몸들을 가로지르는 운동, 즉 횡단-신체성을 중요하게 생각하는 순간에 다양한 몸된 자연들bodily natures 사이의 상호교환과 상호연결이 드러난다. 뿐만 아니라 **횡단**trans은 서로 다른 장소들을 가로지르는 운동임을 부각하기 때문에 횡단-신체성은 인간 몸, 비인간 생명체, 생태계, 화학 작용물, 그리고 여타 다른 행위자들의 종종 예측 불가능하고 반갑지 않은 작용들을 인정하는 유동적인 공간을 열어 준다. 우리가 인간을 넘어서는more-than-human 세계와 인간 신체성이 맺는 물질적 상호연결을 중시하고, 동시에 물질 작용능력material agency[6]이 더 광범위한 인식론을 필요로 한다는 것을 인식할 때 '인간'과 '환경'이 결코 분리된 것으로 여겨질 수 없는, 20세기 후반과

---

5 Val Plumwood, *Feminism and the Mastery of Nature*, New York: Routledge, 1993 을 보라.

6 [옮긴이] agent와 agency는 통상적으로 행위자와 행위능력으로 이해된다. 하지만 행위자는 어떤 활동이나 동작의 주체로서 인간 주체를 상정하며, 따라서 물질을 작용물로 다루고 그것의 작용능력을 다루는 이 책의 맥락과는 어울리지 않는다. 이 책에 따르면, 동물, 식물, 사물을 포함해서 인간의 유전자, 세포, 기관, 몸은 하나의 작용물이며 작용능력을 지닌다. '작용능력'은 이 책에서 가장 많이 다뤄지는 개념들 중 하나이다. agency는 맥락에 따라 행위능력 또는 작용능력으로 번역했다. 보다 자세한 설명은 이 책의 313쪽과 345쪽을 참조하라.

21세기 초반의 복잡다단한 현실들과 씨름할 윤리적·정치적 입장을 정립할 수 있다.

20세기 후반에 특별하게 두드러지는 두 가지 운동인 환경정의운동과 환경보건운동은 인간 몸과 환경 사이의 의미심장한 물질적 상호교환들을 표지한다. 이 책의 많은 부분은 매우 광범위하게 인지되는 이 두 운동들에 대한 문학·과학·대중문화에 초점을 맞춘다. 따라서 20세기 초 메리델 르 쉬외르Meridel Le Sueur의 에로틱한 '환경정의' 글들, 환경 인종주의에 대한 최근 설명, 물질세계가 자아의 바로 그 구성요소가 됨을 보이는 환경 회고록, 그리고 화학물질복합과민증multiple chemical sensitivity을 정의하거나 무시하려는 변덕스런 과학적·정치적 투쟁들이 포함되어 있다. 환경보건운동과 환경정의운동은 인간과 더 광범위한 세계 사이의 물질적 상호연결을 잘 보이는데, 따라서 두 운동을 설명함으로써 물질의 작용능력들 ——환경 시스템, 독성 물질, 그리고 생물학적 몸 사이의 종종 예측 불가능하지만 언제나 상호연결된 작용들—— 을 재개념화할 수 있다. 신기하게도 유전학에 대한 대중적 묘사는 유전자에 작용능력을 부여하면서도, 유전자를 환경과 진화로부터 단절시키는 경향이 있다. 따라서 마지막 장은 유전학과 진화, 환경이 겹쳐지고 인간 개념의 출현과 해체에 영향을 미치는 포스트휴먼 환경윤리posthuman environmental ethics를 보여 줄 것이다.

이 장은 페미니즘 신체 이론과 장애연구disability studies, 환경 인문학, 과학연구science studies가 인간 몸과 비인간 자연의 물질성에 생산적으로 개입하는 방식에 초점을 맞추면서, 이 책의 몇몇 이론적인 질문·

논점·모델을 소개한다. '몸'에 대한 페미니즘 이론과 문화연구가 엄청나게 쏟아졌지만, 아이러니하게도, 이런 연구들은 대개 다양한 몸들이 어떻게 몸을 수동적이고 성형 가능한 물질로서 담론적으로 생산되는지에만 배타적으로 초점을 맞추는 경향이 있다. 엘리자베스 윌슨은 "이런 기획의 중심에서 몸은 기이하게도 비생물학적이다. 몸이 사회적·문화적·경험적·물질적으로 구성된다는 주장은 몸의 생물학적 소여를 강조하는 주장들에 대립되거나 아니면 주장들을 철저하게 무시해 버린다"라고 지적한다.[7] 생물학적 몸을 고려 대상에서 제외한 결과, 몸이 물질세계와 맺는 진화적이고, 역사적이며, 현재 진행 중인 상호연결들을 단절시키는 것은 윤리적으로나 정치적·이론적으로도 바람직하지 않다. 횡단-신체성은 이를 위한 하나의 대안이다. 이론적 장소로서 횡단-신체성은 신체이론·환경이론·과학연구가 생산적인 방식으로 서로 만나고 섞이는 장소를 지칭한다. 이와 같이 인간 신체와 비인간 자연을 가로지르는 운동[8]은 물질과 담론, 자연과 문화, 생물학과 텍스트의 영

---

7 Elizabeth Wilson, *Neural Geographies: Feminism and the Microstructure of Cognition*, New York: Routledge, 1998, p.15.

8 또한 섀넌 설리번은 『피부를 가로지르고 관통해서 살기: 횡단행위적 몸, 실용주의, 그리고 페미니즘』에서 인간 몸과 환경 사이의 관계에 초점을 맞춘다. 그녀는 몸을 "횡단행위적"(transactional)으로 사유하는 것은 "몸과 다양한 환경을 악무한이 아닌 방식으로 공동-구성된다고 간주하는 것"이라고 주장한다(Shannon Sullivan, *Living across and through Skins: Transactional Bodies, Pragmatism and Feminism*, Bloomington: Indiana University Press, 2001, p.1). 그녀는 또한 "인간의 경험된 존재로 환원되지 않는 몸의 물질성의 중요성에 대한 인식"을 옹호한다(p.2). 이 책과의 이 충격적인 유사성들에도 불구하고, 『피부를 가로지르고 관통해서 살기』는 실용주의, 몸의 활동들, 그리고 체험되는 경험들에 초점을 맞추는 반면에, 『말, 살, 흙』은 어떻게 몸과 환경을 가로지

토들을 관통해 이동하는 풍부하고 복합적인 분석을 필요하게 만든다.

이 책 전체를 통해, 나는 다양한 횡단-신체성 모델들이 학문과 이론의 광범위한 영역에서뿐 아니라 대중문화, 문학 텍스트, 사회적 실천에서도 출현하는 방식을 탐색한다. 내 의도는 새로운 이론을 불러내는 것이 아니다. 연결시키고 새로운 윤리적·정치적 관점들을 제시하며 지금까지 분리되었던 영역들을 가로지르면서 작업하는 것이 내 의도이다. 만약 횡단-신체성이 어떤 종류의 희귀하고 획기적인 이론적 고안물이라면, 그것은 지성적·과학적·정치적·대중적 영역을 잘 설명할 수 없을 것이다. 더욱이, '몸된 자연'이 다양한 영역들을 가로질러 출현한다는 사실은 그 개념이 설득력 있는 문화적 작업을 수행하는 잠재력이 있다는 것을 의미한다. 비록 이 책 대부분은 문화연구를 직접 다루지는 않지만, 문화연구 모델들 ── 대중문화를 진지하게 다루고, 독특하지만 설득력 있는 상호교차를 추적하며, 학문적 실천의 정치적 유효성을 주장하는 모델들 ── 은 내 연구방법에 깊은 영향을 미친다. 이 책에서 내가 논의하는 수많은 몸된 자연들 ── 예를 들면, 과학연구, 환경보건

르는 운동이 물질성에 대한 과학적 이해들의 개입을 요구하는지에 초점을 맞춘다. 자신의 책의 수용에 대한 매혹적인 설명에서, 설리번은 의회도서관이 그녀의 책을 '생태학'으로 분류한다는 것에 얼마나 놀랐는지 말한다. 그리고 나서 그녀는 "그 책이 행하고 있는 주요한 것들 중 하나는 생태적 존재론을 제시하는 것이고, 생태학적인 것으로서 그것은 사회·정치·윤리 이슈들에 내밀하게 관심을 기울이는 존재론이다. 그것은 유기체들과 그것들의 다양한 문화적·정치적·물질적 환경이 역동적이고, 지속적인 방식으로 서로서로를 공동-구성하는 존재론이다"라고 숙고한다(Shannon Sullivan, "Pragmatist Feminism as Ecological Ontology: Reflections on Living across and through Skins", *Hypatia*, vol.17, no.4, 2002, p.202). 설리번의 책은 환경 철학과 유물론적 페미니즘들을 위한 풍성한 가능성들을 제공한다.

environmental health, 환경정의, 대중역학popular epidemiology,[9] 장애연구, 신체성 페미니즘corporeal feminism, 영화, 사진, 몸의 회고록, 과학소설, 그리고 진화에 나타나는 몸된 자연들 —— 은 이론적으로 도발적이며 정치적으로 강력한 힘을 가지고 있다. 몸된 자연이 우리가 자아와 세계를 분리된 개체로 이해했던 방식을 완전히 근본적으로 재구성하기 때문이다.

현대 문화이론이 자연과 "주어진 것"을 무시하는 분위기를 비판하면서 펭 체아는 "자연을 이렇듯 강박적으로 밀어내는 건 결국 인간이 자연의 생명체라는 사실을 역설적으로 인정하는 꼴"이라고 주장한다.[10] 나는 "강박적으로 자연을 밀어내는" 태도를 논하는 것이 중요하다고 본다. 그러한 태도는 사회 이론과 인문학계를 지배할 뿐 아니라 일상의 작은 신념과 실천에도 스며들어 있다. 이로 인해서 환경주의운동을 먼 미래의, 아직은 걱정할 필요 없는 기획으로 치부하는 것이다. 그렇다고 인간은 자연적 생명체이고 비인간 동물들은 문화적 생명체이며, 자연/문화 이분법은 폐기되어야 한다고 (내가 그렇게 믿고 있지만) 주장하려는 것은 아니다. 나는 단지 인간 몸과 광범위한 환경 사이의 수많은 접촉면interface에 내 연구를 위치시킬 것이다. 그러한 상호연결의 장소들은, 서로 분명하게 구별된 듯이 보이는 것들의 무매개적 직접성, 인간

---

9 [옮긴이] 대중역학에서 역학(疫學, epidemiology)은 지역이나 집단 내에서 질환이나 건강에 관한 사항의 원인이나 변동하는 상태를 연구하는 학문을 말한다(네이버 지식백과 '학문명백과: 의약학'의 '역학' 항목). 대중역학은 그와 같은 조사를 의사나 의료 종사자가 아닌 문외한, 비전문가, 일반 시민이 수행한다(이 책 160~161쪽 참조).

10 Pheng Cheah, "Mattering", *Diacritics*, vol. 26, no. 1, 1996, p. 108.

주체가 거부하고 싶어 하는 그러한 무매개적 직접성에 우리가 관심을 갖도록 요구한다. 사회 이론, 과학, 과학연구, 문학, 영화, 활동가 웹사이트, 녹색소비자운동, 대중역학, 그리고 대중문화에 나타나는 횡단-신체성은 탈근대적임에도 물질세계를 초월하거나 아니면 피하고 싶어 하는 완고한 인본주의humanism의 오류를 지적하고 고발한다. 그리하여 『말, 살, 흙』은 '환경'이 저기 바깥 어딘가에 놓여 있는 무엇이 아니라 우리가 바로 그러한 환경이라는 사실을 인정하며 환경윤리, 사회 이론, 과학의 대중적 이해, 그리고 인간 자아 개념을 크게 변화시킬 방법을 모색한다.

자연과 생물학으로부터 달아나는 페미니즘 이론

오랫동안 자연은 철학적 개념이자 강력한 이데올로기적 결절, 그리고 규범과 도덕주의의 문화적 보고로서, 여성·유색인종·원주민·퀴어·하층 계급에게 불리하게 이용되었다. 『길들여지지 않는 땅: 페미니즘 공간에서 자연을 재해석하기』에서 나는 오랫동안 여성은 서구 사유에서 '자연'이라는 진흙탕에 빠진 피조물로 정의되어 왔고, 그 결과 인간의 초월성, 합리성, 주체성, 행위능력agency의 영역 바깥에 놓여 왔기 때문에, 대부분의 페미니즘 이론은 **자연에서 여성을 분리시키기 위해 노력**했다고 주장했다. 지배적인 이원론을 반박하는 것이 아니라 그 안에서 작업하면서, 많은 중요한 페미니즘 논쟁과 개념은 자연과 문화를 엄격히 대립시켰다. 예를 들면, 페미니즘의 가장 혁명적 개념인 생물학적 성

sex과 구분되는 사회적 성gender이라는 개념은 자연과 문화 사이의 날카로운 대립에 발목이 잡혀 있었다. 사회구성주의를 강조하는 페미니즘 이론이 가진 설명적 힘과 논쟁적 힘을 십분 인정한다고 해도, 이들은 자연이 사악하다는 관념에 사로잡혀 있었다는 점은 부정할 수 없다. 문화로부터 완벽히 제거되고 한편으로 내동댕이쳐진 이 자연이라는 개념 — 본질주의와 인습의 보고 — 은 그럼에도 불구하고 심각하게 도전을 받은 적이 없다. 페미니즘 이론은 신체성과 무심성無心性, 수동성으로 비하된 자연으로부터 도망치지 말아야 했다. 인간의 특정 그룹과 비인간 생명체에게 모욕과 침묵을 강요하기 위해 조성되어 왔던 자연/문화, 몸/마음, 대상/주체, 자원/행위능력 등의 젠더화된 이원론을 타파하기 위해서 노력해야 마땅했을 것이다.[11]

서구에서 인간의 신체성, 특히 여성의 신체성은 자연과 너무나 강하게 연관되어 있었기 때문에 페미니즘이 본질주의의 보고인 자연이라는 유령, 린다 버크의 표현을 빌리면, "생물학이라는 유령"에 시달려 왔다는 사실은 그다지 놀랍지 않다.[12] 버크는 "'생명체'의 몇몇 특징들은 영원히 변하지 않는다는 가설이 일종의 (암묵적인) 거대담론이 되었기 때문에 페미니즘과 다른 사회이론들은 거기에서 벗어나기 위해 노력해야 했다"라고 진단했다.[13] 인종과 성 결정론에 대한 대중적 관심이

11 Stacy Alaimo, *Undomesticated Ground: Recasting Nature as Feminist Space*, Ithaca, N.Y.: Cornell University Press, 2000, pp.4~14.
12 Lynda Birke, "Bodies and Biology", eds. Janet Price and Margrit Shildrick, *Feminist Theory and the Body: A Reader*, New York: Routledge, 1999, p.44.
13 Ibid.

고조되는 현상을 지적하면서 낸시 투아나는 "우리 페미니스트들은 인간 본성이 고정되고 본질적인 물질적 토대 위에 있다는 생물학적 결정론을 그대로 용인한 점에서 인식론적으로 무책임했다"고 비판한다.[14] 투아나가 강하게 주장하듯, 페미니즘은 오로지 물질 그 자체에 직접적으로 개입함으로써 생물학적 결정론biological determinism을 무의미하게 만들 수 있다. 예를 들면, 생물학적 몸을 고려의 대상에서 제외하지 않는 버크는 몸을 "변화하고 있고, 변화 가능하며, 변신이 가능한 것으로" 이해할 필요가 있다고 주장한다.[15] 그녀에 따르면, 세포는 "지속적으로 자신을 새롭게 하고", 뼈는 "언제나 리모델링하며", "신체 내부들은 지속적으로 내부 또는 외부의 변화에 반응하고, 세계에 영향을 행사하고 있다".[16] 이러한 몇 가지 예만으로도 페미니즘을 오랫동안 괴롭혀 온 정해진 운명으로서의 생물학이라는 관념이 다른 모델들로 대체될 수 있는 생물학의 (특이한 것이 아니라면) 특정 개념에 의존한다는 게 명백해진다. 자연처럼, 생물학은 오랫동안 인종주의·성차별주의·이성애주의를 위한 무기고로 활용되어 왔다. 때문에 페미니스트들에게는 이 분야에 스며들어 있는 규범, 가치, 가정을 재구성하는 것이 중요하다. 예를 들면, 「본성적으로 퀴어」에서 허드는 이성애주의가 비자연적이라는 것을 증명하는 생물학적 예들이 많다고 주장한다. "인간 몸에 있는 대다

---

14 Nancy Tuana, "Fleshing Gender, Sexing the Body: Refiguring the Sex/Gender Distinction", *Southern Journal of Philosophy*, vol. 35, supplement, 1996, p. 57.
15 Birke, "Bodies and Biology", p. 45.
16 Ibid.

수 세포들은 간성적inter-sex이고", "다섯 계 중 네 계에서 대부분 유기체는 재생산을 위해 성을 필요로 하지 않으며", 경이롭게도 치마버섯은 "2만 8천 개 이상의 성을 가지고 있다".[17] 그녀는 "우리는 자연이 변함없이 고정된 반면에 문화는 무한하게 유연하다는 주장을 더 이상 확신할 수 없다"는 말로 자신의 주장을 요약했다.[18] 만일 이러한 생물학이 퀴어하게 들린다면, 그럴수록 더욱 좋다.[19] '상황적 지식'으로서[20] 이 퀴어 생물학은 규범화하는 이성애-생물학의 내용과 분류뿐만 아니라, 그것이 객관적이고 중립적이라는 주장에 이의를 제기한다.

아마도 진정으로 생물학과 자연이라는 쌍둥이 유령을 내쫓는 유일한 길은 오히려 역설적으로 그것들에 살을 주고, 좀 더 충분히 물질화하도록 허용하며, 물질화의 정밀한 과정에 주의를 기울이는 것이다. 식별할 수 있는 물질화와 유령처럼 보이는 물질화 양자가 제시하는 난제를 다루면서, 이 책이 논하는 이론, 문학, 활동가 웹사이트, 사진과 그 외의 다양한 텍스트와 실천은 정확히 이런 문화적 작업에 기여하고 있다.

17 Myra J. Hird, "Naturally Queer", *Feminist Theory*, vol. 5, no. 1, 2004, pp. 85~86.
18 Ibid., p. 88.
19 퀴어 생태학에 대한 더 많은 것에 대해서는 Catriona Mortimer-Sandilands and Bruce Erickson eds., *Queer Ecologies: Sex, Nature, Biopolitics and Desire*, Bloomington: Indiana University Press, 2010을 보라.
20 Donna J. Haraway, "Situated Knowledges: The Science Question in Feminism and the Privilege of Partial Perspective", Reprinted in her *Simians, Cyborgs, and Women: The Reinvention of Nature*, New York: Routledge, 1991을 보라.

페미니즘 이론, 환경 인문학, 과학 연구의 유물론적 전회

자신이 "(탈)구조주의(post)structuralism 시대의 생존자인지 반역자"인지 의아해하면서, 테레사 드 라우레티스는 대담하게 제안한다.

> 지금은 인문학이 주체성, 물질성, 담론성, 지식에 대해 다시 문제 제기를 하고, 포스트휴머니티posthumanity의 **포스트**에 대하여 반추해야 할 때다. 저축해 놓은 개념적 도식의 돼지 저금통을 깨고, 문화적인 것의 우선성과 그것의 언어학적·담론적·수행적·치료적·윤리적 전회 등 당신이 명명할 수 있는 수많은 '전회들'로부터 시작하여 모든 이론의 적용에서 불확실성을 재도입해야 한다.[21]

'문화적인 것의 우선성'과 언어학과 담론을 향한 전회에서 가장 눈에 띄게 배제되었던 것은 물질이라는 '잡동사니'이다. 그렇지만 페미니즘 이론, 환경주의 이론, 과학연구의 중첩되는 분야에서 이론가들은 물질세계에 대한 혁신적인 주장을 내놓는다. 모이라 가텐Moira Gatens, 클레어 콜브룩Claire Colebrook, 엘리자베스 브레이Elizabeth Bray와 같은 몇몇 페미니즘 이론가들은 언어학적 전회linguistic turn에 대한 대항 담론으로 스피노자와 들뢰즈의 저서를 수용했다. 다른 이들은 탈구조주의의 핵심 이론가들, 예를 들면 자크 데리다(비키 커비와 엘리자베스 윌

---

21 Teresa De Lauretis, "Statement Due", *Critical Inquiry*, vol.30, no.2, 2004, p.368.

슨), 미셸 푸코(라델 맥휘터와 캐런 배러드), 그리고 주디스 버틀러(캐런 배러드)를 새롭게 해석했다. 다른 이들과 더불어 이들은 페미니즘 이론에서 물질을 진지하게 취급하는 페미니즘, 유물론적 전회material turn를 이루었다.[22] 담론 지향적인 이론의 우주 안에 머물러 있으면, 물질성에 대한 근본적인 재사유를 지속하기 어렵다. 예를 들면, 자연/문화 이원론nature/culture dualism을 해체하는 다나 해러웨이의 유명한 사이보그는 대부분의 페미니즘 이론과 문화연구에서 인간과 기술의 경계를 무너뜨리는 이미지로 칭송되어 왔다. 그러나 최근에 자연으로부터 등을 돌리는 이론들은 사이보그를 인간과 자연의 아말감적 결합의 이미지로 받아들이지 않는다. 의미심장하게도 페미니즘 문화연구는 사이보그를 사회적이고 기술적인 **구성물**로 간주하지만 그것의 **물질성**은 무시한다. 사이보그의 물질성은, 그것은 기술적이면서 동시에 생물학적이고, 살이 있지만 동시에 컴퓨터에 연결되어 있으며, 인간과 가까울 뿐 아니라 기계와도 가깝다는 사실을 가리키기 때문이다.[23] 이들 페미니스트들은 기술적인 존재로서는 사이보그를 수용하지만 생물학적인 존재로서는 거부하는, 그것이 세계와 얽혀 있음을 부정하는 초월적 사이버-인

---

22 다양한 유물론적 페미니즘들에 대한 더 확장된 논의에 대해서는 Stacy Alaimo and Susan J. Hekman, "Introduction", *Material Feminisms*, eds. Stacy Alaimo and Susan J. Hekman, Bloomington: Indiana University Press, 2007, pp.1~19를 보라. 물론, 그 책의 다른 글들도 참고하라.

23 Donna J. Haraway, "A Cyborg Manifesto: Science, Technology, and Socialist Feminism in the Late 20th Century", Reprinted in her *Simians, Cyborgs, and Women*, New York: Routledge, 1991, p.154.

본주의로 전락하게 된다.

오로지 페미니즘에서만 유물론적 전회가 진행되는 것은 아니다. 환경주의 철학, 신체성 페미니즘, 장애연구, 트랜스젠더 이론, 과학연구, 동물연구, 신매체연구, 인종 이론과 그 외 영역 등 수많은 학문 분야에서 생물학적으로 환원주의적이지도 않고 그렇다고 사회구성주의적이지도 않은 새로운 물질성의 개념이 출현하고 있다. 질 들뢰즈와 펠릭스 가타리의 『천 개의 고원』*Mille plateaux*과 같은 저서들은 물론이고, "신체적이건 그렇지 않건 물질을 **물질 자체로서** 설명하지 않는다"는 이유로 몸의 문화 이론들을 비판하는 브라이언 마수미의 저작도 물질성에 대한 생동하는 모델을 제시한다.[24] '그 자체로서' 몸은 장애연구에도 핵심적이다. 예를 들면, 「장애 이론: 사회구성주의로부터 새로운 몸의 현실주의로」에서 토빈 사이버즈는 "사회구성주의 이론은 장애인의 몸을 설명하라면 난감해한다. 장애는 그 자체 몸의 최고의 증거이면서 동시에 심각한 반증이다"라고 말한다.[25] 버니스 하우즈만에 따르면, 트랜스젠더 이론은 "먼저 물질적 실체로서 몸을 연구해야 한다. 그러기 위해서는 젠더와 같은 물질의 범주에 이의를 제기해야 한다. 젠더는 순수한 정보로서의 정체성이 없다는 증거로 활용됨으로써 몸에게 모순적인 위상을 부여했기 때문이다".[26] 이제 인종을 연구하는 학자들도 자신

---

24 Brian Massumi, *Parables for the Virtual: Movement, Affect, Sensation*, Durham, N.C.: Duke University Press, 2002, p.4.

25 Tobin Siebers, "Disability in Theory: From Social Constructionism to the New Realism of the Body", *American Literary History*, vol.13, no.4, Winter 2001, p.740.

의 그런 연구도 이제 물질성에 유의할 필요가 있다는 위험한 명제(인종 본질주의의 무서운 역사를 감안할 때)를 저울질하고 있다. 「인종은 어느 정도로 실재적인가?」에서 마이클 헤임스-가르시아는 다음과 같이 주장한다.

우리가 생물학을 문화와 상호작용하는 것으로, 또 과거에 당연시했듯이 생물학을 결정론적으로 보지 않는다면, 인종에 대한 논의에서 생물학과 몸을 심각하게 고려해야 할 중요한 이유가 있다. 특히 [······] 인종이 무엇인지, 또 인종이 어떠한 기능을 하는지에 대한 담론은 인종이라는 사회적 이데올로기와 눈에 보이는 인간의 차이가 서로 결합해서 만들어 낸 결과이기 때문이다.[27]

'자연'과 '환경'이 어떻게 강력한 담론 장치로서 유통되는지를 비판하고 분석하는 작업은 여전히 중요하다. 그러나 아직도 많은 학자들은, 자연·환경·물질세계 자체가 인간의 몸·지식·실천에 의미를 부여하거나 그것에 작용하고 또 영향을 미치는 다양한 방식을 설명해 주는 연구 결과의 바탕에서, 그러한 분석을 보충하거나 복합적으로 설명

---

26 Bernice Hausman, "Virtual Sex, Real Gender: Body and Identity in Transgender Discourse", *Virtual Gender; Fantasies of Subjectivity and Embodiment*, eds. Mary Ann O'Farrell and Lynne Vallone, Ann Arbor: University of Michigan Press, 2006, p.212.

27 Michael Hames-Garcia, "How Real Is Race?", *Material Feminisms*, eds. Stacy Alaimo and Susan Hekman, Bloomington: Indiana University Press, 2007, p.324.

을 할 수 있는 방법을 찾고 싶어 할 것이다.[28] 환경주의 관점에서 검토하면 사회구성주의 이론들은 인종과 계급, 젠더, 성정체성sexuality, 비장애성ability[29]과 같이 자연화하고 억압적인 범주들을 비판함으로써 훌륭한 문화적 작업을 수행하였다. 그럼에도 불구하고, 그들은 물질세계의 의의·구성요소·힘을 고려하지 않거나 그것의 중요성을 과소평가한다. 『환경윤리』에 실린 글에서 데이비드 키드너는 사회구성주의social constructionism에 대해 다음과 같은 비판을 제기한다. 그것은 "인간을 자연의 과정과 리듬에서 벗어나기를 원하는 존재로 정의하기 때문에, 거시적으로는 자연적인 것을 인공적인 것으로 대체하는 산업주의자의 상업주의와 공모 관계에 놓이게 된다. 사회구성주의는 산업주의의 세계관과 정확하게 일치하는 자연의 모델을 제공하는 것이다".[30] 이러한 반면에, 환경을 중시하는 학자들은, 자연을 인간이 고안한 개념들, 혹은 착취를 위해 변형해도 좋은 자원 이상의 무엇으로 물질세계를 바라보려고 한다. 『사물의 삶』에서 찰스 스콧은 **자연**이라는 단어의 사용을 다음과 같은 이유로 비판하였다. 그것이 "담론의 바깥에 있으면서 역동

---

28 예를 들면, Noel Castree and Bruce Braun, "The Construction of Nature and the Nature of Construction", *Remarking Reality: Nature at the Millennium*, eds. Bruce Braun and Noel Castree, London: Routledge, 1998을 보라.

29 [옮긴이] 여기서 ability는 장애(disability)와 상반되는 개념으로 쓰였다. 따라서 ability는 장애에 반대되는 ('정상'이 아니라) 비장애로 번역했다. 본문에서는 비장애를 특징짓는 특성을 의미하므로 '비장애성'으로 번역했다. ability가 쓰인 이 책의 다른 곳에서는 '비장애'로 번역했다. 그리고 이 책의 334쪽에 쓰인 ableism은 '장애차별주의'를 의미한다.

30 David W. Kidner, "Fabricating Nature: A Critique of the Social Construction of Nature", *Environmental Ethics*, vol.22, no.4, Winter 2000, p.352.

적으로 상호작용하는 사물의 삶보다는 추상화 과정으로" 자연을 바라
보게 만들기 때문이다.[31] 자연의 대용어로 스콧은, "사물의 삶이 얼마나
크게 인간적 의미와 감각을 초월하는지를 보여 주는" 물리성physicality
을 제안하였다.[32] 그리고 에드워드 케이시와 데이비드 에이브럼과 같은
환경주의 현상학자들은 인간의 경험과 인지가 [보편적인 것이 아니라]
제한된 특정 장소와 결부되어 있다고 주장한다. 케이시는 "장소는 모든
살아 있는 것들의 조건이다"라고 주장한다.[33] 이와 유사하게, 로렌스 부
엘은 "인간은 자신이 거주하는 환경과 상호작용하면서 자신을 구축하
는 문화–생물학적 생명체이기 때문에 그가 생산하는 모든 인공물은 그
러한 환경의 흔적을 간직한다"고 주장한다.[34] 생태비평은 "텍스트와 세
계 사이의 분리"를 계속해서 강조하는 연구의 태도를 지양해야 한다는
것이다.[35] 리처드 그로브Richard Grove, 캐롤라인 머천트Carolyn Merchant,
윌리엄 크로논William Cronon, 리처드 화이트Richard White, 테드 스타인
버그 그리고 여타 다른 환경역사가들 역시 자연 세계가 인간의 역사에

---

31 Charles E. Scott, *The Lives of Things*, Bloomington: Indiana University Press, 2002, p.23.

32 *Ibid.*, p.73.

33 Edward Casey, *Getting Back into Place: Toward a Renewed Understanding of the Place-World*, Bloomington: Indiana University Press, 1993, p.15. 강조는 원저자.

34 Lawrence Buell, *Writing for an Endangered World: Literature, Culture, and Environment in the U.S. and Beyond*, Cambridge, Mass.: Harvard University Press, 2001, p.2.

35 Lawrence Buell, *The Environmental Imagination: Thoreau, Nature Writing, and the Formation of American Culture*, Cambridge, Mass.: Harvard University Press, 1995, p.84.

미치는 영향의 방식을 추적하였다. 스타인버그는 우리가 "자연을 능동적이고 창조적인 힘이었다고 바라보면 미국 역사의 몇몇 전통적인 주제들에 대한 우리의 이해가 바뀔 것이다"라고 주장했다.[36] 예를 들어, 그는 우리가 "음식물과 화장실에서 사용하는 물이 생태계에 끔찍한 결과를 야기하는데도, 그것을 보지 못한다. 그것을 잊고자 하는 마음이 너무나 강해서 가시적인 것도 비가시적으로 바뀌기 때문이다"는 점을 상기시킨다.[37] 신체의 분비물이 어떻게든 처리될 것이 분명한데도 불구하고 그 사실을 망각하면 우리는 우리 자신을 자연의 오물과 쓰레기와 격이 다른 이성적 존재로 생각하게 된다.

우리에게 위안을 주는 자연과 인간의 분리는 종종 문화적 형성물과 물질세계의 교차점에서 작업하는 과학자의 도전에 직면한다. 과학은 사회·정치 이론에 근거하면서도 물질의 구성요소, 작용, 작용능력을 다루기 때문에, 도발적이고, 심지어 충격적인 방법론과 재개념화를 내놓는다. 『우리는 결코 근대인이었던 적이 없다』에서 브뤼노 라투르는 과학적·사회학적·텍스트적 지식이 서로 단절되어 있기 때문에 우리의 "지적 삶은 제대로 작동하지 않는다"고 주장하였다.[38] 그는 "우리는

---

36 Ted Steinberg, "Down to Earth: Nature, Agency, and Power in History", *American Historical Review*, vol.107, no.3, June 2002, n.p. / [옮긴이] https://academic.oup.com/ahr/article-pdf/107/3/798/45647/107-3-798.pdf(accessed: 2018.6.29.). 이하 저자가 제시한 웹사이트나 파일이 검색되지 않는 경우, 옮긴이가 검색한 것으로 대체해 두었다.

37 Ibid.

38 Bruno Latour, *We Have Never Been Modern*, trans. Catherine Porter, Cambridge, Mass,: Harvard University Press, 1993, p.5.

과학을 찬양하거나, 권력 게임에 임하기도 하고, 실재가 있다는 믿음을 비웃기도 하지만, 이 세 가지 영역을 뒤섞으면 큰일이 난다"고 꼬집는다.[39] 그렇지만 우리를 둘러싼 수많은 자연/문화 '하이브리드'hybrid들은 개별 학문에 국한된 용어로는 이해될 수 없다.

> 오존층 구멍은 너무나 사회적이면서 너무나도 자주 서술되기narrated 때문에 진정한 의미에서 자연적이라고 하기는 어렵다. 제조업체들과 국가 수장들의 전략은 너무나 화학적인 반응들로 가득 차 있어서 권력과 이해관계로 환원되지 않는다. 생태대기권ecosphere에 대한 담론은 너무 실재적이고 너무 사회적이어서 결코 의미론적 효과들로 축약되지는 않는다. 연결망들이 동시에 **자연처럼 실재적이고, 담론처럼 서술되며, 사회처럼 집합적인 것이 우리의 탓인가?**[40]

그렇다면 연결망들은 실재성과 서사성, 집합성이라는 문제를 한꺼번에 다룰 수 있는 분석방법을 요구한다. 이는 분명히 엄청난 일이다. 거의 모든 분야에서 학자들은 이 세 가지 분야 중 어느 하나만 연구하도록 훈련받기 때문이다.

『경계에 선 삶들: 생의학의 변경에 놓인 인간을 상상하기』에서 수전 스콰이어는 라투르를 활용하면서 "심지어 오직 사회적으로만 구성

---

39 *Ibid.,* p.6.
40 *Ibid.* 강조는 원저자.

되어 보이는 경험이나 사물에도 물질적 토대가 존재함을 깨닫게 되듯이, 자연적인 것의 개념을 비판적으로 검토하는 만큼 사회구성에 대한 개념도 검토할 것을" 우리에게 촉구한다.[41] 그리고 "더 나아가 물질세계는 '문학적인 것'과 '과학적인 것'을 형성하는 효과를 발휘한다는 것을 기억하라"고 조언한다.[42] 스콰이어는 문학연구의 규범적 실천을 거부하면서 "언어는 가능성에 대한 우리의 감각을 구조화할" 뿐만 아니라 "물질적 조건들도 우리가 언어로 표현할 수 있는 가능성을 형성하고 또 재형성한다"고 주장한다.[43] 학문적 분석은 그러한 물질적 조건을 드러낼 수 있을 것이다. 그리고 문학과 예술 작품을 생산하는 사람들과 환경주의운동가들은 어슴푸레한 물질의 힘을 우리가 느낄 수 있도록, 그리고 그것이 '실재'라는 것을 인식하도록 만들 수 있는 방법을 모색해야 할 것이다. 다음 장에서 밝히겠지만, 20세기 초에 출간된 시집 『망자의 서』 *The Book of the Dead*에서 뮈리엘 뤼케이서Muriel Rukeyser는, 규폐증이라는 산업 재해가 의학과 환경, 사회적으로 얼마나 많은 피해를 가져왔는지를 기록하였다. 이 재해의 실체적 진실을 폭로하기로 결심한 뤼케이서는 사람과 장소, 경제/정치 시스템 사이를 관통하는 비가시적이기는 하지만 그럼에도 물질적인 화학물질과 영향력의 흐름을 추적하기 위해서 과학적·의학적 기술을 활용하였다.

41 Susan Merrill Squier, *Liminal Lives: Imagining the Human at the Frontiers of Biomedicine*, Durham, N.C.: Duke University Press, 2004, p.46.
42 *Ibid*.
43 *Ibid*., p.57.

나는 물질성의 논의를 가능하게 하는 탄탄한 분석 방법을 찾고 싶다. 나의 입장이 환경주의이기 때문이다. 그러나 물질성의 새로운 모델이 과연 환경주의운동에 도움이 되는지 아닌지는 아직 확실하게 말할 수 없다. 최근의 몇몇 물질성 모델은 사실 자연, 비인간 생명체, 또는 생태계에 가치를 두지 않는다. 인간을 둘러싸고 있는 환경으로부터 인간을 분리하면서 우리에게 그토록 친숙한 인본주의와의 단절을 시도하기 때문이다. 물론, 그들은 인간의 '몸'에 작용능력과 물질의 자격을 부여한다. 그렇지만 그들의 비판적 관심은 피부에서 끝나고 만다. 예를 들면, 「환경과 몸에 대한 연구: 여성, 직업, 만성 질환」에서 파멜라 모스와 이사벨 반 다이크는 "몸을 물질적 형식과 재현 형식 양자 모두에 위치시키고" 환경을 물질과 담론, 양자의 관점에서 분석하는 것을 목표로 한다.[44] 그리고 "몸의 공간성과 환경"에 대한 중요한 질문을 제기한다.[45] 그러나 그들의 "환경"은 "물질적 측면을 포함하는 사회적으로 구성된 공간"에 지나지 않는다.[46] 그녀들은 장소보다는 환경이라는 용어를 선호하는데, 그것이 자연 세계를 상기하도록 만들기 때문이 아니다. 그녀들에게 환경은 "개인들이 자신이 관여하는 일련의 다양한 관계에서 차지하는 수많은 입장을 보다 광범하게 포섭하도록 만들어 주고, 또 인본주의적으로 정의된 개인주의적 장소 개념에 경종을 울리도록 만들어

---

44 Pamela Moss and Isabel van Dyck, "Inquiry into Environment and Body: Women, Work, and Chronic Illness", *Environment and Planning: Society and Space*, vol.14, 1996, p.746.

45 Ibid., p.749.

46 Ibid., p.746.

주는 장점을 가지기 때문이다".[47] 이러한 분석은 인간을 추상적이 아니라 몸을 가진 존재로서 구체적으로 이해하도록 만들어 준다. 그럼에도 환경이라는 용어는 단지 분석적인 편의를 위해서만 사용될 따름이다. 즉, 물질세계가 인간이 만든 권력과 정체성이라는 추상적 셈법 속으로 사라지는 것이다. 그러한 공식화가 자연을 비가시적인 것으로 만들기만 하는 것은 아니다. 그것은 장애 행동주의disability activism와 환경주의 운동environmentalism[48] 사이의 연대의 가능성을 차단한다. 그리고 다양한 독성물질들이 어떻게 만성 질환을 일으키고 또 악화시키기도 하는지에 대해 전혀 고려하지 않는다. 나의 접근은 이와는 대조적이다. 나는 5장에서 화학물질복합과민증을 횡단-신체성의 한 양태로 해석하는 것이 환경주의운동, 장애 행동주의, 그리고 몸과 장소를 가로지르는 '이탈적 작용능력'에 대한 윤리적·정치적 개념 사이의 생산적 연합의 구축을 가능하게 한다고 주장할 것이다.

신체성 페미니즘의 정초가 된 텍스트 『뫼비우스 띠로서 몸』*Volatile Bodies*의 저자 엘리자베스 그로스는 최근 저작 『시간 여행: 페미니즘, 자연, 힘』과 『마침 좋은 때』에서 다윈Charles Darwin의 중요성을 강조하였다. 그녀는 철학자와 사회이론가들이 다윈주의Darwinism 이론을 재고찰할 것을, 그리고 보다 일반적으로 생물학과 물질성materiality에 주의

---

47 Ibid., p.739.
48 [옮긴이] environmentalism은 문맥에 따라서 환경주의 또는 환경주의운동으로 번역했다. '~ism'이 물론 '~주의'를 의미하기는 하지만 그러한 주의의 흐름, 운동을 의미하기도 한다. feminism도 마찬가지이다.

를 기울일 것을 촉구한다. 그녀는 도발적으로 "자연과 문화를 단절하지 않는 문화에 대한 새로운 개념은 어떻게 생각될까?"라고 묻는다.[49] 그녀의 수많은 분석들은 물질성을 강조한다. 예를 들면,『마침 좋은 때』는 "우리가 망각했던 것의 기억"의 기록, 즉 "몸만이 아니라 몸을 가능하게 하면서 동시에 그 행동에 제약을 가하는 것, 다시 말해 물질성이라는 뒤죽박죽이고, 복잡하며, 고집이 세고, 잔인하기도 한 세계에서 벌어지는 위태롭고, 우발적이며, 우연적이며, 불확실하고, 영악하며, 고군분투하는 역동적인 삶의 회고록"으로 썼다.[50] 횡단-신체성에 대한 나의 이론에 적합하게도 그녀는 "우리는 몸을 유기체나 개체가 아니라, 그것이 스스로 통제할 수는 없지만 자신의 능력과 역량을 획득하고 이용할 수 있도록 만들어 주는 거대한 시스템 안에서 작동하는 하나의 작은 시스템이거나 일련의 미결정적 시스템들의 계열로서 이해할 필요가 있다"고 주장한다.[51] 또 그녀는 "자연적인 것과 사회적인 것, 생물학적인 것과 문화적인 것들을, 이들이 서로 얽혀 있는 이분법 구조의 바깥에서 그것들의 관계들을 재개념화할 것"을 요구한다.[52] 이때 언뜻 보면 그러한 그녀의 기획은 환경주의적인 이론들과 연대하고 있는 것으로 보이기도 한다. 그럼에도 그녀는 자신의 입장을 "생태-페미니즘과 생태-철

---

49 Elizabeth Grosz, *Time Travels: Feminism, Nature, Power*, Durham, N.C.: Duke University Press, 2005, p.52.
50 Elizabeth Grosz, *The Nick of Time: Politics, Evolution and the Untimely*, Durham, N.C.: Duke University Press, 2004, p.2.
51 *Ibid.*, p.3.
52 Grosz, *Time Travels*, p.30.

학"과 확실하게 구분한다.[53] 이것들이 "생태 운동의" "오발탄"이라는 것이다.[54] 그녀는 '자연 질서에 대한 생태학적 이해'를 거부하면서 다윈을 재해석하기 때문에 생태적 평형상태 또는 안정상태라는 케케묵은 개념들을 바로잡을 수 있었다. 그러나 이러한 작업으로 만족하지 않는 그녀는 더욱 광범위한 철학적 비전을 제시한다. 환경주의를 초월하는 관점을 가져야 한다는 것이다. "현재의 생명체뿐 아니라 미래의 생명체도 고려하는 생태학이 가능하다면, 그것은 (무)도덕적 다윈주의 존재론에 가깝다. 그것은 어떤 특정 종의 멸종을 애도하는 대신에 멸종된 종 대신에 무엇이 생겨날지 경이의 마음으로 기다리는 자세이다."[55] 그로스는 물질성을 인정하고 또 미래에 대한 경이감이 가득한 다윈주의 철학을 개진한다. 그럼에도 불구하고 환경의 문제에 대해 아무런 관심을 보이지 않는다. 이상하게도 여기에서 주체는 사람이 아니라 "그 멸종된 종 대신에 무엇이 생겨날지 경이의 마음으로 기다리는" '다윈주의' 그 자체이다. 이 이상한 순간에 그녀의 다윈주의는 탈신체화되고 초월적이며 전지적인 관찰자가 된다. 인본주의적, 아니 신격화된 주체를 재설정하는 것이다. 이와 같이 탈신체화된disembodied 철학적 세계는 환경주의운동과 환경정의운동에 윤리·철학적으로 참여하는 사람들이 살 수 있는 세계가 아니다. 나의 입장은 그녀와 반대 지점에 있다. 다윈주의를 계승하는 나의 횡단-신체성은 인간이 언제나 물질세계의 뒤죽박

---

53 *Ibid.*, p.46.
54 *Ibid.*
55 *Ibid.*, n.4, pp.220~221.

죽이고, 우발적이며, 창발적인 혼합물, 바로 그것의 구성요소임을 주장한다.

이동물 지도

「'환경'은 우리다」라는 제목의 서평에서 해럴드 프롬은 내가 횡단-신체성이라고 부르는 것에 대한 다음과 같은 눈길을 끄는 이미지를 제공한다. "이제 우리가 이해하듯이 '환경'은 끝이 없는 파동으로 우리를 직접 관통하고 있다. 만일 우리 자신을 완벽한 저속촬영 마이크로 비디오로 관찰한다면, 우리는 대사물질들을 몸 바깥으로 흘려보내고, 배설하고, 내뱉는 과정만큼이나 우리 몸으로 들어오는 수분, 공기, 영양물, 미생물들, 그리고 독성물질들을 보게 될 것이다."[56] 프롬은 "환경"은 "점점 더 세계 내 인간 존재의 바로 그 구성물질인 것으로 보인다"고 주장한다.[57] 메를로-퐁티Merleau-Ponty를 끌어들이면서, 에드워드 케이시도 유사한 주장을 한다. "내 몸과 자연은 인접해 있을 뿐만 아니라 서로 연속되어 있다. [……] 문화와 자연으로 이뤄진 섬유들은 하나의 연속된 직물을 구성한다."[58] 몸과 장소가 연속적임을 인정하려면 전통적인 분

---

56 Harold Fromm, "The 'Environment' Is Us", *Electronic Book Review*, January 1, 1997, p.2. / [옮긴이] http://www.electronicbookreview.com/thread/critical ecologies/enviro-illness(accessed: 2018.6.30.). Harold Fromm, "The 'Environment' Is Us"로 검색하면 나오는 첫 번째 항목이다.

57 Ibid.

58 Casey, *Getting Back into Place*, p.255, p.256.

과학문적 경계를 가로질러야 한다. 크리스토퍼 셀러스는 환경주의 역사가들이 "자연주의naturalist와 문화주의culturalist 관점 사이의 매개를 고취하고 확장할" 수 있다고 주장하며 "몸에 대한 환경사environmental history와 좀 더 체화된 환경사"를 옹호한다.[59] 『숙명적 생태학: 환경, 질병, 지식의 역사』에서 린다 내시는 "환경사의 중심에 인간의 몸"을 위치시킨다.[60] 그녀는 "환경은 세밀하면서도 심오한 방식으로 인간의 살을 형성해 왔으며" 따라서 환경에 대한 고려 없이 인간 건강의 역사를 쓰는 것은 오류라고 주장하면서 "어디에서 인간의 몸이 끝나고 어디에서 '비인간 자연'이 시작하는가?"라고 묻는다.[61] 특히 장애연구는 몸과 장소 사이의 물질적/사회적 상호교환을 추적하기 위해 폐쇄된 몸이라는 의학 모델들을 거부한다. 로즈메리 갈런드-톰슨은 "장애연구는 우리로 하여금 모든 몸이 수태의 순간부터 환경에 의해 형성된다는 사실을 상기시킨다. 우리는 계속해서 자신을 둘러싼 것에 반응하면서 변신하고, 몸에 역사를 기록한다. 몸이 세계와 마주칠 때 발생하는 변화를 우리는 장애라고 부른다"라고 설명한다.[62] 갈런드-톰슨이 주장하듯 만일 "모든 몸이 수태의 순간부터 환경에 의해 형성된다"면, 횡단-

---

59 Christopher Sellers, "Thoreau's Body: Toward an Embodied Environmental History", *Environmental History*, vol.4, no.1, January 1999, p.501, p.504.

60 Linda Nash, *Inescapable Ecologies: A History of Environment, Disease, and Knowledge*, Berkeley: University of California Press, 2006, p.8.

61 *Ibid.*, p.9.

62 Rosemarie Garland-Thompson, "Disability and Representation", *PMLA*, vol.120, no.2, March 2005, p.524.

신체적이지 않은 순간은 결코 존재하지 않는다. 게다가 구축된 환경이 '장애'를 야기하거나 악화시키는 방식뿐만 아니라 조제약품들, 생체이물xenobiotic 화학물질들,[63] 공기 오염 등과 같은 인지하기 어려운 수준에서 물질성이 인간의 건강과 능력에 어떤 방식으로 영향을 미치는지 주의를 기울이는 것으로 장애연구가 풍성해질 수 있다.

인간과 장소를 관통하는 경로들은 무엇일까? 인간과 인간을 넘어서는 살을 가로지르는 운동에서 어떤 윤리적·정치적 입장이 발생하는가? 음식 섭취는 식물과 동물을 인간의 살로 변형시키기 때문에, 아마도 음식이야말로 손으로 만질 수 있는 최적의 횡단-신체적 물질일 것이다. 음식 섭취가 직접적인 활동이라면, 특이한 물질의 작용능력은 흙에서 입으로 가는 과정에서 드러난다. 『몸과 쾌락: 푸코와 성 정상화의 정치학』에서 라델 맥휘터는 대담하게도 자신의 몸의 계보학을 수행한다. 그녀의 책이 성적 지향성을 주제로 하고 있지만, 여기에는 '백인 되기'에 대한 설명과 더불어서 '흙 되기'becoming dirt에 대한 놀라운 철학적 성찰이 담겨 있다. 그녀는 맛있는 토마토를 가꾸는 일이 '흙에 대한 깊은 존경심'뿐 아니라 이 저급한 물질에 대한 유대감까지 길러 주는지에 대한 이야기를 들려줬다. 도리토스를 먹던 그녀는 퇴비 도랑에 과자 부스러기를 버리려는 찰나 멈칫한다.

---

63 [옮긴이] 생체에서 생산되지 않는 인공화학물질, 약물, 식품첨가물, 환경오염물질 등 생체에 대한 유해물질의 총칭(생명과학대사전). 생체이물 화학물질에 대해서는 이 책의 5장에서 자세히 다뤄진다.

"안 돼, 내 흙에 저 쓰레기를 줄 수는 없지"라고 생각했다. 나는 과자 부스러기를 쓰레기통에 버리고 마지막 과자를 집어 들었다. 과자를 먹으려는 바로 그 순간에 내가 방금 전에 했던 말에 감격했다. 나는 부엌 창문으로 정원과 도랑, 흙을 보았다. 그리고 내 시선은 도리토스 부스러기가 묻은 손에 멈췄다. 흙과 살이라니! 그 모든 차이들에도 불구하고 내가 보기에 사촌지간이라는 생각이 떠올랐다. 가까운 사촌은 아니지만 아무튼 진화의 과정을 거치면서 멀리 떨어졌던 사촌이었다. 그 이후 나는 도리토스를 한 봉지도 사지 않았다.[64]

그 마지막 남은 도리토스를 던지려는 순간의 이 엄청난 깨달음을 서술하는 그녀의 글은 해학적인 인식과도 같이한다. 이 있는 듯 없는 듯 한 흙과 살 사이의 유대감이 흙을 가족의 일원으로 승격시킬 뿐만 아니라, 자아를 이루는 바로 이 물질을 적절하게 보살피고 영양을 공급할 가치가 있는 무엇으로 승격시키는 것이다. 진정으로 퀴어하고 친환경적이며 윤리적인 가족이지 않은가. 우리는 여기에서 흙이 토마토를 거쳐 살이 되는 실질적인 과정을 짐작할 수가 있다. 그러나 맥휘터는 그것을 공들여 설명하지는 않는다. 삶의 근원적 모체인 흙이 아니라 음식에 대해 말하는 것이, 자연을 한 끼 식사거리로 취급하기 때문일 것이다. 영화 「슈퍼사이즈 미」Supersize Me[65]에서 볼 수 있듯이 우리는 자

---

64 Ladelle McWhorter, *Bodies and Pleasures: Foucault and the Politics of Sexual Normalization*, Bloomington: Indiana University Press, 1999, p.167.

신이 소비하는 음식에 의해 변형이 된다. 그렇지만 대부분 그와 같이 자연을 체내로 섭취한다는 식의 설명은 그러한 변형을 무시하는 경향이 있다. 변치 않는 인간 몸의 외곽선만을 강조하기 때문이다. 즉, 음식은 안과 밖의 경계가 분명한 인간의 몸으로 사라져 흔적도 보이지 않게 되는 것이다.

통찰력 있는 「자연을 체내화하기」에서 마거릿 피츠시먼스와 데이비드 굿맨은 체내화 모델을 "은유와 과정 ─ 자연을 사회이론의 몸속으로, 문자 그대로는, 우리 자신을 비롯해서 유기체의 몸속으로 가져오는 유용한 방식 ─ 으로" 옹호한다.[66] 자연의 작용능력을 사회적·경제적·정치적 힘들로 설명하는 피츠시먼스와 굿맨의 모델은 "농업─식품 연결망을 특징짓는 생태환경과 몸의 관계적 물질성을 포착하기 위해" 체내화 개념을 격상시킨다.[67] 이 공식은 자연/문화의 생산을 통한 새로운 사유의 방법을 제공하는 장점이 있다. 그러나 궁극적으로 보면 이러한 음식의 생산은 자본주의적 소비가 그러하듯이 일방적인 사건이다. 비록 맥훠터는 토마토를 기르고 싶다는 단순한 생각에서 출발하지

---

65 [옮긴이] 2004년에 출시된 미국의 천재적 괴짜 감독 모건 스펄록의 영화. 이 영화는 햄버거가 인류 건강에 미치는 영향을 연구하겠다는 포부하에 만들어졌다. 감독이 직접 몸소 하루 세 끼를 햄버거만 먹어 치우며 그 모습을 관객들에게 보여 준다. 감독은 실험을 시작한 지 1주일 만에 체중이 무려 5kg이 늘고 무기력함과 우울증까지 느낀다.

66 Margaret FitzSimmons and David Goodman, "Incorporating Nature: Environmental Narratives and the Reproduction of Food", *Remaking Reality: Nature at the Millennium*, eds. Bruce Braun and Noel Castree, London: Routledge, 1998, p.194.

67 Ibid., p.216.

만, 그녀의 시나리오는 이와는 정반대의 방향으로 향한다. 흙으로 기른 과일을 체내화시키는 것이 아니라 그녀 자신의 살을 흙으로 확장시키는 것이다. 맥휘터의 푸코주의적 분석은, 저술의 대부분이 생태학적 문제가 아니라 성 정체성의 규범적 장치에 할애하고 있지만, 물질의 구성 성분을 재정의하는 대목에서 생태학적인 차원을 확보한다.

푸코가 아니라 스피노자를 원용하는 모이라 가텡은 맥휘터와 유사한 방식으로 인간을 넘어서는 세계를 향해 열린 인간의 몸을 묘사한다. 인간 몸의 정체는 "결코 데카르트적 자동인형처럼 최종적으로 완성된 생산물로 간주될 수 없다. 이는 바로 몸이 환경과 끊임없이 상호교환하기 때문이다. 인간 몸은 근본적으로 주위 환경을 향해 열려 있고 다른 몸과 합성하고 재합성하고 또 해체될 수 있다".[68] 체내화 모델에서 인간의 자아는 변함없이 자아동일성으로 유지되는 반면에, 가텡의 스피노자식 모델은 인간 몸을 고정된 대상으로 보지 않는다. 다른 몸과 상호적으로 영향을 주고받으면서 언제나 변형되는 과정에 있기 때문이다. 가텡은 이 "다른 몸과 '마주침'이 우리의 개별적 체질에 도움을 주느냐 해를 입히느냐에 따라 좋거나 나쁜 마주침이 된다"고 설명한다.[69] 기이하게도, 스피노자의 몸 이해는 "환경과 주고받는 일부 상호교환[들]"이 질병, 질환, 또는 죽음에 이를지 모른다고 경고하는 환경보건운동과 같은 몇몇 21세기 신체성 모델과 유사해 보인다.[70] 사실, 유전자변형식품

---

68 Moira Gatens, *Imaginary Bodies: Ethics, Power and Corporeality*, New York: Routledge, 1996, p.110.

69 *Ibid*.

46 말, 살, 흙

에 반대하는 시위자들은 이렇게 기술적으로 변형된 물질들이 인간 몸에 유리하게 체내화되지는 않을 것이라고 경고하고 있다. 유전자변형 식품들은 지금까지 과학이 몇십 년 동안 발견하지 못했던 해로운 영향을 인간과 다른 생명체에게 줄지도 모른다.

땅과 위장 사이의 음식학적gastrological 관계는 횡단-신체적 이동의 소화 가능한 예를 보여 준다. 반면에, 비키 커비는 인간의 신체성이 우리가 지금까지 알고 있었던 것과 달리 세계를 향해 열려 있다는 것을 설명하였다. 『말하는 살: 신체적인 것의 실체』에서 커비는 자크 데리다의 "텍스트 바깥에는 아무것도 존재하지 않는다"라는 유명한 명제를 다음과 같이 나름대로 해석한다. "마치 물질의 조직, 존재의 기반이 이러한 가변적인 상호텍스트라도 된다는 듯, 그것은 자연과 문화의 전통적 분리를 지탱하면서 동시에 넘어서는 '글쓰기'이다."[71] 그녀는 "자연이 끄적거리거나 살이 글을 읽는" 가능성까지 고려한다.[72] "만일 자연이 글을 읽을 줄 안다면, '언어는 무엇인가?' ― 좀 더 극적으로는 '누가 읽는가?' ― 라는 질문은 데카르트적 주체를 그 근본부터 뒤흔들어 놓는다"는 것이다.[73] 이와 같이 그녀는 텍스트성에 대한 탈구조주의 모델을 확장함으로써 탈구조주의의 가장 기본적인 용어들이 근본적으로 재정의되도록 만든다.

---

70 *Ibid.*

71 Vicki Kirby, *Telling Flesh: The Substance of the Corporeal*, New York: Routledge, 1997, p.61.

72 *Ibid.*, p.127.

73 *Ibid.*

내가 여기서 불러내려고 하는 것은 말과 살이 완벽하게 얽혀 있다는 어떤 '느낌'이다. 이는 '살'이 실제로 지시되는 어떤 무엇에 대한 사실을 매개하는 말이기 때문이 아니라, 살이 말의 실체, 기호의 동일성, 그리고 문화의 영역이며, 이것들의 그 어떤 것도 그것 자체 안에 자율적으로 닫히지 않기 때문이다. 그것들 모두는 어떠한 최종적인 의미에서도 외부성을 갖지 않는 차이화의 역장力場 안에서 창발적으로 출현한다.[74]

커비의 비판은 침묵하는 물질을 후경으로 물리고 인간과 자연, 언어에 경계를 세우는 것을 거부하면서 탈구조주의를 포스트휴먼적 지평으로 변형시킨다. 자연, 문화, 몸, 텍스트들 모두는 무한한 '차이화의 역장' 속으로 풀어헤쳐진다. 맥훠터, 가텡, 커비에게 인간에게 고유한 것으로 여겨져 왔던 것은 자신을 벗어나 인간 신체성의 구성요소라는 더 넓은 영역 속으로 열린다. 또 커비의 경우에는, 심지어 인간 언어 시스템조차 궁극적으로는 '자연'이라고 부르지 않을 수 없는 어떤 무엇과 분리 불가능한 더 넓은 영역 속으로 열린다. 이 이론가들은 자연을 길들여지지 않은, 문자 그대로 비가정적인nondomestic 공간이 되길 요청하는 수많은 페미니즘의 댓글의 한 종류로 읽힐 수 있다. 인간 신체성과 텍스트성이 인간을 넘어서는 세계를 향해 확장하듯이 인간과 자연을 분리하고 인간을 그와 같이 규정하는 가정적domestic 울타리라는 담

---

74 *Ibid.*

벼락은 어디에서도 발견되지 않는다. 말과 살, 흙은 이제 더 이상 개별적 개체가 아니다.

낸시 투아나는 주목할 만한 에세이 「끈적끈적한 다공성: 허리케인 카트리나를 증언하기」에서 유사한 혼합을 포착한다. 그녀는 바람, 비, 홍수, 살, 인종주의, 정치, 심리학, 수문학, 가난, 그리고 폴리염화비닐 PVCs이 뒤섞이며 혼합되듯이, 허리케인 카트리나를 "사회적 실천과 자연 현상" 양자의 "복합적 상호작용"으로 이해해야 한다고 주장한다.[75] 이 상호작용주의 존재론interactionist ontology은 '끈적끈적한 다공성'이라는 개념화로 요약된다. "살 ─ 내 살과 세계 살 ─ 의 끈적끈적한 다공성이 [존재한다.] 이 다공성은 우리가 세계에 속해 있고, 세계를 발생시키고, 세계 안에 존재하게 하는 경첩이다. 그것이 상호작용을 발생시키는 얇은 막을 가지고 있기 때문에 나는 그것을 끈적거린다고 부른다. 이 박막membrane들은 피부와 살, 예단과 상징적인 상상물, 습관과 신체화와 같은 다양한 유형을 지닌다."[76]

의미심장하게, 점착성viscosity 개념을 통해 투아나는 '구분'을 윤리적·정치적 문제로 강조한다. 그녀는 카트리나를 발생시킨 자연적 요인과 사회적 요인을 "뚜렷하게 존재론적으로 분할할 수 없기 때문에" "현상들의 복합적인 상호작용"을 살펴봐야 한다고 주장한다.[77] 그리고 해

---

75 Nancy Tuana, "Viscous Porosity", *Material Feminisms*, eds. Stacy Alaimo and Susan J. Hekman, Bloomington: Indiana University Press, 2007, p.193.
76 Ibid., pp.199~200.
77 Ibid., p.193.

명의 책임을 요구한다.

이것이 인간적 요인들이 허리케인 또는 어떤 다른 기후와 관련된 현상들의 강도를 어느 정도로 증가시켰는지 우리가 결정할 수 없다는 것을 의미하지 않는다. 진정으로 분배정의distributive justice의 쟁점은 다음을 요구한다. 인간에게서 기인한 기후 변화로부터 발생하는 손실에 대해 국가들에게 책임을 할당하는 방식을 결정하기 위하여 그러한 구분을 해야 한다. 이는 책임에 대해 '오염자-부담' 원칙을 채택하면 수행될 수 있기 때문이다. 다시 강조하자면, 구분을 지을 수 있다. 이것이 내가 유동성이라는 어구보다는 '끈적끈적한 다공성'이라는 용어를 사용하는 이유이다.[78]

그렇다면 끈적끈적한 다공성은 생물학적·사회적·정치적인 것들을 매개할 박막을 강조하기 때문에 과학적/윤리적/정치적 관점에서 물질적 상호교환을 이해하는 강력한 모델을 제공할 수 있다. 그리고 내가 『말, 살, 흙』 전체를 통해 주장하는 횡단-신체성의 진면모를 잘 보여 준다고 할 수 있겠다.

78 Ibid.

횡단–신체성과 환경주의운동

횡단–신체성은 인간의 몸에 초점을 맞추기 때문에, 그것이 인간중심주의를 재도입한다고 비난할 수도 있다. 예를 들면, 얀 호크만은 횡단–신체성에 대해 "문화가 스스로를 자연적이라고 또는 자연의 일부라고 부름으로써 자연을 침범하는" 또 하나의 "비열한 환유"라고 비난한다.[79] 호크만은 "자연에 필요한 것은 문화와 유대하는 것이 아니라 문화의 지속적인 구타와 스토킹으로부터 안식처를 제공하는 별거와 이혼, 자율성, 즉 '피난처'(보호소)를 통한 보호"라고 주장한다.[80] 여기에서 구타당하는 아내로 자연을 의인화하는 것은 섬뜩하기까지 하다. 더 고약한 문제는 문화와 환경 사이의 복합적인 역동성을 설명하지 못한다는 점에 있다. 물론 수많은 종의 생존이 인간의 약탈과 훼손으로부터 생태계와 서식지를 보호하는 데 달려 있다는 그의 지적은 옳다. 특정 환경에서는 인간이 자연을 지속하기 위해 개입함으로써 환경이 보존될 수도 있다. 그러나 이 시점에서, 예상보다 더 빨리 진행되는 전지구적 기후 변화에 대해 우리가 광활한 육지와 바다는 인간이 초래한 파괴의 범위 바깥에 있다고 생각하는 것은 사치이다. 환경주의운동이 관심을 갖고 경의를 보내는 문제들은 언제나 '여기'이면서 '거기'이고, 지역적이면서 동시에 전지구적이며, 개인적이고 정치적이며, 실천적이고 철학적이다. 비

---

79 Jhan Hochman, *Green Cultural Studies: Nature in Film, Novel, and Theory*, Moscow: University of Idaho Press, 1998, p.171.

80 *Ibid.*, p.188.

록 몸과 환경 사이의 이동으로서 횡단-신체성은 과도하게 국소적이기는 하지만, 생산에서 소비에 이르는 독성물질을 추적하는 것은 사회적 부정의social injustice의 전지구적 연결망들, 느슨한 규제, 그리고 환경피해의 실상을 폭로한다. 나는 『장소에 대한 의식과 지구에 대한 의식: 전지구성에 대한 환경주의적 상상력』에서 다음과 같이 주장한 우슬라 헤이즈에 동의한다. "생태적 각성과 환경윤리에 핵심적인 것은, 논쟁의 소지가 있기는 하지만 장소에 대한 감각이 아니라 지구에 대한 감각, 정치적·경제적·기술적·사회적·문화적·생태적 연결망이 우리 일상을 형성하는 방식에 대한 감각이다."[81] 헤이즈는 "인간과 비인간 종들의 지구적 '상상 공동체'의 일부로서 개인과 그룹을 상상하는 시도"인 '생태-세계시민주의'eco-cosmopolitanism를 제창한다.[82] 나의 기획은 횡단-신체성을 인정하는 것이 전지구적 연결망들에 대한 연구조사를 자극한다는 점에서 헤이즈의 기획과 연합될 수 있다. 따라서 비록 횡단-신체성 개념이 인간중심적으로 보일 수 있겠지만, 현재의 표면적 중심이 궁극적으로는 다중적인, 종종 전지구적인 연결망 전체로 확장될 수 있다. 게다가, 지속적인 실천으로서 연구가 횡단-신체적 환경주의운동만큼 헤이즈의 생태-세계시민주의에 핵심적이라는 점을 생각하면 더욱 그러하다. 헤이즈의 주장에 따르면 생태-세계시민주의는 "생물권의 연결성에 대한 이해에 동등하거나 더 큰 지지를 보내는 추상적이면서 고

81 Ursula Heise, *Sense of Place and Sense of Planet: The Environmental Imagination of the Global*, New York: Oxford University Press, 2008, p.61.
82 *Ibid.*

도로 매개된 지식과 경험"에 가치를 부여하는 개념이다.[83] 나도 이 책에서 다소 유사한 주장을 펼친다. 몸(인간과 비인간 몸 양자)과 더 광범위한 환경 사이의 물질적 상호교환을 이해하기 위해서는 과학 정보의 매개가 필요하기 때문이다.

환경주의적 에토스를 고취하기 위해 우리가 물질세계와 연결되어 있다는 감각적 느낌을 키워 나갈 필요가 있다. 이는 '환경 문제'를 억제가 가능한 예외적이며 또 무시해도 좋은 문제로 규정하는 사회에 팽배한 단절감을 생각하면 더욱더 그러하다. 환경보건운동과 환경정의운동, 대중역학, 녹색소비자운동이 힘을 얻어 감에도, 여전히 주변부의 운동에 머무르고 있다. 현재 미국인들은 대부분 인간이 자연과 환경, 여타 물질적 실체와 힘으로부터 분리되어 있다고 생각하고 있다. 예를 들어 가정에서 사람들은 위험한 살충제와 제초제를 습관적으로 사용하고 있다. 사람들은 천연덕스럽게 그런 행동을 하지만 독성은 그렇지 않다. 또 흉측한 인간-동물 하이브리드들(인간처럼 생긴 거대 바퀴벌레, 매혹적인 고양이-야수 여성)이 출현하는 미래를 제시함으로써 우리를 충격에 빠트리는 공포영화들을 보라. 그러한 영화들은 언제나 하이브리드를 물리치고 승리감에 도취된 '인간'의 초월성으로 막을 내린다.[84] 전

---

83 *Ibid.,* p.62.

84 Stacy Alaimo, "Discomforting Creatures: Monstrous Natures in Recent Films", *Beyond Nature Writing,* eds. Karla Armbruster and Kathleen Wallace, Charlottesville: University of Virginia Press, 2001, pp.279~296; 그리고 Stacy Alaimo, "Endangered Humans? Wired Bodies and the Human Wilds", *Camera Obscura,* vol.40-41, May 1997, pp.227~244를 보라.

지구적 온난화를 사적인 '믿음'의 문제로 치부하는 우파의 온난화 부정 전략을 생각해 볼 수도 있다. 우리가 전지구적 온난화를 '믿든지' 아니든지 선택할 권리가 있기라도 한다는 듯한 태도이다.[85] (사이비 종교적인) 신앙을 가지고 있으면 우리가 물질적/정치적 현실에서 발생하는 위험으로부터 벗어날 수 있다는 듯한 생각이 아닌가. 화려한 대형 주택, 대형 트럭, 휘발유를 펑펑 소비하는 SUV(이 모두는 대기로 배출되는 탄소량의 상당한 원인이다), 이렇게 사는 사람들은 세상으로부터 자신이 완전히 격리된 듯이 느낀다.[86] 그러나 몸과 환경을 가로지르는 물질의 이동에 대해 관심을 갖는 사람들은 초월성과 불침투성이라는 환상 속으로 도피할 수가 없다. 만일 환경윤리에 대해 우리가 "동물, 식물, [비인간] 종, 심지어 생태계와 지구에 대해 도덕적으로 고려"해야 한다는 동심원의 확장으로 이해했다면,[87] 횡단-신체성은 주권적이고 중심적인 존재로서 그러한 인간 이해를 거부한다. 대신 나는, 윤리적 배려와 실천이 '인간'이 언제나 이미 능동적이고 때로 예측 불가능한 물질세계의 일부분이었다는 불편하고 당혹스러운 생각에서 시작되어야 한다고 주장한다. 『말, 살, 흙』에 등장하는 주체들은 로레인 코드가 아름답

---

85 이 생각은 진 해밍(Jeanne Hamming)과의 대화에서 표면화되었다.

86 나는 이것에 대해 Stacy Alaimo, "Insurgent Vulnerability: Masculinist Consumerism, Feminist Activism, and the Gendered Sciences of Global Climate Change", *Women, Gender & Research* (*Kvinder, Kon og Forskning*, Denmark), Fall 2009, pp.22~35에서 심층적으로 논의했다.

87 Andrew Light and Holmes Rolston III, "Introduction: Ethics and Environmental Ethics", *Environmental Ethics: An Anthology*, eds. Andrew Light and Holmes Rolston III, Malden, Mass.: Blackwell, 2003, p.7.

고 정교하게 서술한 '생태적 주체'라는 개념에 가깝다. 그것은 "자신의 인식론적-도덕적-정치적 활동에 대한 책임을 고백하고 그러한 책임을 떠안기 위해 집합적·개인적 입장을 표명하는" 주체를 말한다.[88] 코드가 옹호하는 '생태적 사유'에 따르면, "우리의 연구는, 지식이 생산되고 논의되며 유포되는 장소인 '저 아래 땅에' 뿌리를 내려야 한다".[89] 그것은 "과학적·세속적 연구 기획에서 인간과 비인간 세계에 존재하면서 또한 가로지르는 생명과 사건의 패턴과 장소, 상호연결이 갖는 결과들에 [……] 개입하는 방식을 제안한다".[90] 그녀는 "우주를 지배하려던 인간중심적 기획이 우주에서 계몽주의적 인간을 탈중심화하는 기획으로 대체되었다면" 생태적 사유는 "아는 자의 위치를 자연의 일부라는 자기-의식으로 재조정한다"고 주장한다.[91] 이것은 인식론적 전환이 하나의 윤리적 문제로 바뀌는 방식을 설명한다. 즉, 횡단-신체적 주체들은 타자가 지배할 것으로 여겨지는 세계의 급격한 변화로부터 자신이 분리될 수 없다는 점을 발견하고, 자신의 지배권을 내려놓는 주체인 것이다.

코드는 "사회적-물질적-지성적 대기권(들)을 통해 주입하고 형성하고 순환하는 것"으로서 생태적 사유의 일관된 개념화를 제안한다.[92]

---

88 Lorraine Code, *Ecological Thinking: The Politics of Epistemic Location*, Oxford: Oxford University Press, 2006, p.5.

89 *Ibid.*, p.4.

90 *Ibid.*, p.5.

91 *Ibid.*, p.32.

92 *Ibid.*, p.28. 서로에게 정보를 제공하는 우리의 기획과 페미니즘 인식론이 동일한 목적을 공유함에도 불구하고, 코드는 '생태적 사유'라는 개념을 생태 또는 환경 그 자체와 관계가 없는 인식론적 상황에 폭넓게 적용하였다면, 『말, 살, 흙』에서 나는 물질적 상호

나는 그녀가 옹호하는 인식론을 지지하기는 하지만, 여기서 나의 목적
은 특정한 인식론을 제안하는 것이 아니라 횡단-신체성이 일상적 지식
실천을 파열하는 방식을 추적하는 데 있다. 『말, 살, 흙』은 개인과 집단
이 자신들 자아의 물질성과 씨름할 뿐 아니라, 과학의 도움을 통해 분
석해야 하는 위험사회의 비가시적으로 유해한 자연과도 씨름할 때 발
생하는 혼란과 논쟁의 특정 순간을 포착해서 분석할 것이다. 게다가, 내
가 탐구하는 문화적 인공물은 일관된 인식론을 산출하지도 않는다. 횡
단-신체성의 인식이 우리의 가장 정교한 이해 방식까지도 침식해 들
어오는 무수한, 그리고 상호 연결되어 있는 물질 작용능력 안에 우리가
목까지 잠겨 있다는 당황스러운 느낌을 수반하게 되는데, 나는 그것을
밝히고 싶을 따름이다.

중독된 몸, 과학, 그리고 물질적 자아

종종 예측 불가능한 물질의 작용능력에 잠겨드는 생생한 예의 하나는
우리 몸이 중독되어 있다는, 지금은 우리에게 아주 친숙해진 생각이다.

교환과 물질의 작용능력이 위험사회, 환경보건, 그리고 환경정의운동 안에서 출현하는
범위로 제한하였다. 코드와 내 기획 사이의 흥미로운 연결점과 차이점을 도표화하면
좋겠지만, 이 자리에서는 그녀의 유의미하면서 도발적인 작업에 대해 철두철미하게 분
석할 여지가 없다는 것이 아쉽다. 그러나 하나의 분명한 차이를 언급할 수는 있다. 코드
는 인식론적으로 일관된 철학을 정교하게 구축하였다. 나는 뒤죽박죽인 이론과 문학,
문화적 인공물, 활동가 웹사이트, 그리고 과학적 설명을 탐색하는 문화연구 분석에 치
중하였다.

어니언Onion 웹사이트는 패러디 뉴스에서 이 케케묵은 비유를 다음과 같이 풍자했다.

환경보호청Environmental Protection Agency은 인공·합성·독성물질을 엄청나게 함유하는 미국 시민들의 몸이 산업 쓰레기로 재분류되었다는 경고를 화요일자 속보로 내보냈다. "인간의 몸은 이제 평균 35퍼센트만 유기체일 따름입니다"라고 환경보호청장 랠프 존슨이 보고했다. "현대의 세제, 실리콘 임플란트, 가공 치즈 식품 등으로 발생한 변화 때문에, 인간의 피부조직이 우리 국토의 표토와 접촉하는 것이 더 이상 안전하지 않게 되었습니다."[93]

인간의 몸을 위험한 유해 폐기물로 분류하는 일은, 이미 잘 알고 있음에도 우리가 그 사실을 냉소하거나 아니면 애써 부정하고 있다는 것의 충격적인 예이다. 그 모든 무시무시한 독성물질들이 저기 바깥에 존재한다고 가정되고 있지만 실제로 그것은 이미 우리 몸 안에 존재하고 있는 것이다. 예를 들어 용기에서 짜는 유사 치즈 제품은 소비자들이 원하기 때문에 그렇게 생산되었는데, 그것은 암을 유발한다거나 지구를 훼손하는 등 소비자가 원치 않는 결과를 초래한다. 자신이 기분 좋게 먹었던 도리토스로부터 흙이 오염되지 않도록 보호해야겠다고 맥

93 "EPA Warns Human Beings No Longer Biodegradable", *Onion*, 43.30, July 26, 2007. / [옮긴이] https://www.theonion.com/epa-warns-human-beings-no-longer-biodegradable-1819569218(accessed: 2018.6.29.).

휘터가 생각하고, 가상의 환경보호청이 미국의 표토층을 시민들의 몸으로부터 오염되는 것을 방지해야 한다고 공표하는, 이러한 기괴한 순간에 직면하면 우리는 불침투적이고 탈신체화된 인간 형상이라는 인습적 관념으로 더 이상 도피할 수 없게 된다.

인간과 비인간 모두의 중독된 몸 ─ 케케묵은 비유법이든, 아니면 억압되거나 부정되든 ─ 은 여전히 상황을 복잡하게 만든다. 하나의 특정한 화학물질을 예로 들어 보자. 그것을 생산하는 노동자와 그것이 생산되는 부지, 나중에 그것을 흡수하는 식물과 동물 모두가 중독이 된다. 이러한 독성물질의 이동은 다음과 같은 활동들이 서로 연결되어 있다는 사실을 드러낸다. 환경보건, 직장 보건, 노동자, 환경정의, 대중역학, 환경주의, 생태 의학, 장애 인권, 녹색 살림, 반지구화, 소비자 인권, 아동보건, 아동복지와 같은 활동이 상호 연결되어 있다는 것이다. 이러한 독성물질의 이동으로 인해서 우리는 인간의 안녕이 지구의 안녕과 무관하다고 생각하거나, 자연을 '보존'하기 위한 특정 지역을 지정함으로써 '자연'을 보호할 수 있다 생각하고 안심할 수 없게 된다. 달리 말하면, 횡단-신체성의 윤리적 공간은 어느 다른 곳이 아니라 이미 우리가 살고 있는 바로 여기이다. 절충하고 지속적으로 활성화시키는 형태라고 해도 마찬가지이다. 우리를 둘러싼 모든 물질들에 대한 관심과 탐구를 요구하는, 거의 인식이 불가능한 새로운 종류의 윤리학이 출현하는 것이다. 우리가 어느 정도 책임을 져야 하는 것들, 인간과 다른 것들에게 해를 끼칠 수 있는 것들, 우리가 아직 충분히 알지 못하는 것들에 대해 연구해야 하는 것이다. 횡단-신체주의 윤리학은, 생명 세계를 파괴하지만, 그것에 맞서 싸우거나 변형시키기가 극히 어려운 물질적·경제적·문화적 시스템들을 동시에 탐색하는 방식을 우리가 찾아내도록 요구한다.

예를 들면, 독성물질의 이동을 추적함으로써 우리는 화학요법 약품을 판매하는 몇몇 회사들이 동시에 발암성 화학제품을 생산한다는 사실을 발견할 수 있다. 이 사실에 관심을 갖는 것은 분명 유용한 일이다. 그러나 해결하기는 쉽지 않다. 시뮬라크라simulacra와 겉만 번드르르한 홍보 캠페인의 세계에 살고 있는 우리가 관심의 초점을 그러한 이미지가 아니라 물질에 맞추기는 어렵다. 이 힘든 일을 '유방암을 가진 나쁜 여자들'이라는 별명을 가진 유방암행동단체Breast Cancer Action가 지금 시도하고 있다. 그들은 "핑크 리본 캠페인의 홍보가 유방암 치료에 대한 자신들의 관심을 보여 준다"고 주장하면서 회사의 제품을 "핑크색으로 세탁"하는 기업들의 허구를 폭로한다.[94] 그 회사가 "유행병을 일으키는 제품들을 제조하는" 회사라는 것이다. 핑크 리본 장식을 사용하는 화장품 회사, 식품 제조사, 자동차 회사와 그 외에 다른 회사들도 (유방)암 유행병과 공모 관계에 있다. 이 실체 없는 상징인 핑크 리본이 기금모금과 '각성'을 위해 다채로운 소비자 상품과 서비스에 부착되어 있다는 사실은 매우 의미심장하다. 그런데 유방암행동단체는 그러한 제품들에 함유된 화학성분에 주목하였다. 그리고 그런 제품에 발암

---

94 이 단체의 웹사이트를 보라. / [옮긴이] https://www.bcaction.org/2007/10/01/take-action-think-before-you-pink(accessed: 2018.6.29.).

성분이 포함되어 있다는 사실을 폭로하였다. 우리 주위에 널려 있는 그러한 상품들은 인체에 해로운 것만이 아니다. 인체에도 쉽게 침입할 수 있기 때문에 이러한 발암물질은 인간을 지극히 취약한 존재로 만들어 버렸다. 그 결과 핑크 리본은 갑자기 끔찍한 것의 상징이 된다. 이러한 횡단-신체성에 대한 당혹스러운 느낌은 "당신은 당신의 친구와 식구, 동료들에게 유방암의 위험에 대한 각성을 촉구하는 데 도움을 주고, 유방암을 영원히 소멸하도록 만드는 데 도움을 줄 거예요"라고 하면서 사람들에게 "치료를 위해 열정적으로 핑크"에 동참할 것을 당부하는 수전 G. 코멘 재단과는 매우 동떨어진 우주이다.[95] 코멘 웹사이트가 보여주는 사진의 여성들은 말로 표현할 수 없을 정도로 행복해 보인다. 아마도 그러한 '각성' 상태가 그들을 위로하고, 심지어 정신적인 지복감至福感도 주기 때문일 것이다. 그러나 유방암의 위험에 대한 각성은 유방암을 끝장내는 데 아무 도움이 되지 않는다. 이는 이러한 각성의 실제 내용은 애매모호하고, 음식, 공기, 물, 화장품을 비롯한 다른 소비 제품들에 포함된 독성물질이 암을 유발할 수 있다는 사실을 노골적으로 외면하게 만들기 때문일 것이다.

우리가 살아가는 위험사회risk society의 구성원들 대부분은 진정한 각성에 이르지 못했다. 울리히 벡은 근대화의 '위험'을 평범한 사람들은, 과학기술이나 과학기관의 도움을 받지 않으면, 이해가 불가능하지

---

95 수전 G. 코멘 포더큐어(Susan G. Komen for the Cure) 웹사이트를 보라. / [옮긴이]
http://rfccin.convio.net/site/PageServer?pagename=events_passionatelypink
(accessed: 2018.6.29.).

는 않다고 하더라도 지극히 어렵다고 말했다. "위험의 이해는 가설과 실험, 측정 장치와 같은 과학의 '감각 기관들'"을 필요로 한다.[96] 그러한 기관을 통해서만이 "가시화되고, 또 위험요인으로 분류도 가능하기" 때문이다.[97] 내가 이 책에서 다루는 환경보건과 환경정의의 횡단-신체성은, 정확하게 이러한 위험사회에 대한 감각에서 출현한다. 일반 개인들도 위험을 판단하기 위해, 또 자아의 정체를 이해하기 위해서 과학 지식으로 무장할 필요가 있다.

우리가 광범한 세계와 맺는 물질적 상호연결이 우리를 위기에 처하게 한다는 인식에서 출발한 환경행동주의와 녹색소비자운동은 그러한 인식을 더욱 확산시켰다. 예를 들면, 2004-2005년도에 그린피스 Greenpeace는 수은 반대 캠페인을 발족하고, 수은 중독 여부를 검사하기 위해 사람들이 자신의 머리카락을 보내 주도록 권장했다. 이러한 행동은 우리가 전지구적 경제, 산업, 환경 시스템은 물론이고 전지구적 환경 캠페인과 신체적으로 연결되어 있다는 사실을 지각하도록 해준다. 이는 그린피스가 참여자들에게 몸의 수은 함량 수치를 통보했고, 건강에 미치는 영향과 관련해서 수치의 의미를 설명했으며, 식단의 조절과 정치적 수단을 활용해서 수은 노출을 최소화하는 방법에 대해 진지한 토론이 있었기 때문에 가능한 일이었다. 이 운동에 참여했던 사람들은 자기 몸이 문자 그대로 광범한 세계와 얽히는 방식에 대해 생각해 봤

---

96 Ulrich Beck, *Risk Society: Towards a New Modernity*, trans. Mark Ritter, London: Sage, 1992, p.27. 강조는 원저자.
97 *Ibid.* 강조는 원저자.

을 것이다. 그린피스가 보낸 검사 결과를 받았을 때 나는 수은이 내 몸으로 유입되는 다양한 경로(유아기에 먹은 참치 샌드위치? 댈러스의 공기 오염?)를 상상할 수 있었다. 자료의 명백한 수치(.35),[98] 그리고 과학 검사가 내 머리카락을 데이터 덩어리로 전환시킨 과정들(라투르의 '순환하는 참조점'과 다르지 않은 과정)에 충격을 받았다.[99] 자기 몸의 독성 수치에 대한 과학적 데이터를 받아 봤다는 사실을 비롯해서, 이 한 줌의 지식도 과학과 행동주의가 얽혀 있는 우발적인 네트워크를 통과한 후에야 비로소 가능했다는 사실이 나로선 상당히 당혹스러웠다. 그린피스가 보낸 편지를 열어 보기 전까지 내가 단지 이 숫자에 접근할 수 없었던 것만이 아니었다. 내가 그러한 숫자를 원했는지 또는 그 숫자가 존재했는지조차 알지 못했다. 우편물을 가로지르면서, 또 권력과 지식이 얽혀 있는 연결망을 가로지르면서 내 머리카락 덩어리는 횡단-신체적 위험사회를 위한 지침서가 되었다.

내가 이 책 전체를 통해 주장하는 바는 자아의 구성 물질을 더 광범

---

98 [옮긴이] '.35'는 0.35ppm 또는 0.35mg/kg을 의미하는 듯하다. 앨러이모가 보이듯이, 인간 신체 내 수은농축을 측정하는 가장 간단한 방법은 모발검사이다. https://www.ncbi.nlm.nih.gov/pmc/articles/PMC2366395/에 따르면, 모발검사를 통해 측정된 수치에 따라서 0.8~4.4mg/kg은 가벼운 증상, 1.5~6mg/kg은 중등도 증상, 3~12mg/kg은 심각한 증상을 나타낸다.

99 Bruno Latour, "Circulating Reference: Sampling the Soil in the Amazon Forest", *Pandora's Hope: Essays on the Reality of Science Studies*, Cambridge, Mass.: Harvard University Press, 1999를 보라. "말과 세계 사이의 차이"를 가정하는 존재론에 반대해서, 라투르는 과학 실천 안에서 나타나는 현상들은 "변형들의 가역적인 연쇄 전체를 따라 순환하는 어떤 무엇"이라고 주장한다(*Ibid*, p.24, p.71). 라투르는 물질로부터 형식으로의 길고 긴 연쇄를 강조한다.

위한 환경과 상호연결로 이해함으로써 주체성 개념에 일대 전환을 기해야 한다는 것이다. 물질적 자아는 복합적인 경제적·정치적·문화적·과학적·물질적인 연결망과 얽힐 수밖에 없기에, 외관상 안과 밖의 경계가 분명했던 인간 주체는, 이제 불확실성의 소용돌이에 내던져진 자신을 발견한다. 과거에 단 한 번도 윤리적 또는 정치적 문제와 연관이 없었던 실천과 행동이 별안간 눈앞에 놓인 위기들의 구성 요소가 된 것이다. 이것은 전지구적 기후 변화의 사례에서 특히 명백하게 나타난다. 개인과 가정, 사업체, 대학, 도시, 주, 국가는, 다양한 인간 활동이 배출한 엄청난 양의 탄소가 현재 생태환경에 얼마나 남아 있는지를 측정할 수 있다.[100] 정작 중요한 것은, 환경보건과 환경정의, 웹 기반 하위문화, 녹색소비자운동green consumerism, 문학, 사진, 활동가 웹사이트, 영화 등에서 나타나는 횡단-신체성 개념은 모든 것이 서로 연결되어 있으며 인간도 물질적이며 창발적인 세계의 구성요소의 하나라는 인식을 심어 주는 역할을 한다는 것이다. 따라서 개인적, 철학적, 심리학적, 또는 담론적 문제였던 자기에 대한 앎의 추구는, 이제 다소 우리 인간과 함께 존재하는coextensive 환경의 구성요소가 무엇인지에 대한 '과학적인' 연구로까지 확대되어야 한다. 그렇지만 과학 정보가 확실하고 견고한 기반을 제공한다고 생각하면 안 된다. 과학 정보도 편견으로부터 자유

---

100 Mark Lynas, *High Tide: The Truth about Our Climate Crisis*, New York: Picador, 2004를 읽은 후, 나의 2009년 봄 '문학과 환경' 수업에 참여한 학생들은 기후 변화에 대한 우리 자신의 집합적 공모성에 대한 날카로운 의식을 갖게 되었다. 그 책에 대한 토론 후에 이어진 수업들은 전기 조명의 도움 없이 이뤄졌다.

롭지 않으며 또 불완전하거나 불명료하다. 뿐만 아니라 연구의 대상(물질세계)이 극도로 복합적이고 다양한 작용능력들로 이루어져 있으며, 또 계속해서 창발적이기 때문에 더욱 그러하다.

생체이물 화학물질xenobiotic chemical에 대한 현 지식의 위상을 예로 들어 보자. 화학 회사와 제약 회사처럼 권력을 가진 회사들은 지식이 생산되고 대중에게 전달되는 과정에 지대한 영향을 미친다. 『암 전쟁: 어떻게 정치는 우리가 암에 대해 알아야 할 지식과 몰라도 좋은 지식을 만들어 내는가』에서 로버트 프록터는 "무지와 불확실성은 제조되고 유지되며 또 확산될 수 있다"고 주장한다.[101] 그러나 무지와 불확실성, 노골적으로 의도된 엉터리 정보의 문제를 제쳐 두더라도, 미국 내에서 "상습적으로 배출되는 **수십억 파운드**"의 독성 화학물질로 인해 발생하는 엄청난 양의 화학물질이 어떻게 상호작용을 할지 예측하는 것이 불가능하다는 사실에는 변함이 없다.[102] 샌드라 스테인그래버에 의하면 "광범하게 사용되는 화학제품들의 3분의 2가 기본적 암 유발 검사를 통과하지 못했다"고 하는데, 그것만이 문제인 것은 아니다.[103] 다양한 화학 복합물들이 우리 몸과 환경에 대해 상호-/내부-작용하는inter- and intra-act 방식에 대해서는 거의 알려진 것이 없다.[104] 화학물질의 상

---

101 Robert N. Proctor, *Cancer Wars: How Politics Shapes What We Know and Don't Know about Cancer*, New York: Basic, 1995, p.8.
102 Sandra Steingraber, *Living Downstream: A Scientist's Personal Investigation of Cancer and the Environment*, New York: Vintage, 1998, p.102.
103 *Ibid.*, p.281.
104 *Ibid.*, p.258.

호작용은 물질의 작용능력 및 거의 인식 불가능한 개념인 내부-작용을 모두 강조하는 캐런 배러드의 폭넓은 존재-인식론으로 이해될 수 있다. 배러드가 양자물리학, 특히 닐스 보어Niels Bohr의 이론을 발전시킨 내부-작용 개념은 '사물'이 관계에 앞서서 존재한다는 존재론을 거부한다. 그에 의하면 (개별적 사물과 대립되는) "관계항relata은 관계에 앞서서 존재하지 않으며, 현상들-안의-관계항은 특정한 내부-작용을 통해 출현한다".[105] 나는 물질세계를 작용능력적인 것으로 이해하고 사물들을 내부-작용들에 앞선 것으로 보지 않는 그녀의 이론은 21세기 환경주의운동에 결정적인 중요성을 갖는다고 생각한다. 어떤 존재하는 것(생명체, 생태계, 기후학적 패턴, 해류 등)이 단순히 저기 바깥 어딘가에 존재하고 있다고 당연하게 생각하지 말아야 한다. 양자물리학에서 출발하는 배러드의 이론은 무시간적인 존재-인식론이지만, 나에게는 그것이 환경 위기의 현대적 상황을 이해하는 데 도움이 된다고 생각된다. 이 위기는, 규모가 크고 정교한 인간의 실천들, 추출물, 변형물, 생산물, 그리고 배기가스가 모든 층위에서 지금까지는 상상할 수도 없었던 내부-작용들을 촉발한 데서 비롯되었다. 물질 환경이 측정 불가능하고 상호연결된 작용능력의 영역이라고 하자. 그렇다면 우리는 지속적인 상호작용, 내부-작용, 창발성emergence의 세계,[106] 그리고 위험이 끝없

---

105 Barad, *Meeting in the Universe Halfway*, p.140.
106 [옮긴이] emergence와 emergent는 '창발성'과 '창발적'으로 번역했다. 이 용어는 생물학의 '창발적 진화'에서 왔다. 앨러이모가 이 용어를 쓸 때 진화론적이고 생물학적인 뉘앙스를 지닌다.

이 변화하는 세계 안에서 정치적이며 정책적인 결단, 그리고 심지어 개인적 결단을 내려야 할 것이다.

울리히 벡은 "안전감이 상실되고 신뢰가 무너진 규범적 지평"을 배경으로 "우리가 어떻게 살기를 원하는가?"라는 질문이 제기되면서 '암시적 윤리학'implicit ethics이 위험사회 안에서 출현한다고 주장하였다.[107] 위험 요인을 결정하는 행위 자체가 윤리의 한 형식이며, 그러한 결단은, 아직 인지되지 않았고 충분히 발전되지도 않았지만 "자연과학과 인간학, 일상과 전문 영역의 합리성, 이해관계와 사실들의 공생"에 있다고 주장한다.[108] 『말, 살, 흙』에서 논의되는 텍스트들은 위험 문화 속에서 안다는 것, 산다는 것, 그리고 행동한다는 것이 무엇인지 보여주는데, 이를 통해서 나는 암시적이며 명시적인 윤리적 문제들과 씨름할 것이다. 5장에서 좀 더 자세히 다룰 스테인그래버는 '사전주의 원칙' precautionary principle이 이와 같이 위험한 세계에서 살아가는 윤리라고 주장한다. 사전주의 원칙은 "어떤 활동이 인간의 건강과 환경을 위협할 때, 비록 그 원인과 결과의 관계들이 과학적으로 충분히 증명되지 않았을지라도 예방 조치를 취해야 한다는 것이다. 이런 맥락에서 대중이 아니라 운동을 옹호하는 사람들이 증거 수집의 책임을 져야 한다".[109]

물질 작용능력이 무엇을 할지 우리는 적절하게 예측할 수도, 안심할 수 있도록 통제할 수도 없다는 것을 인정하고 조심해야 한다. 이때

---

107 Beck, *Risk Society*, p.28.
108 *Ibid*.
109 Steingraber, *Living Downstream*, p.284.

사전주의 원칙은 실용적이면서 상식적인 행동 요강 역할을 한다. 더불어 횡단-신체성이 더 많은 책임과 불확실한 인식론을 요구하는 이유를 설명해 주는 역할도 한다. 그것은 왜 21세기 초반에 살아가는 우리가 자신을 둘러싼 수많은 비가시적 위험을 알기 위해 과학 지식을 필요로 하는 이유를 극적으로 보여 준다. 동시에 예측 불가능한 물질의 작용능력에 대해 과학적 지식을 가지고 있더라도 우리는 그런 예견되지 않은 피해를 피해갈 수 없다는 사실도 극적으로 보여 준다.[110] 특히 횡단-신체적 공간의 생생한 예인 독성물질로 중독된 몸은 환경주의운동과 환경보건운동, 사회정의운동이 서로 단절될 수 없음을 입증한다. 이 중독된 몸은 우리로 하여금 환경과 지속적으로 상호교환하는 자신의 모습을 상상하도록 자극한다. 그리고 역설적으로 다른 생명체의 예측 불가능한 생성과 인간 지식의 한계를 동시에 고려에 넣는 인식론적 공간을 상상하라고 자극하기도 한다. 독성물질에 중독된 몸은 우리가 안과 밖의 경계가 뚜렷한 개인이라는 탈신체적 가치와 이상에서 벗어나는 물질적·횡단-신체적 윤리를 지향하도록 촉구한다. 그리고 우리가 수많은 사람·종·생태계에 지대한 영향을 미치고 예측 불가능한 결과를 초래하는 상황과 맞물려 전개되는 실천에 관심을 기울이도록 요구한다.

---

110 제프 하워드는 환경 재앙을 묘사하기 위해 '추잡한 소식'이라는 경이로운 용어를 제안함으로써 예방적 사유에 대한 필요성을 강조한다. J. Howard, "Environmental 'Nasty Surprise' as a Window on Precautionary Thinking", *Technology and Society Magazine* (IEEE), vol. 21, no. 4, 2003, pp. 19~22를 보라.

요약

『말, 살, 흙』은 첫 두 장에서 "노동자계급의 허파"와 같은 주장이 무엇을 의미하는지, 자신의 피가 자신의 것이 아니라는 주장이 무엇을 의미하는지 질문하면서 몸이 명시적으로 나타나는 인종·계급·젠더에 대한 환경정의 모델을 제시할 것이다. 횡단-신체성의 다른 예들처럼, 사람, 장소, 물질이 융합되듯이 생물학과 정치학도 융합된다. 2장과 3장에서 다룰 환경정의 투쟁 논의는, 증거의 본질이 무엇인지, 과학과 기술에 대한 활동가의 필요, 그리고 냉철한 객관성을 거부하는 과학에 대해 질문을 제기한다. 2장 「에로스와 X선: 몸, 계급, 그리고 '환경정의'」에서 나는 노동계급의 몸과 환경 사이의 근본적으로 다른 관계들을 묘사했던 20세기 초반의 작가 메리델 르 쉬외르와 뮈리엘 뤼케이서의 작품을 논의한다. 노동계급의 활력과 가치가 스며든 에로틱한 자연의 몸을 놀랍도록 잘 묘사한 르 쉬외르는, X선에 적나라하게 드러나는, 규폐증으로 죽어가는 광부를 묘사한 뤼케이서와 극명하게 대조된다. 르 쉬외르와 뤼케이서는 환경정의라는 단어가 존재하기 이전에 '환경정의'에 대한 개념화의 시도를 명시적으로 보여 주는 동시에 인간중심적 윤리와 생태중심적 윤리 사이의 불화를 일찍이 형상화했다. 이 장에서 나는 담론적 논쟁의 문화연구 모델로부터 좀 더 물질적인 분석 모델로 이동하게 될 것이다. 르 쉬외르와 뤼케이서의 정치적 목표를 설명하기 위해서는 문화와 물질의 상호겹침을 이해해야 하고, 그것을 위해서는 담론적 패러다임의 경계를 관통하는 신체 이론이 필요하다고 주장할 것이다.

3장 「비가시적 물질들: 환경정의의 과학」은 환경정 행동주의와 문학 안에서 나타나는 바, 지식의 과학적 매개, 인종적인 몸, 그리고 유독한 환경 사이의 상호교차 관계의 탐색이다. 사회정의를 위한 민권운동과 차별 철폐 조처affirmative action, 정체성 정치identity politics는 개인을 몸의 안과 밖의 경계가 분명하고 유기체적인 개체로 간주하는 경향이 있는데, 인간 몸과 보건, 인권이 특정 장소의 물질 ─ 종종 독성 있는 물질 ─ 의 흐름과 연결되어 있다는 사실을 인식하게 되면 그러한 운동의 성격이 심오하게 바뀔 것이다. 현대 몇몇 미국 문학작품은 몸과 자연을 가로질러 이동하는 비가시적인 위험들을 포착하려는 투쟁을 묘사하고 있다. 예를 들어, 아나 카스티요Ana Castillo의 소설 『신으로부터 그토록 멀리』So Far from God와 사이먼 오티즈Simon Ortiz의 시는 사람들이 위험사회의 위험한 물질과 힘이 가진 비가시성에 직면할 때 발생하는 존재-인식론적 붕괴를 극적으로 보여 줬다. 퍼시벌 에버렛Percival Everett의 소설 『분수령』Watershed은 환경정의의 위기에서 과학적 객관성이라는 개념이, 민권운동 역사와 보조를 같이하면서도 동시에 달리하는 정치 투쟁에 의해 얼마나 복잡다단해지는지의 과정을 도표처럼 확실하게 보여 준다. 생각해 보자. 인종에 대한 상아탑 이론들이 사회구성이론을 통해 인종의 존재론적 기초를 허물어 왔던 반면, 환경정의운동은 인종 투쟁의 최전선에 새로운 종류의 물질성을 배치함으로써 환경 위험요인의 작용능력을 탐색하는 과학적 데이터를 활용한다. 반면에 생화학물질 오염감시biomonitoring 기술은 이미 우리가 잘 알고 있는 인종 그룹이 아니라 다른 범주의 취약 그룹들을 보여 준다. 그럼으로써 어떻게 위험 문화의 소용돌이가 사람과 장소, 물질, 힘을 뒤섞어 놓는지 실상을 밝혀 주면서 이제 위험이 새롭게 배치되고 있다는 사실을 증명한다.

이 책의 4장 「몸의 회고록: 과학, 자서전, 그리고 물질적 자아」부터 나는 환경보건을 논의할 것이다. 과거의 관습적 의학을 거부하는 환경보건은 인간의 몸은 투과될 수 있기 때문에 특정 장소와 물질에 취약하다고 주장한다. 최근에 급성장하는 과학·정치·문화·소비자 운동으로서 환경보건운동은 현대 위험사회의 성격을 진단하는 방법론으로, 이런 사회에서 평범한 시민들이 일상을 위협하는 위험에 대비하기 위해 과학적인 전문지식과 역학 프로젝트에 내몰릴 수밖에 없다. 오드리 로드Audre Lorde와 캔디다 로런스Candida Lawrence, 질라 아이젠스타인 Zillah Eisenstein, 수잔 안토네타Susanne Antonetta, 샌드라 스테인그래버는 위험사회의 자아에 대한 인식이 심각하게 변형되고 있는 삶의 현장을 극적으로 묘사하였다. 자아를 구성하는 물질이 완전하게 측정되거나 이해될 수 없는 방대한 생물학, 경제, 산업 시스템과 연결되어 있다는 인식이 그러한 문학적 작업을 가능하게 했다. 이러한 작품들은 '대항-기억'의 형식으로 작동하기 위해서 과학적 담론과 행동주의, 계보학, 자서전을 버무려 혼합하는 방식의 글쓰기를 시도하였다. 객관적인 과학지식과 주관적 자서전, 외부의 물질 환경과 자아의 내적 성찰을 한데 엮기 위한 방법이었다.

5장 「이탈적 작용물들: 과학, 문화, 그리고 화학물질복합과민증」에서 나는 **화학물질복합과민증**, 또는 **환경질병**으로 알려진 곤혹스런 상황에 시선을 돌렸다. 환경질병은 이른바 무해하다고 알려진 화학물질들이 유발하는 극단적인 신체 반응을 의미한다. 이와 같은 최근의 과학이론들을 참조하면서 나는 다양한 과학적·문화적 텍스트들을 분석하는데, 인간의 몸이 물질세계로부터 분리될 수 없다는 점을 보여 주기 위해서이다. 이 물질세계는 인간이 만들어 낸 수많은 생체이물질과 얽히고설켜서 새롭게 생성하는 생명체로 이루어진 세계이다. 기이하게도 과학자들은 화학물질복합과민증이 신체적 현상인지 정신적 현상인지, 따라서 물질적인지 비물질적인지에 관해 논쟁하고 있는 반면에, 화학물질복합과민증을 설명하기 위해서 사회구성주의적 사회이론가들은 물질의 작용능력 모델과 앎의 물질적 양태를 연구할 수밖에 없게 되었다. 토드 헤인즈의 영화 「세이프」Safe, 활동가들의 웹사이트, 그리고 론다 즈윌링거Rhonda Zwillinger의 사진은 비가시적인 물질 작용능력과 '이탈적' 인간의 몸을 재현하기 위해서 나름의 윤리적 해결책을 찾아야 했다. 예를 들면, 지금은 표준 장르가 된 화학물질복합과민증 환자의 자서전에서 몸은 일종의 과학 기구와 유사한 무엇이 된다. 그들의 일상생활이 일종의 실험의 연속이기 때문이다. 내가 거기에 가고, 그것을 들이마시고, 그것과 접촉하면 무슨 일이 생길까? 하고 자문해야 하는 것이다. 따라서 화학물질복합과민증을 겪는 몸은, 물질적 작용물(이 경우, 예측 불가능하고, 통제 불가능한 방식으로 상호작용하는 생체이물질)들로 인해서 우리는 21세기 초반의 화학/산업 사회의 규범에서 '일탈하는' 새로운 윤리적·인식론적·정치적 전략, 무엇보다도 새로운 물질적 실천을 모색할 수밖에 없다는 사실을 웅변적으로 증언하는 몸이다.

『말, 살, 흙』은 6장 「과학소설에 나타나는 유전학, 물질의 작용능력, 그리고 포스트휴먼 환경윤리의 진화」로 끝난다. 유전 공학에 대해 대충 알고 있는 사람들은 그러한 공학이 물질의 수동적 코드를 조작하고 통제할 수 있다고 믿고 있는 시기에, 그렉 베어Greg Bear의 다윈 시리즈는 반대로 그러한 물질성이 인간을 변형시킬 수 있다는 사실을 극화하였다. 이 소설의 줄거리는 다음과 같다. 인간 DNA에 잠복해 있던 내생적 레트로바이러스endogenous retrovirus가 여성의 몸에서 괴물 태아—배란생명체가 태어나도록 유도하고, 반짝이는 '오징어 뺨'을 지닌 이 생명체는 태어나자마자 숨을 한번 내쉬더니 "안녕하세요"라고 인사하는 존재이다. 이블린 폭스 켈러Evelyn Fox Keller와 보니 스패니어Bonnie Spanier, 다나 해러웨이Donna Haraway는 '유전자'에 대한 대중적·과학적 인식을 통렬하게 비판하였는데, 나는 이들의 이론에 근거해서 유전학에 대한 대중적 관념 ── '유전자 물신숭배' ── 이 환경 윤리에 적대적이라는 사실을 밝힐 것이다. 슬론체프스키Slonczewski와 애트우드Atwood, 옥타비아 버틀러Octavia Butler의 과학소설을 염두에 두고 베어의 다윈 시리즈를 소개하면서, 나는 '인간'이 상호연결적·상호구성적 물질의 작용과 분리되어 있다는 관념을 반박하는 포스트휴먼 환경윤리를 제안하는 바이다. 일련의 병행적 '감쌈'enfolding을 통해, 베어의 소설 『다윈의 라디오』Darwin's Radio는 인간 경계의 외부에 존재한다고 여겨지는 것들이 언제나 이미 내부에 존재하고 있다는 의미의 내부-거주in-habitation를 제안하면서 나는 형상figure과 배경, 인간 행위자와 물적 자원, 문명과 야생에 대한 통념을 재정의할 것이다. 물질의 구성요소는 생성하고 합성하며 변형하고, 또 해체된다. 따라서 '인간'이라는 관념의 내장을 꺼내는 것은 바로 물질과 (인간) 신체성의 구성요소 양자이다. 베어는 인간이 하나의 종으로 앞으로도 계속 존재할지 알 수 없는 진화 서사 속으로 우리를 데리고 감으로써, 선사시대의 과거로부터 알 수 없는 미래에 이르기까지 인간 몸이 물질세계와 분리 불가능할 정도로 상호연결되어 있다는 포스트휴먼 환경윤리를 형상화하는 것이다.

2장
에로스와 X선
몸, 계급, 그리고 '환경정의'

당신은 자신이 속한 계급을 숨기도록 교육을 잘 받았어도 당신의 몸은 분명히 그
것을 알고 있다. — 리처드 레원틴과 리처드 레빈스, 『영향을 받는 생물학』[1]

몸이 계급 시스템 안에서 자신의 계급과 같이 언뜻 보기에 추상적인 것
을 '안다는 것'은 무엇을 의미하는가? [이 질문은] '몸'을 이성적 인간 주
체의 복제물로 가정하기 때문에, '안다는 것'이 아마 적절한 용어는 아
닐 것이다. 인간 몸에 대한 앎의 가장 정통적인 형태는 이데올로기에
오염되지 않은 과학과 의학 기관과 도구를 요구하는 탓에, 앎은 매우
복잡한 성격을 띨 수밖에 없다. 그럼에도, 레원틴과 레빈스의 주장은,
우리가 노동자의 몸이 무엇을 폭로하는지, 누가 그렇게 폭로된 몸을 담
론화하는 사회적 자격을 갖고 있는지에 대해 질문하도록 만든다. 그들

---

1 Richard Lewontin and Richard Levins, *Biology under the Influence: Dialectical
  Essays on Ecology, Agriculture, and Health*, New York: Monthly Review Press,
  2007.

은 "인간의 사회성은 유전적으로 물려받은 생물학의 결과인 반면에, 인간의 생물학은 사회화된 생물학이다"라고 강조하면서 생물학적 원인과 사회적 원인의 '공동결정'codetermination에 대한 우리의 주의를 환기시킨다.[2]

역사의 초기에 호랑이와 독사가 인간에게 그랬던 방식으로 인종주의는 우리의 부신과 다른 기관에 영향을 미치는 환경요인이다. 노동과 휴식의 패턴이 노동자 자신의 신진대사가 아니라 고용자의 경제적 결정에 더 많이 의존하는 것처럼, 자본주의 노동 시장에서 노동력이 매매되는 상황이 개인의 포도당 순환glucose cycle에 영향을 미친다. 인간 생태학은 인간이라는 종이 다른 자연과 맺는 관계가 아니라 사회적 구조에 의해 유지되는 자기와는 다른 사회, 계급, 젠더, 나이, 직위, 인종과 맺는 관계에 대한 연구이다. 자본주의 사회의 노동자의 췌장이나 허파에 대해 말하는 것이 억지는 아니다.[3]

인종주의를 환경문제로 접근하면 우리는 사회정치적 세력이 우리 몸으로 침투해 들어오는 생태환경을 강제적으로 조성했다는 사실을 깨닫게 된다. 마찬가지로 '자본주의하의 췌장'과 '노동자계급의 허파'는 계급적(그리고 인종적) 억압이 몸을 꿰뚫고 들어와 생리현상에 미치

---

2 *Ibid.*, p.36.
3 *Ibid.*, p.37.

는 영향력의 증거이다. 사회적인 것과 생물학적인 것이 서로 분리될 수 없다는 것이다. 그러나 부검의 결과로 보이는 췌장과 허파의 이미지들은 그렇게 절개된 노동자의 몸을 과학적 담론의 대상으로 만들고, 또 전문적으로 검증된 의학 지식의 모델로 활용된다. 하지만 억압받는 자들은 경제, 사회 시스템으로 인해 신체적으로 영향을 받음에도 불구하고 자신의 생물학적 건강상태에 대한 증거를 스스로 만들어 낼 수가 없다. 20세기 초에 글을 썼던 두 명의 좌파 작가들이 어떻게 경제 시스템의 물질적 효과들을 다뤘는지 보기 전에, 노동자의 몸에 관한 보다 일반적인 질문을 다루도록 하자.

노동자계급의 허파라는 이미지는 우리를 잠시 멈추게 한다. 만일 표면적으로 외부의 사회 세력들이 내부 신체기관을 변형시켜 왔다면, 사회적인 것과 생물학적인 것, 개인의 몸과 사회 시스템을 가로지르는 이러한 움직임은, 여타 다른 사적이고 정치적인 인식론적, 제도적, 그리고 분과학문적 영역들 사이를 혼잡하게 오가는 움직임이 있다는 것을 말해 준다. 허파는 확실하게 노동자에게 '속하'지만, 그것은 또한 의학, 법률, '산업 위생', 직장 보건, 보험금 청구, 노동조합에 종사하는 전문가들이 (또한 레원틴과 레빈스 그리고 나의 학문적 글들이) 자세히 조사하는 대상이다. 노동자의 허파는 횡단-신체성이라는 나의 개념을 시각적으로 예시해 준다. 그의 몸은 결코 엄격하게 폐쇄되어 보호되는 개체가 아니라 산업 환경과 사회/경제 세력을 포함하는 환경 물질과 그것의 흐름에 취약한 몸이라는 점에서 그러하다. 노동자의 허파를 둘러싼 생물학적/사회적 상황을 이해하면 우리는 좀 더 엉성하고 머뭇거리며,

좀 더 열려 있는 문학 생산과 분석의 새로운 분석을 향해 나아갈 수 있을 것이다. "동시적으로 자연처럼 실재적이고 담론처럼 서술되며 사회처럼 집합적"인 자연/문화의 연결망 속에서 노동자계급의 허파를 이해할 필요가 있다.[4]

20세기 후반 환경정의 이론 틀은 노동자계급의 허파로 예시되는 횡단-신체성에 접근하기 위한 강력한 길잡이다. 환경정의는 특정한 몸과 장소, 특히 문자 그대로 쓰레기처럼 버려진 사람과 장소 사이에 있는 물질적 상호연결의 중요성을 강조하기 때문이다. 환경정의 사회운동들과 분석의 방법은 인종과 계급(그리고 때로 젠더와 성정체성)이 물질적 불평등, 간혹 장소와 뗄 수 없는 불평등에 심각한 영향을 미치는 정도를 추적함으로써 환경혜택과 환경피해가 불평등하게 분배되어 있다는 사실을 폭로한다. 예를 들어, 인종은 미국에서 독성물질 폐기장들을 결정하는 가장 중요한 요인임을 보여 주는 많은 자료들이 확보되어 있다. 이 점에서 환경정의 행동주의를 설명하는 대부분의 문헌들이 그것의 기원을 흑인민권운동에서 찾는다. 특히 1980년대 초반에 있었던 노스캐롤라이나 주 워런 카운티Warren County에 독성물질 폐기장을 설치하는 계획에 강경하게 대항했던 아프리카계 미국인 공동체의 활동을 그것의 핵심적 사건으로 거명한다.[5] 우리는 환경정의의 관점에서

---

4 Bruno Latour, *We Have Never Been Modern*, trans. Catherine Porter, Cambridge, Mass.: Harvard University Press, 1993, p.6.
5 환경정의에 대한 더 많은 정보에 대해서는 Richard Hofrichter, *Toxic Struggles: The Theory and Practice of Environmental Justice*, Salt Lake City: University of Utah Press, 2002; Robert Bullard, *The Quest for Environmental Justice: Human*

미국이 확장해 왔던 역사를 다시 쓸 수도 있다. 명백한 운명이라는 거대서사에 이의를 제기하고, 특히 미국 원주민과 아프리카계 미국인, 멕시코계 미국인에게 가해진 폭력과 압제의 다양한 형태도 환경정의 차원에서 접근할 수 있을 것이다. 대표적인 예로서, 버팔로 학살, 그리고 인디언의 문화와 삶의 유지를 위해 필수적이었던 자연 환경으로부터 그들을 격리시킨 결과로 발생한 인종청소, 혹은 '인종제거'를 들 수 있다. 대농장 노예 제도, 지금도 여전히 농화학물질로 인해 막대한 피해를 입는 멕시코계 미국인 농장노동자들도 그러한 예이다. 서로 다른 그룹들이 불평등하게 혜택을 받거나 고통을 당하는 환경혜택 대 환경피해environmental benefit vs. environmental harm를 비교 검토함으로써 인류 역사가 재평가되어야 할 것이다.

미국 역사는 물질적 환경과 관련된 사회부정의social injustice가 어떻게 행해졌는지 수많은 사례를 제공하였다. 그리고 20세기 초반에 '자연 자원'을 보존하거나 아름답게 자연을 보호하는 일에만 골몰했던 환경주의운동은 빈민층 및 여타의 방식으로 기본권을 빼앗긴 사람들의 곤경에 관심을 기울이지 않았을 뿐만 아니라 적극적으로 백인 중·상

Rights and the Politics of Pollution, San Francisco: Sierra Club Books, 2005; David Naguib Pellow and Robert J. Brulle, *Power, Justice, and the Environment: A Critical Appraisal of the Environmental Justice Movement*, Cambridge, Mass.: MIT Press, 2005; Kristin Shrader-Frechett, *Environmental Justice: Creating Equality, Reclaiming Democracy*, Oxford: Oxford University Press, 2002; 그리고 Rachel Stein, ed., *New Perspectives on Environmental Justice: Gender, Sexuality, and Activism*, New Brunswick, N.J.: Rutgers University Press, 2004를 참조하라.

위 계층을 위한 '보존' 정책을 추진하였다. 예를 들어 『길들여지지 않는 땅: 페미니즘 공간에서 자연을 재해석하기』에서 내가 논의하였듯이, 윌리엄 호너데이William Hornaday는 너무나 빈곤해서 생계 유지를 위해 사냥을 할 수밖에 없었던 비백인 인종들을 비난하면서도, 백인 '사냥꾼'은 책임감 있는 중·상위 계층의 행동으로 두둔하였다.[6] 설상가상으로, 노동운동과 환경보호운동은 서로 동떨어진 성격의 운동임에도 불구하고 노동자들은 자연과 비슷한 통제의 대상으로 취급되었다. 테드 스타인버그는 '진보 시대'[7]는 자연과 노동자 모두에게 '과학적' 경영을 부과하는 시대였다고 평하였다.

테일러주의Taylorism는 고용주들이 물 흐르듯 이어지는 생산과정을 구축하도록 도와주려 했다. 여기에는 어수선한 공장 바닥의 무질서를 제거하도록 하고, 주어진 일의 완수에 효율적인 행동 규범을 노동자에게 부과하며, 또 전문가의 스톱워치 앞에서 일을 하도록 강요하는 것들이 포함되었다. 한편으로 적어도 [글리포드] 핀초Glifford Pinchot가 옹호했던 형식으로, 자연보호운동은 공장바닥이 아니라 숲의 무질서를 제거하였으며, 공장 제품의 생산이 아니라 목재와 동물의 생산을 증진시키는 효율적 방식을 자연에 강요하였다. 테일러주의는 노동자들을 통제

---

6 호너데이에 대한 더 많은 분석은 Stacy Alaimo, *Undomesticated Ground: Recasting Nasture as Feminist Space*, Ithaca, N.Y.: Cornell University Press, 2000, ch.3, ch.4를 보라. 또한 *Ibid.*, pp.94~95를 보라.

7 [옮긴이] 진보 시대(Progressive era)는 미국 역사상 사회 운동 및 정치 개혁에 대한 열망이 들끓었던 1890년대에서 1920년대를 말한다(한국어판 위키백과 '진보 시대' 항목).

했으며 자연보호운동은 자연을 통제했는데, 양자는 모두 과학적 경영의 원칙에 입각한 것이었다.[8]

계속 증가하는 '효율성'의 체제에 종속되는 순간에 노동자의 몸은 다른 '자연 자원'처럼 관리되기 시작한다. 아래에 다시 설명하겠지만, 메리델 르 쉬외르는 자연과 노동자가 처한 유사한 곤경을 극적으로 그려 보임으로써 그들 양자를 분명하게 연합시켰다. 확실히 20세기 초반에 **환경정의**environmental justice라는 용어를 사용하는 것은 시대착오적이겠지만, 당시에 발표된 놀랄 만한 분량의 시들이 그러한 내용을 담고 있다. 그러한 시들을 발굴하였던 미국 좌파 시 연구의 대가인 케리 넬슨은 "우리가 '발굴'해야 하는 것은, 우리가 그 시들을 다시 씀으로써 그것이 당시에 가지지 못했던 생명력을 현재에 새로이 부여하고 현대인이 외면할 수 없는 의미의 창출이다"라고 주장한다.[9] 아래의 논의에서 나는 (케리 넬슨이 발굴한 시인들에 비해 비교적 잘 알려진) 르 쉬외르와 뤼케이서의 (발굴되지 않은) 작품을 새삼 발굴하려는 생각은 없다. 다만 지금 싹트고 있는 환경정의에 대한 관심과 공명하는 그들의 작품이 일련의 권력 연합체들과 투쟁하는 방식을 보여 줄 것이다.

과학 경영의 원칙들은 종종 심각한 해를 가하면서 노동자들의 몸

8 Ted Steinberg, *Down to Earth: Nature's Role in American History*, New York: Oxford University Press, 2002, p.141.
9 Cary Nelson, *Repression and Recovery: Modern American Poetry and the Politics of Cultural Memory, 1910-1945*, Madison: University of Wisconsin Press, 1989, p.11.

에 직접 작동한다. 존 롤프John Rolfe의 1928년 시 「석면」Asbestos은 노동자의 으스스한 몸이─죽어가는─침대를 묘사한다. "존의 임종은 기이한 일이다. / 기둥들은 뼈로, 스프링은 신경으로, / 매트리스는 피 흘리는 살로 만들어진다."[10] 넬슨은 이 시에서 "노동자에 대한 착취는 [……] 문자 그대로 노동자의 몸을 착취한다. 그 몸은 그들의 삶으로 체화된 모든 권력 관계가 작용하는 지점, 지레받침이다".[11] 넬슨의 해석을 확대해서, 우리는 노동자의 몸은 권력이 직접적으로 작용하는 공간인 것만이 아니라 뚫려 있는 투과 가능한 공간이라고 말할 수 있다. 그들의 몸을 뚫고 들어오는 물질과 힘들 ─ 석면, 석탄 분진, 방사능 ─ 이 영구적으로 변형시키는 공간인 것이다. 20세기 초에 노동자의 몸은 산업 위생과 직장 보건을 제도화하기 위해 경쟁이 치열한 장소, 즉 사업, 보험업, 의학, 법률, 정부, 사회 개혁가, 노동조합, 그리고 노동자 자신 모두가 통제권을 확보하기 위해 격렬하게 싸우는 장소가 된다. 뉴저지 주의 [시계] 문자반 도장공에 대한 연구인 『라듐 소녀들』에서 클라우디아 클락은 라듐[12] 중독을 보상하는 재판에 의해 점화된 논쟁 중의 하나는 "산

---

10 Cary Nelson, *Revolutionary Memory: Recovering the Poetry of the American Left*, New York: Routledge, 2003, p.94.

11 *Ibid.*

12 [옮긴이] 라듐은 은과 같은 흰색 계통 금속으로 방사성이 매우 강하다. 라듐 화합물(주로 $RaCl_2$)은 1950년대까지 황화아연(ZnS) 인광체와 섞어 시계나 각종 기기의 계기판에 바르면 빛을 쪼이거나 전기를 통하지 않아도 빛을 내는 야광 페인트(방사성 발광 페인트)를 만드는 데 사용되었다. 황화아연(ZnS) 인광체에 구리를 첨가하면 청록색 빛을, 구리와 마그네슘을 함께 첨가하면 주황색 빛을 내는 야광 페인트가 된다. 그러나 붓을 입술로 가다듬으면서 야광 페인트 칠을 했던 여공들 100명 이상이 방사능에 오염되어 사망함에 따라 야광 페인트에 라듐 화합물을 사용하는 것이 금지되었다(네이버캐스트 '화학

업 질병이 우선적으로 (노동 당국의 사법권 내의) 노동 문제인지 아니면 (의료 당국의 관리에 종속되는) 의료 문제로 간주되어야 하는지에 초점이 집중되었다"고 지적한다.[13] 하나의 제도로서 의료기관은 종종 노동자가 아니라 사업 소유주를 보호하기 위해 설립되었다. 심지어 의료 제공과 같은 진보적 제스처도 사악한 경영 전략의 일환일 수 있다. 예를 들면, 1915년 국가 안전 위원회National Safety Council 회의에서 직장 질환 연구의 선구자인 앨리스 해밀턴Alice Hamilton은 회사에 소속된 의사들이 작업장에서 행한 신체검사에 대항해 어떻게 노동자들과 노동계 지도자들이 싸웠는지 논의하였다. 그들의 주장에 따르면, 신체검사가 "노동조합에 공감하는 노동자를 뿌리 뽑기" 위해 악용되거나 "산재 보상의 위험성"이 있다고 여겨지는 노동자에게 일감을 주지 않는 수단으로 악용되었다는 것이다.[14] 노동운동 지도자인 새뮤얼 곰퍼스는 회사 소속의 의사들에 대한 의심이 많았다. 크리스토퍼 셀러스는 "의사의 검사는 시간과 행동의 효율성에 관한 과학적 경영 연구와 밀접한 연관이 있었으며, 이로 인해서 노동자들이 자신의 숙련된 기술을 포기하도록 강요되기도 하였다"고 지적하였다.[15] 이때 곰퍼스가 구사하는 수사법

원소'의 '라듐' 항목). 이 책 150쪽에 라듐 소녀들을 빗대어 "'가엾은 라듐'은 무덤에서 빛을 뿜는다"라는 표현이 나온다.

13 Claudia Clark, *Radium Girls: Women and Industrial Health Reform, 1910~1935*, Chapel Hill: University of North Carolina Press, 1997, p.150.

14 Christoper Sellers, *Hazards of the Job: From Industrial Disease to Environmental Health Science*, Chapel Hill: University of North Carolina Press, 1997, pp.118~119.

15 *Ibid.*, p.119.

이 눈에 띈다. 그는 "산업에 널리 퍼진 효율성이라는 유행"을 "생체해부 실험"이라고 비난하면서, 노동자가 "원하는 건강은 노역하는 동물이나 노예의 건강이 아니라, 자유로운 남성과 자유로운 여성의 건강이라고" 성토하였다.[16] 직장 안에 의료 전문가들을 배치하는 것이 환경이 가진 위험을 알리는 청신호이기는 하지만, 만일 의료 정밀조사가 노동자의 몸에만 한정된다면 그것은 몸을 대상화할 뿐 아니라 몸에 해를 가하는 횡단-신체적 연결망들을 모호하게 무시하도록 만든다.

효율적 관리를 요하는 대상으로 노동자를 정밀 조사하는 것은 노동자에게 '숙련 지식'뿐만 아니라 그의 목소리와 견해, 행위능력agency을 박탈한다. 건강은, 해러웨이의 용어로 상황적 지식이자 생물학적 상태를 말해 준다. 즉 노동자의 건강상태는 노동자 자신이 접근할 수 없는 특수하고 편파적인 관점을 통해서만 확증될 수 있다. 예를 들면, 문자반 도장공인 캐서린 숍Catherine Shuab은 "문자반 도장과 도장공 질환의 연관 관계를 밝혔던 최초의 인물"이었다.[17] 셀러스에 따르면, "1910년대에 급증했던 납중독 진단에서 1930년대 규폐증 진단에 이르기까지 자신의 개인 주치의와 변호사와 연합 노선을 펼치면서 회사가 질병조사를 재정 지원하도록 압박했던 이들이 바로 노동자들이었다".[18] 그리고 그들은 작업장의 위생 환경을 향상하도록 법률과 행정당국, 연구

---

16 Samuel Gompers, "Wages and Health", *American Federationist*, vol.21, August 1914, pp.644~645.
17 Clark, *Radium Girls*, p.12.
18 Sellers, *Hazards of the Job*, p.230.

조사에 압력을 가했다. 클락은 "대부분의 노동자 정치의 역사는 직장 보건과 안전 역사의 일부로 재해석될 수 있다"고 주장하며, "건강은 노동하는 인간의 자산이다"라는 슬로건을 인용하였다.[19]

물질세계를 인간의 착취를 위한 수동적 자원으로 간주하는 존재론을 거부하기 위해서는 환경주의 이론가들이 자연의 '작용능력'을 새롭게 개념화할 필요가 있다. 그런 만큼 노동자가 자신의 몸이 산업 자원으로 이용되는 것에 저항하고 있다는 사실도 고려하지 않으면 안 된다. 예를 들면, 셀러스는 새로운 개념으로서 '노동자 저항'을 "노동자의 몸이 작업장의 화학적·물리적 상황들에 반응하고 저항하는 정도"라고 정의하였다.[20] "심지어 비조직적이고 고분고분한 노동자들도 끝까지 유순하지는 않다. 생리현상이 그들의 순종성에 한계를 부여한다"는 것이다.[21] 그렇다면, 직장 보건은 유해한 노동 관행들에 대한 신체적 저항으로 이해될 수 있다.[22] 몸의 저항을 의식적 행동과 분리하자는 것이 아니다. 다만 우리가 수많은 내부-작용들 또는 횡단-신체적 과정들을 생각해 봐야 한다는 것이다. 그럼으로써 노동 환경에 대한 몸의 생리적 반응이, 예를 들면, 새로운 연구의 방법과 투쟁 노선, 심지어 노동자의 몸 문학의 탄생에도 자극을 줄 수 있는 것이다.

20세기 초 몇몇 좌파 여성 작가들은 노동자의 건강에 대한 그들의

---

19 Clark, *Radium Girls*, p.26.
20 Sellers, *Hazards of the Job*, p.230.
21 *Ibid.*
22 이와 유사한 신체 저항 모델(model of corporeal resistance), 즉 화학물질복합과민증과 환경질병 같은 신체 저항 모델에 대한 분석에 대해서는 이 책의 5장을 참조하라.

우려를 작품화했다. 『길들여지지 않는 땅』에서 내가 논한 것처럼, 필딩 버크Fielding Burke와 틸리 올젠Tillie Olsen은 민들레 벌판이 가족에게 필수 영양분을 제공하고 시골 휴양지는 노동자들에게 보다 강력한 노동투쟁을 위한 기운을 불어넣어 주는 것과 같은 자연이 건강에 미치는 혜택을 기록한다.[23] 그들은, 작품 속에서 노동자들이 안전한 땅으로 '무단 침입하'듯이 노동자 계층이 환경혜택을 받아야 한다는 '환경정의'의 주장을 미리 선점하였다. 이 작품의 가치에 대해 이렇게 말할 수 있다. "몸과 환경의 상호침투를 인정하였던" 19세기 의학 모델이 이제 "병을 발생하는 원인물질들과 감염의 특정 경로"에 집중함으로써 인간의 몸과 환경의 분리를 시도하는 "근대적" 의학 모델로 전환되고 있다는 현실을 염두에 두고 읽으면 훨씬 더 우리에게 시사하는 것이 많을 것이라고.[24] 린다 내시는 20세기 초에 "새로운 건강의 관념들이 동질성이라는 가설로 주어진 자연의 특수성을 제거하려고 시도했다"고 주장한다.[25] 다행스럽게도 좌파 작가의 한 핵심 그룹은, 보다 넓은 의미의 산업 위생 운동industrial hygiene movement을 추진하는 그룹들과 보조를 같이하면서, 인간의 몸을 환경으로부터 분리하는 '근대' 의학에 저항하고 있다. 노동자 건강을 연구하기 위해서 우리는 모든 환경을 관심 영역으로 끌어들이면서, 경제 시스템, 계급과 인종, 젠더의 위계질서, 그리고 잠

---

23 Alaimo, *Undomesticated Ground*, pp.102~105 참조.

24 Linda Nash, *Inescapable Ecologies: A History of Environment, Disease, and Knowledge*, Berkeley: University of California Press, 2006, p.89.

25 *Ibid.*, p.90.

재적인 유해 물질과 힘에 대해 정밀하게 조사해야 한다.

메리델 르 쉬외르와 뮈리엘 뤼케이서는 노동자의 몸과 환경이 다양한 제도와 이해 그룹에 의해 정밀하게 감시당했던 사회적/물질적 상황에서 작품을 썼다. 그들의 작품은 자연과 자본주의, 노동자계급 사이의 관계를 폭로함으로써 그 용어가 생기기도 전에 미리 '환경정의'라는 개념을 명시적으로 보여 주었다. 뤼케이서가 물질을 기록하는 시를 쓰는 반면, 르 쉬외르는 노동자와 세계 사이의 에로틱한 접합을 지향하면서 노동자의 몸을 검사하고 측정하며 관리하는 관계 당국의 권력과 제도에 저항한다. 두 작가는 놀랍게도 몸과 자연 간의 손에 잡힐 듯한 상호관계를 강조하는 방식으로 자연과 몸에 대한 글쓰기를 시도했다. 그리고 이를 통해 그들은 인간과 분리된 세계로서 자연을 바라보았던 20세기 초반의 환경보호주의와 환경보존주의에 대립되는 환경의 의미를 제시하였다. 작업장의 위험을 사람이 거주하는 방대한 자연으로까지 확대하였던 뤼케이서는 오염에 대한 최근의 이론을 미리 예견하였던 듯이 보인다.

메리델 르 쉬외르의 자연과 노동자

인간 몸으로서의 지구와 그것에 연결된 인간 몸이라는 생동감 넘치는 이미지들은 르 쉬외르의 작품에 풍부하게 나타난다. 그녀에게서 살과 산, 신체와 자연 사이의 연결 또는 '관절들'을 이루는 장소들은 문화적인 비판과 변형을 위한 장소의 역할을 한다. 생태비평가들에게 무시되었지만,[26] 르 쉬외르의 글은 권력 구조가 인간이 자연 세계와 맺는 관계를 매개하는 방식을 계몽적으로 제시한다. 우리가 환경정의 문제, 특히 계급과 젠더 문제를 다룰 때 그녀의 글은 미국 문학에서 가장 풍요로운 텍스트의 하나이다. 그녀는 인간 없는 자연을 이상화하는 대신에 자본주의 비판과 유토피아적 욕망의 모체 안에 자연과 노동자가 얽힌 관계를 보여 준다. 그녀는 노동자계급과 땅을 끊임없이 연결시킴으로써 주로 시골 출신 백인으로 이뤄진 노동자들에게 가치와 생기를 불어넣는다. 이들 노동자와 환경 사이의 생동감 넘치는 관계를 강조하는 그녀의 작품은 "열대지방의 토착적 몸과 미국 도시의 비백인 빈민의 몸이 그러하듯이 미국 시골 노동자의 몸은 환경과 분리되어 있지 않다"는 생각으로 걱정하는 공중보건public health에 시사하는 바가 많다.[27] 내시는 20세기 초에 공중보건 전문가들과 의사들은 "시골에서 발생하는 일련의 질병들(특히 십이지장충병과 말라리아)과 백인의 인종적 퇴화를 공공연하게 등치시켰다"고 지적하였다. 그들은 "가난과 낮은 지능, 무기력에서 벗어나지 못하는 나쁜 백인 혈통은 이러한 질병의 탓이라고 주장

---

26 실로, 자연이 페미니즘의 변형을 위한 핵심적인 장소라고 주장하는 앞서 출간한 『길들여지지 않는 땅: 페미니즘 공간에서 자연을 재해석하기』에서, 나는 르 쉬외르의 글을 누락했다. 그 책에서, 나는 자연이 어떤 장소, 즉 젠더에 대한 완고한 장악력을 지레의 힘으로 열기 위해 자연을 재구성하려는 젠더를 최소화하고, 심지어 발생기 탈구조주의적인 수많은 페미니즘들을 위한 장소였다고 주장했다. 그리고 나는 르 쉬외르의 수많은 다산의 대지 여신들이 동일한 페이지들에 행복하게 머물 수 없다고 주장했다. 비록 나는 여전히 이러한 특정 형상화들에 비판적이기는 하지만, 그럼에도 특히 사회 계급과 관련하여서 르 쉬외르의 자연에 대한 다양한 재현물들이 보이는 정치적 목적들과 효과들에 대해 재고하고 있다.

27 Nash, *Inescapable Ecologies*, p.101.

했다".[28] 그러한 불안감이 촉매가 되어서 "완전히 근대적이고 무균 처리된", 그래서 "질병과 본질적으로 무관한" 자연 환경을 추구하는 위생 프로그램이 만들어졌다.[29]

르 쉬외르의 유토피아는 위생 살균된 근대적 무장소no-place가 아니다. 그녀의 작품이 주거 장소가 가진 물질의 작용능력을 기재하는 방식을 무시하고 그녀를 이해하려는 시도는 잘못된 것이다. 우리가 문화와 자연을 겹쳐 놓으려는 노력에서 기존의 담론을 극단으로 밀어붙이는 몸과 자연에 대한 페미니즘적 이론을 구상한다고 하자. 그녀의 작품은 그 경우에 무슨 일이 일어날지에 대해 우리가 상상할 수 있도록 도와준다. 그녀는 "환경을 염려하는 여성들"이 [자신과] "유사한 방식으로 물질화되는 자연을 이론화하기 위한 출발점으로 자신의 몸의 **물질화에 주의를 기울여야 한다**"는 데보라 슬라이서의 주장을 극적으로 작품화하였다.[30] 하지만 그러한 물질들은 우리 피부만큼 가까이 있는 반면에, 물질(원자, 인간 몸, 생태계 그 무엇일 수 있는 물질)을 개념화하는 방법에 대한 인식론적·존재론적·정치적 질문은 21세기 초반의 이론에서 가장 난감한 질문, 특히 환경인문학과 과학연구, 페미니즘 이론에 가장 난감한 질문이다. 이때 몸과 자연에 대한 르 쉬외르의 독창적인 묘사는 물질에 관한 질문에 접근하는 아주 흥미로운 길을 제시해 준다.

---

28 *Ibid.*, p.97.
29 *Ibid.*, p.100.
30 Deborah Slicer, "Toward an Ecofeminist Standpoint Theory", *Ecofeminist Literary Criticism: Theory, Interpretation, Pedagogy*, eds. Greta Gaard and Patrick D. Murphy, Urbana: University of Illinois Press, 1998, p.70.

그것은 사람과 지구를 '격동의 동지'comrades of surge로 상정하면서 자연의 생성적 힘을 정치 투쟁의 잠재성과 엮어 내는 방식이다.

르 쉬외르의 단편소설과 취재기사는 자연과 노동자가 자본주의라는 기계를 위한 소모품으로 똑같이 전락하는 처지를 폭로하면서 자연과 노동자를 융합시킨다. 그렇다고 노동자의 몸이 자본주의를 지속적으로 비판하기 위한 장소인 것만은 아니다. 그것은 기쁨과 아름다움, 가치, 에로스의 장소의 역할도 가지고 있다. 엄격한 사회구성주의 관점으로는 이런 이중적 태도를 이해할 수 없을 것이다. 그러나 그녀는 자본주의 비판과 유토피아적 욕망, 그 어느 한쪽도 포기하길 원치 않는다. 그녀는 신체성이 자연 세계와 합류하는 대안적이고 유토피아적인 가치와 가부장적 자본주의에 대한 비판을 함께 엮는다. 손으로 만질 수 있을 만큼 자연이 우리 '가까이 있다'는 이러한 느낌은, 아름다운 사진으로 자연을 바라보는 도회적이며 중·상류 계층적인 감상과 현저하게 대비된다. 예를 들면, 「미국 버스」의 화자는 시골 여성에게 "시골 자연은 화보가 아니라, 감촉이고 배고픔이며, 일이고 사랑이다"라고 읊조린다.[31]

자연을 도피처나 정신적 치유 또는 초월적 순간의 장소로 생각하는 사람들은 그들의 방문 장소뿐만 아니라 그들이 고용하는 지역주민도 대상화하는 쾌락을 종종 향유한다. 「미국 버스」에서 르 쉬외르는 시골에서 '소박한 생활'을 누리고 싶어 하는 도시 부자들의 낭만적인 도

---

31 Meridel Le Sueur, "American Bus", *Harvest and Song for My Time*, Minneapolis: West End, and MEP, 1977, p.99.

피주의를 풍자한다. 한 벌목왕의 새 아내인 허니Honey는 야외용 부엌을 구입하기 위해 거금을 쓰고, '나무 침대'를 만들기 위해 두 명의 비정규직 나무꾼을 고용한다. 나무꾼 중 한 명의 아내는 기분전환을 위해 자연에 사는 그녀를 흉내 내면서 "오! 야외에서 오븐으로 빵을 굽고 싶은걸. 오! 아주 그림처럼 아름다울 거야. 아주 울창한 숲 같을 거라고"라고 말한다.[32] 전원적인 자연을 원하는 상류 계층은 나무와 노동자를 같은 프레임으로 본다. 이에 대해 한 나무꾼은 자신과 친구가 자연 자원으로 사용되었다는 것을 깨닫고, "우리에게 왔을 때 그들은 우리를 새나 그들이 심은 나무, 아니 나무 침대처럼 여겼지. 우리를 개나 암소처럼 소유했다는 듯이 말이야"라고 말했다.[33] 르 쉬외르는 자신이 노동자와 자연을 이렇게 연결시킴으로써 노동자를 채굴되는 광물처럼 취급하게 되는 위험을 모르지 않는다. 그럼에도 그는 이러한 연결성을 주장한다. 비판적 차이에도 주목하면서.

　　르 쉬외르는 노동자의 몸을 단순한 자원으로 다루는 자본주의 경제로부터 노동자의 몸을 빼앗아 노동자 자신의 풍요와 욕망이 가능한 대안적 경제를 부여함으로써 유토피아적 자연과 노동자의 몸을 묘사한다. 이 점에서 르 쉬외르는 자신의 것을 아이들에게 펑펑 퍼주는 무정부주의적 어머니로서 '어머니 대지'Mother Earth에 대한 엠마 골드만의 비전을 방불케 한다. 자기들이 만든 잡지를 『어머니 대지』로 명명하

32　Ibid., p.64.
33　Ibid., p.66.

며 골드만과 알렉산더 버크만Alexander Berkman은 잡지와 자신들을 반란적이며 풍요로운 힘으로 제시한다. 잡지의 많은 사설에서 어머니 대지는 잡지를 위협하는 경찰에 대항하고, 더 넓게는 자본주의적 착취와 국가의 통제 시스템에 대항해서 맞선다. 아래와 같은 성적 암시를 통해 골드만은 자본주의의 인색함과 청교도의 점잖음을 조롱하고 비판하는 대안적인 가치로서 대지를 상정하며, 몸의 쾌락과 자연의 기쁨을 합체시킨다.

그녀의 풍만한 앙가슴에 숨겨진 방대한 부를 그녀의 모든 아이들에게 똑같이 나눠 줄 준비가 된 어머니 대지는, 독단적이고 횡포한 땅을 떠나 그녀에게로 오는 모든 이들에게 매력적이고 친절한 팔을 펼친다. 그러나 곧 그녀는 남자들에게 붙잡히고, 자유를 박탈당하고, 울타리에 갇히며, 교활하고 파렴치한 그들의 먹이가 된다.[34]

이 신화적 이야기는 자본주의를 자연에 반하는 세력으로, 소수가 자신의 이익을 위해 우리에게 강요하는 하나의 억지로 보여 준다.[35] 흥미롭게도, 어머니 대지의 '풍만한 가슴'과 '매력적이고 친절한 팔'은 그녀의 몸을 부와 관대함의 거점이 되게 한다. 무정부주의 코뮌anarchist

---

34 Emma Goldman and Max Baginski, "Mother Earth", *Mother Earth*, vol.1, no.1, March 1906, p.1.
35 엠마 골드만이 어떤 방식으로 혁명적이고, 재생산적이지 않은 목적을 위해 어머니 대지를 이용하는지에 대한 더 자세한 설명에 대해서는 Alaimo, *Undomesticated Ground*, pp.87~93을 보라.

commune에서 잠시 골드만과 버크만과 함께 살았던 르 쉬외르는 자신이 아는 한, 골드만은 "자신의 성생활을 완벽하게 통제하는 유일한 예외적 여성"이었다고 회고했다.[36] 골드만처럼 르 쉬외르는 에로틱한 노동자적 자연의 몸을 묘사하지만, 그녀의 작품에서 대지는 남성적이고, 욕망은 여성적이다. 예를 들면, 그녀의 경쾌하고 에로틱한 시 「둥지」에서 젠더가 명시되지 않은 화자는 연인의 몸의 풍성한 쾌락에 탐닉한다.

> 당신의 몸은 꿈 속에서 노니는 작은 새들로 가득하네요.
> 내 입술은 당신 목의 내밀한 둥지에서 새들을 찾습니다.
> 내 입맞춤에 놀란 새들이 당신의 대리석 겨드랑이로 숨어드네요.
> 당신의 몸은 지저귀며 날아다니는 작은 새들로 가득해요.[37]

이 시에서 욕망은 결핍에서 출현하지 않는다. 남근에 집착하지도 않는, 들뢰즈의 강렬도intensity에 가까운 긍정적 힘으로서 욕망은 활기찬 생명체로 가득한 자연이 되는 연인의 몸을 추구한다.

르 쉬외르의 쾌락이 풍부한 자연은 자본주의의 빈곤과 대조된다. 인간이 땅과 맺는 관계에 대한 르 쉬외르의 아마도 가장 심오한 명상시 「옥수수 마을」에서 그는 "미국인은 땅에 대해 무슨 생각을 하지? 그것을 보면서 무슨 꿈을 꿀까? 어떤 고통스런 꿈일까? 그 꿈은 오로지 황

---

36 Linda Ray Pratt, "Afterword", in Meridel Le Sueur, *I Hear Men Talking and Other Stories*, Minneapolis, Minn.: West End, 1984에서 재인용, p.226.
37 Meridel Le Sueur, "Nests", *Poetry*, vol.24, no.2, May 1924, Stanza II, lines 19~22.

금의 꿈, 권력의 꿈일까? 한때 사랑했지만 이제는 버려진 여인처럼 땅이 황폐하게 버려진 이유는 뭐지? 그녀는 권력과 정복의 꿈을 위해 악용된 걸까?"라고 묻는다.[38] 전복적이 아니라 애가체이고, 아이러니한 신랄함도 결여되어 있지만, 그럼에도 르 쉬외르는 어머니 대지를 정복하는 골드만의 우화를 반향하고 있다. 꿈과 행동 사이의 연결을 명확히 하면서, 르 쉬외르는 대지에 대한 꿈의 사회적·환경적 중요성을 강조한다. 예를 들면, 그녀는 "청교도들은 몸을 상품화된 땅처럼 사용했고, 땅과 몸은 분개했다"라고 주장한다.[39] 자본주의도 마찬가지로 땅에서 경제적 가치를 추출한 다음에 폐허로 만들면서 인간과 자연을 똑같이 황폐화시킨다. "자본주의는 진정으로 폐허의 세계이며, 기계, 남성, 여성, 황진 더미, 홍수 잔해, 부식된 물건, 탐욕을 가리는 마스크가 산더미처럼 쌓인 쓰레기장이다."[40]

1948년 『대중과 주류』*Masses and Mainstream*에서 첫 선을 보인 「침식당한 여인」에 등장하는 여인은 "폐허가 된 땅과 인간의 쓰레기로 가득한 황무지에서" "유기된 납과 아연 광산"을 체화하는 여성이다.[41] 외부인이지만 가난하게 성장한 화자는 그 침식당한 여성으로부터 노동

---

38 Meridel Le Sueur, "Corn Village", *Salute to Spring*, New York: International, 1940, pp.10~11.

39 Ibid., p.20.

40 Meridel Le Sueur, "The Dark of the Time", *Harvest and Song for My Time*, Minneapolis: West End, and MEP, 1977, p.122.

41 Meridel Le Sueur, "Eroded Woman", *Harvest and Song for My Time*, Minneapolis: West End, and MEP, 1977, p.83.

조합, 파업, 그리고 KKK단에 대한 이야기를 듣는다. 이 시는 밀가루 자루같이 헐렁한 옷과 "뼈대만 남은 몸"인 그녀의 비참한 상황을 시각적 증거로 나열하며 "기록하다가", 작품의 끝자락에서 화자는 그녀에게 감정이입을 한다.[42] "휘저어진 흙처럼 낯선 이야기에 마음이 깨이고 또 따스해진 나는 그녀의 극심한 피로감과 슬픔, 그녀의 몸에 반영된 폐허의 슬픔, 죽을 운명의 연인들처럼 엉겨 붙어 있는 인간과 땅의 슬픔을 느꼈다."[43] 우리는 이러한 인간과 땅의 짝짓기를, "잔인한 폭력"의 "거대한 괴물"인 자본주의와 같은 경제적 관계와 역사적 권력을 생각하지 않으면 이해할 수 없을 것이다.[44] 우리는 '죽을 운명'임에도 여전히 변함없이 포옹하고 있다는 사실에서 위안을 받아야 하는 것일까.

「가을의 마을」은 두 개의 상반된 가치체계를 대립시킨다. "세상에 보여 주기 위해 팔아서 돈을 벌기" 위해 집을 짓는 부르주아 남편의 가치 체계, 그리고 자유와 풍요의 공간으로 자연을 경험하는 부인의 가치 체계가 그것이다.[45] 그녀는 "오! 집과 아이들, 예쁜 옷을 입은 나는 그의 허리띠의 죔쇠였고 모자의 깃털이다. 그렇지만 나에게는 입 속의 쓰디쓴 쓸개즙이었다"라고 한탄한다.[46] 그렇지만 그녀는 "낙엽, 앙상한 나무와 벌레, 황금빛 푸른 언덕, 황갈색 참나무와 지독하게 푸른 하

42 Ibid.
43 Ibid., p.89.
44 Ibid.
45 Meridel Le Sueur, "Autumnal Village", *Harvest and Song for My Time*, Minneapolis: West End, and MEP, 1977, p.30.
46 Ibid.

늘, 금빛과 밝은 은빛으로 반짝이는 햇빛에 그을린 잡초들을 보고 기뻐한다".[47] 그녀는 아름다움과 풍요, 관능의 장소로서 자연을 끌어안는다. 그녀는 "당신은 낮에 충분히 봤을 거야", 빨간 닭들이 뛰어다니는 것을, 안개가 피어오르는 것을, "야생 칠면조가 사프란 꽃이 핀 언덕을 걸어 다니는 것을 충분히 봤을 거야"라고 외친다.[48] 그녀는 "배고픈 아이에게 하얀 젖통을 내어주는" 한 마을 여성의 "커다란 둔덕들"[49]을 보고, "살아 숨 쉬는 언덕의 허벅지와 바람의 가슴에서 흐르는 모유"를 느끼며, 또 자신의 "가슴이 흙처럼 깊이 달리는 것을 느끼면서 [……] 오, 너 야생의 어린 딸들이여"라고 딸들에게 외친다.[50] 그녀는 이 풍작을 가져오는 "살과 밀과 씨의 세계"를 음미한다.[51] 뤼스 이리가레Luce Irigaray의 「그들 가운데 있는 상품들」Commodities among Themselves과 흡사하게도, 그녀의 서정적 심상은 "회계장부도 없고, 배당도 없는" 경계가 없는 교환의 체계를 그린다. "자연의 원천은 고갈 없이 확장되고, 노동 없이 교환되고, 무료로 주어지며, 남성적인 거래로부터 면제된다. 또한 요금 없는 즐거움이고, 고통 없는 행복이며, 소유 없는 쾌락이다."[52]

이리가레의 여성이 시장에 가는 것을 거부하는 반면에, 「가을의 마

---

47 Ibid.
48 Ibid., p.36.
49 Ibid., p.32.
50 Ibid., p.36.
51 Ibid., p.37.
52 Luce Irigaray, *This Sex Which Is Not One*, trans. Catherine Porter, Ithaca, N.Y.: Cornell University Press, 1985, p.197.

을」의 아내는 이미 시장에서 팔렸다. 미친 듯이 돌아다니면서도 그녀는 자신이 "진짜로 일어나는 사건들의 핵심에서 벗어나 있다고" 느낀다.[53] 땅 주인과의 결혼은 그녀를, 자연뿐 아니라 자신의 공동체와도 분리시켰다. 소유권의 표식 ── 남편이 세운 출입금지 푯말 ── 은 진정한 권리 주장이라기보다는 대지에서 분리되었음을 나타내는 듯이 보인다. 그녀는 "지금 방앗간, 땅, 종자, 그 모두를 소유한 우리가 왜 침입자지?"라며 의아해한다.[54] 시가 막바지에 이르면서 그녀는 곧 남편이 사냥에서 돌아올 것을 생각하고 다음과 같이 말한다. "그는 미간을 찌푸리면서 토끼들의 축 늘어진 몸뚱이를 들어 올리며 그것들을 어떻게 잡았는지 나에게 말하겠지. 가슴에 총을 맞은 채 목은 부러져 덜렁거리는, 반쯤 눈이 감겨서, 그가 사랑하는 죽음의 관능에 몸을 내맡긴 수꿩의 반짝이는 몸뚱이도. 나에게 입 맞출 때 그는 칼이 될 거야."[55] 남편이 곧 '할' 일을 강조하는 시의 결말이 시 전체의 분위기를 지배하고 있다. 남편의 행동에 대한 그녀의 예측과 더불어 시가 막을 내리고, 그녀는 황야로 나가 방랑하기 시작한다. 자신을 남편이 사냥한 짐승의 하나로 여기는 그녀가 자신의 "몸된 삶과 숲, 정원을 향한 도를 넘은 끔찍한 욕망"[56]에 사로잡히는 순간에 그녀는 차가운 남편의 칼날과 마주치게 된다. 비록 상품체계에 붙잡힌 여성의 경험을 경유하긴 하지만, 우리는 몸과

53 Le Sueur, "Autumnal Village", p.35.
54 Ibid., p.32.
55 Ibid., p.37.
56 Ibid., p.36.

자연 세계를 음미하는 유토피아적 가능성들을 언뜻 보게 되기 때문에, 이 서사의 관점은 매우 효과적이다. 유토피아적 순간이 가부장적 자본주의 안에서 직조되기 때문에(남편의 사냥으로 이야기가 시작되고 끝난다), 여성의 백일몽은 강력한 비판으로 작용한다. 사실 시 전체에서 그녀의 정치의식을 고취하는 것은 그녀와 자연의 무아지경 결속이다. 유토피아적 사유가 "가능하지만 재현 불가능한 것에 대한 지속적인 탐험과 재탐험을 요구하는"[57] 만큼, 「가을의 마을」은 비인간 자연과 이루어지는 황홀한 관계의 가능성에 대한 상상이라 할 수 있다. 비록 이러한 깨지기 쉬운 황홀한 순간이 무자비한 경제 체계 안에 위치하고 있긴 하지만.

르 쉬외르의 자연은 엠마 골드만의 맥락에서만 이해될 수 있는 것은 아니다. 그것은 자신의 이해관계를 자연이라는 사회적으로 강력한 범주와 일치시키는 것을 목표로 '지도 만들기 대회'contest of mapping에 참여하는 아그네스 스메들리Agnes Smedley, 틸리 올젠, 필딩 버크, 그리고 다른 20세기 초반 좌파 페미니스트들의 맥락에서도 이해될 수 있다.[58] 20세기 초반 동안 널리 퍼진 '자연 회귀' 운동과 자연자원보존 운동은 부분적으로는 지정학적 영토를 결정하는 권리에 대한 중·상류 계급의 불안에 의해 추동되었다. 이와는 다른 방식들로, 아그네스 스메들리의 『대지의 딸』*Daughter of Earth*(1929), 틸리 올젠의 『욘농디오』

---

57 Drucilla Cornell, *Beyond Accommodation: Ethical Feminism, Deconstruction, and the Law*, New York: Routledge, 1991, p.169.

58 좀 더 포괄적인 논의로는 Alaimo, *Undomesticated Ground*, pp.93~107을 참조.

Yonnondio(1930년대에 집필), 그리고 필딩 버크의 『가정을 마음으로 불러내기』*Call Home the Heart*(1932)는 자연을 노동계급과 일치시킴으로써 미국 몸정치body politic에 대한 중·상류 계급의 권리주장에 대답한다. 르쉬외르에게 이러한 일치는, 여성 등장인물이 '자연을 닮은' 노동계급 남성과 근육질 남성적 자연들을 욕망할 때처럼 종종 몸을 통해 분명한 표현을 얻는다.

예를 들면, 「그의 카트에 와인을 싣지 말라」에서, 스텔라stella는 "여성은 돈 버는 남자의 몸을 결코 사랑할 수 없을 것이다"라면서 상류층 남편의 나무는 "자연적인 것"이 아니라 "사회적"이며, 그의 몸은 "희고", "협소하며", 사용된 적이 없다는 사실을 슬퍼한다.[59] 다른 한편으로 「봄 이야기」의 소녀는 삼촌 조Joe가 "마치 삶의 의미가 몸에 있는" 듯이 행동하는 방식을 감상하며 좋아한다.[60] 그녀는 명백하게 남근 형상을 하고 있는 칸나 화단을 탐사하면서 자신의 이성애적 욕망을 깨닫는다.

그녀는 칸나 화단에서 손과 무릎 아래로 이제 막 땅에서 움트는 언월도처럼 구부러진 새하얀 새싹들을 볼 수 있었다. 그녀는 그것들 중 하나에 손가락을 올리고, 차갑고 단단한, 하지만 촉촉한 새싹들을, 이 강렬하고 절박한 힘의 솟구침을 느꼈다. 그것은 꽃 피울 날을 기다리며

59 Meridel Le Sueur, "No Wine in His Cart", *Salute to Spring*, New York: International, 1940, p.30.
60 Meridel Le Sueur, "Spring Story", *Ripening: Selected Work, 1927-1980*, ed. Elaine Hedges, Old Westbury, N.Y.: Feminist Press, 1982, p.87.

어둠 속에서 위를 향해 단단하게 홀로 솟아 있었다.[61]

넋을 잃은 듯한 "단단하고", "솟아오르고", "위를 향해"와 같은 어휘의 반복은 소녀의 에로티시즘을 누설하고 퀴퀴한 정액질 남성성으로 칸나를 흠뻑 적신다. 자연을 남성을 원하는 여성이나 정부, 어머니로 묘사하는 오랜 역사에 대항해서 르 쉬외르는 여성 욕망의 대상으로서 이 강인한 남성적 대지라는 아주 신선한 이미지를 제시하였다.

이 비유가 가장 지속적으로 나타나는 장면은, 놀랍게도 현학적인 교사가 남서도로를 운전하면서 자연과 노동자를 보고 성적으로 흥분하는 장면을 묘사하는 「소녀」에 있다. 그녀가 산맥을 "대지 살의 주름 위에 얹혀진 주름"으로 경험하는 순간에 자연과 몸은 합일한다.[62] 또 그녀가 자신의 차를 잡아타려는 젊은 남자의 "거대하게 뒤틀리는 근육"을 흘깃 보면서, 산맥에 대한 그녀의 지각과 그의 몸에 대한 그녀의 지각은 융합한다.[63] "대지는 기름지며 빛나는 뼈를, 단단하고 강인한 거대한 황금빛 몸을 지닌 태양을, 뜨겁고 현기증 나게 내리쬐는 태양 아래 이글거리는 거대한 흙무더기를 달려들어 공격하는 것 같았다."[64] 그녀는 자신이 두려워하는 무엇, "거대한 지각 대변동처럼 살이 떨리는" "거대한 몸이 [……] 산처럼 그녀의 몸 위에 길게 눕는 것"을 욕망한

61 Ibid., p.96.
62 Meridel Le Sueur, "The Girl", *Salute to Spring*, New York: International, 1940, p.66.
63 Ibid., p.72.
64 Ibid.

다.[65] 그녀는 그와 함께 언덕에 누워 있으면 좋겠다고 상상하지만, 그러한 쾌락을 자신에게 허용하지 않는다. 그러나 땅은 단순히 교사의 욕망을 나타내는 객관적 상관물이나 상징의 역할을 하는 것이 아니다. 그것은 그 자체 "산과 결합된 거대한 동물의 살이 그녀 안에 욕망을 일깨우는" 힘이다.[66] 명시적으로 살과 산맥, 노동자와 자연을 융합함으로써, 르 쉬외르는 노동계급의 몸에 광대함과 참을성의 미덕을 부여한다. 르 쉬외르가 일관되게 젠더를 최소화하는 입장을 취한다고 이해하는 것은 무리이겠지만, 남성적 자연에 대한 그녀의 수많은 묘사들은 여성을 자연으로 보고 남성을 문화로 보는 강고한 이분법을 뿌리째 뒤흔든다. 그럼에도 애석하게, 그녀의 에로틱한 자연은 끈질길 정도로 이성애적이다. 임신에 대한 그녀의 칭송은 재생산을 하녀 생산으로 보는 마르크스주의-페미니즘 비판을 염두에 두지 않는다.[67] 그럼에도 불구하고, 노

---

65 Ibid., p.74.
66 Ibid., p.77.
67 "당신의 아들을 학살하는 전쟁주인들을 위해/ 당신의 연약한 몸을 출산의 고통으로 고문하라"라는 독설적인 시행을 포함하는 Lucia Trent, "Breed, Women, Breed", 1929, *Anthology of Modern American Poetry*, ed. Cary Nelson, Oxford: Oxford University Press, 2000과 비교해 보라. 비록 르 쉬외르 자신의 어머니, 매리언 훠턴(Marian Wharton)은 여성의 재생산으로부터의 자유를 위해 싸웠지만, 르 쉬외르의 임신에 대한 억압되지 않는 칭송은 재생산 통제를 맹비난한다. 「당신, 블루 씨에게 지옥을」은 명시적으로 주인공의 임신을 "대지에 대한 사랑"과 비교하고(Meridel Le Sueur "To Hell with You, Mr. Blue", *Harvest and Song for My Time*, p.61), 치명적인 남성들에 대항해서 낙태를 하지 않겠다는 그녀의 욕망을 강변하며 제목과 동일한 시구로 끝맺는다. 「바깥에 존재하기에 대한 숭배」는 "작가의 행동은 파시스트적인 낙태가 아니라 온전한 출산이 뒤따르는 최고의 믿음이다"라고 끝맺는다(Meridel Le Sueur, "The Fetish of Being Outside", *New Masses*, February 26, 1935, p.23). 폴라 라비노위츠가 애처로이 논평하듯이, 「소녀」(The Girl)는 "어머니들의 분리주의 유토피아"로 끝난다(Paula

동하는 몸과 노동을 강요당하는 몸, 욕망하는 몸과 욕망의 대상이 되는 몸, 침식당한 몸과 에로틱한 몸 등의 이미지는 젠더 범주들을 와해하고, 다채로운 몸, 자연, 노동자, 그리고 자연에 대한 강렬한 느낌, 생기와 에너지가 넘치는 강렬한 느낌을 선사한다.

모성성과 노동계급의 활력에 대한 그녀의 열렬한 찬사가 (재생산하는) 여성의 몸을 자연의 끊임없는 생식력의 수렁으로 밀어넣는 일종의 본질주의를 내비친다고 하더라도, 우리는 여전히 물질성, 살과 세계의 구성 요소에 대한 르 쉬외르의 감수성이 그와는 다른 방향으로 작용하는지 어떤지를 물을 수 있다. 그녀가 제시하는 야생적 물질wild matter이라는 독창적 개념은 우리가 담론에서 신체성으로, 이분법에서 나선형 중첩으로 나아가는 방법론적 전회를 행하도록 촉구한다고 하겠다.

Rabinowitz, *Labor & Desire: Women's Revolutionary Fiction in Depression America*, Chapel Hill: University of North Carolina Press, 1991, p.136). 라비노위츠의 관대하지만 단호한 독해는 르 쉬외르가 '모성의 억압성'에 질문을 제기하지 않는다는 사실을 비판한다. 하지만 르 쉬외르의 작품을 좌파의 맥락 안에 놓으면서, 라비노위츠는 또한 「소녀」에서 르 쉬외르는 "남성들의 노동과 꼭 마찬가지로 여성들의 산고는 가치와 역사를 생산하면서 아이들을 세상에 낳는다는 것을 우리에게 상기시킨다"고 설명하고 그녀가 페미니즘에 공헌한 바를 언급한다(*Ibid.*, p.120). 그리고 콘스탄스 코이너가 주장하듯이, 틸리 올젠과 더불어서 르 쉬외르는 "은연중에 생산과정을 독특한 인간적 활동으로 정의하는 마르크스주의의 생산-우선 이론에 질문을 제기하는데, 이 이론은 역사적으로 여성들에게 불균등하게 부과되었던 가정에서 행해지는 활동들을 바깥에서 이뤄지는 남성들의 활동들보다 덜 가치 있는 것으로 부호화한다"(Constance Coiner, "Literature of Resistance: The Intersection of Feminism and the Communist Left in Meridel Le Sueur and Tillie Olsen", *Radical Revisions: Rereading 1930s Culture*, eds. Bill Mullen and Sherry Linkon, Urbana: University of Illinois Press, 1996, p.163). 따라서 임신에 대한 르 쉬외르의 상찬은 재생산과 모성성을 무시하거나 비하하는 자본주의와 마르크스주의 모두에 대항해서 그것들의 가치를 옹호한다.

르 쉬외르를 엄격한 마르크스주의적 관점에서 읽었던 앤서니 다와 헤어는 그녀를 '비합리주의자'이면서 '본질주의자'로 비난한다. "근대성에 대한 그녀의 생각은 환원론적 '유물론'의 성향을 띠고 있다는 것이다. 그리고 공동체에 대한 그녀의 생각에서 가장 중요한 것이 기껏해야 노동자의 (그리고/또는 여성의) 몸, 경험, 그리고 '자연'과의 유대감에 지나지 않는다"고 비난하였다.[68] 또 그는 르 쉬외르의 "특별하고 혁명적인 지식을 가사노동과 '자연' 노동으로 보는 시각은 그와 같이 '고립된 지역들'도 지배적인 문화에 종속되어 있다는 사실을 무시하는 처사"라고 비판하였다.[69] 그가 르 쉬외르의 텍스트들에서 발견하는 유일한 가치는 "그때나 지금이나 근대 유토피아적 사유의 한계를 이론화하는 데 도움이 되는 교훈을 담고 있다"는 정도이다.[70] 다와헤어는 그녀가 노동자의 정치의식을 위한 원천으로서 "노동계급의 몸"이 아니라 "정치 이론"을 묘사하기를 더 선호했을 것이다.[71] 그렇지만 문화연구의 관점에서는, 그녀의 글이 정치 혁명으로 가는 '올바른' 길을 얼마나 잘 재현하는지에 대해 평가할 필요는 없다. 대신 우리는, 내가 앞에서 주장하였듯이, 그녀가 보여 주는 노동하고 욕망하며 행복에 넘치고, 또 침식당하는 몸이 정치 '이론'을 명확히 보여 주면서 문화 작업의 특정 작업을

---

68 Anthony Dawahare, "Modernity and 'Village Communism' in Depression-Era America: The Utopian Literature of Meridel Le Sueur", *Criticism*, vol.39, no.3, Summer 1997, p.423.
69 Ibid., p.414.
70 Ibid., p.428.
71 Ibid., p.413.

수행하고 있다는 점을 증명할 수는 있다. 하지만 여기 바로 앞의 물질을, 즉 몸과 자연을 오로지 그것이 재현되는 방식 및 정치 투쟁이라는 광범위한 담론과 관계하는 방식에만 주목하는 유형의 문화연구 분석은, 르 쉬외르가 우리 거주의 장소와 우리의 삶을 과거와는 근본적으로 다르게 형상화하는 방식을 외면하게 만들 것이다.

이런 점에서 다와헤어의 가장 일관된 비판은 르 쉬외르가 "노동자의(그리고/또는 여성의) 몸, 경험들, 그리고 '자연'과 구축된 연결들"에 가치를 부여할 때 그녀가 '환원론적 유물론'에 연루된다는 것이다. 자연과 다양한 노동계급 남성과 여성의 몸에 가치, 의미, 작용능력을 주입한다는 점에서 르 쉬외르의 텍스트는 일종의 유물론으로 작동한다. 하지만 그녀의 상상력 넘치는 유물론은 거의 환원론적이지 않다. 경제적·정치적 힘들을 사회적 텍스트에서 읽을 수 있다는 점에서, 그녀는 몸을 그것의 일부로 재현하며, 또한 그녀는 자연 세계가 의미론적 세계라는 것을 주장한다. 비록 다와헤어는 르 쉬외르가 "특별하고 혁명적인 지식을 가사노동과 '자연' 노동으로 보는 시각은 그와 같이 '고립된 지역들'도 지배적인 문화에 종속되어 있다는 사실을 무시하는 처사"라고 비판하지만, 「침식당한 여인」, 「가을의 마을」, 「미국 버스」와 같은 그녀의 많은 텍스트는 정확하게 몸, 노동, 그리고 자연 세계와 맺는 관계가 어떻게 사회적·경제적 힘들로 투과되는지 극적인 방식으로 그려 보인다. 『십자군』의 재판 서문에서, 르 쉬외르는 러들로Ludlow에서 일어났던 1914년의 학살을 추모해 행진하는 광부들을 묘사하는 장면에서 그들의 몸을 다음과 같이 읽어 낸다. "나는 그들에 대한 억압의 표식, 강탈당한 노동의 표식을 간직한 몸, 그리고 지금은 죽어서 무덤에 거룩하게 누워 있는 망자들을 봤다. 그들의 몸은 그들이 당한 착취의 상형문자들이고, 그들의 피와 몸은 약탈당했고, 그들의 허파는 이산화규소 바위로 변했다."[72] 이와 유사하게 「강철 국가」Iron Country에서 그녀는 규폐증의 존재 자체를 부인하는 회사 의사들의 권위에 대항해서 몸으로 규폐증의 증상을 증언하는 광부들을 묘사한다. 그리고 「벌목 마을의 저녁」에서 그녀는 "과도한 노동으로 얼룩진 삶이 그들의 몸을 기형으로 만들었다"고 개탄하면서 여성들의 "뒤틀리고 부어오른" 얼굴을 묘사하였다.[73] 그녀는 신념이나 이데올로기에 제한된 정치 참여는 너무나 탈신체화disembodied되어 있기 때문에 진정한 사회적 변화를 추동하지 못한다고 생각했다. 때문에 그녀는 우리에게 신체성을 사회적인 텍스트의 일부로 읽을 것을 가르치기 위해서 노동자에 대한 억압을 증언하는 몸을 보여 주는 것이다.

물질적인 것이 사회적인 것과 겹쳐지는 방식의 한 예로 「여성은 아주 많은 것을 안다」를 들 수 있다. 거기서 르 쉬외르는 여성은 "뉴스를 그것의 출처, 즉 인간의 몸에서 습득하"기 때문에 "뉴스를 읽지 않는다"고 주장한다.[74]

---

72 Meridel Le Sueur, *Crusaders: The Radical Legacy of Marian and Arthur Le Sueur*, St. Paul: Minnesota Historical Society Press, 1984, p.xviii.

73 Meridel Le Sueur, "Evening in a Lumber Town", *New Masses*, July 1926, p.22.

74 Meridel Le Sueur, "Women Know a lot of Things", *Ripening: Selected Work, 1927-1980*, ed. Elaine Hedges, Old Westbury, N.Y.: Feminist Press, 1982, p.172.

당신의 손아래에 있는 바로 그 몸에, 언제나 세계의 경제가 상주한다. 그것은 당신에게 냉혹한 착취에 대하여, 이제 세계의 그 어떤 것도 배려하지 않고 폭력과 파괴로 조악한 삶을 유지하는 것 이외에는 아무런 관심이 없는 이 광적이고 사악한 계층에 대해 얘기해 준다. 그것은 당신에게 오렌지, 대구 간유, 새끼 양고기, 버터, 계란, 우유의 가격을 알려 준다. 당신은 증권거래소에서 발생하는 모든 것을 알고 있다. 당신은 작년 가뭄 때 밀 농사에서 어떤 일이 있었는지, 땅의 끔찍한 오용과 파괴, 거기에서 경작되는 작물과 인간 삶을 알고 있다. 당신은 허스트 씨 보고서에 적힌 주식 정보를 읽지 않아도 된다. 당신은 그것의 참혹한 출처에서 뉴스를 접한다.[75]

"당신의 손아래에 있는 바로 그 몸"은, 충격적이게도, "허스트 씨 보고서"보다 더 신뢰할 만한 정보 출처이다. 비록 다와헤어는 르 쉬외르가 "노동계급은 사회·경제·정치적 지식과 무매개적인 관계를 가지고 있으며, 노동계급은 정치와 세계 경제를 배우기 위해 자기 자신을 읽는 것으로 충분하다"라고 암시한다고 주장하지만,[76] 이 단락의 진정한 의미는 노동계급의 몸 자체도 사회적·경제적 힘에 의해 만들어진다는 사실에 있다. 다시 말해 몸이 사회적인 것과 구분되지 않기 때문에 좀 더 확대된 종류의 매개적 관계라고 봐야 한다. 몸을 읽는 것이 환원

75 Ibid.

76 Dawahare, "Modernity and 'Village Communism'", p.412.

론적 유물론reductive materialism을 가리킨다고 생각하는 자는 르 쉬외르가 아니라 오히려 다와헤어 자신이다. 르 쉬외르의 몸은 엘리자베스 그로스가 주장한 "이분법적 쌍들의 결정적 지점에서 위험천만하게, 또 결정 불가능하게 떠다니는 문턱이나 경계로서의 몸"에 더 가까운 듯이 보인다.[77] 그로스에 따르면 "몸은 사적이지도 공적이지도 않다. 자아도 타자도 아니며, 자연적이지도 문화적이지도 않고, 정신적이지도 사회적이지도 않고, 직관적이지도 학습되지도 않으며, 유전에 의해서 결정되지도 그렇다고 환경에 의해 결정되지도 않는다".[78] 몸을 이러한 중심축으로 간주할 때 우리는 르 쉬외르가 역설적으로 자본주의와 동떨어진 가치의 장소이면서 동시에 사회적인 텍스트로 몸을 위치짓고 있다는 점을 깨달을 수 있다. 몸은 자연적 과정과 사회적 과정 양자로부터 정보를 제공받으면서 동시에 역설적으로 그것들에 정보를 제공하기 때문에 몸은 중심축이다. 몸 중심축은 DNA처럼 나선형이라고 말할 수도 있다. 자연적인 과정과 사회적인 과정에 정보를 제공하면서 또한 정보를 제공받기 때문이다. 그러나 이런 식의 설명은 자연과 문화 사이의 상식적 구별이 점점 더 희미해지고 있다는 사실을 생각하면 지나친 단순화로 보일 수도 있다. 캐런 배러드의 주장처럼, "문제는 담론적 요소만 중요한 것이 아니라 물질적 요소도 중요하다는 사실이 아니다. 문제는 제약과 조건, 실천이 결합된 물질적-담론적 성격이다".[79]

77 Elizabeth Grosz, *Volatile Bodies: Toward a Corporeal Feminism*, Bloomington: Indiana University Press, 1994, p. 23.

78 *Ibid*.

우리는 르 쉬외르의 유물론을 환원주의적으로 읽는 것이 아니라, 물질에 대해 제대로 설명하지 못하는 현대의 대다수 이론의 무능력을 교정하는 수단으로 읽을 수 있다. 예를 들면, 배러드는 "언어는 너무 많은 힘을 부여받았다. 언어적 전회, 기호학적 전회, 해석학적 전회, 문화적 전회, 이 모든 전회들이 있었다. 최근에는 모든 '것' ─ 심지어 물질성 ─ 이 언어의 문제나 문화적 재현의 문제로 전환되는 것으로 보인다".[80] 또한 르 쉬외르의 유물론은 "읽고 쓸 줄 모르고 생각이 없는 '외부'"를 인간을 위한 토대로서 이용하는 인본주의의 지배와 결별하는 의미심장한 시도로 이해될 수 있다.[81] 커비가 주장하듯, "신체성의 문제"에 대한 고민은 우리가 "내부에 있는 낯선 것"과 직면하도록 도와준다.[82] "세계라는 몸은 자신을 표현할 수 있으며 또 기괴할 정도로 생각이 풍부하다는 진정한 가능성의 형식인 것이다."[83]

르 쉬외르의 매우 아름다운 이야기의 하나인 「성수태 고지」에서 화자는 새로 씨앗을 뿌린 들판처럼 임신한 몸의 부르르 떨리는 활력을 경험한다. 만일 그렇지 않았더라면 그녀는 야위고 의기소침해지고 암담했을 것이다.[84]

---

79 Karen Barad, "Posthumanist Performativity: Toward an Understanding of How Matter Comes to Matter", *Signs*, vol. 28, no. 3, Spring 2003, p. 823.

80 Ibid., p. 801.

81 Vicki Kirby, *Telling Flesh: The Substance of the Corporeal*, New York: Routledge, 1997, p. 5.

82 *Ibid.*

83 *Ibid.*

갑자기 많은 움직임들이 내 안에서 진행되고 있다. 많은 일들이 일어나고 있다. 참을 수 없을 정도로 새싹이 돋는 느낌, 용기가 터질 듯한 느낌, 살아 움직이는 씨앗의 느낌, 살이 거대하게 확장되는 느낌들이 있다. 수많은 옥수수와 밀의 발아가 대지에 활기를 불어넣는 그러한 활력이리라. 아마도 새로운 세계를 창조하는 그 어떤 활력일 것이다.[85]

여기서 화자는 다른 대목에서처럼 약간 머뭇거리며 자신이 만들어내는 접속들("그 어떤 활력일 것이다")에 대해 이야기한다. 차이를 존중하면서, 그리고 자기가 사용하는 개념들을 의심하기도 하면서 말이다. 그녀의 이야기는 살의fleshy 경험에서 시작해서 질문과 반추로, '작은 종이쪽지'의 글쓰기로 이동하면서 나선형처럼 꼬인다. 이야기 자체는 살에서 저절로 솟아오르는 듯하다. 그래서 화자는 "내 안에서 윙윙거리고 날아다니며, 빙글빙글 도는 어떤 움직임이 활발하게 진행되고 있고, 그러면 나는 그것을 어떤 식으로든 글로 옮기고 싶어진다"고 말한다.[86] 자신의 몸된bodily 경험을 글로 쓰기 시작하면서 화자는 자신을 둘러싼

---

84 르 쉬외르는 이 특정 이야기를 출판하기 위해 싸워야만 했는데, 이는 그 주제를 진지하게 다루는 것이 얼마나 어려웠는지를 입증한다. 콘스탄스 코이너는 르 쉬외르가 「성수태 고지」(Annunciation)를 썼던 당시에는 "『새로운 대중』(New Masses)이 그랬던 것처럼 다른 잡지사들(『스크리브너스 매거진』Scribner's Magazine과 『애틀랜틱 먼슬리』 Atlantic Monthly)도 그녀의 원고를 거절하는 이유로 임신은 문학의 주제로는 부적절하다고 여겨졌기 때문이다"라고 언급한다(Coiner, "Literature of Resistance", p.152). "그 이야기가 자주 재출판되기는 했는데, 오로지 사적인 소량 출판이었다"(Ibid.).
85 Meridel Le Sueur, "Annunciation", Salute to Spring, New York: International, 1940, p.91.
86 Ibid., p.81.

세계를 갑자기 이해하게 된다. 그녀의 임신이 자연을 의사소통의 영역으로 변형하는 것이다. "모든 것이 죽어 있고 닫혀 있고 세계는 단단한 바위이다. 그런데 갑자기 이 모든 것이 바위 위에 핀 아네모네처럼 자신을 열어젖히고 드러내면서 생기를 되찾았다. 그리고 돌들이 빵처럼 쩍 갈라지면서 열렸다."[87] 여기에서 돌의 이미지는 말이 없고 정적이며 자기 폐쇄적인 것으로서 자연을 바라보는 일반적 태도를 암시한다. 그러나 화자는 "수많은 혀의 잎"으로 말하는 배나무의 이야기를 듣는다: "잎은 바람결에 얘기하는 나무의 입술, 혹은 수많은 혀처럼 움직인다. 당신이 바라보는 과실은 무르익은 몸을 흔들며 나무 위에서 감동적으로 이야기하는 말풍선이다."[88] 우리는 이 이야기를 여성과 배나무의 신비한 결합으로 읽어서는 안 된다. 대신 어떻게 "말과 살이 완전히 겹쳐지는지"에 대한 사유의 운동으로 읽어야 한다.[89] 언어와 문화는 자기-폐쇄적이 아니다. 언어와 문화는 "최종적인 의미에서 어떤 외부성도 갖지 않는 차이화의 역장 안에서 발생한다". 나뭇잎을 닮은 '작은 종이쪽지'에 화자가 써 내려간 내용은 그녀가 끈질기게 배나무의 언어와 그녀 몸의 기호를 해독하는 과정에서 저절로 표면으로 떠오른다. 우리가 읽는 이 이야기는 말과 살의 겹침을 명명백백하게 보여 주는 것이다. 그럼에도 나무의 '말'은 인간의 언어로 환원되지는 않는다. 화자는 "나에게 말하고 또 말하는 배나무의 속삭임들을 듣는다. 그러나 내가 어떻게

---

87 Ibid., p.90.
88 Ibid., p.96.
89 Kirby, *Telling Flesh*, p.127.

배나무의 말을 묘사할 수 있을까?"라고 자문하기 때문이다.[90] 비록 「성수태 고지」는 배나무의 이야기를 들으면서 생기는 통찰력이 풍부하기는 하지만, 화자의 사유의 흐름은 단정적이 아니라 유보적이다. 그녀는 잎과 살의 대화를 단순히 **취하는** 것이 아니라 그것을 **옮겨 쓰기**transcribe 위해 고군분투하고 노심초사하는 와중에도 계속해서 "그것이 어떻게 설명될 수 있지?"라고 자문한다. 직관력이 뛰어난 화자는, 캐서린 헤일즈의 용어로, "본질적으로 알 수가 없고, 도달할 수도 없으며 끊임없이 변화하는 흐름"과 "우리가 세계를 설명하기 위해 구축한 개념들" 사이에서 "파도타기를 하는" 것으로 보인다.[91]

그러나 헤일즈가 지적하듯이, 파도타기는 "세상에서 가장 어려운 일"이다.[92] 르 쉬외르의 「옥수수 마을」의 자기 반성적인 화자는 이에 동의할 것이다. 상투적인 비유들을 피하는 것이 얼마나 어려운지 극적으로 보여 주기 때문이다.

오, 캔자스, 나는 당신의 나무들을 모두 알고 있습니다. 나는 나무들이 해동하며 싹을 틔우는 것을, 물웅덩이 위로 얼음이 깔리는 것을, 사일로와 옥수수처럼 파란 하늘을, 그리고 어딘가를 향해 마차가 지나간

---

90 Le Sueur, "Annunciation", p.97.
91 Katherine N. Hayles, "Constrained Constructivism: Locating Scientific Inquiry in the Theater of Representation", *Realism and Representation: Essays on the Problem of Realism in Relation to Science, Literature, and Culture*, ed. George Levine, Madison: University of Wisconsin Press, 1993, p.32.
92 Ibid., p.30.

길의 말발굽 자국을 보았습니다. 섬세한 풀밭과 동물들이 지나간 자리에 도랑을 만드는 작은 시냇물, 프레리 개, 토끼, 강인하지만 강간당한 처녀처럼 폐허와 황폐가 느껴지는 당신의 마을도 보았습니다. 지금 내 마음은 토끼처럼 급히 서두르며 당신의 의미에 가닿기 위해, 당신의 모습을 제대로 파악하기 위해, 그리고 의미와 신화로 당신을 살려 내기 위해 노력하고 있습니다.[93]

이 구절에서 앎은 믿고 의존할 만한 어떤 안정적인 무엇이다. 자연과 사회의 개별적 개체들 — 나무, 사일로, 길, 말발굽 자국들 — 과 주체가 맺는 관계는 무매개적이다. 그러나 그녀가 일단 마을을 "강인하지만 강간당한 처녀"와 비교하며 이 개별적 존재들과 대상들의 묶음을 신화화하기 시작하면서 그녀의 상념은 그것이 가진 문화적 무게로 인해 무너지고, "당신의 의미에 가닿기 위해, 당신의 모습을 제대로 파악하기 위해, 그리고 의미와 신화로 당신을 살려 내기 위해 노력하고 있습니다"가 보여 주는 자의식적 인식론적 비판에 이르게 된다. 발 플럼우드는 인간이 비인간 자연과 맺는 윤리적 관계는 "자연의 타자성"과 또한 [자연과] "인간 자아 사이의 연속성" 양자를 우리가 인정함으로써 가능하다고 주장한다.[94] 반면에 르 쉬외르는 인간의 이해와 '자연 자체' 사이의 차이를 강조하였다.

---

93 Le Sueur, "Corn Village", p.24.
94 Val Plumwood, *Feminism and the Mastery of Nature*, New York: Routledge, 1993, p.160.

인간을 살 또는 비인간 자연과 격리시키지 않는 새로운 생각을 공식화하려고 시도할 때 우리는 물질세계를 언어로 표현하는 우리 능력의 한계를 분명히 해둘 필요가 있다. 한계에 대한 그러한 의식을 가지면 우리는 자연을 인간 언어의 외부로 상정하지 않게 된다. 그리고 의미를 생성하는 과정이 끝나지 않은 진행형이며, 그러한 비인간 자연은 탐구의 대상이 아니라 참여자로 그러한 과정에 포함되어야 한다는 인식을 다지게 된다. 예를 들면, 레베카 라글론과 매리언 숄트마이어는 우리는 "우리의 이야기들에 대한 자연의 저항을 인정하고", 그러한 저항의 살아 있는 지구를 시멘트로 덮으려는 시도로 만들어진 모든 구축물들에 대한 의문 제기라는 것을 이해해야 한다고 주장한다.[95] 캐트리오나 샌딜랜즈는 '이중적 운동'을 수행하는 '실재의 윤리'를 옹호한다. "자연이 우리가 아는 것과 다른 방식으로 드러내는 새로운 은유적 관계를 찾고, 또 잘못된 은유에 대해서 분명하게 설명을 하며, 은유가 닫히지 않도록 하고 지속적인 대화를 보장하는 윤리적 관계를 찾아야 하는 것이다"라고 말한다.[96]

실재의 윤리는 과도하게 기호화되어 있지도 않고 그렇다고 침묵하지도 않는 야생적 물질에 귀 기울일 것을 촉구한다. 르 쉬외르의 작품

95 Rebecca Raglon and Marian Scholtmeijer, "Heading Off the Trail: Language, Literature, and Nature's Resistance to Narrative", *Beyond Nature Writing: Expanding the Boundaries of Ecocriticism*, eds. Karla Armbruster and Kathleen Wallace, Charlottesville: University of Virginia Press, 2001, p. 261.

96 Catriona Sandilands, *The Good-Natured Feminist: Ecofeminism and the Quest for Democracy*, Minneapolis: University of Minnesota Press, 1999, p. 181.

에서 비인간 자연은 그것에 차꼬를 채우는 구조물들에 의해 침묵을 강요당한다. 예를 들면, 「추모」에서 발췌한 글에 붙인 서문에서, 그녀는 소설이 '엄마, 창녀, 그리고 지식인', 이렇게 세 명의 여성을 포함한다고 설명한다. 그들은 작품의 마지막에 "여성적 자연이라는 신화적 동일성과 순환적 회귀" 속으로 배치된다.[97] 이와 같이 충분히 예측 가능한 공식은 여성뿐 아니라 자연에 설정된 일련의 개념이 없었으면 불가능했을 것이다. 그것은 다나 해러웨이가 장난꾸러기 코요테coyote trickster[98]의 작용능력으로 서술했던 종류의, 자연의 교묘함과 예측 불가능성을 허용하지 않는다. 「추모」는 또한 낙태를 생태계적 약탈과 동일시하며, "아무것도 아니라고 그들은 말했어요. 나를 파내고 그것을 꺼내, 그것 모두를 꺼내, 그것을 칼로 도려내고 그것을 폭파시켜요. 그들이 채굴한 구멍, 그 폭발된 자궁을 보지 못하게 해요"라고 말한다.[99] 여기에서 작가는 긁어낸 자궁 대 '난자들의 야생성'이라는 조악한 이미지를 끔찍하게 반복하고 있다. 그러나 이러한 형식적 실험은 대립적인 이미지의 소동에 묻혀 버리고, 이해가 불가능한 텍스트가 된다. 그러나 르 쉬외르의

---

97 Meridel Le Sueur, "Memorial", *Ripening: Selected Work, 1927-1980*, ed. Elaine Hedges, Old Westbury, N.Y.: Feminist Press, 1982, p.272.

98 [옮긴이] 코요테는 북미 원주민의 구비문학에서 가장 빈번하게 등장하는 트릭스터이다. "가령 가장 빈번하게 등장하는 장난꾸러기인 코요테는 자신이 되고자 하는 그 어떤 모습이라도 취한다. 그는 인간의 성격을 이루는 선함과 사악함, 당당함과 옹졸함, 강력함과 연약함, 기쁨과 고통, 영웅적 자질과 비겁함을 겸비한다"(『트릭스터 이야기』). 이 책 349쪽에는 "장난꾸러기 코요테처럼 세계는 '유머 감각'을 지니며 '익살'맞다"라는 표현이 나온다.

99 Le Sueur, "Memorial", p.273.

전체 저작은 풍성하고 다양하다. 그녀가 풍부하고 복합적인 방식으로 몸된 세계를 형상화하였는데, 그것을 모두 똑같은 것으로 환원하는 것은 오류일 것이다.

자신의 유별난 가족의 역사를 다루는 『십자군』의 재판 서문에서 르 쉬외르는 그 가문의 특별한 계보학, 생물학적이면서 동시에 역사적인 계보학을 다음과 같이 제공한다.

이 사람들은 마치 어둠 속에서 수정하는 수많은 변경의 곡물들, 위대한 야생의 뿌리, 생기 넘치는 여행자들, 야생의 이민자들 같았다. 프레리로 온 이 밀알들은, 새롭고 풍성하고 깊은 토지에서, 일탈하는 씨앗으로, 빛과 빵의 도랑, 새로운 곡물이라는 기대를 가진 사람들처럼 증식하였다. 여러 대륙을 이동하며 그들은 자유를 위해, 새롭고, 빛나는 인간의 미래를 위해 이곳에 왔다. 상속받은 씨앗과 식물단백질로부터 솟아오르면서, 대지에 결코 알려진 적이 없었던 풍요로움을 반복하면서 성장해 왔다. 풍요는 유전적 기대로 증식했다. 오래된 마을의 햇빛 가리는 모자와 주머니에 담아 온 씨앗에서 분출하는 풍요, 공기 중의 탄소, 당분을 만드는 산소, 일과 사랑 ─ 질소, 칼륨, 줄기를 감싼 잎, 줄기의 막공, 줄기를 감싼 잎사귀, 속빈줄기, 곡물들은 상자에 담긴 신부를 감싼다.[100]

---

100 Le Sueur, *Crusaders*, p.xiii.

다섯 개의 작은 밀알을 심어서 마침내는 5억 명을 먹이기에 충분한 밀을 산출한 이주자를 묘사하면서 저자는 이 구절을 '풍요'가 결코 과장이 아니라는 것을 입증하며 끝낸다. 위의 인용에서 저자는 식물과 땅, 인간이 완전히 겹쳐 있다는 점을 증명하기 위해 사람을 곡물과 비교하고, 또 밀을 사람과 비교하는 이미지들이 소용돌이치고, DNA처럼 나선형으로 꼬아서 서사를 시작한다. 물론, 농업은 자연과 인간의 작용능력들이 분리 불가능하다는 사실을 가리킨다. 이때 그들의 기대는 '유전적인' 것이 된다. 그렇게 타고나서가 아니다. 곡물과 사람의 유전자들은 발생의 과정을, 즉 걷잡을 수 없이 분기하고, 이종적인 원소들과 힘들이 서로 섞이고 통합하는 과정을 형성하는 코드입력자이기 때문이다. '노동과 사랑'이라는 인간의 활동은 탄소와 산소, 칼륨과 동등한 활동, 다만 발생 과정의 한 부분일 따름이다.

비록 이 기원설화가 우리에게 친근한 역사적 설명이기는 하지만, 그것은 또한 그러한 역사를 낯설게 제시한다. 커비의 말을 빌리면 역사를 "변제될 수 없는 유전적 부채"로 풀어 씀으로써 근본적으로 인간 주체를 다시 쓰기 때문이다.[101] "밝게 빛나면서 생기 있게 한 곳으로 모여들면서 우리는 고대의 씨앗으로부터 출현하고 있다."[102] 이와 같이 실험적인 구절에서 인간과 비인간 자연이 교차하고 합체하기는 하지만, 여기에 본질주의라고 폄하될 수 있는 그 어떤 것도 존재하지 않는다. 자

---

101 Kirby, *Telling Flesh*, p.157.
102 Le Sueur, *Crusaders*, p.xiii.

연이 변화하지 않고 정적인 본질로서 제시되지 않았기 때문이다. 소용돌이치는 생물학/농업/유전의 역사는, 인간이 다른 생명 형태와 마찬가지로 혼돈스럽고 코드화된 힘들로부터 출현한다는 사실을 증명한다. 르 쉬외르의 씨앗이라는 비유는, 씨앗에는 분리 불가능한 자연적 다양성과 문화적 다양성이 체화되어 있다고 주장하는 반다나 시바의 씨앗과 다르지 않다. 시바는 이렇게 말한다. "씨앗 속에서 문화적 다양성은 생물학적 다양성과 통합한다. 생태적 이슈는 사회정의, 평화, 그리고 민주주의를 결합시킨다."[103] 또 시바는 "초목과 마찬가지로 관념과 삶의 양식도 씨앗에서 생겨났다. 지금 멸종 위기에 놓인 많은 씨앗들은 그 안에 사유의 또 다른 방식과 삶의 또 다른 방식의 씨앗을 간직하고 있다"고 말한다.[104] 시적 생물학사를 집필하는 르 쉬외르는 환경주의와 조화되는 포스트휴머니즘posthumanism의 비전을 상상한다. 앤드류 피커링이 표현하듯, 그것은 "인간 행위자가 여전히 거기에 있기는 하지만 이제 비인간과 분리 불가능하게 얽혀 있고, 더 이상 행동과 지배의 중심에 있지 않는" 공간이다.[105] "우리가 세계를 만드는 것과 같은 하나의 동일한 과정에서 세계는 우리를 만든다."[106]

103 Vandana Shiva, *Biopiracy: The Plunder of Nature and Knowledge*, Cambridge, Mass.: South End, 1997, p.126.
104 Vandana Shiva, *Monocultures of the Mind: Perspectives on Biodiversity and Biotechnology*, London: Zed, 1993, p.6.
105 Andrew Pickering, *The Mangle of Practice: Time, Agency, and Science*, Chicago: University of Chicago Press, 1995, p.26.
106 *Ibid.*

이것이 너무 추상적이고 과학적이고 비정치적으로 들리는가? 아니다. 르 쉬외르가 「옥수수의 기원들」에서 시도했던 실험적 물질 쓰기는 사회주의와 깊숙이 연루되어 있기 때문이다. "약속의 녹색 잎사귀이고 풍요의 임산부"로서 옥수수는 문자 그대로 우리의 주린 배를 채워 준다.[107] 그리고 "풍요의 찬가"를 부를 때 그것은 "민주적 경기를 비춰 주는 빛의 씨앗"으로서 우리에게 오라는 신호를 보낸다.[108] 그녀는 자본주의가 땅과 노동자를 착취하는 현실을 기록하지만, 그럼에도 그녀가 제안하는 혁명은 탈신체화된 이데올로기적 비판이나 관습적인 정치 투쟁에서 출발하지 않는다. 대신에 그녀는 인간과 지구를 강력하게 상호 결합된 '격동의 동지들'이라 부른다.

뮈리엘 뤼케이서의 『망자의 서』: 유해한 횡단-신체성을 추적하기

노동자와 세계 사이가 활기차게 연결되어 있다는 르 쉬외르의 생각은 노동자의 몸을 검사하고 측정하며 관리하는 관계 당국들의 권력과 제도에 대항한다. 다른 한편으로, 뮈리엘 뤼케이서는 장편 연작시 『망자의 서』(1938)[109]에서 과학적이며 의학적이고 법적인 증거들을 하나의

---

107 Meridel Le Sueur, "The Origins of Corn", Excerpted in *New America*, vol. 2, no. 3, 1976, p. 21.
108 Ibid.
109 Muriel Rukeyser, *The Book of the Dead*, in *The Collected Poems of Muriel Rukeyser*, eds. Janet E. Kaufman and Anne F. Herzog, with Jan Heller Levi, Pittsburgh, Pa.: University of Pittsburgh Press, 2005.

문학 형식으로 벼리면서 물질을 기록하는 모더니즘 시를 쓴다. 특정한 장치와 전문지식 없이도 몸에서 사회적 힘들을 읽을 수 있다고 주장하는 르 쉬외르와 반대로, 뤼케이서는 전문화된 지식과 기술이 없이는 올바로 해독할 수 없는 이 판독하기 어려운 힘과 물질과 씨름하였다. 르 쉬외르가 자연과 노동자 사이의 긍정적이고 심지어는 에로틱한 관계를 음미했다면, 뤼케이서는 직업 질병의 역사에서 특히 악명이 높은 사건이 보여 주는 끔찍한 횡단-신체성을 묘사하였다. 그의 『망자의 서』는 웨스트버지니아 주 골리 브리지Gauley Bridge에서 발생한 호크스 네스트 터널Hawk's Nest Tunnel 재해에 대한 것이다. 마틴 체르니악의 『호크스 네스트 사고: 미국 최악의 산업 재해』에 따르면, 1930년에 건설 회사 라인하트 앤 데니스Rinehart and Dennis는 유니언카바이드Union Carbid의 하청을 받아 지역 주민이 아니라 앨로이Alloy 시에 있는 유니언카바이드 소유의 전기야금단지에 전기를 공급하기 위해 댐 공사를 시작했다. 이 댐을 건설하기 위해서는 무엇보다 거대한 터널을 만들어야 했다. 공사가 진척되면서 회사는 지하에서 나온 바위가 철강 제련에 사용되는 값비싼 이산화규소silica[110]라는 것을 발견하였다. 그러자 회사는 터널을 확장하는 공사를 시행했다. 당시에 이산화규소 먼지가 규폐증silicosis[111]

---

110 [옮긴이] 이산화규소는 화학식이 SiO_2이다. 규산무수물이라고도 한다. 일반적으로 실리카라고 하는데, 이것은 천연으로 존재하는 각종 규산염 속의 성분으로서 이산화규산을 말한다(두산백과 '이산화규소' 항목).

111 [옮긴이] 규폐증은 규산이 들어 있는 먼지가 폐에 쌓이면 규산의 기계적·화학적 작용에 의해 폐에 염증이 생기게 된다(두산백과 '규폐증' 항목). 또는 앨러이모의 설명으로는 이산화규소가 몸과 상호작용해서 "허파를 유리로 가득" 채우게 된다(이 책 137쪽).

을 일으킨다는 것은 잘 알려져 있었다. 효율을 높이기 위해 회사는 노동자의 이산화규소 노출을 줄일 수분 공급 천공 방식과 방진 마스크를 사용하지 않고 작업의 속도를 올렸다. 노동자들은 치명적인 분진 더미에 노출된 후에 이내 사망하기 시작했지만, 주로 아프리카계 미국인 이주 노동자들에 대해 관심이 없던 지역 신문사들은 공사 개시 이후 약 18개월 동안 이에 대해서 어떤 뉴스도 싣지 않았다. 서둘러 입을 막은 회사의 정책은 의심할 바 없이 재해의 최초 국면에 침묵하도록 만들었다. 여러 죽음들이 보고되기 시작하자 그 원인은 '검둥이들'의 비위생적 생활방식과 '폐렴에 대한 선천적 취약성' 탓으로 간주되었다(체르니악은 수십 년이 지난 후에도 일부 마을 주민들은 죽음의 원인을 "폐렴과 너무 많은 술과 포커"라고 주장하면서 아프리카계 미국인 노동자를 비난했다고 한다).[112] 터널 노동자와 생존자들이 자신의 재해를 법정으로 가져가면서, 그제서야 지역 신문사는 그 죽음에 대해 보도하기 시작했다. 1935~1936년에 전국 규모의 신문사와 잡지사는——『새로운 대중』부터 『공학의 신기록』*Engineering New Record*, 그리고 『타임』*Time*에 이르기까지——호크스 네스트 재앙에 대한 기사를 쏟아 냈다. 유감스럽게도 골리 브리지 노동자들은 "웨스트버지니아 주에서 모든 입법적·사법적 구제책을 소진한" 다음에야 비로소 청문회 기회를 얻게 되었다.[113] 그러나 의회는 그들의 고통을 경감하거나 보상할 어떤 정책도 입안하지 않

---

112 Martin Cherniak, *The Hawk's Nest Incident: America's Worst Industrial Disaster*, New Haven, Conn.: Yale University Press, 1986, p.3.

113 *Ibid.*, p.75, p.80.

았다. 청문회는 이산화규소의 위험성을 공표했지만, 셸던 램프턴과 존 스투버가 언급하였듯이, 하원 청문회가 열린 지 일주일 후에 산업가들은 '자비롭게 들리는' 공기 위생 재단Air Hygiene Foundation의 설립을 위한 회의를 소집하였다. 그리고 "부분적 개혁"과 "안심시키는 '과학적' 수사학"을 포함한 선전 캠페인을 발족함으로써 규폐증 소송의 위협을 미연에 차단하였다.[114] 정확히 얼마나 많은 사람들이 이 사고로 죽었는지 파악하는 것은 불가능하다. 체르니악의 보수적인 계산으로는 764명이 사망하였다. 팀 데이턴에 따르면 터널 공사 기간에 3,000명의 남성이 이산화규소에 노출되었다.[115] 그들 중 몇몇은 사고 초기에 옥수수 밭에 몰래 매장된 것으로 보고되었다. 이 위험한 작업장에서 달아났던 사람들도 있는 것으로 추정되었고, 몇 년이 지난 후에 병이 악화되면서 사망했던 사람들도 많았다. 터널처럼 많은 죽음들이 시야에서 사라졌던 것이다. 체르니악은 길가에 놓인 기념비는 "토목공학의 업적"을 기리지만, "그곳에서 죽은 많은 사람들에 대해서는 아무것도 말해 주지 않는다"고 지적하였다.[116]

1936년에 뮈리엘 뤼케이서는 친구 낸시 나움버그Nancy Naumberg 와 함께 웨스트버지니아 주의 골리 브리지를 답사했다. 노동자들이 겪

---

114 Sheldon Rampton and John Stauber, *Trust Us, We're Experts! How Industry Manipulates Science and Gambles with Your Future*, New York: Tarcher, 2001, p.78, p.79.

115 Tim Dayton, *Muriel Rukeyser's "The Book of the Dead"*, Columbia: University of Missouri Press, 2003, p.17.

116 Cherniak, *The Hawk's Nest Incident*, p.1.

은 고통과 관계당국들의 부패, 온갖 전문가들의 부패를 증언하는『망자의 서』는 전거에 충실하였다. 급진적으로 실험적인 시는 상당 부분 실제 의회 청문회로부터 수집된 자료와 더불어 보도기사, 편지, 유니언카바이드의 주식 보고서 클립, 낙하하는 물의 에너지에 대한 과학 방정식, 이산화규소 화학식, SiO_2 등을 포함하였다. 그럼으로써 이 작품은 시, 산문, 과학, 일상의 언어를 뒤섞어 놓았다.『망자의 서』는 엄청난 비평적 관심을 받았다. 특히 1930년대의 정치적 시를 연구하는 학자들이 그러하였다. 마이클 서스턴은 시가 "회사의 권력과 의회 옹호론자에 반대하는 저항의 공동체를 상상하고 구축하는 시도를 하였다"고 주장한다.[117] 또 팀 데이턴은 마르크스주의 이론 틀 안에서 뤼케이서의 서정시, 서사시, 드라마와 같은 장르의 사용을 분석한다. 규폐증과 노동자의 몸을 논의한 비평가들도 있었다. 존 로니는 뤼케이서가 "규폐증의 특정한 사회정치·사회역사적 맥락들을 강조한다"고 적었다.[118] 반면, 스테파니 하트만은 "뤼케이서는 노동자들의 죽음이라는 특정 사건으로 시작해서 근대화가 몸과 주체를 재형상화하는 방식에 대한 논의로 지평을 넓혔다. 그러한 재형상화는 노동자들에게 힘을 부여하면서 동시에 파괴하는 방식으로 이루어졌다"고 주장하였다.[119] 흥미롭게도 하트만의

---

117 Michael Thurston, *Making Something Happen: American Political Poetry between the World Wars*, Chapel Hill: University of North Carolina Press, 2001, p.173.
118 John Lowney, *History, Memory, and the American Left: Modern American Poetry, 1935~1968*, Iowa City: University of Iowa Press, 2006, pp.45~46.
119 Stephanie Hartman, "All Systems Go: Muriel Rukeyser's *The Book of the Dead*

독해는 르 쉬외르에 대한 나의 독해와 유사하다. 하트만이 뤼케이서가 "병든 개별적 몸에 대한 강조에서 노동계급의 집합적 힘의 찬양으로 이동한다"고 주장하였기 때문이다.[120] 더구나 그녀는 노동자 중 하나였던 페이턴Peyton의 몸이 "자연 자원과 같이 이용되었다"고 지적하였다.[121] 비록 하트만은 몇몇 자연 이미지, 예를 들어 강의 힘을 "노동자의 인내력과 강인함"에 대한 찬양으로 해석하지만, 시가 "자연을 유용하게 만드는" 방식의 관점에서 노동자들의 행위 능력을 찬양하는 것으로 막을 내린다고 말하였다.[122] 그러나 노동자의 몸을 묘사하는 시를 흥미롭게 분석함에도 불구하고 하트만은 시가 자연과 노동계층을 결합시킴으로써 궁극적으로는 자연을 영웅적인 국가 건설의 노동을 위한 원재료로 환원하고 있다는 사실에 대해서는 아무런 설명을 하지 않았다. 게다가 대부분의 비평가들처럼 하트만은 환경주의운동과 그러한 전통의 맥락에 시를 위치짓지도 않는다.[123] 반면에 레오나르드 스키가이는 "훼손된 생태를 바로잡고 새로운 통일성을 제시하"려는 시도로 시가 "생태 과

and the Reinvention of Modernist Poetics", *How Shall We Tell Each Other of the Poet? The Life and Writing of Muriel Rukeyser*, eds. Anne F. Herzog and Janet E. Kaufman, New York: Macmillan, 1999, p.212.

120 Ibid., p.220.
121 Ibid., p.214.
122 Ibid., p.221.
123 비록 하트만이 「멀 블랭큰십」(Mearl Blankenship)에서 "노동자의 몸과 땅" 사이의 관계성이 나타난다고 언급하기는 하지만, 그녀의 글은 근대화와 기계를 강조한다 (Hartman, "All Systems Go", p.213). 그녀의 풍부한 분석은 그다지 많지는 않지만 몸의 물질성에 대해 설명한다. 내가 여기서 이런 논평을 덧붙이는 이유는 그녀의 해석을 나의 것과 구분하기 위해서일 뿐이지, 그녀의 뛰어난 글을 비판하기 위해서가 아니다.

학과 이집트학, 마르크스주의 변증법을" 융합하였다고 주장한다.[124] 또 그는 시에 대한 독창적인 생태비평적 독해의 한 대목에서 뤼케이서가 "이집트 망자의 서[125]에 있는 환경주의적 차원에 대해 암시함으로써 새로운 생태적 균형을 창조하기 시작했다"고 주장한다.[126] 이집트 신화의 암시에 대한 그의 철저한 해석에도 불구하고, 그러나 나는 시가 최종적 비전을 통해 '총체성의 생태학을 회복한다'는 그의 주장에는 공감이 가진 않는다. 시는 생태 과학을 참조하는 대신에 의과학medical science과 X선 기술을 등장시킨다. 나는 그 시가 조화로운 자연의 회복을 지향하는 것이 아니라 자연을 가로질러 확장해 가는 유해한 산업 환경을 묘사하고 있다고 생각한다.

존 로니, 마이클 서스턴, 월터 칼라이잔, 마이클 데이비드슨, 쇼샤나 웩슬러를 포함한 몇몇 비평가들이 눈[目]과 유리, X선 등의 이미지를 지닌 『망자의 서』를 1930년대 대중적 탐사기록물documentary 전통, 특히 좌파적인 탐사기록물 전통 안에 위치시켰던 것은 놀라운 일이 아니다. 데이비드슨은 뤼케이서가 "영화사진연맹과 전위영화Film and Photo League and Frontier Films에 참여함으로써 영화와 사진의 세계에 친밀하게 연결되었다"고 언급하면서, 시는 "그 시대의 사진 중심 보도와 단

---

124 Leonard M. Scigaj, "Ecology, Egyptology, and Dialectics in Muriel Rukeyser's *The Book of the Dead*", *Mosaic*, vol.38, no.3, September 2005, n.p.

125 [옮긴이] 이집트 망자의 서는 고대 이집트에서 죽은 사람의 관 속에 미라와 함께 넣어 두는 문서로, 사후세계의 안내서로 쓰였다고 할 수 있다(네이버 지식백과 '출판기획물의 세계사'의 '사자의 서' 항목).

126 Ibid.

독탐사보도를 배경으로" 읽혀야 한다고 주장한다.[127] 폴라 라비노위츠에 따르면, "각각의 양태가 그것 자체, 피사체, 그리고 그것의 타자들을 굽어보는 국가의 프로젝트들과 자본주의의 통제, 보고기사와 소설, 탐사기록 사진과 페미니즘이 그 결과로 희한하게 서로 엮여 짜이"듯이, 탐사기록물은 정치적으로 혼합된 장르이다.[128] 시에 대한 웩슬러의 독해는 이런 종류의 정치적 복합성을 탐구한다. 그는 지금은 보이지 않는 호크스 네스트 터널이 [사태를 은폐하려던] "유니언카바이드 회사의 작태에 대한 완벽한 객관적 상관물"의 역할과 "인간의 노동을 비가시적으로 만드는" 역할을 한다고 지적하면서, "감추어진 인공물"을 보이게 만드는 것은 "전체적으로 정확한 사진 또는 사실을 기록하려 했던, 1930년대에 일어났던 열망이다"라고 주장한다.[129] 웩슬러는 다큐적 객관성이 지향하는 목표는 "다큐적 시선 안에" "관찰자와 관찰당하는 자 사이의 권력의 역학", 즉 위계질서를 새겨 넣는 데 있다고 지적하면서 이러한 권력 역학은 "타자와의 감정이입적 동일시로" 해소될 수 있다고 주장한다.[130] 그러나 감정이입적 동일시는 관찰자와 관찰당하는 자 사이의 거리를 가정한다. 시가 개별적 주체를 묘사하는 것이 아

---

127 Michael Davidson, *Ghostlier Demarcations: Modern Poetry and the Material World*, Berkeley: University of California Press, 1997, pp.140~141.

128 Paula Rabinowitz, *They Must be Represented: The Politics of Documentary*, London: Verso, 1994, p.59.

129 Shoshana Wechsler, "A Ma(t)ter of Fact and Vision: The Objectivity Question in Muriel Rukeyser's *The Book of the Dead*", *Twentieth Century Literature*, vol.45, no.2, Summer 1999, p.123.

130 Ibid., p.134.

니라 상호관계성의 연결망 또는 인간 주체들이 포함된 지점인 사회/물질적 환경의 추적에 더 많은 관심이 있다고 상상하는 것은 가능하다. 따라서 나는 뤼케이서가 다음과 같은 두 가지 상호보충적인 방식으로 환경을 기록한다고 주장한다. 그녀는 골리 브리지와 같은 장소를 보는 것을 방해하는, 인간이 없는 숭고한 자연이라는 미학적 환상을 비판하고, 산업재해와 '공기 오염'을 파악하기 위해서는 의학적·과학적·기술적 방식의 보기가 필요하다고 주장하면서 이산화규소라는 물질적 실체를 묘사하는 작업에 임하였던 것이다. 쉬라 월러스키는 뤼케이서가 "의료·산업·법률 기관의 공모와, 특정한 언어 양식을 통해 이루어지는 공모의 성격을 탐지하고 폭로한다"고 주장하면서 시에 대한 푸코주의적Foucauldian 독해를 제시한다.[131] 나는 이런 식으로 담론에만 초점을 맞추는 것은 인간 몸과 환경의 물질성을 놓칠 위험이 있다고 생각한다. 그래서 나는 뤼케이서가 담론으로 완전무장하면서도 노동자의 몸, 강, 이산화규소, '자연적인 것', 그리고 산업 환경이 동시에 물질적이고 사회적이라는 존재론, 즉 제도적·물질적 힘이 함께 소용돌이치는 장소를 서술하기 위해 분투한다는 점을 중시해야 한다고 제안한다. 그녀는 바위에서 노동자의 몸으로, 그리고 환경 전체로 이동하는 이산화규소 분진을 추적함으로써 내가 횡단-신체적 자연이라고 부르는 것을 보여 주었다.

---

131 Shira Wolosky, "Medical-Industrial Discourses: Muriel Rukeyser's *The Book of the Dead*", *Literature and Medicine*, vol. 25, no. 1, Spring 2006, p. 157.

카메라에 대한 강조와 프레이밍 기술에 대한 자기-반성적 비판은, 인간 없는 원시자연의 사진들이 조장하는 야생 환경주의에 대한 비판을 의미한다. 피니스 더나웨이는 진보 시대Progressive Era 사진가인 허버트 글리슨Herbert Gleason이 "자연의 미학적 힘에 관해 시각적 설교를 했다"고 주장한다.[132] 그의 카메라는 "자연세계의 영성spirituality을 고취하는 듯하지만, 궁극적으로는 자연을 축소함으로써 구원의 원천이자 소비의 아이템들로 만들어 버렸다".[133] 뤼케이서는 자연을 미학적 이상과 숭고한 힘으로 포착한다. 그것은 오직 사람이 거주하는 자연, 좀 더 강하게는, 치명적 물질이 될 수도 있는 '자연'에 대한 묘사로서, 그러한 상업주의적 이미지를 반대한다. 연재시의 세 번째 시 「골리 브리지」Gauley Bridge에서 뤼케이서는 사람이 살지 않는 자연을 욕망하는 독자를 꾸짖는다. 첫 행인 "교차로에 놓인 카메라는 도시를 바라본다"는 독자에게 어떤 그림을 약속하는데, 인간 거주자가 시야를 방해하고, 문은 닫혀 있으며 강아지와 함께 뛰어가는 소년은 "카메라 렌즈를 흐릿하게 만든다".[134] 이 도시는 단순히 보여지는 피사체가 아니다. 다른 눈, "여행자 숙소의 눈", "철로를 내려다보는 검둥이의 눈", "맥주를 마시는 꼬박 밤을 새운 사람의 퀭한 눈" 등으로 넘쳐나는 장소이다.[135] "거리의 남자 그리고 카메라의 눈"에서 "그리고"라는 단어로 뤼케이서는 평범한 사람

---

132 Finis Dunaway, *Natural Visions: The Power of Images in American Environmental Reform*, Chicago: University of Chicago Press, 2005, p.13.

133 *Ibid.*, p.6.

134 Rukeyser, *The Book of the Dead*, p.78.

135 *Ibid.*

을 카메라와, 즉 시와 동등한 위치에 놓는다.[136] 관람객에게 쾌락을 주
는 자연화나 자연사진과는 다르게 정체된 그 마을은 독자의 기대를 무
너뜨린다.

넌 무얼 원하지 ── 도시를 굽어보는 절벽?
장미가 웃자란 바다를 향해 기운 곳?
여기엔 이 사람들이 살고 있지.[137]

자장가를 부르는 듯한 '오' 소리 ── 장미roses가 웃자란overgrown
바다를 향해 기운sloped 곳foreland ── 를 내는 서정적 행은 독자를 위
로하지만, "여기엔 이 사람들이 살고 있지"라는 퉁명스럽고 강렬하며
꾸짖는 어조의 단어들로 이어진다. 이 순간은 웨스트버지니아 주 자연
의 숭고미를 투사하는 몇 개의 달콤한 행들 이후에 나온다. 정말로 뤼
케이서의 시적 언어 자체는 자연의 아름다움과 힘에 대한 참조와 언어
적 등가물로 우리를 유혹한다. 두 번째 시, 주의 역사를 기록하는 「웨스
트버지니아 주」West Virginia는 이미지주의자의 보석으로 배치되기에 충
분한 힘 있는 이미지, 시각적·청각적으로 놀라운 "깊이 파인 협곡과 높
이 치솟은 소나무"를 포함한다.[138] 이후에 벌어질 환경주의 대 환경정
의의 논쟁[139]을 예견하듯 뤼케이서는 시각적으로 충격적인 자연의 묘

---

136 *Ibid.*
137 *Ibid.*
138 *Ibid.*, p.75.

사와, 이곳이 사람들이 사는 장소일 뿐 아니라 경제적·정치적 권력의 힘으로 절단되는 장소들이라는 주장 사이를 왕복한다. 웨스트버지니아 주의 압축된 역사는, 예를 들면, 피상적으로는 유럽인들이 "발견해 경작한 농장"도 사실은 이미 원주민들이 경작하고 있었던 곳이라는 인식을 포함한다.[140] 하지만 시는 이 환경정의에 대한 인식을 자연의 아름다움과 힘에 탐닉하기 위해 뒤로 물린다.

하지만 그것은 언제나 물이었어
깊이 날아오르는 힘
바위를 절단하는 푸른 강들
끓어오르며 내달리는,
힘이 넘치는 장면.[141]

이 숭고한 장면은 관찰자와 인간 거주자들이 부재하는, 인간과 동떨어진 장소로서 자연이 제시되어 있다. 물의 에너지를 "깊이 날아오르는"이라고 묘사하는 행과 바위를 절단하는 강들과 끓어오르며 내달리는, 이라는 이미지주의적 정확성은 자연 현상의 힘과 아름다움을 세밀하게 묘사한다. 이 짧은 행들은 독자로 하여금 각각의 이미지를 충분히

---

139 [옮긴이] 환경정의 대 환경주의 논쟁에 대해 앨러이모는 "인간중심적 윤리와 생태중심적 윤리"라고도 정의하고, 환경정의운동의 한계에 대해서는 "환경주의운동을 인간의 정의에 종속"시키는 것이라고 설명한다(이 책 68쪽, 152쪽).
140 *Ibid.*, p.75.
141 *Ibid.*

경험하도록 북돋운다. 군더더기가 없는 구문 구성은 명백한 유일무이의 '자연' 미학을 암시한다.

그렇지만 사회사업가인 필리파 앨런Philippa Allen이 앞선 시의 경외심을 약화시키는 단순한 언어로 증언을 하는 대목에서 볼 수 있듯이 다음 논의할 부분은 자연의 힘을 극적으로 재맥락화한다. 뤼케이서가 완전히 다른 장면으로 전환할 때, 자연은 더 이상 인간과 구분되는 경외감의 영역이 아니라, 인간의 활동, 제도, 지식 체계에 영향을 미치고 또 그것에 영향을 받는 물질과 힘이다. 여기서 뤼케이서는 그 사례에 관한 기본적인 사실들을 펼쳐 놓는다.

계약자들의 추정치에 따르면
이천 명의 남자가
거기에 고용되었다
기간, 대략 2년
구멍 뚫기, 3.75마일의 터널.
(뉴 리버로부터 온) 물길을 (골리 교차점에 있는) 수력발전기로 방향을
바꾸기 위해
그들이 구멍을 내는 바위는
순도가 높은 이산화규소를 지녔음.
1번 터널의 바위는 97~99% 순도의 이산화규소.
계약자들
순도 높은 이산화규소라는 것을 알고는

30년의 경험으로

노동자들에게 위험하다는 것을 분명히 알고 있었지만

안전 장비를 지급하는 것도 소홀히 했다.[142]

　　바위의 구성요소가 그것에 함유된 이산화규소로 인간을 위협하고 인간의 몸을 뚫고 들어올 때, 자연은 더 이상 멀리서 동경의 대상이 되는 선한 힘도, 별개의 독립적 실체도 아니다. 이산화규소가 되는 바위는 라투르의 용어로 '유사-대상'으로 간주될 수 있다. 그것은 "실재하고, 진짜로 실재한다. 우리가 그것을 만든 적이 없"지만, 그것은 "담론적"이고 "서술되고 역사적이며 강렬하다".[143] 만일 바위가 다른 구성요소로 되어 있었다면 재앙이 발생하지 않았을 것이라는 점을 생각하면, 여기서 자연은 작용능력을 지닌다. 게다가, 이산화규소는 자연/문화의 물질로 가장 잘 이해된다. 더욱이 강의 눈부신 힘은 더 이상 독자적 자연의 영역으로 고립되지 않는다. 대신 힘들은 방향을 바꾸면서 계속 충돌하는 다음과 같은 연결망 속에서 움직인다. 사회사업가의 증언이 가진 수사적 힘, 청문회 분과위원회의 정치적 힘, 노동자를 채용하고 그들에게 불필요한 재해를 강요하는 경제적 힘, 그들의 고통을 무시하는 인종주의와 계급차별주의 이데올로기들, 이산화규소 자체의 강력한 힘등. "97~99퍼센트 순도의 이산화규소"와 "30년 경험"과 같은 있는 그

142 *Ibid.*, p.76.
143 Latour, *We Have Never Been Modern*, p.89.

대로의 사실들의 기술은 책임감과 법적 과실에 대한 윤리의식을 강조하면서 기술 지식, 정치학, 그리고 경제학 간의 복잡한 연결망을 폭로한다. 뤼케이서는 일단 이산화규소가 대중에게 공개되자, 사람들은 "과학자와 기술자가 제기한 질문들이 광범한 사회적·정치적 맥락에 놓여 있다는 것을 깨닫고", 과학의 중립성에 관한 믿음을 상실하고 침식했다고 암시한다.[144] 수력발전소에서 생산된 에너지가 지역 주민들에게 공급되지 않고 대신에 "유니언카바이드의 자회사/ 전기-야금 회사"에 제공되었음을 서술하는 시인은 물의 놀라운 힘이 경제적으로 부당하게 이용된다는 사실을 또한 폭로하고 있다.[145]

권력과 지식, 물질의 방대한 연결망들은 골리 터널을 파는 노동자들의 몸에서 모두 만난다. 뤼케이서는 「압살롬」Absalom을 1인칭 시점, "나는 처음으로 사람을 죽이는 어떤 물질을 발견했다"로 시작한다.[146] 그 일인칭 시점의 관점은, 뤼케이서에 따르면, "그 문제를 법정으로 가져가고 국가 전체의 관심을 일깨웠던 첫 인물", 세 노동자 자녀의 어머니인 존스 부인의 그것이었다.[147] 비록 그녀는 "나는 욕조 바닥의 먼지를 봤어요"라는 말로 물적 증거를 증언했지만, 그것으로 충분하지 않았

144 David Rosner and Gerald Markowitz, *Deadly Dust: Silicosis and the On-Going Struggle to Protect Workers' Health*, Ann Arbor: University of Michigan Press, 2006, p.8.
145 *Ibid.*, p.76.
146 Rukeyser, *The Book of the Dead*, p.83.
147 Muriel Rukeyser, Radio interview with Sam Sillen, in Tim Dayton, *Muriel Rukeyser's "The Book of the Dead"*, Columbia: University of Missouri Press, 2003 에서 재인용, p.145.

다.[148] 그녀는 의학적 증거로서 제시할 X선 사진을 필요로 했다. 여기에서 그녀의 증언은 의학적 권위의 필요성과 관련된 복합적인 경제적 부정의injustice를 강조한다.

그들이 아팠을 때, 처음부터, 의사를 찾아갔어요.

나는 하레스Harless 의사선생님이 아이들을 X선 촬영하도록 노력했어요.

그는 내가 터놓고 얘기할 수 있는 유일한 사람이었죠.

코퍼Kopper 광산에 있는 회사의 의사,

하지만 그는 셜리Shirley를 보려고 하지 않았어요.

그는 자신의 봉급이 어디에서 나오는지 알고 있지 못했죠.

나는 그의 도움으로 보상금을 받게 되면 그에게 절반을 주기로 약속했어요.

그러나 그러고 나서도 그는 아무것도 하지 않으려 했어요.

나는 거리로 나가 X선 찍을 돈을 구걸했어요.

찰스턴Charleston 병원은 허파 사진을 찍었어요.

그는 사진이 촬영되고 나서야 사건을 집어 들었죠.

두세 명의 의사들이 같은 말을 했죠.[149]

---

148 Rukeyser, *The Book of the Dead*, p.84.
149 *Ibid*.

의사에게 갈 수 없었던 막내아들은 "엄마, 내가 죽으면, / 엄마가 내 몸을 열고 / 그 분진이 나를 죽였는지 봤으면 해요"라고 "누워서 말했다".[150] 어머니가 보상금 받길 원하는 그는 검사를 위해 자신의 몸의 내부를 제공한다. 이와 같이 가슴 아픈 몸의 증거는 또한 X선 사진, 바위의 화학적 분석, 노동자 허파의 화학적 분석을 행했던 실제 인물인 하레스 의사가 축적한 또 다른 종류의 증거를 시사한다.[151] 셀러스는 한 환자의 소송에서 그의 "허파가 이산화규소를 50퍼센트 함유하고 있었다"고 언급하였다.[152]

엠마 존스Emma Jones의 고통스런 설명에는 몇몇 서정적 순간들도 포함되어 있다. 주목할 만한 순간은, 스키가이에 따르면, 나일강의 홍수와 "새로운 양육 계절의 시작을 알리는 홍수의 능력"을 참조하는 이집트 망자의 서에서 가져온, 자주 해석 대상이 되는 다음의 행들이다.[153]

나는 내 심장에 대한 지배력을 획득했지

나는 내 두 손에 대한 지배력을 획득했어,

나는 물에 대해 지배력을 획득했고

나는 강에 대해 지배력을 획득했지.[154]

150 *Ibid.*, p.85.

151 Sellers, *Hazards of the Job*, p.191.

152 *Ibid.*

153 Scigaj, "Ecology, Egyptology, and Dialectics", n.p.

154 Rukeyser, *The Book of the Dead*, p.85.

앞에서 한 말을 반복하는 후렴구 "나는 ~에 대해 지배력을 획득했다"는 몸과 자연 —심장, 두 손, 물, 강 —을 '내'가 지배해야 하는 힘들과 결합시킨다. 스키가이는 '지배력'은 '웨스트버지니아 주 생태에 대한 책임'의 윤리를 묻는 '인식의 확장'을 의미한다고 주장한다. 그러나 노동자들이, 자신을 해하고 모욕하는 경제 권력과 정치 기관의 일부가 되어버린 환경에 이미 녹아들어 가 있는 한, 그러한 책임 의식은 이집트 여행만큼 거리가 먼 사치품이다. 어머니의 고통과 영웅적 행동을 이해하는 독자는 이러한 승리의 서정적 순간에 공감할 것이다. 예를 들면, 월터 칼라이잔은 위에 인용된 시구가 "여성의 수정주의적 권력의지를 증언한다"고 해석한다.[155] "그 권력의지는 신성한 시적 표현에 의해 신화적 아우라를 지니고 있다." 그녀는 여성의 "권위"는 "심장과 손뿐만 아니라 그와 마찬가지로 중요한 물과 같은 자연력에 대한 지배력을 행사한다"고 주장하였다.[156] 이때 강에 대한 지배력이 강이 "산업의 생산력을 추동한다"는 점에서 특히 의미심장하다.[157] 그런데 우리는 이렇게 물을 수 있다. '신적'인 영역이 아니라 현실의 영역에서 이 아들이 죽어서 애통해하는 빈곤한 어머니가 대체 어떤 '지배력'을 갖는가? 이 후렴구의 앞과 뒤 행들은 지배력 자체를 다소 낭만적이고 개인주의적인 환상인 것처럼 서술한다.[158] 자신의 몸과 자연을 지배할 수 있는 일관된

---

155 Wlater Kalaidjian, *American Culture between the Wars: Revisionary Modernism and Postmodern Critique*, New York: Columbia University Press, 1993, pp.174~175.

156 *Ibid*.

157 *Ibid*.

주체로서 '나'를 법적·경제적·의학적·과학적 권력의 결합으로부터 떼어낼 수가 없기 때문이다. 이 점에서 시의 전체적 맥락은 그러한 권력에 대한 증언이라고 생각해도 좋다. 그 후렴구를 이어서, "내 아들의 사건은 이어지는 소송의 첫 번째 소송이었어요. / 그들은 변호사들을 보냈고, 의사들이 내려왔어요"라는 그녀의 증언이 이어진다.[159] 아마도 회사에 고용된 의사들은 "그것을 처음에는 폐렴"이라고 불렀고, "그것을 열병이라고 발음하곤 했다".[160] 변호사들과 의사들이 그 지역에 왔을 때, 어머니는 잃어버린 2달러를 줍기 위해 "18마일을 히치하이크했다".[161] 그 돈을 쪼개서 "일주일은 젖소를 먹이고, 다른 일주일은 아이들의 밀가루"를 구입했을 때, 어머니는 분명 생존 기술을 완전히 숙달하고 있었다고 볼 수 있다.[162] 그러나 먹을 것에 대한 필요성은 그녀를 동

---

158 팀 데이턴은 지배력이라는 용어는 "타자에 대한 지배력이 아니라, 자신의 인간적 숙명에 대한 지배력, 사람들이 살아가는 상황들에 대한 지배력"을 의미하는 이집트 망자의 서에서 가져왔다고 말한다(Tim Dayton, *Muriel Rukeyser's "The Book of the Dead"*, Columbia: University of Misouri Press, 2003, p.76). 그는 "사회 구조들에 기반을 두는 강압적인 힘" 대 "구축하는 인간의 힘"으로서의 "지배력이라는 의미" 사이의 구별이 중요하다고 주장한다(*Ibid.*, p.77). 그는 이러한 구별이 없이는 『망자의 서』의 역사적 비전과 유토피아적 공명은 실종된다"고 주장한다(*Ibid.*). 시가 동시적으로 물질적이고, 사회적인 다양한 힘들과 물질들을 추적하려 분투함에 따라, 나는 이러한 의미의 지배력에 불가능성이 부과된다고 주장할 것이다. 또한 뤼케이서가 '긍정적 개인주의'라는 담론 형식을 밀고 나간다고 주장하는 Wolosky, "Medical-Industrial Discourses", pp.156~171을 보라. 또한 내가 이 장의 마지막에서 논의하듯이, 뤼케이서가 지배력이라는 용어를 사용하는 것은 호크스 네스트 터널을 미화하는 신문 기사를 아이러니하게 반향한다고 여기는 것이 유용할 것이다.
159 Rukeyser, *The Book of the Dead*, p.85.
160 *Ibid.*
161 *Ibid.*

시에 경제적이고, 정치적이며, 물질적인 연결망들에 몰아넣는다. 비록 서스턴은 존스 부인을 신화적 의미에서 "너무나도 지상에 속한 터널과 이산화규소, 노동자의 영역과 초자연적으로 보이는 물과 강, 공기의 영역을 연결하는 강력한 여성 인물"로 읽음에도 불구하고,[163] 나는 이 시가 물, 공기, 그리고 이산화규소를 품고 있는 바위의 물질성을 끈질기게 강조하고 있다고 생각한다. 신화적·영적·초월적 독해는, 모든 것을 포괄하는 권력과 지식, 물질과 힘, 환경과 제도의 네트워크를 사회적/물질적으로 묘사하는 시의 나머지 부분이 가진, 독자를 끌어당기는 강력한 흡인력을 무시하고 있다. 시의 "평범하지 않은" 주제 이산화규소에 대해 설명해 달라는 요청을 받고서 뤼케이서는 "현실과 관련이 없는 환상이 아니라 실제 세계의 적나라한 모습이 현대의 시를 위해 재료가 되어야 한다"고 대답하였다.[164] 이집트 망자의 서를 언급한 것은, 물질을 초월해서 우리 영혼이 천상으로 날아가도록 만들 의도가 아니라, 권력과 장소의 연루관계를 폭로하기 위해 서로 다른 영역을 가로지르면서 아래로 (마치 지하세계로 향하는 듯) 이끌 의도에서였을 것이다.

가난과 산업질병의 현실로부터 영적인 초월을 향한 희망이라는 주제는, 사악한 횡단–신체성을 생생하게 묘사하는 시의 흐름과 일치하지 않는다. 허파를 침공하는 이산화규소는 노동자와 환경의 상호연결을 강조한다. 뤼케이서는 그러한 연결을 시적인 방식으로 기록하는데, 비

162 *Ibid*.
163 Thurston, *Making Something Happen*, p.200.
164 Dayton, *Muriel Rukeyser's "The Book of the Dead"*에서 재인용, p.146.

가시적인 것을 충격적으로 가시화하는 작업은 어떤 의미에서는 X선처럼 작동한다. "허파를 유리로 가득" 채우는 노동자의 이미지는 신체의 고통과 손상을 효과적으로 포착한다.[165] 뿐만 아니라 그것은 이산화규소와 그것으로 만들어지는 유리 사이의 환유적 미끄러짐metonymic slide을 사실로서, 그리고 시적인 환유로서[166] 충실하게 기록한다. 시인이 당시의 지배적인 생각을 심문하는 동시에 부정의의 물질적 증거를 포착하려고 노력할 때, 유리는 보는 것의 메커니즘을 암시해 준다. 더욱이 탈근대적인 공식화에서, 봄과 앎의 매개인 유리는 보여지는 물질 ── 산업적/경제적 공정으로 특성이 부여되는 물질 ──이기도 하다. 초월적이기보다는 물질에 녹아들어 가 있는, 물질화된 인식론이다.

흥미롭게도, 처음 「압살롬」에서, 나중에는 「질병」Disease에서 어머니가 X선 증거를 제시하기에 X선은 단순한 직유에 지나지 않았다. 화자가 묘사한 멀 블랭큰십Mearl Blankenship의 시각적 이미지는 그가 도움을 요청하며 신문사에 쓰는 편지를 중단시킨다.

그는 강을 바라보는 바위에

---

165 Rukeyser, *The Book of the Dead*, p.79.
166 [옮긴이] 환유는 한 낱말 대신 그것과 가까운 다른 낱말을 사용하는 것이다. 환유는 원인과 결과, 소유자와 소유물, 발명자와 발명물, 포함하는 것과 포함되는 것을 서로 교환하는 비유이다. 왕관으로 왕을 나타내고 이광수로 이광수의 소설을 나타내고 잔으로 술을 나타내는 것이 환유의 예이다(네이버 지식백과 '문학비평용어사전'의 '환유' 항목). 앨러이모는 독성물질의 이동 또는 몸과 환경과의 물질적 상호교환을 나타내기 위해 '물질적 환유'와 '환유적 미끄러짐'이라는 용어를 사용한다.

기대 서 있었다

잿빛 강 잿빛 얼굴

마치 확대된 X선 감광판처럼

그의 뒤편 바위는 얼룩덜룩했다.[167]

터널에서 일하기 전에는 "건강이 넘치는 사람"으로 정평이 난 멀 블랭큰십은 질환으로 인해서 환경과 구별되지 않는 자신의 몸을 보고 충격을 받았다.[168] 마치 실제 바위가, 그것의 숨겨진 구성물질이 몸에 가하는 손상의 재현물을 기괴하게 닮은 것처럼.[169] 비록 "~처럼"like으로 표시되는 직유는 시적 자유로서 부각되기는 하지만, 그 구절은 인간 몸과 환경을 가로지르는 물질적인 이동, 이 경우에는 사악한 물질의 이동을 시사한다. 그리고 이 물질성을 식별하기 위해서는 보기의 기술적 방식이 요구된다. 아무리 진정성이 있더라도 신문사에 보낸 편지는 증거의 자격을 확보하지 못한다. 예술과 과학 사이의 '왕복서한'을 쓰면서 뤼케이서는 이렇게 설명한다. "과학과 시 양자는 번역하는 과정에서 배반을 당할 준비가 된 언어들이다. 하지만 그것의 뿌리는 우리 세포조직을 관통해 뻗어 나가고, 뿌리 깊은 의미들은 우리를 비옥하게 만들며

---

167 Rukeyser, *The Book of the Dead*, p.83.
168 *Ibid*.
169 마이클 서스턴은 "멀과 주변 장면(강과 바위)은 서로 얽혀 있다"라고 언급하기는 하지만, 그 이후 그는 그 "장면은 위대하게 기입된 멀 자신이다"라고 주장하는데(Thurston, *Making Something Happen*, p.181), 이는 장소를 희생시키고 인물을 부풀리는 해석이라고 나는 비판한다.

우리 의식에 와닿고, 서로가 서로에게 가닿는다. 그것들은 만남의 장소가 된다."[170] 『망자의 서』에서 비유가 의학지식을 시사하며 의학 전문가는 또한 비유를 만들기 때문에 X선으로 재현되는 허파는 시와 과학이 만나는 장소이기도 하다. X선 감광지에 나타난 시각적 증거를 가리키면서 전문가는 "지금, 이 폐의 이 부분이 얼룩덜룩해졌어요. / 당신은 눈보라가 이 친구의 허파를 강타했다고 말할 수 있을 거예요"라고 말한다.[171] 허파에 있는 '눈보라'는 특히 '강타했다'라는 단어에도 불구하고 규폐증의 유해성을 포착하지는 못하는 횡단-신체적 비유이다. 시와 과학 모두는 "우리 세포조직을 관통해 뻗어나가"는 '뿌리'를 가진 '언어들'이기 때문에 보이지 않는 것을 보이게 하고, 알려지지 않은 것을 알려지게 하며, 물질을 감각 가능하게 만들기 위해 노력한다. 질병을 가시화하기 위해서는 과학이 필요하기는 하지만, X선은 노동자를 위해서 사용될 때조차도 '허파'가 검사의 개별적 대상이 되기 때문에 X선 기술은 정작 노동자 본인을 보이지 않게 만든다는 것을 시는 폭로한다. 뤼케이서의 법정 증언 자료는 "그 몇 쌍의 허파들"의 검사와 "그 허파들이 규폐증에 걸렸는지 아닌지"에 관한 질문에 관한 것이다.[172] 결핵에서 X선 사진의 이용에 대해 논의하면서 호세 반 다이크가 지적하듯이, "환자의 경험은 본질적으로 주관적이며 따라서 신뢰할 수 없기" 때문에, "X선 기계는 환자 자신의" 질병 "경험을 무시해 버린다".[173]

---

170 Muriel Rukeyser, *The Life of Poetry*, Ashfield, Mass.: Paris Press, 1996, p.162.
171 Rukeyser, *The Book of the Dead*, p.86.
172 *Ibid.*, p.92.

데이비드 캐들렉은 뤼케이서가 시에서 X선을 사용하는 것은 노동자들을 선별하는 것이라고(질병을 앓는 어떤 사람은 포함시키지만 다른 사람들은 배제하는 것이라고) 주장했다. 그 결과 인종차별적 노동 관행을 보이지 않게 만든다고.

[X선 사진은] 인종적 정체성의 층들을 벗겨 내는 장치로 사용되었다. 그럼으로써 이전에는 마음대로 사용하고 처분해도 좋은 몸을 산업체로부터 격리시키는 객관적이고 본질론적인 근거를 제공하였다. 은폐된 진실로 드러내기 위해 표면을 뚫고 들어가는 X선의 힘은 인종주의적 차별 관행을 은폐하는 도구가 되었다.[174]

비록 캐들렉은 아프리카계 미국인들과 이주 노동자들이 위험한 직종에서 더 많이 일하는 경향이 있기 때문에 더 높은 비율로 질병에 걸린다는 사실을 은폐하기 위해 X선이 사용될 수 있다고 주장하지만, 그 반대도 가능하다. 은폐하는 것이 아니라 그것을 드러내기 위해서 사용되기도 했다. 캐들렉은 뤼케이서가 "산업 노동자들의 본질적인 단결력을 드러내기 위해 '허위의식'의 층들을 관통해 들어갈 수 있는 물질들로서 X선과 이산화규소 구름을 결합시켰다"고 비난한다.[175]

173 José Van Dijck, *The Transparent Body: A Cultural Analysis of Medical Imaging*, Seattle: University of Washington Press, 2005, p.87.

174 David Kadlec, "X-Ray Testimonials in Muriel Rukeyser", *Modernism/Modernity*, vol.5, no.1, 1998, pp.36~37.

아프리카계 미국인 좌파들을 포함하여 그 시대의 수많은 좌파들이 그러했듯이 뤼케이서가 인종적 혈통을 가로질러 계급적 단결력을 강화하려고 노력하였음에도 불구하고, 그녀가 "본질적인 단결력을 드러낸다"고 비난하는 것은 이상한 일이다. 노동자들을 뒤덮고 그들의 허파를 관통하는 분진이 외부로부터 침입하는 이질적인 물질이라는 이유로, 더욱이 계급에 기반한 본질주의를 우려하는 것은 매우 기이한 일로 보인다. 인종적 본질주의들, 특히 아프리카계 미국인 노동자들이 신체적으로 결함이 있다는 믿음은 실제로는 그들의 비참한 처우뿐만 아니라 재앙 자체의 진행과정도 부채질했기 때문이다. 체르니악은 호크스 네스트의 죽음이 무시당했던 이유 중 하나는, 아프리카계 미국인들의 빈약한 영양과 기후뿐만 아니라 "폐렴에 대한" 그들의 특이한 취약성과 "질병에 저항하지 못하는 검둥이의 무능력"의 결과로 죽음을 설명했기 때문이라고 해석하였다.[176] X선이 흑인 노동자들의 허파에 미치

---

175 Ibid., p.37. 이 해석을 주장하면서, 캐들렉은 뤼케이서의 시행들을 아프리카계 미국인인 조지 로빈슨(George Robinson)의 원래 증언과 대조시킨다. 뤼케이서는 "내가 검디 검은 만큼, 밤새 터널에서 일하고 아침에 밖으로 나왔을 때, / 어느 누구도 누가 백인인지 흰 사람으로부터 구별할 수 없었다. / 분진이 우리 둘을 뒤덮었고 분진은 흰색이었다"라고 썼다. 캐들렉에서 재인용하면, 로빈슨의 원래 증언은 "어느 누구도 누가 백인인지 구분할 수 없었다. 백인은 꼭 유색인종이 검디검은 그만큼 검었다"이다(Ibid., p.24).

176 Cherniak, *The Hawk's Nest Incident*, p.53. 2002년에 출판된 글에서 베벌리 헨드릭스 라이트와 로버트 불러드는 "비백인(특히 아프리카계 미국인)에게 나타나는 낮은 기대 수명과 높은 암 발병률과 사망률은 종종 나쁜 습관 또는 유전적 특징이 원인으로 여겨졌다"(Beverly Hendrix Wright and Robert D. Bullard, "The Effects of Occupational Injury, Illness, and Disease on the Health Status of Black Americans: A Review", *Toxic Struggles: The Theory and Practice of Environmental Justice*, ed.

는 이산화규소의 영향을 밝히는 잠재력을 지닌 것처럼, 그것은 또한 실체적이지만 본질주의적이지는 않은 '인종'에 대한 의식을 증명하는 잠재력을 지닌다. 즉, 자연발생적으로 규폐증을 일으킨 것은 노동자들의 몸에 있는 본래적인 힘들이 아니라 그들의 몸을 영원히 바꾸어 놓는 위험한 환경에 그들을 배치한 인종차별적 노동 관행들이다. 나의 설명은 내가 서두에서 소개한 레원틴과 레빈스의 '환경 인종주의'environmental racism 모델과 유사하다.

왜 뤼케이서는 조지 로빈슨의 증언을 바꾼 것일까? 희고 검은 먼지를 검은 먼지가 아니라 흰 먼지로 뒤덮으면서? 한 가지 이유는 뤼케이서의 다큐멘터리가 문자 그대로 사실이기도 한 상징의 사용을 허용했기 때문이다. 물론, 이산화규소는 실제로 하얗다. 게다가 아래 문단들이 증명하듯이, 먼지가 인종차별적 자본주의가 될 때, 시에는 백색을 죽음과 연관시키는 이미지들로 풍부하다. 비록 X선이 인종차별 기제로 사용되기는 하지만, 그 동일한 기술이 노동자 —— 흑인과 백인 —— 들을 대리해서 유해성을 증명하고 치료법을 찾을 수 있도록 이용될 수 있는 것이다. 20세기 초반에 일어난 이 산업 재난은 20세기 후반 환경 인종주의의 경우들과 크게 다르지 않다. 양자 모두 정의 실현을 위해 노력하

Richard Hofrichter, Salt Lake City: University of Utha Press, 2002, p.157). 그들이 제공하는 한 사례는 철강 산업은 그들이 "열을 더 잘 흡수하기" 때문에 아프리카계 미국인들에게 코크스로에서 일하도록 한 것을 정당화한다(ibid., p.157). 아프리카계 미국인들에게 가장 어렵고, 위험한 일들을 부과하고, 그들을 신체적으로 학대했던 사례들을 포함해서, 호크스 네스트 작업장에서 더 많은 인종차별적 노동 관행들에 대해서는 Cherniak, *The Hawk's Nest Incident*를 참조하라.

는 활동가들이 과학 지식과 기술을 필요로 한다는 것이다(다음 장에서 이를 다룰 것이다). 산업 질병과 환경 인종주의, 환경 질병들과 싸우는 운동은 X선, 지도, 통계학적 모델링처럼 인간과 장소들 사이를 오가는 구성요소들과 힘들의 흐름을 추적할 수 있는 기술들을 이용해야 한다.

X선으로 "허파에 몰아치는 눈보라"의 이미지를 포착해 보여 주는 뤼케이서는 이러한 이미지를 더 광범위한 지역으로 퍼뜨린다. 시의 제목과 동일한 이름의 앨로이 시의 철강 공장으로 수송된 이산화규소를 추적하는 시, 「합금」Alloy의 처음 몇 연들을 예로 들어 보자.

이것은 가장 무례한 자연이다. 불한당이
발사된 후 연기를 내뿜는 권총을 쥔 자세는 그다지
이 상업 분야만큼 사악하지 않다. 유리언덕은
허벅지처럼 우아하게 경사지고, 산기슭은
이곳으로 좁아지면서, 모든 마을들을 뒤덮은 구름들은
마침내 축적된 파괴를 가리킨다.

수정의 언덕, 하얗게 살인을 하는
눈[雪]의 눈먼 들녘, 한 점으로 향하는 길들이 있는 언덕,
여행하는 두루미들이 이산화규소를 향해 날개를 뻗는다.[177]

---

177 Rukeyser, *The Book of the Dead*, p.95.

총알이 관통할 수 있을지라도, 연기가 피어오르는 권총은 하나의 개별적 대상이다. 반면에, 속이듯 유혹하는 "유리의 언덕"은 "산기슭"과 우아한 "허벅지"와 함께 몸의 이미지들 속으로 흘러 들어간다. "하얗게 살해하는 눈"이 "눈이 멀었다"는 것은 위험요인들이 시야로부터 감춰졌다는 것을 의미하지만, 기이하게도 눈[雪]은 몸과 자연을 가로지르는 사악한 흐름을 암시하면서 동시에 그 흐름에 의해 몸이 손상된 희생자로 묘사된다. 하지만 이 구절에서 가장 매력적인 것은 이산화규소가 강철 생산에 사용될 때, 그것이 연소되어 "모든 마을"을 "축적된 파괴"로 위협하는 "구름들"이 된다는 점에서, 이산화규소의 눈보라라는 비유가 여기서 거의 문자 그대로 쓰인다.

정말로 뤼케이서는 처음에는 직업상의 위험요인이던 것을 자연을 가로질러 바깥으로 향하게 한다.

이 도가니를 통해 뿜어내진다, 백만 명.
이 목초지 위로, 고속도로가 자신들의 공포를 다시 들이마시며
공기를 저주하는 이들을 지나친다.

굴뚝 더미의 아우성치는 꽃들
유리의 언덕으로부터 흩날려 불어오는 이 먼지보다는
덜 독성이 있는 불꽃 속 입술들

방앗간들 위로 피어오르며, 불고 또 불어올.[178]

이산화규소의 위험은 직업 질병에 걸릴 위험이 있는 "백만 명"으로부터 "공기를 저주하는" 포괄적인 "사람들"로 확대된다. 먼지가 방앗간 위로 피어오를 때, 울리히 벡이 묘사하듯이, 지각 불가능한 위험 요인들이 보통 다른 그룹들보다는 몇몇 사회 그룹들에 영향을 끼치지만, 궁극적으로는 사회적 지위에 상관없이 모든 사람들이 그 영향에 노출되는 위험사회에서 분진은 공기를 오염시키는 바로 그 물질이 된다.[179] 더욱이, 분진이 확산될 때 그것은 "공기를 저주하는 / 이들" 모두를 모집함으로써 산업 위험요인들에 대항하는 정치 투쟁을 확장하는 잠재력을 지니며, "정치적이지 않은 것으로 여겨졌던 것을 정치적으로 만든다".[180]

내가 벡을 참조하는 것은 보기보다 시대착오적이지 않다. 뤼케이서의 시가 직업 질병과 공해에 대한 환경주의적 의식 사이의 연결을 명확하게 보여 주기 때문이다. 「환경으로서의 공장: 산업 위생과 전문가의 협업, 공해에 대한 근대 과학」에서 크리스토퍼 셀러스는 1910년대부터 1930년대까지 앨리스 해밀턴Alice Hamilton을 비롯한 산업 위생학자들이 "안전한 농축 수준을 목표로 하는 정량 조사로 통제할 수 있는 측정 가능한 독성물질들과 분진의 관점에서, 인간 거주자들이 포함된 산업의 미시환경"을 모델링함으로써 "세균보다는 산업 분진과 화

---

178 *Ibid.*, p. 96.

179 Ulrich Beck, *Risk Society: Towards a New Modernity*, trans. Mark Ritter, London: Sage, 1992, pp. 20~22.

180 *Ibid.*, p. 24.

학물질에 치중하는 근대 환경보건학을 만들었다"고 말한다.[181] 뤼케이서가 '직업' 위험요인으로 이산화규소의 위협을 자연을 가로질러 "불고 또 불어오는" 물질로 확장하는 것처럼, 셀러스에 따르면, 산업 위생학자들은 "독극물학적 방법을 작업장 너머로까지" 확장한다.[182] 뤼케이서가 골리 브리지를 답사했던 해인 1936년에, 하버드 대학 공중보건학과는 "산업 위생이 환경보건학으로 전환되고 있다는 사실을 알리"는 컨퍼런스를 개최했다. 컨퍼런스는 「일상생활에서의 공기 청정」Air Conditioning in Normal Life과 「대기 환경이 인간에게 미치는 영향」Atmospheric Environment and Its Effects on Man에 대한 대담을 포함했다.[183]

『망자의 서』는 이산화규소의 영향에 대한 지리-의학적 지도를 만들고, 따라서 환경주의운동에 대한 더 폭넓은 의식을 위한 토대로서 직업 질병을 상정한다. 「질병: 후유증」The Disease: After-Effects은 어떤 하원의원의 "산업 규폐증 방지를 위한 법안"과 의학적으로는 거북하지만 정치적으로는 유용한 짝꿍인 규폐증에 걸리고 파업 도중 총에 맞아 죽은 아버지를 둔 "몬태나 주에서 온 신사"의 증언을 기록한다. 그는 구

---

181 Christopher Sellers, "Factory as Environment: Industrial Hygiene, Professional Collaboration and the Modern Sciences of Pollution", *Environmental History Review*, vol. 18, no. 1, Spring 1994, p. 56.

182 Ibid.

183 Sellers, *Hazards of the Job*, p. 187. 산업위생에서 환경보건학으로의 이행에 대한 뤼케이서의 비전과 공감에도 불구하고, 데이비드 로스너와 제럴드 마코위츠가 지적하듯이, 이산화규소 그 자체는 "결코 환경 위협 또는 더 광범위한 인구에 대한 위협으로 인지되지 못하"는 "노동자의 특수한 질병"이었다(Rosner and Markowitz, *Deadly Dust*, p. 231). 하지만 뤼케이서의 시적 비전은 위험한 물질들이 눈에 보이는 경계들을 넘어서 순환하는지에 대해 폭넓은 질문들을 제기하기 때문에 중요하다.

리, "석회암 / 모래 채취장, 사암, 도기 제조소들, 주물공장들, 화강암, 연마재들" 모두가 이산화규소를 포함하며, 따라서 많은 종류의 노동자들에게 해를 입힌다고 증언한다.[184]

사업에 넓게 퍼진, 공간에 넓게 퍼진!
몬태나 주 뷰트, 미주리 주 조플린, 뉴욕 터널들,
캐츠킬 송수관. 30개 이상의 주.
소비보다 심각한 질병.

오로지 7개의 주만이 법률을 가지고 있다.
오늘날 백만 명의 잠재적 희생자들이 존재한다.
현재 오십만 명의 미국인들이 규폐증을 앓고 있다.
이 수치는 전쟁의 비율과 같다.[185]

마지막 연의 거친 리듬과 마침표들로 끝나는 급작스런 행들은 간결한 사실들을 나열하다가 전쟁 선포에 이른다. 카메라 같은 시의 눈은 이 물질의 확산된 영향들을 식별하려고 분투하면서 비행기에서 보는 관점을 제공하려 함에 따라 질병의 비율은 점점 커진다.

184 Rukeyser, *The Book of the Dead*, p. 103.
185 *Ibid*.

어떤 비행기도 저 아래 잘 망각하는 마을들을 보여 주기 위해

충분한 높이로 우리를 들어 올릴 수 없지만,

언제나 지도와 X선은 하나의 살아 있는 숨을

오류로 점철된 하나의 국가를

하나의 공기를 닮은 사진이다.[186]

비록 초월성은 망각을 제공하지만, 다행스럽게도 비행기에서도 사실을 무시하는 태도는 보이지 않는다. 다른 음악적인 행들과 마찬가지로 시구 걸치기enjambment는 지도와 X선을 함께 흐르게 하면서, 두 가지 서로 다른 비전을 북돋우고, 인간 몸과 환경을 뒤섞으며, "오류로 점철된 하나의 국가와 / 하나의 공기"라는 일종의 횡단–신체적 환경 민족주의를 만들어 낸다. 하나의 윤리/정치적 명령이 출현한다; 이것은 공기로부터, 산업·법률·경제·의료 기관들의 잘못, 즉 귀로 듣기에는 공기air와 거의 구별되지 않는 "오류"error로부터 "하나의 살아 있는 숨"을 보호하는 것이 필수적인 것이 된다. 마치 몸 정치body politics를 더욱더 물질화한다는 듯이 뤼케이서는 규폐증 자체처럼 개혁을 방해하는 정치적 장애물들이라는 다음과 같은 확장된 은유를 제시한다. "그것은 점차적으로 [허파에] 흉터를 형성하고, / 허파에서 나오는 모든 배수로를 막으면서, / 마지막에는 혈액 공급을 막는 흉터들을 증가시킨다."[187] 이

---

186 *Ibid*.
187 *Ibid*., p.104.

부분은 "빌Bill이 막혔고, 조사도 막혔다"라고 끝맺는다.[188]

시집의 제목과 동일한 마지막 부분인 「망자의 서」에서, 뤼케이서는 사람들과 장소들이 서로 뒤섞이고, 직업 위험요소를 떠안은 노동자들이 영웅적으로 출현하는 미국 역사의 신화를 수정하는 것으로 끝맺는다. 이 시의 처음 첫 행을 반향하면서 독자를 다음과 같은 자연으로 초대한다. "이 도로들은 당신 자신의 나라로", "이 사람들에게 비춰진 자연"을 가로질러 확장하는 나라로 "당신을 데리고 갈 것이다".[189] 시는 당신의 장소들, "당신의 고향 강"에 대해 인식하라고 독자를 호출하는 장면으로 이어지고, 그리고 나서 개척자들이 "서부로 가는 무자비한 발길로 숲을 짓밟는" 명백한 숙명의 역사적 서사를 전개한다.[190] 시는 들녘과 변경, 강, 밀밭, 사막, 이끼, 애벌레를 포함하는 시간과 공간을 관통해 이동하면서, 마치 땅이 "사람들이 들어차듯 물줄기들로 가득 차고" 계곡이 "우리의 살에 심어졌다"는 듯이, 장소를 사람들과 함께 흘러 들어가게 한다.[191] 뤼케이서가 산업 질병의 위험을 진보에 대한 국가적 신화 속에 주입하면서, 절대로 "망각"하거나 "침묵"하지 말라는 자신의 요청을 실행하면서, 이 모든 것을 포괄하는, 축사와 비슷한 지리적·역사적 비전은 "이러한 역사적 사실과 질병"으로 끝맺는다.[192]

다음 장에서, 뤼케이서는 파업 노동자들과 직업 질병의 위험을 감

---

188 *Ibid.*
189 *Ibid.*, p.106.
190 *Ibid.*, p.107.
191 *Ibid.*
192 *Ibid.*

수하는 노동자들을 칭송한다. "이것들이 역사에 대항해 투쟁하는 우리의 강인함이다. / 저들의 손상된 세포는 우리의 질병으로 인해서 새로운 허약의 스타일을 갖추게 되었다."[193] 르 쉬외르의 작품에서 자연과 노동자 사이의 결합이 종종 생기 넘치는 것이었다면, 여기에서 노동자들의 강인함에 경의를 표할 때조차 뤼케이서는 노동자들이 암울한 횡단-신체성에 굴복하는 것을 묘사한다. 광부들은 바위뿐만 아니라 "그들의 죽음"에도 구멍을 뚫는다. 그리고 "가엾은 라듐"은 무덤에서 빛을 뿜는다.[194] 대부분의 비평가들이 "끝나지 않은 사랑의 씨앗들"이라는 시구 덕분에 결론을 긍정적으로 해석한다는 사실이 그다지 놀라울 것은 아니다.[195] 그러나 나는, 뤼케이서가 이 장소들 ── 인간 자체가 구성요소가 되는 장소 ──에 간혹 포함된 유해한 물질성을 인정하고 땅을 지배하고 길들였던 미국의 명백한 숙명의 신화를 재성찰하려 한다는 점에서, 그 시구를 양가적이라고 본다. 사실 노동자들에 대한 영웅적 찬양에도 불구하고 시의 마지막 행은 단순한 냉소로 볼 수 없는 의미를 가지고 있다. 그것이 『파예트 트리뷴』Fayette Tribune에 출판된 낙천적인 글을 반향한다는 점에서 더욱 그러하다. 「골리 산을 관통해 구멍을 뚫는 노동자의 군대」Army of Workmen Drilling through Gauley Mountain라고 제목이 붙여진 글에서는 "현대인은 자연을 정복하려는 열정을 가지고 여기에 왔다. 그리고 물줄기가 여기저기 솟구치는 단단하고 헐벗은 바

---

193 *Ibid.*, p.109.
194 *Ibid.*
195 *Ibid.*, p.110.

위를 보고, 이 아우성치며 돌진하는 야성적 강에 굴레를 씌우기 시작한다".[196] 그러나 이 시의 마지막에 등장하는 "지배"는 비난의 대상이 된다. 그것은 "점령된 마을들의 해안선, 지배, / 한편으로 발견이고, 다른 한편으로 / 변경과 숲들"이기 때문이다.[197] 이 시행의 바로 뒤에 등장하는 시구 "우리의 등 뒤에 있는 광신적이고 잔혹한 전설"은 진보의 행진에 대한 비판을 담고 있다.[198] 뤼케이서가 호크스 네스트 터널 사건에서 발견하는 지리-사회적, 물질적/담론적, 자연적/사회적 자연은 너무 복합적이기 때문에 하나의 결론으로는 수렴되지 않는다. 다중적이고 상호작용하는 힘들은 신화적인 목적론을 거부하기 때문이다.

『망자의 서』에서 자연은 황량한 황무지도, 숭고의 순결한 이미지도 아니다. 대신에 사람이 거주하는 장소, 강력한 힘, 그리고 의미심장하게 권력과 지식의 연결망들로부터 분리 불가능한 인간 몸을 관통하며 이동하는 물질적 실체이다. 이 자연은 산업 작업장을 포함해서 환경에 관심을 기울이는 환경주의운동을 요구한다.[199] 『망자의 서』에서 출현하

---

196 Cherniak, *The Hawk's Nest Incident*에서 재인용, p.54.

197 Rukeyser, *The Book of the Dead*, p.110.

198 *Ibid.*

199 찰스 노블에 따르면, 작업장은 여전히 '가장 위험한 환경'이다. 예를 들면, 노블은 미국에서의 작업장 규제에 대한 공화당 행정부의 적대적 정책 덕택에 "오늘날 직업 안전 보건관리국(Occupational Safety and Health Administration, OSHA) 규정은 노동자들을 위협하는 독성물질들을 아주 낮은 비율로 포함시킨다"(Charles Nobel, "Work: The Most Dangerous Environment", *Toxic Struggles: The Theory and Practice of Environmental Justice*, Salt Lake City: University of Utah Press, 2002, p.177). 슈레이더 프레체트는 "노동 환경에서 화학물질들의 허용치와 관련해서, 미국의 규제 법령들은 독일, 스웨덴, 체코슬로바키아와 같은 국가들의 그것들보다 덜 엄격하다"(Shrader-

는 환경주의는 지식, 권력, 그리고 물질적 실체들의 흐름들을 추적하고, 인간 몸과 환경을 보호하기 위해서 X선과 지도를 이용하곤 했다. 비록 『망자의 서』가 호크스 네스트 터널 사건에 집중되어 있기는 하지만, 그 것은 더욱 광범한 환경 비전을 표현한다. 로버트 벤포드에 따르면, 현대 의 환경정의 패러다임이 "개별 회사, 경찰, 그리고 행정당국을 고발할 뿐만 아니라", "현지적이며 지역적·국가적·전지구적 차원에서 전체 사 회 시스템에 대해 근본적인 비판을 가하기" 때문이다.[200] 전체 사회 시 스템과 물질적 실체들은 '노동자계급의 허파'에 영향을 미치고 해를 입 힐 가능성을 가지고 있다. 벤포드에 따르면, 환경정의운동의 한계 중 하 나는 "환경주의운동을 인간의 정의에 종속"시킨다는 점이다.[201] 인간의 건강에 미치는 환경의 모든 영향력들을 고려하는 출발점으로 직업 질 병을 선택한 뤼케이서의 비전이 가진 어마어마한 업적에도 불구하고,

---

Frechett, *Environmental Justice*, p.138)고 한다. 클라우디아 클락은 "산업 질병들과 연관된 1세기 동안의 연구조사와 개혁 이후에도 작업장 보건을 담보하는 거의 어떤 진전도 없었다"라고 언급한다. 그녀는 "최적 추정치는 매년 십만 명의 미국인이 직 장 질병으로 죽고, 사십만 명이 새로운 질병에 걸린다는 것이다"라고 말한다(Clark, *Radium Girls*, p.11). 셸던 램프턴과 존 스투버는 오늘날의 노동자들은 "호크스 네스 트에 있었던 노동자들과 그렇게 다르지 않다"고 한탄한다. 연방정부는 "이산화규소 를 추적하려는 어떤 시도도 하지 않기 때문에", "치명적인 분진들에 대한 노출로 얼 마나 많은 사람들이 죽는지" 아무도 알지 못하며, "아마도 아무도 알지 못할 것이다" (Rampton and Stauber, *Trust Us*, p.82).

200 Robert Benford, "The Half-Life of the Environmental Justice Frame: Innovation, Diffusion, Stagnation", *Power, Justice, and the Environment: A Critical Appraisal of the Environmental Justice Movement*, eds. David Naguib Pellow and Robert J. Brulle, Cambridge, Mass.: MIT Press, 2005, p.50.

201 Ibid., p.37.

『망자의 서』는 환경정의와 환경주의의 서로 경쟁하는 목표들을 화해시키는 데 실패한다. 요약하면, 그녀가 투사하는 윤리적·정치적 비전은 주로 인간의 건강과 복지에 대한 우려에 의해 추동되기 때문에 심각할 정도로 인간중심적이다. 어쩌면 그녀의 다큐적 접근이 이러한 인간중심주의의 원인일 수도 있겠다. 왜냐하면, 아이작 월턴 연맹Izaak Walton League이 동일한 시기에 "동일한 지역에서 치트 강Cheat River의 댐 공사를 막으려고 시도했음"에도 호크스 네스트 터널 사건을 비판하는 환경주의운동은 없었기 때문이다.[202] 환경정의뿐 아니라, 2차 대전 후에 출현한 환경주의운동도 시작되기 이전인 1930년대에 그러한 갈등을 해결하라고 뤼케이서에게 요구하는 것은 너무 지나친 일이다. 하지만 인간이 아닌 동물들을 포함하는 횡단-신체적 윤리학을 상상하는 것은 가능하다. 또 몸을 투과하는 모든 종류의 공기와 수질, 토양의 오염과 이산화규소 분진을 방지하라는 명령이 여전히 요구되는, 생명체와 인간이 거주하는 환경을 상상하는 것도 불가능하지는 않다. 나는 그럴 수 있기를 희망한다.

---

202 Cherniak, *The Hawk's Nest Incident*, p.14.

3장
비가시적 물질들
환경정의의 과학

정의의 강물이 오염되었다. — 퍼시벌 에버렛, 『분수령』[1]

앞 장에서 논의한 호크스 네스트 터널 사고는 인종주의가 몸과 장소를 가로질러 물질화하는 방식을 보여 주었다. 1980년대 이래 인종에 대한 학문적 논쟁은, 인종이 생물학적 범주가 아닌 사회적 범주이며, 단순히 '자연에서' 발견되는 것이 아니라 경제적·정치적 억압의 역사 안에서 만들어진다는 사실을 입증하기 위해 사회구성주의의 논점에 의지하였다. 인종주의에 대한 심문은, 표면적인 인종적 차이로부터 이러한 차이를 구축했던 사회적·정치적 권력으로 관심을 전환하는 것을 의미한다. 그런데 다음의 논의를 위해 미리 말하자면, 이런 주장들은 물질적 몸이 아니라 인종을 구성하는 이데올로기와 담론에만 착안한 것이었다.[2] 나

1 Percival Everett, *Watershed*, Boston: Beacon, 1996.
2 마이클 헤임스-가르시아는 「인종은 어느 정도로 실재적인가?」에서 도발적인 대안을 제시하면서 인종에 대한 학문풍토를 비판한다. 그는 인종은 "오로지 문화적"이거나 "단지

는 환경정의 과학과 문학, 행동주의는, 특히 그것들이 장소와 물질, 힘의 충돌에 의해 변형될 때, 물질적 실체로서 몸에 관심을 기울여야 한다고 생각한다. 환경정의운동은 인종적 억압을 가능하게 하는 방대한 상부구조에 대한 신랄한 철학적 분석으로부터 벗어날 필요가 있다. 대신 특정한 장소의 특정한 몸들 사이에 놓인 물질적 연결의 사례를 증언할 필요가 있다. 인종에 대한 지배적인 학술 이론들이 사회구성주의를 통해 그것의 존재론적 지위를 약화시킨다면, 환경정의운동은 다양한 환경 투쟁들의 전위에서 새로운 종류의 물질성을 배치하면서 환경 위험요인들을 추적하는 과학적 데이터를 만들어 내거나, 아니라면 그것들을 사용해야 한다. 생화학물질 오염감시biomonitoring[3]라는 신생 과학과 특정한 몇몇 환경행동주의는 몸과 장소 사이의 생화학적 상호교환을 포착하는 것으로 만족하지 않고, 환경정의운동의 핵심이었던 인종과 계급이라는 범주의 재구성을 시도한다.

　이 장은 현대 미국 환경정의 행동주의와 문학 안에서 나타나는 지

이데올로기적인" 것으로 손쉽게 무시될 수 없다고 주장한다. 캐런 배러드의 이론에 의존하면서 그는 "인종은 역사, 문화, 경제, 물질적인 인간 몸의 내부-작용으로부터 출현한다"라고 주장한다(Michael Hames-Garcia, "How Real is Race?", *Material Feminisms*, eds. Stacy Alaimo and Susan Hekman, Bloomington: Indiana University Press, 2007, p.331). 또한 트로이 더스터는 "인종이 과학적 탐구를 위한 정당한 개념인지는 인종을 정의내리는 척도들에 종속된다"는 "이교적" 주장을 한다(Troy Duster, "Buried Alive: The Concept of Race in Science", *Genetic Nature/Culture: Anthropology and Science beyond the Two Culture Divide*, eds. Alan H. Goodman, Deborah Heath, and M. Susan Lindee, Berkeley: University of California Press, 2003, p.259).

3 [옮긴이] 여기에서 생화학물질 오염감시가 요약해서 정의되고 있다. 이 장 후반에서 보다 자세히 설명된다.

식에 대한 과학의 매개, 인종적으로 표지되는 몸, 그리고 유해한 환경들 간의 상호교차를 탐색한다. 개인을 안과 밖의 경계가 분명하고 일관된 개체로 가정하는 민권운동, 차별 철폐 조처, 그리고 사회정의의 정체성 정치 모델 등은 인간 몸과 보건, 인권이 특정한 장소들의 물질의 흐름, 종종 독성이 있는 물질의 흐름과 상호연결되어 있다는 인식에 따라 심오하게 변경될 수 있다. 비록 『삶 그 자체의 정치학: 생의학, 권력, 주체성』에서 니콜라스 로즈는 환경정의운동을 주제로 다루지는 않지만, 그것은 그의 용어로는 '아래로부터' '생물학적 시민'을 창조한다.

'위로부터' 생물학적 시민을 구성하는 전략은 과학적 진리에 대해 의문을 제기하지 않는 경향이 있다. 그래서 시민이 과학을 잘못 이해하는 것이 문제라고 본다. 그러나 '아래로부터' 올라가는 방향성은 생물학적·생의학적 진실을 복수화하고, 질문과 논쟁을 도입하며, 과학을 경험·정치학·자본주의 장에 재위치시킨다.[4]

활동가들뿐만 아니라 일반 시민들도 인간과 장소들 사이의 물질적 상호관계를 포착하는 "생물학적·생의학적 진실"에 접근하기 위해 투쟁한다. 이때 진실은 체계적 손상에 대한 믿을 수 있는 근거로 채택될 수 있는 지식의 형태를 갖추고 있다. 그러나 울리히 벡이 주장하듯, 개

---

4 Nikolas Rose, *The Politics of Life Itself: Biomedicine, Power, and Subjectivity in the Twenty-First Century*, Princeton, N.J.: Princeton University Press, 2007, p.142.

인들은 과학 기술과 기관들에 접근하지 못하면, 불가능하지는 않다 하더라도 근대화의 위험을 이해하기 어렵다.[5] 그것들은 "위험요인hazard으로 가시화되고 해석 가능한 것으로 만들기 위해서는 가설, 실험, 측정 장치라는 과학의 '감각 기관'sensory organ "을 필요로 한다.[6] 문외한들은 과학 지식을 무단으로 사용하고 또 그들 나름의 과학 실천으로 이러한 어려움들을 해결하려고 해왔다. 이들 문외한의 과학적 실천을 연구하는 필 브라운, 조반나 디 치로, 그리고 제이슨 코번은 그러한 실천의 주체를 각각 "대중역학자", "일상 전문가", "도시의 과학자"라고 명명한다.[7] 디 치로는 이 "새로운 유형의 '전문가'"는 "웰빙의 삶을 위해 자신의 필요와 욕망을 이해하고 조정하려고 노력하는 사람들의 일상적 투쟁"에서 발생한다고 주장한다.[8]

---

5 문학과 환경 학회(Association for the Study of Literature and Environment, ASLE), 사회와 법 연구 학회(Socio-Legal Studies Association, SLSA)에 실린 자신의 논문들, 출판물, 그리고 대화들을 통해 위험사회 이론을 나에게 소개해 준 우슬라 헤이즈에게 감사를 드린다. 헤이즈는 벡의 저서에 대한 폭넓은 분석과 생태비평과의 연관성을 제시할 뿐만 아니라 또한 "위험에 대한 새로운 지각수단들이 어떻게 이미 현존하는 문화적 비유와 서사 모형들에 의해 형성되는지 전경에 배치함"으로써 좀 더 일반적인 위험사회 이론에 기여한다(Ursula K. Heise, *Sense of Place and Sense of Planet: The Environmental Imagination of the Global*, New York: Oxford University Press, 2008, p.13).

6 Ulrich Beck, *Risk Society: Towards a New Modernity*, trans. Mark Ritter, London: Sage, 1992, p.27. 강조는 원저자.

7 Phil Brown, "When the Public Knows Better: Popular Epidemiology", *Environment*, vol.35, no.8, October 1993, pp.17~41; Giovanna Di Chiro, "Local Actions, Global Visions: Remaking Environmental Expertise", *Frontiers*, vol.18, no.2, 1997; 그리고 Jason Coburn, *Street Science: Community Knowledge and Environmental Health Science*, Cambridge, Mass.: MIT Press, 2005를 보라.

8 Di Chiro, "Local Actions, Global Visions", p.210.

스티븐 카우치와 스티브 크롤-스미스는 환경주의운동 "그룹과 조직은 이러한 전문기술의 속성을 자신의 공동체 세계로 가져오기 위해서 전문가 시스템과 전문적 언어를 분리한다"고 주장한다.[9] 그것들은 환경주의운동이 더 이상 "민권운동이나 환경정의의 수사법"에 의존하지 않는 중대한 변화가 발생했다는 것을 말해 준다.[10] 즉, "그것은 또한 독성학, 위험 평가, 생의학, 환경 영향 일람표, 원자력 기술, 그리고 다른 종류의 추론 도구 등으로 무장한 것이다".[11] 그러나 이러한 종류의 담론적 논쟁이 강력한 만큼 일상의 전문가들은 위험사회로 인한 존재-인식론적 전환과 먼저 씨름하지 않으면 안 된다. 그러한 지식이 설명하려는 현실이 변화함에 따라서 자신의 일상적 지식이 어느 정도 부적절한 것으로 바뀌기 때문이다. 한 가지 예로, 비가시적인 물질과 힘은 종종 기술 장비들과 과학의 매개를 필요로 한다. 다시 말해 '언어 자료들'로는 충분치 않은 것이다. 이 장에서 내가 논의하는 문학과 사진, 구전 역사는 독성 화학물질과 방사능이 일상의 앎의 양식을 어떻게 파괴하는지를 극적으로 보여 줄 것이다. 위험이 널리 확산되면, 과학과 정치학, 행동주의, 일상이 뒤섞이면서 토착적인 지식 체계와 서구적 인식론이 붕괴된다. 예를 들면, 퍼시벌 에버렛의 소설 『분수령』은 환경정의의 위기

---

9 Stephen R. Couch and Steve Kroll-Smith, "Environmental Movements and Expert Knowledge", *Illness and the Environment: A Reader in Contested Medicine*, eds. Steve Kroll-Smith, Phil Brown, and Valerie J. Gunter, New York: NYU Press, 2000, p.385.
10 Ibid., p.384.
11 Ibid.

상황에서 과학적 객관성이라는 이데올로기가 주인공이 자기도 모르게 연루된 정치적 투쟁으로 인해 희석된다는 사실을 보여 준다.

환경정의운동은 본질주의적이지도 않고 유전적 결정론이 아니며 경계로 구획되지 않은 몸, 그리고 사회적 권력과 물질적/지리적 작용능력이 내부-작용하는intra-act 지점으로서 몸의 개념, 즉 횡단-신체적 물질성의 완벽한 전형이다. 로즈가 주장하듯, "생물학적 시민의 권리"가 "경험·정치·자본주의의 장에" 과학을 재위치한다면, 그러한 일부 재위치화는 횡단-신체성에 의해 동기가 부여되는 동시에 그것의 의미를 확대한다. 그것은 우리의 신체적 구성요소가 폭넓은 환경에 필연적으로 연결되어 있다는 인식을 의미한다. 서로 다른 과학적 설명과 대중-과학적 설명은 이러저러한 정치적인 이유를 위해 종종 하나를 희생하는 대가로 다른 하나를 강조하면서 몸과 장소를 가로질러 오고 간다. 새로운 모델이 출현할 때, 그것은 (인종화된) 몸과 특정한 공간들 사이의 관계들을 포착하고 논쟁하고 재형상화하는 과학, 행동주의, 소비자운동, 문학 텍스트, 그리고 사진 등으로 분산되어 있다. 퍼시벌 에버렛의 환경정의 서부극인 『분수령』은 역사, 정치, 그리고 특정 장소의 물질들이 충돌하는 가운데 과학적 행동주의가 어떤 의미에서는 주인공의 피에 존재한다는 것을 극적으로 보여 준다. 아나 카스티요의 마술적 사실주의 소설 『신으로부터 그토록 멀리』의 한 등장인물, 사이먼 오티즈의 몇몇 시의 화자, 그리고 나바호Navaho 인디언 우라늄 광부의 구전 역사와 사진 프로젝트인 『비와 바람에 실려온 기억』을 위해 인터뷰에 응했던 디네족Diné 사람들은 황폐해진 자연에서 살아남기 위해 눈에 보이지 않는 위험들을 지각하고, 또 그것을 언어로 표현하기 위해 노력한다. 환경 부정의environmental injustice를 탐지하고 싸우려는 환경정의 활동가들이 생화학물질 오염감시와 같은 새로운 기술에 의지하듯이, 바로 그 기술이 또한 인종과 장소 사이의 변화하는 상호관계들에 관해 도발적인 질문을 던지면서 취약한 사람들의 범주들을 다시 형상화할 수 있을 것이다.

퍼시벌 에버렛의 『분수령』에 나타나는 과학, 정치, 그리고 몸된 지식

특정하게는 환경정의운동, 일반적으로 위험사회[12]는 효율적인 법적·정치적 투쟁 ─ 혹은 하루하루의 생존 ─ 을 위해 반드시 필요한 과학 지식을 획득하지 않으면 안 되는 비과학자들을 만들어 낸다. 또 환경파괴의 심각한 현실은 한편에 과학적 거리두기와 객관성이라는 강력한 이상을, 또 다른 한편에는 바로 눈앞의 물질과 얽힌 자신이 윤리적·정치적·물질적 관계와 화해시켜야 하는 과학자도 만들어 낸다.

역학자인 스티브 윙은 "과학의 가치와 품격"은 "인지된 객관성"으

---

12 비록 나는 환경정의와 위험사회(risk society) 사이의 공통점들을 통해 작업하기는 하지만, 헤이즈는 "그 둘 사이의 사회적 전망에 대한 깊이 안착된 차이"를 지적한다.
환경정의 옹호자들은 다층적으로 명백하게 나타나는 최근의 전지구적 생태 위기를 자본주의에 기반하는 사회경제적 조직화와 계몽주의 합리성에 의해 형성된 지식에 대한 접근의 악화와 논리적 귀결로 간주한다. [……] 반대로 벡은 동일한 생태 위기에서 자본주의 계급사회와 지식에 대한 근대주의적 접근 방식의 붕괴의 징조를 본다(Heise, *Sense of Place and Sense of Planet*, p.149).

로부터 나온다고 설명한다.[13] 과학자와 문외한 모두 "주관성과 사회적 영향을 제거함으로써 과학적 방법은 잠정적으로는 신뢰할 만한 객관적인 지식을 생산한다"고 믿는다.[14] 그러나 스티브 윙은 자신의 전문가적 경험과 방사선 역학의 역사에 관한 지식을 통해서 "공인된 가설과 논리"를 의심하게 되었다.[15] 그것만이 아니다. 그는 객관성에 대한 "순진한" 믿음은 과학 지식의 생산에 영향을 주는 사회 그룹들 사이에 "존재하는 불평등"을 "은폐하고, 또 강화한다"고 주장한다.[16] 그래서 그는 샌드라 하딩Sandra Harding의 '강한 객관성'이라는 개념을 옹호한다.[17] 그것은 "과학자들 자신이 생산하는 지식이 어떻게 역사적·사회적 힘에 의해 형성되는지에 관하여 비판적으로 평가하는" 작업이다.[18] 윙은 "과학자들이 아니라 그들을 고용한 조직체가" 새로운 "환경정의의 과학"을 추진할 것을 요구한다.[19] 그것은 "사람을 위한 과학, 즉 환경부정의와 열악한 건강 상태, 정치권력의 결핍 등을 경험하는 공동체의 문제를

---

13 Steve Wing, "Objectivity and Ethics in Environmental Health Science", *Environmental Health Perspectives*, vol.111, no.4, November 2003, p.1809.

14 Ibid.

15 Ibid., p.1811.

16 Ibid., p.1816.

17 Ibid.

18 Ibid.

19 Steve Wing, "Environmental Justice, Science, and Public Health", *Environmental Health Perspectives*, 2005, p.61. / [옮긴이] www.brown.edu/research/research-ethics/sites/brown.edu.research. research-ethics/files/uploads/Environmental justice Steve Wing.pdf(accessed: 2018.6.29.). 스티브 윙과 글 제목으로 검색하면, 몇 건의 PDF 파일이 검색된다.

해결하기 위한 응용 연구조사"가 될 것이다.[20] 「정당한 과학? 미국 환경 정의운동에서 과학 행동주의를 조직하기」에서 스콧 프리클은 "정치적 싸움에 관여하지 말라는 직업적 압력"에도 불구하고 "과학을 지향하는 새로운 조직체의 출현과 현존 조직체의 정치화는 환경 연구조사 전문 가들 사이에서 정당한 정치적 표현의 수단으로서 행동주의 문화가 출현하고 있다는 사실"을 보여 주고 있다고 말한다.[21]

환경 과학자가 활동가가 되면서 과학과 정치 사이의 경계는 무너지기 시작한다. 벡은 위험이 "과거에 신중하게 설정했던" 경계들을 우리가 횡단하도록 강제한다고 주장한다.

> 이론과 실천 사이의 구별을 **가로지르는**, 전문기술과 분과학문의 경계를 **가로지르는**, 전문화된 수행능력과 산업적 책임을 **가로지르는**, 가치와 사실(그리하여 윤리와 과학) 사이의 구별을 **가로지르는**, 그리고 언뜻 분리된 제도들로 보이는 정치와 공적 영역, 과학, 경제의 영역들을 **가로지르는** 위험들이 있다.[22]

위험은 우리가 기존 개념의 지도들을 뒤섞음으로써 문제를 해결하도록 강제한다. 위험이 분리되어 있던 인간의 활동 영역들을 횡단하기

---

20 Ibid.
21 Scott Frickel, "Just Science? Organizing Scientific Activism in the U.S. Environmental Justice Movement", *Science as Culture*, vol.13, no.4, December 2004, p.464.
22 Beck, *Risk Society*, p.70.

때문이다. 좀 더 구체적으로는, 환경정의 활동가의 과학과 과학의 행동주의 — '활동가'가 수행하느냐 또는 '과학자'가 수행하느냐에 따라 구별된다 — 는 21세기 초반의 우리가 더 이상 지식의 객관적이고 분과학문적인 영역으로서의 과학에 대한 환상으로 도피할 수는 없다고 주장한다. 우리가 그것의 얽힘을 인정하고 그것과 더불어 싸우지 않으면 안 된다는 것이다. 오랫동안 객관성이라는 서구 과학 모델을 비판해 온 페미니즘 인식론자들과 탈식민주의 인식론자들을 비롯한 이외의 다른 사람들에게 이러한 전환은 과학을 더욱 책임감 있고, 더욱 정당하고, 더욱 민주적인 것으로 바꾸는 기회가 될 것이다.

셔먼 알렉시는 다음과 같이 설명하며 에버렛의 1996년 소설『분수령』을 소개한다.

그것은 사우스다코타 주에 있는 라코타시욱스족Lakota Sioux의 파인리지Pine Ridge 인디언 보호구역에서 발생한 1970년대의 정치투쟁을 허구적으로 들려준다. 1960년대의 아프리카계 미국인들을 위한 민권투쟁 동안의 실제 사건과 허구를 뒤섞으면서, 저자는 난쟁이 인디언 원주민과 아프리카계 미국인 수문학자hydrologist[23]가 사악한 회사로

23 [옮긴이] 수문학(hydrology)은 물이 어디에서 생겨나며, 어떻게 분배되고, 어디로 가는 것인지 즉 물의 근원, 분배, 소멸의 과정을 연구하는 학문이다. 미국 과학기술위원회는 수문학을 "지구상에 있는 물의 생성, 순환, 분포 및 물의 화학적·물리적 특성과 인간활동과 밀접한 관계를 맺고 있는 환경과의 상호관계를 다루며, 지구상의 물순환에 대한 모든 역사를 포함한다"고 정의한다(네이버 지식백과 '자연지리학사전'의 '수문학' 항목). 미국 과학기술위원회의 정의처럼, 수문학은 인간, 사회, 정치와 분리될 수 없다.

부터 자신의 부족을 구하기 위해 투쟁하는 장소로서 현대적이면서 동시에 허구적인 인디언 보호구역을 배경으로 설정한다.[24]

알렉시는 이 소설을 "훌륭한 정치 스릴러, 러브 스토리, 살인을 둘러싼 미스터리, 그리고 인종 간의 정치극, 패러디, 코미디가 곁들여진 소설 작품"으로 묘사한다.[25] 또한 환경정의 미스터리 또는 포스트모던 서부극western이라는 용어로 불릴 수도 있을 것이다. 에버렛의 많은 소설에는 촌철살인의 환경주의 풍자 소설인 『그랜드 캐니언 주식회사』 Grand Canyon Inc.와 21세기 초반의 진보 시대 서부극인 『상처받은 자들』Wounded이 포함된다. 그녀의 몇몇 소설은 환경주의적인 분석에 적합하기는 하지만, 『분수령』은 환경정의 미스터리가 어떻게 과학, 행동주의, 그리고 심지어는 우리의 신체적 온전성 사이의 경계들을 침식하는지 이해하려고 할 때, 특히 더욱 적합한 작품이다. 작품은 수문학자로서 자신의 직업, 민권운동 가족사, 그리고 낭만적인 삶 사이에 단단한 경계가 있다고 생각하는 주인공과 더불어 시작한다. 소설의 초반부터 텍스트가 이러한 영역들을 뒤섞을 때에도 그의 생각은 변치 않는다. 첫 문장 "내 피는 내 자신의 것이고 내 이름은 로버트 호크스이다"는 독자로 하여금 그의 피가 그 자신의 것이 아닐 수 있다고 의심하도록 만든다.[26] 첫

24 Sherman Alexie, "Introduction", in Percival Everett, *Watershed*, Boston: Beacon, 1996, pp.ix~x.

25 Ibid., p.ix.

26 Everett, *Watershed*, p.1.

장면에 "인디언 전쟁은 미국에서 다시는 일어날 수 없다"고 적힌 1872
년의 (허구적인?) 비문이 인디언 보호구역의 교회에서 몇몇 무장한 사
람들과 함께 참호 안에서 M-16 소총을 손에 쥐고 있는 호크스를 병치
시키기 때문이다. 여기에는 또 250명의 경찰관, 미연방수사국FBI 요원
들, 외곽에 주둔한 주방위군 부대, 그리고 몇몇 시체들이 있다.

　　흑인 민권운동의 가족 회고록을 인디언 땅을 되찾기 위한 흑인 활
동가가-되는-과학자로서 호크스의 현재 상황과 병치함으로써 에버
렛은 독자들이 아프리카계 미국인들과 북미 인디언들 사이의 정치적
관계, 그리고 민권운동과 현재의 환경정의 투쟁 사이의 관계에 대해
서도 질문하도록 만든다.[27] 대부분의 환경정의 역사가들은 그것의 기
원을 민권운동에서 찾는다. 이때 예로 드는 것이, 1980년대 초에 있었
던 노스캐롤라이나 주 워런 카운티의 독극물 폐기장에 반대하는 아프
리카계 미국인들의 투쟁이다. 유색인종 권익을 위한 전미연합National
Association for the Advancement of Colored People(NAACP)은 "환경정의는
근본적으로 민권 이슈이다. 그것은 환경 법률·규제·정책의 개발·이
행·강제집행에서 인종, 피부색, 출신 국가 또는 소득 수준과 상관없이

27　우슬라 헤이즈는 백이 "공유되는 위험이 자동적으로 새로운 종류의 공동체들을 위한
　　토대의 역할을 하기에 충분한 문화적 공공재를 시사한다고 추론하는 듯하다"고 말하
　　면서 그가 문화적 차이들의 영향력을 과소평가한다고 주장한다(Heise, *Sense of Place
　　and Sense of Planet*, p.158). 하지만 헤이즈가 지적하듯이, "실제적으로 그러한 연대들
　　을 만들려고 시도해 온 환경정의 옹호자들이" 문화적 차이들뿐만 아니라 억압과 불평
　　등이 끼치는 좀 더 치명적인 여파들이 연대들을 방해하는 "좀 더 복잡한 이야기를 들려
　　준다"(*Ibid.*).

모든 사람을 공정하고 정당하게 대우해야 한다"고 선언한다.[28] 이러한 이유로 NAACP는 환경정의를 웹사이트의 '법률' 섹션에 배치하였다. 그런데 그 사이트의 '건강' 페이지에서는 환경정의를 전혀 언급하지 않는다. 수많은 초보 환경정의 활동가들이 처음에는 부정의가 그들 자신과 아이들, 이웃의 질병에서 시작한다고 생각함에도 불구하고 말이다. 그리고 이상하게도 NAACP는 환경정의를 실현하기 위한 도구로서 과학의 과 자도 언급하지 않는다. "프로그램은 환경정의의 영역에서 사법 판례, 입법 발의, 공동체 교육과 권한 부여를 추진하기 위해 환경 불평등의 척결을 목표로 할" 뿐이다.[29] 환경정의를 민권법의 하위 범주에 배치하는 NAACP와 달리, 에버렛은 과학·행동주의·무장투쟁이 소용돌이치는 혼합물을 조제하듯이, 당연하게 여겨졌던 이러한 범주 구별을 뒤섞어 놓는다.

주인공은 가족의 민권 행동주의와 현재 눈앞에 있는 인종차별적 경찰의 관계에 대해 고민한다. 그러면서 특히 수문학자로서 자신의 직업은 정치와는 거리가 멀다고 생각하며 당장의 상황을 모면하려 한다.

나는 내 인생에서 정치적인 것 모두를 제거하려고 아주 많은 일을 했다. 심지어 수문학자로서 나는 어떤 종류의 정책이건 그것을 홍보하기

---

28 NAACP 웹사이트를 보라. / [옮긴이] https://www.naacp.org/legal-department/
   legal-expertise/(accessed: 2018.6.29.). 이 법률 섹션 하단에 '환경정의'(environmental
   justice) 목록이 있다.
29 *Ibid.*

위해 내가 발견한 지식을 사용한 적이 없었다. 나 자신이 연루되고 싶지 않았다. 차라리 나는 내 자신을 고용된 객관적인 총처럼 여겼다. 단구 형성과 퇴적물 측정은 단순하고, 관찰 가능한 것이었고, 그것들이 의미했던 것만을 의미했다.[30]

소설 초반부에 호크스는 객관적 관찰에 기초하는 과학적 실천은 정치와 구별될 수 있으며, 또 구별되어야 한다고 믿는다. 텍스트에 여기저기 흩어져 있는 수문학적 보고서 조각들은 기술자의 문체와 수동태의 잦은 사용으로 저자가 누구인지 헷갈리기는 하지만, 호크스가 작성한 것으로 추정된다. "높은 수위를 표시하는 물때와 홍수 잔해가 **관찰되었다**. [……] 표준 방정식을 사용하여 측정하면 플라타 하천Plata Creek과의 합류점으로부터 유속 약 11미터로 측정**되었다**."[31] 비록 호크스는 자신을 누구를 위해서라도 사용될 '고용된 총'으로 간주하기는 하지만, 앞의 인용문은 '객관적인' 무기의 소유자가 다른 누군가를 향해 총구를 겨누는 상황에서는 정치적 연루 또는 죄의식을 초월하기가 불가능하다는 것을 시사하고 있다. 고용된 총은 발사를 피할 수 없다. 독성물질이 백인 마을이 아니라 인디언 거주자 마을에 피해를 주도록 하천에 댐을 건설하였다는 사실을 발견하였을 때, 그의 과학적 관찰은 즉시 정치적이 된다.

30 Everett, *Watershed*, p.152.
31 *Ibid.*, p.86. 강조는 추가됨.

그곳에서 나는 지질, 단층 구조를 연구했다. 그런데 산 아래 줄지어 서 있는 나무들을 올려다보다가 갑자기 어떤 생각이 머리를 스쳤다. 배수로는 실리 맨 하천Silly Man Creek으로 향하고 있었던 것이다. 내가 있는 실리 맨 협곡, 여기서부터 물줄기는 플라타 하천 인디언 보호구역을 관통해서 플라타로 흘러 내려가고 있다. 인디언과 비인디언 목장주 모두를 위해 물을 저장해 두는 지옥-구덩이Hell-hole 호수로 흐르는 것이 아니었던 것이다.[32]

단구 형성이 잠재적인 환경 범죄와 관련되어 있기 때문에 그것은 더 이상 "단순하"지도 "관찰 가능하"지도 않다. 비록 호크스가 호기심으로 인해서 북미 원주민 혁명에 연루되었다고 말하기는 하지만, 그의 호기심은 단순한 지적 추구가 아니라 부분적으로는 그의 할아버지를 "이해하려는 개인적인 탐구"에 의해 동기가 부여되었다.[33] 개인적이고 역사적인 힘들에 의해 중층결정되었던 것이다. 의사였던 그의 할아버지는 총상을 입은 블랙팬서 대원을 관계기관에 보고하지 않고 치료함으로써 자신의 미래를 위험에 빠트렸다. 그럼에도 그는 마틴 루터 킹 목사Dr. Martin Luther King Jr.가 자신의 가족을 방문하기를 원하지 않았다. 그는 민권운동 잡담은 "산타 할아버지"와 "빌어먹을 기독교인"과 다를 바 없다고 생각했기 때문이었고, 이 점에서 그의 의사 할아버지는

32 *Ibid.*, p.167.
33 *Ibid.*, p.153.

회의적이면서 실용적인 "행동주의" 모델을 제공한다.[34] 행동할 필요가 있을 때 의사로서 그의 할아버지는 치료를 하는 정치적 행동을 선택했다. 소설의 막판에서 호크스의 다소 고독하고 과학적이며 또한 신체적으로 영웅적인 행동 ── 그는 화력으로 대치 중인 전선을 탈출해서 산을 타고 내려가 환경 단체에 범죄의 증거를 전달하였다 ── 은 할아버지의 고독한 영웅적 행동을 반향한다고 하겠다.

이 소설은 포스트모던한[35] 구조를 가지고 있다. 플롯의 전개가 화학 분자식, 의학 서적, 낚시 미끼 설명서, 수문학 보고서, 편지, 북미 인디언 관련 협정문, 기타 법률 문서와 같은 파편적 담론에 방해를 받기 때문이다. 그것은 독자가 단서를 찾아서 파편을 해독하도록 강제한다는 점에서 미스터리 플롯과 잘 어울리기도 한다. 그러나 서사의 포스트모던한 구조는 주인공이 집착하는 과학적 객관성이라는 구닥다리 이데올로기와 충돌한다. 주인공이 지지하는 객관적 과학의 중립적 문체는 포스트모던한 서사와 조화를 이루지 않는다. 유희적인 포스트모더니즘이 수문학과 같은 물질적 실천으로부터 격리된 채로 그것의 담론적인 우주에 머문다는 사실을 시사하는 것일까. 소설이 탈근대적 회의주의에 대해 회의를 표하고 또 (과학적) 진리를 향한 정치적 탐구를 분명히 표명하는 대목에서, 소설은 자신으로 되돌아온다. 예를 들면, 수문

---

34 *Ibid.*, p.112.
35 [옮긴이] postmodern과 postmodernism이 문학 장르를 가리키는 경우에는 음차해서 번역하고, 근대에 반하는 것을 의미하는 경우는 탈근대로 번역하였다. modern과 modernism도 마찬가지로 문학 장르를 가리키는 경우 음차해서 번역했다.

학이 미학적으로는 흥미가 있지만 해상도가 낮은 사진이 아니라 정확한 시각적 재현을 필요로 한다는 호크스의 주장이 그러하다.

"이것들은 일을 위한 거예요." 나는 말총머리를 한 남자에게 말했다. "이것들은 예술 사진이 아니죠. 내가 이것들을 읽을 수 있어야 해요." "문제가 뭔지 모르겠는데요"라고 그가 말했다. 나는 내 서류가방에서 다른 사진을 꺼냈다. "보세요, 이건 잘 찍혔네요. 여기 보세요. 이게 하천이네요. 이제 이 엉터리를 보세요." 나는 그가 찍은 것을 그의 앞에 놓았다. "이 엉터리 어딘가에 강이 있겠네요. 그게 어디 있는지 보여 줄 수 있어요?"[36]

이 사건은 회상장면으로 서술되기 때문에 현재의 미스터리와 관계가 없다. 강이 어디에 있든 상관이 없는 것이다. 그러나, 몰래 버린 탄저 쓰레기 더미가 인디언 땅으로 흘러가는 환경 범죄를 기록하는 결말에서는 재현의 정확성은 핵심적이 된다. 호크스가 "깨끗하게 청소가 된 공터에 죽어 있는 엘크의 사진을 카메라로 찍을" 때가 그렇다.[37] 구체적으로는 주인공, 보다 넓게는 환경정의 투쟁 모두가 어느 정도는 물질적 현실을 포착해서 보여 줄 수 있는 재현물을 필요로 하는 것이다. 그럼에도 작가는 전체적으로 단순한 (과학적) 현실주의를 체현하지 않는

36 *Ibid.*, p.92.
37 *Ibid.*, p.180.

다. 호크스의 과학적 실천이 개인적·정치적·역사적 서사들과 분리될 수 없이 얽혀 있기 때문이다.[38] 따라서 이 과학적 탐구의 인식론이 역사적·정치적 힘들과 분리될 수 없다는 점에서 지식의 주체가 선 입장을 강조하는 샌드라 하딩의 '강한 객관성'이나 다나 해러웨이의 '상황적 지식'과 일치한다고 볼 수 있다. 호크스가 자신을 초연한 관찰자로 상상할 때에도, 마지막에는 자신이 이 장소에 푹 잠겨 있다고 깨닫는다.

『분수령』이 환경정의 미스터리, 또는 서부극의 최종 결투 장면으로 바뀌면서, 작가는 갈등이 없지는 않지만 환경정의의 파괴를 기록하려는 주인공의 결의를 서술하는 대목에서 이전의 냉소적이며 초연한 유희적 태도를 더 이상 견지할 수 없게 된다. 우리는 벡처럼 자문할 수 있다. "우리가 회피할 수 없는 일에 대해서 비판적 거리를 유지하는 것이 정말 가능한가? 우리는 그것을 회피할 수 없기 때문에 비판적 거리를 포기하는 것이 허용되지 않는다. 경멸이나 냉소, 무관심, 환희의 태도로 피할 수 없는 일을 피하는 것이 허용이 될까?"[39] 『분수령』은 경멸 또는 냉소로 끝을 맺지 않는다. 총을 장전한 채 손에는 필름 깡통을 쥐고 있는 아프리카계 미국인 수문학자가 (환경) 정의를 추구하는 북미 인디언

---

38 예를 들면, 호크스가 무슨 일이 벌어지고 있는지 알기도 전에, 그는 플라타 인디언들의 투쟁과 밀접하게 연관된다. 인종주의자 경찰이 끼어드는 그의 가족사 때문에, 그는 FBI에게 진실을 말할 수는 없었다. 그의 '거짓말'은 아이러니하게도 혀에 대한 의학 해부도와 병치되는데, 이는 텍스트에서 뿜어져 나오는 수많은 인디언 조약들이 기록하듯이 체계적으로 거짓말하며 '갈라진 혀로 말하는' 백인들을 상투적으로 일컫는 것으로 보인다. 따라서 불법적인 탄저 쓰레기 투척을 기록하는 그의 과학적 실천이 아프리카계 미국인과 북미 인디언의 역사들의 방대한 역사적 직물로부터 출현한다.

39 Beck, *Risk Society*, p.41.

부족과 연대하는 장면으로 막을 내리기 때문이다. 이러한 결말은 전통적인 서부극, 윤리적 원칙을 고수하기 위한 최종 결투를 방불케 한다.

추운 날씨에 어디론가 달려가는 키가 작은 인디언 여성과 두 미연방수사국 요원의 죽음 장면은 탄저 더미를 정확하게 가리키지 않는다. 때문에 환경정의 미스터리가 뜬금없이 갑자기 나타나는 것으로 보일 수도 있다. 그러나 사실상 소설의 플롯은 위험사회의 근본적인 의미를 모방해 보여 준다. 보이지 않고 알려지지도 않은 위험요인들이 지각된 요인들보다 더욱 치명적인 '실재'일 수 있다는 것이다. 벡은 "지각에서 벗어나는 것이 더 이상 비실재적인 것이 아니다. 그것은 극도로 위험한 실재성을 지닌다"고 말한다.[40] 아마도 이야기 초반에 툭 던져진 3개의 수수께끼 같은 화학 분자식이 이 장소에 잠복해 있을 이러한 종류의 지각 불가능한 위험을 암시한다고 볼 수 있겠다.[41] 하지만 '실제' 플롯과 '실제' 위험요인이 뜬금없이 갑자기 출현한다는 사실은, 더욱 충격적이게도, 그것들이 호크스가 어디를 가든 그를 둘러싸고 도처에 이미 언제나 그곳에 있었다는 점을 시사한다. 등반가 또는 수문학자로서 쓰레기 더미 가까이에서 탐사했던 그는 이미 탄저균에 노출되었을지도 모른다. 그는 이미 사람과 장소가 물질적으로 상호연결되어 있는 횡단-신체적 자연의 거주자였다. 소설 초반, 신비한 작은 여성 루이스는 인디언들은 자신들이 땅과 연결되어 있다고 생각한다고 말한다. "당신은 보

40 *Ibid.*, p.44.
41 Everett, *Watershed*, pp.76~77.

호구역에 와서 내 사람들을 만나 봐야 해요. 그들은 이 땅의 일부이죠. 나는 여기서 성장하지 않아서 키가 크지 않아요. 하지만 내 엄마는 실리 맨 하천만큼 이 땅의 일부예요. [……] 우리의 길은 강이 죽을 때 우리 인간들도 죽는다고 말해 줘요."[42] 이에 대한 대답 대신에 호크스는 무표정하게 그녀를 보면서 고개를 끄덕이더니, 한참이 지나서야 "군대가 보호구역 북쪽 변방에 불법적으로 탄저 폭탄과 다른 종류의 생화학 물질을 비축해 왔어"라고 말한다.[43] 이때 그는 자신의 조국에 대한 믿음이 얼마나 어리석었는지 갑작스레 깨닫는다. "정부는 터스키기Tuskegee 마을에서 했던 일 같은 비밀스런 실험을 언제나 행했어. 그 사실이 가장 무서운 것이었어. 그런데 그러한 과거의 불법적 행위를 잘 알고 있음에도 나는 여전히 그것을 알기를 원치 않았었어."[44] 터스키기 마을의 역사는 그가 탄저 쓰레기 더미의 심각성에 대해 성찰하는 기회가 되고, 그가 이전에 행한 '객관적' 수문학 분석이 느닷없이 정치적인 문제로 비화한다.

"만일 당신이 말하는 것이 사실이라면……" 나는 말을 멈추고 머릿속으로 지형을 그려 보았다. "그것은 그것이 어디 있느냐에 달려 있죠. 어떤 유출물들이 지하수를 따라 실리 맨 하천으로 이동해서 플라타 마을로 바로 유입되거나 또는 도그Dog 마을 아래를 지나 호수로 유입되

---

42 Everett, *Watershed*, p.19.
43 *Ibid.*, p.140.
44 *Ibid.*

거나, 아니면 대수층으로 유입될 거예요. 그것 모두는 보호구역에 있는 식수원들이죠."

타이론 비셋은 끄덕였다.

각각 그리고 모든 뇌신경다발은 뇌 표면의 일정 부위에 연결되어 있지만, 이 섬유조직들은 또한 뇌신경핵, 즉 회백질의 중앙으로 깊숙이 뻗어 있다. 신경들은 뇌로부터 나와서, 뇌척수 경막에 있는 긴 신경관을 통과해서 최종 목적지로 가는 도중에, 그것의 하부에 있는 소공을 통해 두개골을 빠져나온다.[45]

신경의 이동 경로를 추적하는 뇌의학적 담론은, 몸과 장소에 길을 만들며 자연을 가로지르는 물의 이동과 흡사하다. 호크스가 물질적 장소를 심적 이미지로 바꿈으로써 마음에 지형 '그림'을 새겨 놓는다면, 의학 텍스트는 거꾸로 존재와 앎, 체액과 신경을 물질적 네트워크에 기입하면서 물질적 장소로서의 뇌 자체의 지도를 만든다. 좀 더 일반적으로 말해서, 소설 속 단편적 의학 텍스트는 인간이 물질이라는 사실을 강조하면서 신체적 물질성을 수집해서 기록한다.

호크스는 그곳에 있었기 때문에, 즉 실험실이 아닌 현장에서 수문학을 실행했기 때문에, 그의 마음에서 지형도를 불러낼 수 있었다. 혁명이 진행되는 가운데 그에게 조사하는 일에 대해 도움을 구했던 인디언

---

45 *Ibid.*

들은 호크스가 자신들보다 그들의 땅에 대해 더 잘 알고 있다는 사실을 인정하고 있다. 쓰레기 더미를 찾아 산을 오르면서 그의 콧수염에 얼음이 생기고, 그는 몰아치는 폭설 속에서 캠프를 차려야 했다. 그는 그를 "깜짝 놀라게 하고 나중에는 괴롭게 만들었던" 엘크의 시체를 발견한후에,[46] 쓰레기 더미를 찾아내서 사진을 찍고는 지도에 그 지점을 표시했다. 초연한 고용된-총이 완벽하게 활동가/과학자로 변신한 것이다. 엘크 시체를 보고 괴로워했던 그는 자신이 엘크가 되는 꿈을 꾼다.

나는 꿈속에서 엘크가 비틀거리며 걷는 길을 좇으면서 소리치고 있었어. 더없이 푸른 하늘을 쳐다보면서 오늘이 얼마나 아름다운 날인지, 얼마나 따사하고 화사한 날인지 감탄했어. 그리고 내 발이 하염없이 엘크가 걸어간 발자국에 빠져드는 걸 알게 된 거야. 나는 어깨가 푹 꺼지고 숨이 차오르기 시작하면서 그이와 함께 비틀거렸어. 가슴속 심장이 뜨거워지는 걸 느꼈지. 그리고 나서 나는 내 자신을 벗어나서는 유리처럼 반짝이는 나 자신의 커다란 엘크 눈을 봤어.[47]

꿈은 충격적으로 아름다운 자연과 야생 동물들을 향한 호크스의 열정을 드러낸다. 그의 발이 엘크 발자국 속으로 빠져들 때, 엘크의 고통을 스스로 고통스러워하며, 엘크가 되며 비틀거리고, 어깨가 푹 꺼지

46 *Ibid.*, p.179.
47 *Ibid.*, p.181.

며, 숨을 몰아쉰다. 동물이 되는 꿈은 더 이상 추상적이거나 단순히 미학적이지 않다. 이 장소에 그 자신의 몸이 위태롭게 잠겨 있다는 인식에 의해 촉발되는, 호크스의 감정이입적 환경윤리를 극적으로 보인다. 감염된 동물과 접촉하거나 가까이 접근하는 사람은 탄저균에 감염될 수 있기 때문에, 그는 "언제 탄저병의 증상이 자신에게 나타나기 시작할지" 불안해할 것이라고 짐작한다.[48] 로버트가 문자 그대로 엘크와 결합되기 때문에 탄저균은 혈액을 통해 이동하면서 독성물질들을 생산한다. 그것은 아름답지만 독성이 있는 장소에 대한 물질적 환유이다.

소설 초반에 호크스가 '자신의 것'이라고 주장한 혈통은 오랫동안 아프리카계 미국인과 북미 인디언 모두에 대한 인종적 범주화의 요소였다. 그러나 이 소설이 인종 본질주의적이라고 판단하는 것은 지나친 단순화이다. 주인공의 피가 그의 가족(흑인민권운동과 흑인권력운동 양자에 연결되는 가족), 인종차별 경찰과 혈흔이 낭자한 대결, 그리고 이 특정 장소를 파괴하는 군대의 환경 인종주의와 연결되어 있기 때문이다. 그 파괴는 문자 그대로 호크스의 피를 통해 이동하고 있다. 또한 서사에는 역사의 맥박이 뛰고 있다. 일례로 터스키기의 악명 높은 매독 실험에서 339명의 흑인들이 자신들의 '더러운 피'를 정화하고 있다는 말을 들어야 했다. 이 끔찍한 실험에서 피는 단순히 사회적이지도 단순히 자연적이지도 않다. 낸시 투아나가 설명하듯이, "사회적 실천과 자연 현상" 사이에는 "어떠한 뚜렷한 존재론적 분할"이 아니라 "현상들

---

48 *Ibid.*, p.198.

사이의 복합적인 상호작용"이 존재한다.[49] 에버렛은 주인공을 상호작용하는 자연의 맥락에 놓는 것은, 그의 물질적 실재에 대해 과학적 탐구가 구체적이면서 역사적으로 혼합적인 형태를 취하게 될 때였다. 그가 '자연주의 환경보호단체'에 증거 사진을 전달하기 위해 목숨을 걸 때, 그의 피는 단순히 '그 자신의 것'이 아니게 된다.

비가시적 물질들을 포착하기

활동가로 변신하는 과학자 로버트 호크스는 자신의 수문학적 분석, 좀 더 명료하게는 전문적으로 건조된 콘크리트 댐과 수송관의 사진 증거와 엘크 시체가 모두 환경 인종주의의 증거라는 점을 어렵사리 포착한다. 소설 결론에서 호크스는 다른 누군가의 투쟁을 위해 '고용된 총'이 아니다. 대신에 그는 사진과 지도를 통해 환경정의 투쟁에 개입하게 된다. 그의 사진은 투쟁을 위한 가장 설득력 있는 증거로 채택될 것이다. 우리는 물질세계가 자명하고 분명하며, 실체적이고 또 가시적이라는 것을 기본적으로 알고 있다. 증거evidence에 대한 사전적 정의의 하나는 '분명함'eivdent이다. '보는 것이 믿는 것'에서처럼 일반상식적인 동어반복들이 실재적인 것, 가시적인 것, 그리고 사실인 것 주위를 맴돈다. 적어도 이러한 일상적 지식에 관한 한, 평범한 사람들도 기술이나 과학

---

49 Nancy Tuana, "Viscous Porosity", *Material Feminisms*, eds. Stacy Alaimo and Susan J. Hekman, Bloomington: Indiana University Press, 2007, p.193.

의 매개가 없이 그것을 쉽게 알 수 있다. 어쨌든 심지어는 포토샵을 하는 시대임에도 포토저널리즘과 다큐멘터리는 사실 증거로 사진 — 선명한 시각적 증언 — 에 크게 의존한다. 수전 손택에 따르면 사진은 "일종의 연금술"이지만 "현실에 대한 명백한 설명으로서 귀한 대접을 받는다".[50] 인터넷은 범죄 증거로 사진과 비디오의 유포를 더욱 쉽게 만들었다. 예를 들면, 디트로이트의 '한 발 앞선 어머니'로 묘사되는 여성들은 환경부정의를 고발하기 위해 시각 증거들을 사용한다. 미시간 대학의 사회노동학과와 자연자원·환경학과에 있는 교수가 시작한 사진 목소리 프로젝트Photo Voice project에 관해서 "디트로이트 어머니들이 사진을 통해 환경 남용을 폭로한다"라는 머리말이 대학 웹페이지에 올려져 있다.[51] 그 글은 "사진들은 차 번호판을 가린 트럭들에 의해 자신들의 거주지 인근에 불법적으로 쓰레기를 투기하는 수많은 사례들을 보여 준다. 몇 장의 사진들은 공장으로부터의 공기오염, 그리고 위험하게 방치된 건물들을 보여 준다"면서 증거를 제시하는 사진의 성격을 강조한다.[52] 거주지 인근의 환경 상태를 조사해서 보여 주는 여성 행동주의 비디오는 그러한 다큐에 한 차원을 덧붙였다. 충분하진 않지만 몇몇 사진은 이 프로그램에 참여한 환경정의 학자 버니언 브라이언트Bunyan

---

50 Susan Sontag, *Regarding the Pain of Others*, New York: Farrar, Straus and Giroux, 2003, p.81.
51 Jared Wadley, "Detroit mothers reveal environmental abuses through photography". / [옮긴이] http://ur.umich.edu/0607/Jun25_07/13.shtml(accessed: 2018.6.29.).
52 Ibid., n.p.

Bryant를 포함해 몇몇 미시간 대학 교수와의 인터뷰를 비디오에 담았다. 이 프로젝트는 흥미롭게도 부분적으로는 대학의 마이클 스펜서 Michael Spencer와 다른 사회노동학 교수가 이 헤드스타트Head Start 프로그램[53] 어린이들의 높은 납 수치(오로지 혈액 검사를 통해서만 확인할 수 있는 기록)에 대한 우려감에서 시작되었지만, 사진 목소리 프로젝트에 참여한 여성들이 유기된 건물, 쓰레기, 보호 마스크를 착용한 아이들의 모습 같은 것들을 촬영함으로써 환경정의의 범위를 더욱 확대하였다. 이러한 글과 비디오가 활동가들이 환경을 개선하기 위한 노력과 결의를 증언해 준다. 그렇지만 사진으로 보여 줄 수 없기 때문에 납 중독 이슈는 기록되지 않았다. 설상가상으로, 이러한 환경파괴의 책임자나 해결책에 대한 논의도 이루어지지 않았다.[54]

영국에 본거지를 두고 있지만 '지구 남반구'를 위해 운동하는 환경정의재단Environmental Justice Foundation은 전 세계에 있는 개인들이 비디오카메라를 이용하도록 훈련시킴으로써 "환경권과 인권 남용에 맞서 싸우는 것"을 추구한다.

---

53 [옮긴이] 헤드스타트 프로그램은 빈곤층 자녀들의 취학을 원조하는 미국 정부의 교육사업을 의미한다(다음백과 '헤드스타트' 항목).

54 이와 반대로, 납을 표본추출하고 아이들의 혈액의 납 수치를 조사했던 활동가 그룹에 의해 행해진 "길거리 과학"에 대해서는 Coburn, *Street Science*의 분석을 참고하라. 「양날의 검으로서의 과학」에서 공동체의 기술보조 책임자인 아지뷔케 아카바는 환경정의 활동가들로 하여금 "과학을 전략적 도구로 사용하라"고 촉구한다(Azibuike Akaba, "Science as a Double-Edged Sword", *Race, Poverty, and the Environment: A Jorunal for Social and Environmental Justice*, vol.11, no.2, Winter 2004~2005, p.10).

이 프로그램의 단 하나의 목적은 기술을 공유함으로써 환경주의 옹호자들이 자신의 자연환경권과 기본적 인권을 위협하는 것들을 기록하고 폭로하고, 또 평화롭게 해결하는 권한을 부여하는 데 있다. 새로운 기술들과 매체들은 성공적인 주장과 남용의 해결을 위한 매우 가치 있는 도구이다. 멀리 고립된 공동체도 현대의 의사소통 수단을 이용하면 즉각적으로 세계의 주요 권력집단에게 이미지를 보낼 수 있다. 숙련된 비디오 기사는 환경파괴가 일어나는 현장을 찍은 사진을 가지고 그런 환경파괴의 실상을 증언하고 또 폭로할 수 있다. 강력한 비디오 증거와 함께 환경파괴로 고통을 받는 피해자들의 육성을 담은 강력한 비디오 증언은, 그것이 목표로 하는 시청자들에게 전달되고, 그럼으로써 국가적이고 국제적인 정책입안자와 기업들의 긍정적 변화를 이끌어낼 수 있다.[55]

환경정의재단 웹사이트는 「활동가들을 위한 인터넷」The Internet for Activists과 「사진」Photography 목록에 사진 행동주의의 정치적 잠재력을 다음과 같이 요약하는 훈련 지침서 PDF를 올려놨다.[56] "사진은 불법 벌목이나 불법 조업 또는 지역 공동체의 이익에 반하는 불법 행위 등에 대해 논쟁의 여지 없는 확실한 증거를 제공한다. 그것은 누가 어떻게

---

55 환경정의재단 웹사이트를 보라. http://www.ejfoundation.org/page124.html
    (accessed: 2008.9.15.).
56 [옮긴이] 현재 PDF는 찾을 수 없지만 https://ejfoundation.org/what-we-do/activist-
    training/activist-training-programme에서 비디오와 영화 같은 매체를 통한 훈련을
    강조하고 있다.

그림 3-1 캄보디아의 살충제 섞기. 환경정의재단 웹사이트의 '적은 분량에
도 죽음' 앨범(2009) 중에서.

그러한 문제를 일으키는지, 또 그것이 인간과 야생 동물, 환경에 어떤
영향을 미치는지 보여 줄 것이다." 이 훈련 지침서는 사진이 환경 범죄
증거를 제공하는 몇몇 강력한 사례를 제공한다. 캄보디아의 불법 살충
제 사용에 반대하는 환경정의재단 캠페인 '적은 분량에도 죽음'Death in
Small Doses은, 불법임에도 어느 가게에서나 손쉽게 구할 수 있는 살충

그림 3-2　들판에 버려진 살충제 용기는 환경오염의 중요한 현장이다. 환경정의재단 '적은 분량에도 죽음' 앨범(2009) 중에서.

제, 들판을 오염시키는 살충제 용기들, 살충제로 재배한 야채의 바구니들, 오염된 음식을 먹는 사람들, 그리고 불법 화학제품들에 중독된 조류 등을 보여 준다. 한 장의 사진에는 아무런 보호 장비도 없이 음식 용기에 살충제를 섞는 농부가 있다. 여기에서 스프라이트 병은 특히 심각하다. "살충제를 섞는 데 사용한 이 스프라이트 병은 어린이들에게 진짜 음료수와 착각을 일으킬 수 있기 때문이다."[57] (그림 3-1과 3-2를 보라.)

　사진과 비디오를 전문적으로 사용하는 환경정의운동은 그것의 의

57 "Death in Small Doses", n.p. / [옮긴이] https://ejfoundation.org/reports/death-in-small-doses(accessed: 2018.6.29.). 웹페이지에서 '스프라이트'처럼 생긴 음료수병을 볼 수 있다.

미심장한 성과에도 불구하고, 수많은 환경정의 문제들은 시각적으로 식별될 수도 없으며 사진으로 기록될 수도 없다는 한계를 안고 있다. 울리히 벡에 따르면, 위험사회의 본질적인 문제는 "오늘날 문명화의 위험이 전형적으로 지각능력을 벗어난다"는 것이다.[58] 벡에게 그러한 위험의 전형은 "인간의 지각능력을 완전히 벗어나는" 방사능, "식물과 동물, 인간에게 동시에 장·단기적인 효과를 동반하는 공기와 물, 음식에 있는 독성물질과 오염물질" 등이다.[59] 그러한 위험들이 "체계적이고 종종 비가역적인 피해harm를 유발함"에도 불구하고 여전히 "비가시적"이기 때문에 "초기에는 오로지 (과학적인 또는 반과학적인) 지식의 매개를 통해서만 정체가 드러난다".[60] 몇몇 현대 미국 문학작품은 몸과 자연을 가로질러 이동하는 비가시적인 위험들을 잘 묘사하고 있다. 예를 들면, 아나 카스티요의 작품 『신으로부터 그토록 멀리』와 사이먼 오티즈의 시는 사람들이 위험사회의 비가시적 위험과 직면할 때 발생하는 존재-인식론적 파열을 극적으로 보인다.

카스티요의 기상천외하게 웃기는 동시에 심각하게 비극적인 마술적 사실주의 소설 『신으로부터 그토록 멀리』[61]는 가모장인 소피아Sofia의 네 딸의 모험과 죽음을 엮어 놓는다. 부활해서, 자본주의 소비자 천국 아메리칸 드림을 믿고 있는 그녀의 딸 페Fe는 그러나 죽음 이후 다

---

58 Beck, *Risk Society*, p.21.
59 *Ibid.*, p.22.
60 *Ibid.*, p.23. 강조는 원저자.
61 Ana Castillo, *So Far from God*, New York: Norton, 1993.

시 주어진 삶을 즐기지 못한다. 그러나 그녀의 자매들은 "외형질적으로" 변화된 모습으로 돌아오거나, 아니면 "안심하고 영원히 살기 위해 […⋯] 부드럽고, 촉촉한 암흑의 지구 속 저 아래, 깊은 곳"으로 사라진다.[62] 그곳은 푸에블로 창조설화를 연상케 하는 곳이다. 가톨릭과 뉴에이지, 북미 원주민 신앙은 야단법석인 소설에 행복하게 공존하는데, 이는 그것들 모두가 긍정적인 의미에서 문화 전통들로 가득 찬 물질성에 대한 희망을 주기 때문이다. 소설 결말에 이르러, 야성적이고 때론 비극적인 온갖 사건들을 얘기하기 좋아하는 억제할 수 없는 수다쟁이가 등장한다. 사건들이란 동굴에서의 은둔, 기괴한 (식민지주의자) 생명체가 범하는 강간, 신앙 치유와 같은 이야기들이다. 그런데 그녀는 페의 이야기에서 멈칫하면서 "페는 죽었기" 때문에 "그녀에 대한 이야기를 하기가 어렵네. 그렇게 평범하게 죽은 사람을 이야기하기는 어렵지"라고 말한다.[63] 페의 죽음은 회복될 수 없는 순간을 만들어 내고, (만약 회복이 가능하다면) 희망이 가득한, 망자도 살아 움직이는 존재론에 파열음을 일으킨다. 페(스페인어로 '믿음'을 의미한다)라는 그녀의 이름은 아이러니하게 붙여진 이름이다. 그녀는 아무런 마술도 없고, 너무나 현실주의적이기 때문이다. 싸늘하게 죽은 사실은 주술을 통해 코미디로 변화될 수도 없는 것이다.

다른 자매들과 다르게 페는 텍스트에서 모습을 감춘다. 자신을 죽

---

62 *Ibid.*, p.211.
63 *Ibid.*, p.186.

게 한 물질처럼 보이지 않게 되었기 때문이다. 페의 남편인 케이시Casey 는 그녀와 코믹한 대위법을 이루는 듯이 보인다. 그가 양처럼 매애 소리 내는 것이 독특하지만 활력이 넘치는 방식으로 인간과 장소를 연결하는 횡단-신체성을 예시하기 때문이다. 페는 그가 내는 "부드럽기는 하지만 의심의 여지가 없는 양의 소리"를 내는 것을 들었을 때 놀랐다.[64] 그렇지만 화자는 "300년의 양치기 생활 이후에" 그리고 "양 무리를 돌보며 평생 춥고 긴 겨울들을 보낸 조상들의 긴 계보에 이어서" 그는 어찌할 수 없는 특별함을 가지고 태어났다고 설명한다.[65] 사회적으로 보면 어색한 양 울음은, 그럼에도 불구하고, 양치기와 양 사이의 공진화, 혹은 땅에 사는 사람들의 토지 보유권을 시사한다. 그리고 양 울음 소리는 멕시코계 미국인의 목가적 전통을 반향하고 있다. 그 전통은 케이시의 "가족이 수익을 잃"고 "큰 땅 덩어리를 포기한 이후에" 그는 회계사가 되었음에도 계속 지속되는 것이었다.[66] 20세기 후반에 사는 페는 양치기의 아내가 되는 대신에 산업화된 뉴멕시코 주에 살면서 아메리칸 드림을 추구한다. 화자는 페가 "새로운 직업에서 받은 보너스로" "식기세척기, 전자레인지, 쿠진아트 식기" 등을 구입한 것에 당황하여서 그녀의 소비지상주의를 꾸짖는다.[67] 그리고 화자는 "그녀를 죽

---

64 *Ibid.*, p.175.

65 *Ibid.*

66 *Ibid.*, p.174.

67 카밀라 플랫은 페는 "자신의 구조적 억압의 체계에 대한 그녀의 '믿음'과 생활방식에 책임이 있다"고 주장한다.
"결국 페의 노동은 산업들이 규제되지 않고 책임 있는 사람들이 양심이 없던 때에 다

인 것은 바로 그녀의 직업이다"라는 문장을 극적으로 덧붙인다.[68] 애크미 인터내셔널Acme International이 "유용성과 효율성"의 "여왕"으로 칭송했던 페는 결국 암에 걸려 죽는다. 군사 무기의 부품을 "닦기" 위해 사용했던 화학물질의 잔여분 액체를 나름대로 효율적으로 사용했기 때문이었다.[69] 처음에 그녀는 잔여 액체를 하수도에 버렸지만 회사는 그것이 "무해"하다고 하면서 그녀가 "냄비에 남은 물질이 기화하도록 그냥 놔두라고" 지시하였다.[70] 이 사건을 조사하는 미연방수사국은 그녀가 화학물질을 불법적으로 사용했다는 사실에 불편한 감정을 내보이지만, "그것과 접촉했기 때문에 그녀가 죽어가고 있다"는 사실에 대해서는 "아무런 관심도 보이지 않는다".[71] 페는 다른 시민-전문가들처럼 자신의 경험을 통해 변화되기 시작한다. 이제 그녀는 "몇 달 전 매니큐어를 하고 화장을 했던 신부가 아니라, 애크미 인터내셔널에서 일을

양한 정도로 노동자들과 환경, 때때로는 소비자들에게 가하는 피해에도 불구하고 기본적인 필요에 부응하는 유용한 목적으로 작동하는 언뜻 보아서 죄가 되지 않는 포도 또는 심지어는 컴퓨터 칩과 같은 생산품을 생산하지 않는다. 페는 가장 치명적인 무기들——그것들 중 하나는 그녀의 누이 에스페란사(Esperanza)를 걸프전에서 죽였을지 모를 무기 ── 을 생산하는 데 연루된다"(Kamala Platt, "Ecological Chicana Literature: Ana Castillo's 'Virtual Realism'", ISLE: Interdisciplinary Studies in Literature and Environment, vol.3, no.1, Summer 1996, p.87).

68 Castillo, So Far from God, p.171.
69 페 이야기의 순전한 공포에도 불구하고, 「로드러너」(Roadrunner)를 포함해 수많은 카툰에 등장하는 가상의 '애크미 주식회사'를 반향하는 애크미 인터내셔널은 부조리하게 명백하지만 어쨌든 생존 가능한 어떤 것을 떠올리게 하고, 바위가 로드러너를 짜부라뜨려도 생존하는 것처럼 그것이 견뎌 낸다고 반박한다. 이것과 극명하게 반대로 그 카툰은 편재하고, 비가시적인 위험들에 대한 벽의 개념을 명백히 보인다.
70 Castillo, So Far from God, p.184.
71 Ibid., p.187.

시작했을 때 보여 주었던 그러한 상냥함도 없는 폐가 되었다".[72] 사실이지 폐는 화학물질은 "기화하도록 방치해서는 안 된다. (그녀는 이 마지막 부분을 심각하게 생각했는데) **공기보다 무겁기** 때문이다"라고 적힌 지침서를 읽었었다. 이 사건이 있기 전에 사랑의 실패로 인해 목소리가 손상당한 폐는 다급하게 소리를 지른다. 이 화학물질이 공기로 날아가지 않았다면 어디로 간 거야? "'어디로 ___ 갔어 ……?' 그리고 다시 소리쳤다. '만약 나에게 온 것이 아니라면?'"[73] 그녀는 눈에 보이지 않는 화학물질 증기가 말로 표현할 수 없을 정도로 실체적이라는, 즉 공기보다 무겁다는 것을 깨닫고, 공포에 사로잡혔다. 보이지는 않았지만, 그렇다고 사라졌던 것은 아니었다. 그녀는 그것이 자신의 몸에 있는 것이 분명하다고 결론지었다.

산업 현장을 배경으로 하는 소설임에도 불구하고 카스티요는 폐의 이야기를 오로지 직장 보건 이야기가 아니라 환경정의의 이야기로 구성하였다. 그녀의 일터만이 아니라 그녀의 세계 자체가 '이해 불가능'하게 되었기 때문이다.

폐 주위의 대부분은 자신을 서서히 죽어가도록 만드는 것이 무엇인지 이해하지 못했거나, 아니면 이에 대해 생각하고 싶어 하지 않았다. 만일 이해하였다고 해도 그들은 어떻게 대처해야 할지 몰랐으며, 그래서

---

72 *Ibid.*, p.189.
73 *Ibid.*

그냥 그렇게 방치해 두었다. 목초지에 죽어 있는 암소 시체나 병든 양이 있는데도 불구하고, 일주일 후에 아침 잠에서 깬 사람들은 찌르레기 시체가 비처럼 떨어지는 것을 보았다.[74]

페의 화학물질처럼 죽어서 떨어지는 새들은 공기보다 무겁다. 일단 불가해한 세계를 어느 정도 이해하게 되자 페는 의도하지는 않았지만 막대한 피해를 주는 행동을 자신이 했다는 사실을 깨닫게 된다. 그녀는 "해가 지기 전에 적어도 한 번 이상 화학물질을 하수구에 버렸다"는 것을 기억하였다. 그것이 "하수 배출 장치로 갔다가 정화조로, 그 다음에는 야채 밭으로, 부엌 수도꼭지로, 마시는 차로 갔다"는 것을 의미했다.[75] 불가사의와 미스터리, 신화로 이뤄진 이 작품은, 위험사회에서 사는 사람들이 가장 이해하기 어려운 문제는 몸과 장소 사이를 흐르는 비가시적이지만 실체적이고, 일상적이지만 치명적인 화학물질이라는 것을 말해 준다. 이 놀라운 마술적 사실주의 작품[76]이 허구의 세계에서

---

74 *Ibid.*, p.172.
75 *Ibid.*, p.188.
76 마르타 카미네로-산탄젤로는 이 소설에 대한 매력적인 독해를 제시하는데, 그녀는 페의 죽음을 포함해서 소설의 마술적 사실주의의 요소들을 보다 정치적인 일화들과 대조한다. 그녀는 마술적 사실주의적 순간들이 "어떤 종류의 적극적인 저항"에 대한 "협박들"을 체현하는 반면에, 정치적 일화들은 "충격적으로 마술적 사실주의를 결여한다"고 주장한다(Marta Caminero-Santangelo, "'The Pleas of the Desperate': Collective Agency versus Magical Realism in Ana Castillo's *So Far from God*", *Tulsa Studies in Women's Literature*, vol.24, no.1, Spring 2005, p.82). 그녀의 독해가 흥미롭기는 하지만, 여전히 나는 페의 플롯은 위험 문화를 상징하는 존재-인식론적 파열을 극화한다고 제안한다.

과연 무엇이 '실재'인지 독자의 호기심을 자극하는데, 그것은 위험이 "근본적인 의미에서 **실재이자** 동시에 **비실재인**" 세계에서 우리가 경험하는 삶의 혼란스런 일상과 평행을 이루고 있기 때문이다.[77] 보이지 않는 화학물질에 당하는 피해의 실상은 페의 몸에서 분명하게 드러난다. 비록 그 지역의 식물, 동물, 인간에게 미치는 그것의 영향이 아직 탐지되지 않았다고 할지라도 말이다.

또 다른 현대 미국 북서부 작가인 (아코마족Acoma) 사이먼 오티즈는 인디언 영토의 파괴, 특히 우라늄 채광 사건에 강력히 항의하는 시와 수필을 썼다. 산문시 「우리의 고향땅: 국가적 희생 지역」Our Homeland: A National Sacrifice Area에서 오티즈는 1950년에 나바호와 푸에블로 영토에서 있었던 우라늄 채광의 역사를 묘사하였다. 이를 통해서 땅을 "돌부스러기로 조각내는" 땅파기와 폭파, 그리고 노동자들을 끔찍한 사고와 위험한 분진, 라돈 가스에 노출시키는, 즉 땅과 인간에게 가하는 폭력을 적나라하게 고발하였다.[78] 오티즈는 "우라늄정광 yellowcake[79]을 부수고 걸러 내는" 공장에서 일하기는 했지만, 몇 차례 우라늄 광산 안으로 직접 들어가기도 했다.[80] 1960년에 그는 "내가 작업했던 우라늄정광에서 방출되는 방사선의 위험에 대한 지식도 없었

---

77 Beck, *Risk Society*, p.33.
78 Simon J. Ortiz, *Woven Stone*, Tucson: University of Arizona Press, 1992, pp.355~356.
79 [옮긴이] 우라늄정광 또는 옐로케이크는 여과액으로부터 얻어진 우라늄 농축액의 일종으로, 우라늄 광석 가공 과정의 중간에 생성된다(한국어판 위키백과 '우라늄정광' 항목).
80 *Ibid.*, p.357.

지만 어떤 순간에" "내 건강에 대해 거의 망상증적paranoiac 공포를 느끼게 되었다"라고 적었다.[81] 정부와 채광회사들이 노동자를 보호하지도, 그렇다고 마땅한 정보를 제공하지도 않았다는 사실을 생각하면 그러한 '피해망상증'은 당연한 것이라 할 수 있다.[82]

자신의 신체적 자아에 대한 불안은 채광해서 우라늄을 만드는 동안에 생기는 물질적 실체의 기이한 변화에 의해 더욱 악화될 것이다. 시 「물건: 생닭과 폭탄」Stuff: Chickens and Bombs에서 오티즈는 생물물리학적·과학적·사회적으로 오리무중인 물질성[83]에 대해 고민한다. 시인 오티즈로 짐작되는 화자는 "내가" "우라늄 물질이 바위와 흙더미였던 곳에서 / 우라늄 원석을 부수는 일을 어떻게 했"는지 진솔한 언어로 묘

---

81 *Ibid.*, p.358.

82 (케레스족Keres) 도러시 앤 펄리(Dorothy Ann Purley)는 잭파일(Jackpile) 광산이 그 지역을 "광대한 황무지"로 만들었다고 증언한다. 1970년대에 채광이 건강에 미친 영향들이 명백해졌다. "우리는 폐기종과 같은 상기도 질환들로 고통받는 사람들에 대해 듣기 시작했다. 우리의 젊은 세대들은 백혈병과 종양에 시달렸다. 아이들은 출생 시 장애를 갖고 태어났다. 우리는 무슨 일이 진행되고 있는지 의아해했고, 우리 사람들이 방사능에 대한 노출에 의해 영향을 받고 있다는 것을 알지 못했다"(Navajo Uranium Miner Oral History and Photography Project, *Memories Come to Us in the Rain and the Wind: Oral Histories and Photographs of Navajo Uranium Miners and the Families*, Jamaica Plain, Mass.: Red Sun, 1997, p.16).

83 케네스 로머는 "오티즈는 촉각 이미지의 거장이고, 그는 말라비틀어진 뿌리만큼 동떨어지고 소소한 토픽들, 잭파일 우라늄 광산만큼 감추어져 있고, 묵시론적인 토픽들을 우리의 살아 있는 부분들로 변형시키기 위해 이 탁월성을 사용한다"라고 주장한다 (Kenneth M. Roemer, "A 'Touching Man' Brings Aacqu Close", *Studies in American Indian Literatures*, vol.16, no.4, Winter 2004, p.69). 로머에게 중요한 점은 촉각 이미지에 대한 오티즈의 탁월성이 그로 하여금 독자를 시로부터 단절시킬 장소와 시간이라는 거리를 메우도록 하기는 하지만, 어떤 독자는 특정한 자연과 물질적 구성요소들에 달라붙는 것으로서의 촉각적 심상을 또한 볼 수도(또는 느낄 수도) 있다.

사한다.[84] "단지 바위와 흙더미"에서 시작하는 그 "물질"은 "노란 분말"이 된다.[85]

> 우리는 노란 분말로 된
> 가공된 물질을
> 55갤런의 드럼통들에 넣었다
> 그리고 알지 못하는 장소로 가기 위해
> 대기하고 있던 트럭을 향해
> 그것들을 굴렀다.[86]

노란 분말이 미지의 목적지로 향할 때, 이 질서정연한 작업 순서와 평범해 보이는 물질은, 불확실성과 위험, 그리고 범죄의 공포가 뒤얽힌 상황을 숨기고 있다. 이어지는 두 연은 화자의 냉소적 목소리에 담긴 지식 주장으로부터 완전히 곤혹스럽고 당황스런 순간으로 재빠르게 이동한다.

> 언젠가,
> 내가 무언가를 안다고 생각하면서
> 나는 윌리Wiley에게

---

84 Ortiz, *Woven Stone*, p.320.
85 *Ibid.*
86 *Ibid.*

정부가 그 노란 분말을

폭탄과 원자로와

실험을 위해 사용한다고 말했다.

윌리는 잠깐 내 얼굴을 뚫어져라 쳐다보고는,

바닥에 침을 뱉으며

"예전에 내가 닭 공장에서 일했었지.

우리는 털을 뽑고 가공해

사람들이 먹을 수 있도록 말이지.

난 모르겠어. 세상에 당신이 닭을 가지고 그 외에

다른 무엇을 할 수 있는지 말이야"라고 말했다.[87]

핵폭탄으로부터 털 뽑은 생닭으로 도약하는 이 이상한 순간은 노동자들이 만드는 물건의 존재론적 양립 불가능성으로 우리를 놀라게 한다. 처음에는 단순한 바위에서 시작하는 우라늄은 여하튼 막판에는 실험, 원자로, 폭탄으로 끝맺는다. 여기에서 생닭은 믿을 수 있는 견고한 토대, 안전하고 이해하기 쉬우며 유용한 물건으로 보인다.[88] 하지만 바위에서 노란 분말로의 변형은 그 토대를 극적으로 바꾸기 때문에, 그 결과 심지어 생닭에 대해서도 "세상에 당신이 닭을 가지고 그 외에 다른" 무엇을 할 수 있지? 라고 묻는다.[89] 언뜻 보기에 해가 없고 분명한

---

87 *Ibid.*
88 나 자신을 포함해서 채식주의자들은 그 평가에 주저할 것이다.

명칭을 지닌 물건이 정부와 산업, 과학이 얽힌 미지의 연결망 속으로 사라진다. 그러나 언급되지는 않았지만 그것의 위험에 대한 지식이 비가시적으로 이 시에 잠복하고 있다. 생닭은 인간의 몸으로 들어가는 음식이라는 인식은, 음식처럼 들리는 '옐로케이크'라는 물질이 방사선으로 노동자의 몸을 뚫고 들어간다는 인식과 같이하기 때문이다.

오티즈의 모음집 『반격: 인민을 위하여, 땅을 위하여』*Fight Back: For the sake of the People, for the Sake of the Land*(『직조된 돌맹이』*Woven Stone*로 재출간)에 있는 다른 시들은 「물건: 생닭과 폭탄」에서 나타나는 소외된 노동의 극단적 형태에 대한 푸에블로적 대안을 상정한다. 「우리가 많은 이야기들을 들었지만 우리는 이것이 진실임을 안다」We Have Been Told Many Things but We know This to Be True는 기본적 진실을 선언하는 것으로 시작한다.

> 땅. 사람들.
>
> 그것들은 서로 관련된다.
>
> 우리는 서로서로 한 가족이다.
>
> 땅은 우리와 함께 일해 왔다.
>
> 그리고 사람들은 그것과 함께 일해 왔다.

---

89 닭으로 당신이 그 외에 또 무엇을 더 할 수 있는지에 대해서는 이 책의 마지막 장에서 논의될 디스토피아적이고, 근미래적 소설 Margaret Atwood, *Oryx and Crake*, New York: Anchor, 2003을 보라. / [옮긴이] 이 책은 마거릿 애트우드, 『인간 종말 리포트 1·2』, 차은정 옮김, 민음사, 2008로 번역 출간되어 있다.

이것이 진실이다.

땅과 사람을 위해
일하는 것—그것은 삶과
삶이 계속 지속된다는 것을 의미한다.[90]

오티즈는 진솔한 어조로 사람과 땅이 서로 협동하고 서로를 유지해 주는 것으로서 일의 개념을 선포한다.[91] 이 선포는 미국 정부가 원주민들로부터 땅을 빼앗고 폭력을 가한 사실을 기록하는 시 전체의 맥락에서 발생하는 절박한 위기를 예시하고 있다. 그러나 절박하기는 하지만 오티즈가 제시하는 진실은 지금-황폐화되는 환경에서 생존해야 하는 문제에는 도움이 되지 못한다. 두 번째 산문시 「우리의 고향땅: 국가적 희생 지역」에서 그는 아쿠족Aacqu의 방대한 식물학적 지식에 대해, 그리고 "중요한 교훈과 가치, 원칙"을 장려하는 구전 전통에 담긴 "전쟁과 위기, 기아"에 대한 역사의식을 서술한다.[92] 오티즈에 의하면 "메리카노"Mericano들이 들이닥치기 전에 원주민들은 생존의 지식, "자신

90 Ortiz, *Woven Stone*, p.325.
91 조니 애덤슨은 이 시에 나오는 일을 공통의 토대를 제공하는 것으로 해석한다. "인간 생존의 모든 요소들은 자연 세계로부터 추출된 것이기 때문에, 그리고 우리 대부분은 생존하기 위해 일해야 하기 때문에, 일은 인간을 다른 인간과 자연과 묶는 연결점이다"(Joni Adamson, *American Indian Literature, Environmental Justice, and Ecocriticism: The Middle Place*, Tucson: University of Arizona Press, 2001, p.85).
92 Ortiz, *Woven Stone*, p.345.

이 알고 있는 상황에서 생존하는 방식을 정확히 짚어 주는 삶의 체계가 존재했다. 주어진 문제를 해결할 수 있도록 도와주는 수준 높은 지식체계가 있었던 것이다. 또 미래의 새로운 상황도 해결할 수 있는 지식을 가지고 있었다".[93] 우라늄 채광에서 정점에 달하는 미국 자본주의는 원주민의 땅과 노동, 건강, 정치 주권을 강탈했을 뿐만 아니라 그들의 지적 주권,[94] 즉 자신이 오랫동안 살았던 땅을 이해하는 능력도 강탈함으로써 전통적인 생태 지식을 파괴하였다.

나바호족 우라늄 광부와 가족의 구전 역사와 사진 프로젝트의 일환으로 1997년에 편집된 『비와 바람에 실려 온 기억: 나바호족 우라늄 광부들과 가족들의 구전 역사와 사진』은 '국가적 희생 지역' 안에서 생

---

93 *Ibid.*, p.349.

94 이 맥락에서 주권은 중층결정된 용어이다. 그것은 북미 원주민의 정치적, 법적, 그리고 좀 더 최근에는 지성적인 운동에 대해 핵심적인 용어이며, 또한 위험사회에서 개인이 분실하는 어떤 무엇을 나타내는 울리히 벡의 용어들 중 하나이기도 하다. 흥미롭게도 앨런 캐너, 라이언 케이시, 그리고 배럿 리스트로프는 "환경주의"와 "환경 인종주의"는 "북미 원주민 주권의 옹호자들"에게 "새로운 관심사"라고 설명하며, "그들은 환경주의 운동가들에 의해 옹호되는 입장들을 당면한 건강 위기에 대한 해결책이 아니라 주권 문제에 대한 그들의 이해 부족을 명백히 나타내는 것으로 간주했다"고 주장한다(Allen Kanner, Ryan Casey, and Barrett Ristroph, "New Opportunities for Native American Tribes to Pursue Environmental and Natural Resource Claims", *Duke Environmental Law and Policy Forum*, vol.14, no.1, 2003, pp.157~158). 노리코 이시야마는 환경정의 학계 안에서 지배적인 분배정의 모델을 비판하며 북미 원주민들을 위한 환경정의에 핵심적인 것은 정의라고 주장하며 다음과 같이 말한다. "인디언 국가의 맥락에서, 환경정 의는 지속가능한 발전을 위한 정치적·경제적·생태적으로 건전한 선택지들을 추구하는 부족의 주권 능력에 의존한다. 따라서 부족들의 정치적·경제적 주권의 재강화는 환경정의에 대한 장기간에 걸친 성취로 이끌 것이다"(Noriko Ishiyama, "Environmental Justice and American Indian Tribal Sovereignty: Case Study of a Land-Use Conflict in Skull Valley, Utah", *Antipode*, vol.35, no.1, 2003, pp.135~136).

존하기 위한 사람들의 투쟁을 기록한다. 그가 거주했던 지역의 황폐화를 분석하면서 댄 베널리Dan N. Benally는 방사선이 어떻게 광산, 자연, 동물, 그리고 인간을 가로질러 이동하는지에 대해 설명한다.

글쎄, 광산은 여전히 열려 있어. 나는 방사선이 그 지역의 주민들 사이를 가로질러 돌아다니는지 궁금해. 쓰레기를 광산 바깥에 버리고, 비와 녹아내린 눈이 광석을 씻어내리자 사람들은 그런 물이 가축을 오염시킨다고 비난하지. 폐기물이 언덕 비탈길에 버려졌고 물이 그것을 도랑들로 옮겼다는 것이 확실해. 그런데 가축의 고기는 소비되고, 오염은 인간에게 계속해서 영향을 미쳐. 내가 함께 일했던 42명의 사람들은 지금 죽었어. 언젠가 나도 여기에 숫자를 더해 줄 거야.[95]

단도직입적으로 자신의 주장을 제시하기보다는 모르겠다는 듯이 질문을 던지며 시작하는 베널리는, 자연과 환경, 문화적 실천에 대한 자신의 지식을 가지고 환경파괴에 대한 강력한 증거를 제공함으로써 얻을 수 있는 효과에 대해 묻는다. 이때 베널리의 방법이 '과학적'인지 아닌지 묻는 것은, 그 용어가 어떻게 정의되느냐에 달렸다. 샌드라 하딩은 토착적이고 비-서구적이지만 "효율적인 지식 체계"를 '과학'으로 인정

---

95 Navajo Uranium Miner Oral History and Photography Project, *Memories Come to Us in the Rain and the Wind: Oral Histories and Photographs of Navajo Uranium Miners and the Families*, Jamaica Plain, Mass.: Red Sun, 1997, p.20. / [옮긴이] http://swuraniumimpacts.org/wp-content/uploads/2016/06/Memories-Come-To-Us.pdf(accessed: 2018.6.28.). 64쪽 분량의 PDF 파일이다.

함으로써 얻을 수 있는 잠재적 혜택을 강조한다.[96] 이를 통해 "그들의 삶과 그들이 직면하는 환경들을 이해하고, 효과적으로 환경들과 상호 작용하는 인류의 노력을 하나의 지도로 개념화"할 수 있다는 것이다.[97] 그러나 이 개념적 지도가 "각기 다른 공간을 평준화"하는 시도라는 점에서 '과학'이라는 개념은 서구중심적일 것이라고 말한다.[98] 더구나 이러한 지식을 만드는 사람들은 과학이라는 개념을 사용하지 않을 것이기 때문이다. 물론, 과학적 실천이라는 서구의 이데올로기는 과학적 지식과 세계를 이해하는 또 다른 방식의 엄청난 차이, 또 엄밀한 의미의 과학과 일상적 상식의 엄청난 차이를 인정하지 않는 것은 아니다.

2005년 디네 자연 자원 보호 법률Diné Natural Resources Protection Act은 "나바호 민족 인디언 카운티의 어떤 장소에서든, 그 누구도 우라늄 채광과 우라늄 가공을 해서는 안 된다"라고 선언한다(강조는 원문). 또 나아가 디네의 신념 안에 '과학'을 포섭하는 지적 주권을 옹호한다. 이 선언은 법적·의학적·과학적·종교적 지식과 분리될 수 없는 "'자연법'에 대한

---

96 Sandra Harding, *Science and Social Inequality: Feminist and Postcolonial Issues*, Urbana: University of Illinois Press, 2006, p.11.

97 *Ibid.*

98 *Ibid.*, p.133. 또한 아룬 아그라왈의 글 「토착적 지식과 과학적 지식 사이의 분할을 허물기」는 다음과 같이 끝맺는다.
"우리가 불이익을 당하는 이들의 이해관계를 보호하기 위해 생산적인 대화를 개시하는 것은 오로지 우리가 토착적인 것과 서구 사이의 쓸모없는 이분법으로부터 벗어날 때 가능하고, 우리가 내부-그룹의 차별성들을 인정할 때 시작할 수 있으며, 우리가 전통적인 것과 과학적인 것 사이에 구축된 간격을 가로지르는 다리를 찾아 나설 때 가능하다"(Arun Agrawal, "Dismantling the Divide between Indigenous and Scientific Knowledge", *Development and Change*, vol.26, no.3, 1995, p.433).

디네 의학자들의 해석"에 기초하고 있는 것이다

나바호 민족 평의회는 다음 사실을 확인한다. 디네 자연법에 대한 디
네 의학자들의 해석[Nahasraan doo Yadilhi Bitsaadee Beehazraanii]은 디
네 기본법 5항 중 1번 표제로 부호화되어 있고, 신성한 4개의 산들 안
에 있는 모든 자연 자원들에 대한 존경을 의무화하고 성스러운 산 토
양 기도[Dahndiilyee]로 상징화한다. 이는 삶과 건강한 환경의 조화
와 균형, 세대를 거치면서 전수된 의식들과 이야기들을 전수하기 위
해서이다. 이 이야기들은 인간에게 유해한 대지의 물질들[doo nal yee
dah]을 주어서는 안 되는데, 이제 우리는 우라늄이 그러한 물질들 중
하나라는 것을 안다는 것, 따라서 전통적 관행에 따라 우라늄의 추출
은 저지되어야 하고, 또 그것은 나바호 법으로 금지하는 내용을 담고
있다.[99]

흥미롭게도, 이 문서는 우라늄의 위험에 대한 최근의 지식을 이것
보다 훨씬 포괄적인 지식과 원칙의 체계 안에 위치시킴으로써 우라늄
의 위험에 대한 과학적 이해를 자연 법칙이라는 광대한 비전의 하위 범
주로 둔다.

이 문서가 디네 자연법의 권위를 강조하면서 과학적·정치적 주권

---

99 "Resolution of the Navajo Nation Council", *20th Navajo Nation Council*, 2005,
pp. 1~2. / [옮긴이] https://www.grandcanyontrust.org/sites/default/files/gc_
uranium_navajoCouncilResolution.pdf(accessed: 2018.6.28.).

을 확고히 하는 반면에, 나바호 영토에서 이루어지는 우라늄 채광에 대한 다른 문서는 불가역적으로 변형된 자연 안에서 살기 위해 필요한 전문지식을 사람들이 가지고 있지 못하다는 사실에 대한 좌절을 드러낸다. 조반나 디 치로가 설명하듯이, "조상으로부터 물려받은 영토들과 전통 지식에 대한 주권을 지키기 위한 원주민 공동체들의 투쟁"은 "식민지주의의 경제적·이데올로기적 장치들"에 의해 계속해서 좌절당한다.[100] 『비와 바람에 실려 온 기억』에 실린 인터뷰에서 플로이드 프랭크 Floyd Frank는 우라늄 광산 채광의 여파가 디네족에게 아는 자와 알려진 자[지식의 주체와 대상]라는 두 가지 역할을 부여하는 복잡한 인식론을 제안한다.

우리의 땅에서 벌어진 우라늄 채광과 관련해서 우리가 말할 수 있는 많은 것이 있다. 우리의 몇몇 가축들이 영향을 받았다. 송아지들이 장애를 갖고 태어났고, 양들은 폐에 문제가 있었다. 이런 것들을 통해 우리는 자신들에 대해 알게 되었다. 우라늄이 진짜로 위험하고, 그것이 원래부터 그렇다는 것을 알게 되었다. 왜 그들은 우리에게 이것을 말해 주지 않았지? 우리가 그들에게 실험 대상이었던 게 아닌지 의심이 된다. "그것이 그들에게 어떠한 영향을 미치며, 최후에는 그들에게 무

100 Giovanna Di Chiro, "Indigenous Peoples and Biocolonialism: Defining the 'Science of Environmental Justice' in the Century of the Gene", *Environmental Justice and Environmentalism: The Social Justice Challenge to the Environmental Movement*, eds. Ronald Sandler and Phaedra C. Pezzulo, Cambridge, Mass.: MIT Press, 2007, p.232.

엇을 할까?" 아마도 이것이 그들의 생각일 것이다. 그들이 우리에게
말하지 않은 이유가 그것인가?[101]

베넬리처럼, 프랭크는 그들의 가축에 끼친 우라늄의 영향을 목격
함으로써 획득한 경험 지식을 증언한다. 그렇지만 아는 자를 알려진 자
로부터 분리하는 과학적 객관성의 모델들과는 반대로, 그의 설명은 자
신을 포함한 공동체가 이 위험한 지역의 한가운데, 그것도 이 위험한
실험 지역에서 멀리 떨어져 있는 전문가들의 실험 대상이라는 사실을
강조한다. 벡이 주장하듯이, 광범위한 전지구적 자연에서는 "위험에 대
한 어떠한 전문가도 존재하지 않고"[102] 따라서 일반 시민은 자신들의 일
상 삶에 대해 수많은 '과학적' 결정을 뒤죽박죽으로 내리지만, 원주민
영토의 우라늄 채광 역사는 이러한 위험사회의 명제가 특정 사건의 본
질을 흐릴 수도 있다고 경고한다. 즉 그 명제가 피해에 대해 잘 알고 있
는 전문가와 기관이 원주민의 죽음을 방치한, 이 엄청난 범죄의 실상을
은폐하는 데 이용될 수도 있다는 것이다. 이 사건의 경우에 원주민은
지적 주권을 상실했을 뿐 아니라 강탈당했다.

평범한 개인은 자신이 획득해야 하는 전문지식에 대해 끔찍한 대
가를 치러야 할 수도 있다. 조지 라파헤George Lapahe는 인터뷰에서 옐
로케이크로 정제된 우라늄은 옥수수 꽃가루처럼 보인다고 말한다. 옥

101 Navajo Project, *Memories Come to Us*, p.8.
102 Beck, *Risk Society*, p.27.

수수 꽃가루는 행사에 사용될 뿐 아니라 활기를 주는 약이라고 생각하는 원주민들은 그것을 혀로 맛보기도 하고 머리에 뿌리기도 한다. 라파혜는 "그들이 효과가 있는 의학을 발견하기 전에는" 우라늄에 "손을 대면 안 된다"고 말한다.[103] 왜냐하면 "학교에서 돌아온 내 아이들이 흙더미에서 노는 것은 좋지 않기 때문이다". "그들이 장난감으로 사용했던 흙더미에서 무엇을 가지고 오든지 상관없이. 옥수수 꽃가루와 우라늄은 진짜로 똑같은 색깔이기 때문에 그들은 소량의 우라늄을 먹었다. 이건 분명한 사실인데, 그들은 그것들을 창턱에 바르기도 했다."[104]

원주민들은 갑자기 달라진 자연 환경에서 자신의 전통적 지식과 문화적 실천을 그대로 활용할 수도 있다. 이 작품은, 생각을 괴롭히는 관점들을 통해서 새로운 형태의 전문지식의 필요성을 강조한다. 우라늄과 꽃가루의 차이를 육안이나 사진술로도 구분할 수 없다. 그렇지만 죽을 수도 있다는 공포의 실상은 어떤 식으로든 기록되어야 한다. 이 작품에 실린 사진은, 사진 자체가 보여 줄 수 없는 방사능이라는 비가시적인 위험에 대한 불안의 증거를 담고 있다. 인간과 가축, 집, 땅을 찍은 사진을 인터뷰와 함께 상호텍스트적으로 읽는 것은, 아무튼 위험 문화에 특유한 그 무시무시한 비가시성을 주목하라는 요청에 귀를 기울이는 것이다. 이와 대조적으로, 피터 아이히슈타트의 『당신이 우리를 중독되게 한다면: 우라늄과 북미 인디언들』은 방사능에 의한 손상의 가

---

103 Navajo Project, *Memories Come to Us*, p. 22.
104 *Ibid*.

시적 증거를 한 점의 예외적인 사진이 제공한다. 이 책은 바위 더미들, 썩어 가는 나무들, 그리고 눈에 띄게 아름다운 사막 식물들과 함께 노천에 방치된 우라늄 광산들의 난잡한 잔해를 담은 많은 사진들을 포함하고 있다. 그러나 그 아름다움을 보고 독자들이 안심하지 못하도록 저자는 "높은 방사능 수치를 나타내는" "광산 폐기물 더미 위의 방사능 측정 장치"가 담긴 사진 한 장을 포함시켰다.[105] 과학 기술이 기록한 이 지식의 이미지는, 사진의 한계를 예외적으로 넘어서는 무시할 수 없는 증거의 무게를 지닌다.

몸과 장소의 과학에 대한 신생 모델 또는 범주의 재구성

『비와 바람에 실려 온 기억』을 위해 인터뷰한 사이먼 오티즈와 디네족 사람들은 비가시적인 위험들을 포착하기 위해 투쟁한다. 그들은 전통적인 지식과 물질적 현실에 대한 새로운 이해를 혼합하는 일상의 '과학적' 실천에 참여하면서 '일상의 전문가들'이 되기 위해 노력한다.[106] 그들은 벡이 정의한 지적 주권의 상실을 대변하는 것이다. 많은 환경정의 활동가들이 그들을 둘러싼 비가시적인 위험들에 대한 증거를 찾는 동안, 생화학물질 오염감시biomonitoring[107]라는 새로운 기술은 특정한 사

105 Peter Eichstadt, *If You Poison Us: Uranium and Native Americans*, Santa Fe, N.M.: Red Crane, 2008, n.p.
106 Di Chiro, "Local Actions, Global Visions"을 보라.
107 바우어는 생화학물질 오염감시를 "개별적으로 검사받기는 하지만 모집단을 구성하기 위해 전체적으로 수집되는 인간 혈액, 소변, 모유, 타액, 지방 또는 다른 조직에서

람의 몸에 잔류하는 물질을 차트로 보이면서 인간의 몸에 주의를 돌린다. "환경 현장 과학이 역학과 생의학의 개념과 방법론과 만나"듯이, 인간에 대한 생화학물질 오염감시는 사람과 장소에 대한 과학적인 분석을 혼합한다.[108] 특히 그러한 기술들이 몸의 손상을 특정 장소들의 특정 물질들에 연결시킬 때, 그것들은 환경 인종주의가 끼치는 피해를 폭로한다. 버클리 대학 환경 공중보건 조사 센터의 연구원인 토머스 맥콘은 "위험요인에 노출된 주민의 숫자를 조사하"기 위해 생화학물질 오염감시 데이터를 위험요인의 지리적 추적과 결합하는 프로젝트를 수행하고 있다.

> 우리는 환경 위험요인들과 위험노출들을 평가하고 규정하는 방법들을 개량하고 위험요인 지수의 타당성을 증가시키기 위해, 생화학물질 오염감시 데이터를 지리적 오염물질 배출 및 환경 표본 추출 자료들과 합친다. 그리고 환경요인들의 지리적 분포와 모집단의 분포와 활동에 대한 정보를 결합하는 새로운 방법을 개발하고 있다. 이것은 중요하다. 왜냐하면 생화학물질 오염감시 데이터만 가지고는 환경 위험노출을 언제나 포착할 수는 없기 때문이다.[109]

검출된 어떤 화학물질, 그것의 대사 산물(들), 또는 반응 산물(들)의 측정을 통한 환경 화학물질에 대한 인간의 노출 평가"로 정의한다(Susanne Bauer, "Societal and Ethical Issues in Human Biomonitoring: A View from Science Studies", *Environmental Health*, vol.7, supple.1, 2008, p.3).
108 Ibid., p.2.

생화학물질 오염감시만으로는 탐지되지 않는 노출을 포착하기 위해 맥콘의 프로젝트는 인간 몸과 지리적 장소에서 수집된 데이터를 한데 모은다. 이와 같은 새로운 기획에서 환경정의운동이 얻을 수 있는 잠재적 혜택에도 불구하고, 세라 쇼스택과 인터뷰한 환경정의 활동가들은 새로운 생명공학은 잠재적으로 유익하면서 동시에 위험하기도 하다고 경고한다.

일부 환경정의 활동가들은 분자 유전학/유전체학molecular genetics/genomics 기술들, 특히 독성유전체학toxicogenomics[110] 분야의 신생 기술들을 가지고 과학자들과 협업을 한다. 그럼으로써 그들은 독성물질에 노출된 지역에 거주하는 개인의 몸에 있는 화학물질을 찾아낼 수 있고, 더불어 그 화학물질들이 몸에 미치는 영향을 측정하고 기록할 수 있는 가능성을 탐구하고 있다.[111]

109 Thomas McKone, *Berkeley Center for Environmental Public Health Tracking*, n.p. http://ehtracking.berkeley.edu/projects/assess.htm(accessed: 2008.9.1.). / [옮긴이] 저자가 제시한 페이지는 검색이 되지는 않는다. 'Thomas McKone'과 'biomonitoring data'로 검색하면, 몇 건의 관련 논문이 검색된다.

110 [옮긴이] 독성물질에 의해 발현양성이 변하는 유전자를 유전체학(genomics) 기법을 동원하여 대량으로 측정한 후 이 결과를 활용하여 개체의 독성물질 피폭 여부 등을 조사하는 학문 또는 기술. 이 기술을 이용하면, 동물 또는 기타 시험관 내 방법에 비해 신속·정확하게 독성물질을 스크리닝할 수 있으며 한 번의 실험으로 다수 유전자의 변화를 분석할 수 있다(한국생물공학회 웹사이트 '생물산업 용어검색'의 '독성유전체학' 항목).

111 Sara Shostak, "Environmental Justice and Genomics: Acting on the Futures of Environmental Health", *Science as Culture*, vol.13, no.4, December 2004, p.551.

그러나 쇼스택은 활동가들이 "신체의 독성물질 검사가 사후 분석"이라는 사실에 대해 우려한다고 말한다. 한 활동가는 생화학물질 오염 감시는 "아이를 납중독검사를 위한 하나의 감시 장치로 사용"하는 데 지나지 않는다고 주장했다.[112] 가장 효율적인 환경보건 실천과 정책은 사후에 노출 정도를 측정할 것이 아니라 오염을 예방하는 일에 있다. 이들 활동가들은 또한 분자 유전학/유전체학이 독성물질들을 생산하거나 전파하고, 아니면 그것의 통제에 실패할 사람들이 져야 할 책임을 그것에 중독된 개인에게 전가한다고 주장하면서 "환경보건과 질병이 개별화"되고 "생의학화"되는 "미래로 우리를 이끌 수도 있다"는 우려를 표했다.[113] 의학 모델들은 개인의 몸에만 주목하는 반면에, 환경정의 활동가들은 장소와 공동체 사이의 물질적 연결을 중시한다.

인종과 계급이 잠재적인 환경피해의 정도를 결정하는 데 중요한 인자로 지목되었던 반면에, 거대한 규모의 생화학물질 오염감시 프로젝트들은 인종과 계급이 아닌 다른 범주를 결정인자로 지목할 수도 있다. 이 장에서 나는 환경정의 투쟁에 참여한 활동가와 문학적 재현을 분석하기 위해 울리히 벡의 이론을 크게 참조하였는데, 벡이 제시한 역설의 하나로 이 장을 매듭지어야 하겠다. 그것은 우리 모두가 위험사회에 거주하고 있지만, 모두가 그 위험을 똑같이 짊어지지는 않는다는 것이다. '모두'에게 가해지는 손상 대 특정 그룹에 가해지는 손상 중에 무

---

112 Ibid., p.553, p.554.
113 Ibid., p.556.

엇을 강조해야 할지, 언제, 그리고 어떻게 해야 할지에 대해서는 활동가와 과학자, 환경(정의) 단체, 환경보건운동, 위험사회의 여타 거주자들이 고민해야 하는 질문들이다. 만약 신체 부하 검사body burden testing를 통해 수집된 증거가 환경에 의한 손상에 대해 강력한 증거를 제공할 수 있다면, 이 검사에서 새로이 나타난 범주들은 인종적 범주들과 일치하지 않기 때문에 다른 종류의 그룹으로 관심을 돌릴 수도 있다.

예를 들면, "화학제품들이 누구에게 영향을 미치는가?"라는 질문에 "화학제품들은 모두에게 영향을 미친다"라고 응답하는 사회적 책임을 위한 의사회Physicians for Social Responsibility 웹사이트에서 인종은 거론되지 않는다. 대신 그 사이트는 "아이들", "임신한 여성과 발달 단계의 태아", 그리고 "농촌 공동체"라는 세 가지 특정 범주를 강조한다. 마지막 범주는 미국에 있는 "5,640만 명의 거대한 농촌 인구"를 포함하며, 그 중 900만 명이 농업에 종사한다. 이때 특정 인종이나 계급에 한정되지 않는 [농촌] "공동체"라는 범주는 "농장노동자"라는 범주로 탈바꿈한다. "살충제에 노출되는 농장노동자를 보호하기 위해 제정된 연방법에도 불구하고, 그들과 자녀들은 일반인들보다 높은 수위의 독성물질들에 지속적으로 노출되고 있다."[114] '농장노동자'가 계급과 관련된 범주이기는 하다. 그러나 독성물질과 건강에 대한 사회적 책임을 묻는 의사회의 캠페인은 인종을 언급하지 않는다. 큰 글씨체로 쓰인 "농

114 "Toxics and Health", Physicians for Social Responsibility. http://www.psr.org/
   site/PageServer?pagename=Toxics_main(accessed: 2008.9.1.). / [옮긴이] 이 웹사이
   트는 지속적으로 활동 소식을 업데이트하기는 하지만, 과거 글은 찾을 수 없다.

촌 공동체들"은 인종이 아니라 지리적 영역을 강조하는 것이다. 「2004 화학물질 침투」Chemical Trespass 2004에서 북미 살충제 행동 네트워크 Pesticide Action Network North America(PANNA)는 "아이들, 여성들, 그리고 멕시코계 미국인들"이 가장 심각하게 살충제에 많이 노출되었다는 사실을 발견하였다. "질병 통제와 예방 센터the Centers for Disease Control and Prevention가 전국적으로 9,282명을 대상으로 시행한 화학물질 수치 조사를 통해 수집된 살충제 관련 데이터 분석"에 기초한 결과였다.[115] 배려의 대상인 범주들은, 식별 가능한 환경정의 범주로서 멕시코계 미국인, 여성 대다수, 그리고 인종과 젠더, 계급의 구분을 가로질러 분포된 아이들을 포함하고 있다. 또한 북미 살충제 행동 네트워크가 사용하는 **화학물질 침투**chemical trespass라는 용어는 '동의 없이' 몸으로 침투하는 화학물질을 나타내는 침투 공간으로서 횡단-신체성을 환기시킨다. 다양한 종류의 몸이 그러한 침입에 노출되는 정도는 계속해서 논쟁과 우려의 대상이라는 것은 의심의 여지가 없다. 다양한 사회적·지리적 그룹이 정부 기관과 과학적 활동가, 활동가 과학자 들의 활동 결과 새롭게 출현하고 있기 때문에 그러하다. 위험과 취약성의 특정 범주들이 서로 다름에도 불구하고, 몸과 장소 사이의 특정한 상호관계들은 여전히 강력한 윤리적·정치적 사안들이다. 위험문화의 폭풍우는 예기치 못한 결과와 보고되지 않은 손상의 패턴으로 계속해서 사람, 장소, 물질,

---

115 [옮긴이] https://www.panna.org/sites/default/files/ChemTres2004Eng.pdf(accessed: 2018.6.28.). 56쪽 분량의 PDF 문서이다.

그리고 힘을 뒤섞으리라는 것도 의심의 여지가 없다.

　나는 다음의 두 장에서 신체 부하 검사가 함축하는 것에 대해 논의할 것이다. 인종과 계급이 위험사회의 지리-사회적 자연을 가로질러 예측 불가능한 방식들로 물질화되는 방식도 고려의 대상이다. 식민지주의 역사의 뒤에는 화학물질 침투라는 은유가 숨어 있다는 것을 언급하는 것으로 이 장을 마무리하기로 하자. 미국 인디언들에게 침투의 이 비가시적 형식은 식민지주의의 기나긴 역사에서 가장 최근에 나타난 폭력의 양태이다. 보다 일반적인 의미에서 자신의 문화적·정치적 주권을 유지하고 되찾으려는 수많은 투쟁들을 감안하면, 위험사회 전체에 퍼진 지적 주권의 상실은 원주민의 문화적 풍경에서 특히 비극적 울림을 갖는다.

4장

몸의 회고록
과학, 자서전, 그리고 물질적 자아

나는 모든 여성이 피로 물든 자기-지시적인 실로 자신이 짠 직물을 풀어헤치기 전까지 우리가 결코 전체 패턴을 바꾸는 것을 시작도 하지 못할 것이라고 믿는다. ― 오드리 로드, 『암 수기』[1]

19명의 외계인들이 20년이면 이야기의 본질을 충분히 밝힐 수 있는 훌륭한 이야기를 가지고 있는 것이 나에게는 분명하다. 그들은 즉각적인 죽음, 수많은 작은 이야기들, 셀 수 없이 많은 장례식들, 수백의 아빠 또는 엄마 없는 아이들을 제공한다. 타자기 앞에 앉아 무엇인가를 증명하려고 노력하지 않아도 된다. ― 캔디다 로런스, 『공포 그 자체』[2]

오드리 로드의 시적 언어로 말하자면, 자아의 가닥들은 역사, 문화, 경제, 그리고 권력으로 짠 직물의 일부로 이해될 수 있고, 그 가닥들을 추적하는 것은 흑인 페미니스트의 **의식화**conscious-raising를 구성한다. 하

1 Audre Lorde, *The Cancer Journals*, San Francisco: Aunt Lute, 1980.
2 Candida Lawrence, *Fear Itself: A Memoir*, Denver, Colo.: Unbridled, 2004.

지만 그녀의 『암 수기』는 의식화라는 용어가 암시하는 것보다 훨씬 더한 정서적 강렬함을 지닌다. "피로 물든 자기-지시적" 가닥들은 자아가 신체적이고, 더 폭넓은 역사와 문화, 권력이라는 직물로 짜여짐을 증명한다. 사실 침묵을 '언어와 행동'으로 변형시키라는 로드의 유명한 요청은 일반적으로 생각하는 것보다 훨씬 더 물질적이다. "당신이 아직 갖지 못한 말들은 무엇인가? 당신은 무엇을 말하고 싶어 하는가? 하루하루 당신이 집어삼켜서 자신의 것으로 만들려고 하는 폭정은 무엇인가? 당신이 그 폭정에 역겨움을 느끼고 끝내는 죽을 때까지 침묵을 지킬 것인가?"라고 그녀는 묻는다.[3] 폭정을 '삼키기'swallowing라는 강렬한 은유적 울림에도 불구하고, 삼키기 ─ 그리고 그것의 결과인 죽음 ─ 가 암을 유발하는 음식물 섭취의 은유라는 점을 생각하면, 그것은 은유적이 아니라 축어적이다. 수많은 여성학 연구서에 발췌되는 『암 수기』의 이 대목은 침묵을 거부하라는 일반적 요청으로 읽히곤 한다 (내 자신 그런 방식으로 그 수필을 가르쳤다). 이 거부가 정치 원칙이라고 할지라도, 그것을 그녀의 유방암이라는 맥락에서 벗어나 추상 관념으로 변형하는 것은 그녀의 투쟁을 보다 덜 정치적이고 덜 체계적인 것으로, 다시 말해 보다 개인적이고 보다 심리적인 것으로 만든다. 농업 관련 산업의 치명적인 관행들을 보지 못하게 만드는 것이다. 일반적인 추상적 원칙에 집착하게 되면 '우리가 아직 갖지 못한 말들'을 보지 못하게 만들 것이다. 우리가 여전히 갖고 있지 못한 말의 일부는 인간 자아

3 Lorde, *The Cancer Journals*, p.21.

의 물질성과 횡단-신체성을 환기시키는 것들이라고 나는 주장한다.

인지 불가능한 주체들의 회고록

1980년에 출판된 로드의 적나라한 회고록은 이후, 10년, 20년, 그리고 25년 후에 출판된 내가 '몸의 회고록'material memoirs이라고 부르는 질라 아이젠스타인, 수잔 안토네타, 샌드라 스테인그래버, 캔디다 로런스, 그리고 여타 다른 작가들의 회고록들의 전신이다. 살flesh의 실재성을 강조하는 그녀를 본질주의자essentialist로 일축하기보다, 그녀가 실재적인 물질적 효과를 가진 권력 안에 그녀의 몸이 담긴 방식을 추적하는 게 더욱 유익할 것이다. 마시 제인 크노프-뉴먼이 주장하듯, 유방암에 대한 로드의 정치화는 "몸과 환경을 고려의 대상으로 삼는다. 암은 정치적이다. 이는 각각의 주제 ── 몸 또는 환경 ── 가 본래 정치적이어서가 아니라, 그 주제들과 중첩되는 상호교차들을 둘러싼 침묵과 비밀주의 때문이다".[4] 놀랍게도 로드의 『암 수기』는 암을 페미니즘, 반인종주의, 그리고 환경정의 이슈로 상정하는, 몸과 환경 사이의 상호연결들이 강조되는 상황을 예견한다. 그녀는 악명 높은 양털 모조 가슴을 비웃고, 유방암을 단순히 "미용" 문제로 치부하는 걸 거부하고, "동물성 지방과 유방암의 관련성을 공표하"지 않는 미국암협회American Cancer Society

---

4 Marcy Jane Knopf-Newman, *Beyond Slash, Burn, and Poison: Transforming Breast Cancer Stories into Action*, New Brunswick, NJ.: Rutgers University Press, 2004, p.134.

를 비난한다.[5] 또 그녀는 "환경을 청결히 관리하는 것보다 행복을 요구하는 것이 더 쉽다"고 말하면서 암에 대한 심리학 이론들을 혹평한다.[6] 암 발생의 환경요인을 계속해서 무시하는 암 관련 공공기관들을 비판하기 위해[7] 로드는 자신의 흉터들을 드러내 보여 준다. 그녀는 그것들을 "방사선, 동물성 지방, 공기 오염, 맥도날드 햄버거, 그리고 2번 적색 염료와 벌이는 우주 전쟁의 희생자에게 남은 명예로운 유품"으로 여기며, "그 전쟁은 여전히 진행 중이다"라고 말한다.[8] 그녀는 "우리는 이윤 경제에 살고 있고, 암 예방에는 어떤 이윤도 없으며, 오로지 암 치료에서만 이윤이 생긴다"고 지적하면서 암 예방이 아니라 치료에만 초점을 맞추는 미국암협회와 격론을 벌인다.[9] 『우리의 몸, 우리의 자아』*Our*

---

5 Lorde, *The Cancer Journals*, p.58.

6 *Ibid.*, p.74.

7 미국암협회 웹사이트는 암에 대한 환경요인들에 대해 쉽게 접근할 수 있는 유용한 정보를 제공하지 않는다. '환경'과 '예방'으로 검색하면, 방사능과 화학물질들, 유해 폐기물에 대해 "증명되지 않은 위험요인들"이라는 꼬리표가 붙은 글 하나가 뜬다. 사이트는 "살충제는 안정적인 식품 공급을 위해 귀중한 역할을 한다"며, 살충제의 사용을 칭송하기까지 한다("The Environment and Cancer Risks"). 매우 상반되게, 유방암행동단체, "유방암을 가진 나쁜 소녀들"은 "예방 먼저"와 "사적 이윤에 앞서는 공중보건"을 강조한다. 이 단체는 '핑크리본 달기 전 생각해 볼 것'(Think before You Pink) 캠페인에서 유방암에 대한 대중의 인식을 높인다는 명목으로 핑크리본을 달고 자신들의 제품을 판매하는 화장품 회사들은 실제로는 그 제품들 안에 수많은 암 유발 화학물질들을 함유한다고 고발한다. 또한 Robert N. Proctor, *Cancer Wars: How Politics Shapes What We Know and Don't Know about Cancer*, New York: Basic, 1995를 참조하라. / [옮긴이] 미국암협회 관련하여 http://www2.nau.edu/~bio372-c/class/cancer/envcanrsk.html(accessed: 2018.6.25.) 참조. 페이지 하단에 'unproven risks'라는 목록이 있다.

8 Lorde, *The Cancer Journals*, p.60.

9 *Ibid.*, p.71.

Bodies, Our Selves 집필의 계기가 된 광의의 페미니즘 보건운동의 일부로서 그녀는 "정보의 무기"로 페미니즘이 무장하기 위해서는 여성 자신도 연구를 수행해야 한다고 강조한다.[10] 그녀 자신의 저서에서 『영국 암저널』*The British Journal of Cancer*과, 그것보다는 인지도가 낮은 의학 자료들을 많이 참조하였다. 요약하면, 개인적인 것이 정치적인 것이다라는 페미니즘 명제를 체현하면서 그녀는 사적인 자아-성찰의 장소였던 '수기' 장르로 성차별주의, 인종주의, 자본주의, 그리고 의료 기관을 비판한다.

그런 장르 융합은 개인 경험을 이해하기 위해 과학 정보와 의학 정보를 결합하는 현대적인 몸 회고록 특성을 잘 나타낸다. 존 스콧은 '경험'은 주체를 구성하는 담론과 동떨어져 이해될 수 없다고 주장한다. "언어를 분석하는 방식"에 문제 제기를 해야 한다는 것이다.[11] 반면에 그녀의 질문의 초점은 몸의 회고록에서 자아의 구성 물질을 이해하는 방식에 대한 것이다. 다른 말로 표현하면 몸의 회고록에서 그녀는 개인의 경험을 직접적으로 다룰 수는 없다고 강조한다. 이는 담론이 경험을 형성하기 때문만은 아니다. 물질적이고 횡단-신체적이면서 창발적인 개체로서 자아를 이해하기 위해서는 종종 전문적인 과학 지식들이 요구되기 때문이다. 수전 스콰이어의 말처럼 담론 장르가 "몸을 통제하고 또 그것을 존재하게 한다면, 그것은 또한 우리가 기존의 사회적 제도와

---

10 *Ibid.*, p.72.
11 Joan Scott, "Experience", *Feminists Theorize the Political*, eds. Judith Butler and Joan W. Scott. New York: Routledge, 1992, p.34.

실천에 진입하고 개입하는 방식을 형성한다는 말이 된다. 그것은 또한 그러한 사회적 제도와 실천은 물론이고 그것을 가능하게 만드는 관습을 이해할 수 있는 방식도 알려 준다".[12] 몸의 회고록은 몸과 자아에 접근하는 새로운 방식을 제공한다. 스콰이어에 의하면 그러한 "장르의 통제적 기능은 비전문가나 '문외한', 대중적 지식과 구별되는 것으로서 '전문가' 지식을 구축하는 반성적 근대성의 주요 전략적 기능과 연결되어 있다".[13] 그러한 구별을 비판하기 위해 저자는 과학이라는 렌즈로 자신의 삶을 이야기하고, 몸의 회고록을 통해 자신의 경험을 '데이터'로 제공한다. 그녀는 '인간'이 원칙과 의도, 의지의 실행을 통해 자신을 창조한다고 보는 벤저민 프랭클린Benjamin Franklin식의 전형적으로 미국적이고 계몽주의적인 자서전과는 결별한다. 나아가, 주디스 버틀러처럼 담론들의 ── 이 경우에는 다문화적 ── 얽힘으로 구성되는 자아를 작품화했던 맥신 홍 킹스턴Maxine Hong Kingston의 포스트모더니즘 명작 『여성 전사』The Woman Warrior와도 거리를 둔다. 횡단-신체적 자서전은 자아가 생물학적이며 정치적이고 또한 경제적인 물질의 작용능력들에 의해 구성된다고 주장하기 때문이다.[14]

---

12 Susan Merrill Squire, *Liminal Lives: Imagining the Human at the Frontiers of Biomedicine*, Durham, N.C.: Duke University Press, 2004, p. 262.

13 *Ibid.*, p. 265.

14 몸의 회고록은 또한 "자서전 자체의 전통"으로부터 극단적인 이탈을 표지한다. 셜리 뉴먼에 따르면, 자서전은 "영혼의 탐험과 동의어로서 자아에 대한 공적 담론을 확립해 왔고, 결과적으로 그 장르 안에서 몸에 대한 재현들을 억압해 왔다"(Shirley Neumann, "'An Appearance Walking in a Forest the Sexes Burn': Autobiography and the Construction of the Feminine Body", *Autobiography and Postmodernism*, eds.

Kathleen Ashley, et al., Amherst: University of Massachusetts Press, 1994, p.294). 웨슬리 베리는 애니 딜라드(Annie Dillard), 웬델 베리(Wendell Berry), 그리고 그레텔 에를리히(Gretel Erhlich)의 작품들에서처럼 "특정한 물질적 환경에서 '신성한 것'과 이루어지는 저자의 교감"을 탐색하는 "생태영혼적 자서전들"을 식별한다(K. Wesley Berry, "Bioregional Pedagogy, Ecospiritual Autobiography, and the Horn Island Logs of Walter Inglis Anderson", *Southern Quarterly: A Journal of the Arts in the South*, vol.38, no.1, Fall 1999, p.149). 몸의 회고록은 영성(spirituality)보다는 차라리 신체의 물질에 단호한 관심을 보이며 이 모델로부터 벗어난다. 내가 몸의 회고록이라고 부르는 것은 세실리아 콘차 파르가 "미국 생태전기"라고 부르는 것에 가장 근접한다. 콘차 파르에 따르면, 생태전기는 에드워드 애비(Edward Abbey)와 테리 템페스트 윌리엄스(Terry Tempest Williams)의 작품과 같은 "장소에 집중하는 논픽션 자서전적 서사들"이다(Cecilia Konchar Farr, "American Ecobiography", *Literature of Nature: An International Sourcebook*, ed. Patrick D. Murphy, Chicago: Fitzroy Dearborn, 1998, p.94). 생태전기들에 대한 콘차 파르의 분석은 횡단-신체성에 대한 나의 강조와 몇몇 친화성이 있는데, 그녀는 "생태전기들에서 자연은 우리가 된다"고 주장한다(Ibid., p.95). 하지만 나의 분석은 회고록에 나타나는 물질성의 창발적인 모델들과 또한 횡단-신체적 자아에 대한 과학적인 함의들에 대한 필요성에서 발생하는 인식론적·윤리적 이슈들에 초점을 맞춘다. 마크 앨리스터는 자연 글쓰기 장르들과 자서전을 혼합하는 책들에 대해 논의하면서, 어떻게 "문학의 자기-창조 행위가 애도를 끝낼 수 있는지"에 대해 초점을 맞춘다(Mark Allister, *Refiguring the Map of Sorrow: Nature Writing and Autobiography*, Charlottesville: University of Virginia Press, 2001, p.5). 지리적·물리적 장소들을 강조하는 수많은 현대의 회고록들과 자서전들에 대한 분석은 내가 여기서 하는 것보다 훨씬 더 많은 공간을 필요로 할 것이다. 하나의 출발점으로 Janisse Ray, *Ecology of a Cracker Childhood*, Minneapolis, Minn.: Milkweed, 2000; Mary Swander, *Out of This World: A Journey of Healing*, Iowa City: University of Iowa Press, 2008; Jan Zita Grover, *North Enough: AIDS and Other Clearcuts*, Minneapolis, Minn.: Graywolf, 1997; Eddy L. Harris, *Mississippi Solo: A River Quest*, New York: Holt, 1998; 그리고 David Masumoto, *Harvest Son*, New York: Norton, 1999를 보라. 테리 템페스트 윌리엄스의 『피난처』(*Refuge*)는 아마도 가장 잘 알려진 장소에 기초하는 자서전일 것이다. 그것은 Brooke Libby, "Nature Writing as Refuge: Autobiography in the Natural World", *Reading under the Sign of Nature: New Essays in Ecocriticism*, eds. John Tallmadge and Henry Harrington, Salt Lake City: University of Utah Press, 2000을 포함해 수많은 비평 논문들을 생산했다. 리비는 『피난처』는 "대부분의 자연 글쓰기가 자연 세계에 대한, 동시에 자기 자신에 대한 글쓰기, 그리고 상호적으로 내부와 외부를 관조하는 글쓰기라는 일반적이기

그러한 물질의 작용능력들을 포착하고, 식별하고, 풀어내기는 쉽지 않다. 비록 『암 수기』가 보다 최근의 몸의 회고록들의 전신이기는 하지만 앞에서 발췌한 로드와 로런스의 경구 차이는 놀랄 만큼 크다. 방사선 노출로 인해 발생한 암으로 한쪽 가슴을 절제했던 캔디다 로런스는 로드의 자신감 넘치는 선언과는 전혀 다른 세계를 보여 준다. "19명의 외계인들"이 자신의 이야기보다 더 훌륭하다고 한탄하는 로런스는 방사능 노출에 의해 암이 발병하는 데 걸리는 "20년"의 시간이 자기 이야기를 따분하게 만들고, 또 신빙성이 없게 만들 것이라고 걱정한다. "어느 누구도 반드시 타자기 앞에 앉아 무엇인가를 증명하려고 노력하지 않"아도 되는데, 정말로, 왜 누군가는 그러한 회고록을 써야만 하는가?[15] 그녀 자신은 "지식을 가진 자들이 자주 그것의 존재를 부인하는, 감추어져 있고 보이지 않으며, 냄새도 나지 않고 증명되지도 않지만 잠복해 있는 위험에 대해 아주 잘 알고 있다".[16] 하지만 이 위험의 비가시성이 그녀로 하여금 그것을 드러내도록 자극하였다. 그녀는 "나는 눈에

는 하지만 아마도 언급되지 않은 채로 목표하는 바를 결정체화한다"라고 언급한다 (Ibid., p.252). 또한 Katherine R. Chandler and Melissa A. Goldthwaite, *Surveying the Literary Landscape of Terry Tempest Williams: New Critical Essays*, Salt Lake City: University of Utah Press, 2003을 참조하라. Chip Ward, *Canaries on the Rim: Living Downwind in the West*, New York: Verso, 1999는 특히 환경보건, 과학적 증거, 그리고 정보의 정치학에 대한 포괄적인 논의들에 대해 눈여겨볼 만하다. 수많은 논점들이 스테인그래버와 안토네타의 논점들과 유사하다. 다음 장에서 논의되는 화학물질복합과민증을 겪는 사람들의 회고록들은 이 장에서 공식화되는 몸의 회고록을 체현한다——아마 심지어 극대화할지도 모른다.

15 Lawrence, *Fear Itself*, p.191.
16 *Ibid.*, p.185.

보이지 않는 것들을 반드시 **봐야만** 하고, 반복되는 지상 폭탄 실험에서 발생하는 환경 손상의 징후들을 보여 주어야 해"라고 말한다.[17] 그녀는 회고록에서 두 개의 '자아들' —— 각각 눈에 띄게 신체적인 자아들 —— 을 자기-반영적으로 언급하면서 자신의 인식론적 탐구가 가진 물질적 성격을 배가시켰다.

> 내가 캔디다를 떠났던 해는 1956년이었고, 그녀는 31살이었다. 몇 년 동안 그녀는 ——1인칭, 현재 시제로 —— 천천히 터덜터덜 걷고 있었고, 그녀는 이제 훨씬 더 빠른 속도로 계속해서 우리를 향해 다가오고 있었다. 나는 그녀가 자신의 알집[18]에 대한 정보를 악착같이 추적하도록 그녀를 가속시켜야만 했는데, 이는 나도 산모 사망률Mother Mortality, 즉 혼돈의 갑상선, 격렬한 맥박, 로큰롤 심장 박동과 팔씨름을 하고 있었기 때문이었다.[19]

회고록의 주체인 캔디다와 작가인 로런스는 그들 자아의 구성 물질을 이해하기 위해서 「방사선이 군수노동자들을 죽였다는 미국의 인정이 부인의 시대를 끝냈다」U.S. Acknowledges Radiation Killed Weapons

---

17 *Ibid.,* p.169.
18 [옮긴이] 난소(ovary)는 알집(egg pouch)으로도 불린다. 난소는 자궁의 좌우에 각각 1개씩 존재하는 여성의 성선(性腺)으로 남성의 고환과는 발생학적으로 동일한 기관(상동기관)이다. 난소는 난자를 보관하고 여포를 성숙시키며 배란이 이루어지는 곳이다(네이버 지식백과 '서울대학교병원 신체기관정보'의 '난소' 항목).
19 *Ibid.,* p.116.

Workers Ends Decades of Denials라는 제목으로 앞의 인용문 다음의 긴 발췌문과 함께 회고록에 포함된 몇몇 저서와 신문기사들을 조사하였다. 기이한 용어인 개인의 '알집'이라는 이미지는 그녀가 조사하는 자료들의 지극히 저널리즘적인 언어의 뒤에 숨겨진 물질의 지속적인 영향을 우리에게 상기시킨다.

몸의 회고록에 대한 가장 핵심적인 어려움, 정치적이며 동시에 인식론적인 이 장르에 고유한 어려움은 이런 것이다. 한 개별 인격체를 표면화하는 자서전은 그 개인의 암, 혹은 기타 환경에 의해 발생하는 질병의 정확한 원인을 추적하는 것이 현재로서는 실현 불가능하다는 사실이다. 다양한 물질들의 발암성을 증명하는 역학 연구와 동물연구는 부족하지 않다. 과학은 존재하며, 그리고 놀랄 만한 것이다. 그렇지만 이 과학적 사실들과 개인의 사례 연구라는 더 모호한 영역에는 간극이 있다. 증거가 결핍되어 있는 것이다. (개인의 혈액과 세포조직에 존재하는 수많은 다양한 독성물질의 수치를 정량화하는, 이 새로우면서 값이 비싼 생화학물질 오염감시 기술도 보통 화학물질들의 출처[들]을 측정하지 않는다.) 따라서 몸의 회고록은 로렌스 부엘이 지칭하는 '중독 담론'이라는 용어에 대한 인식론적/정치적 어려움들을 분명히 보여 준다. 부엘에 따르면 비록 "때로 강력한 증거가 있는 환경중독에 대한 불안에서 생겨나기도 하지만 중독 담론은 증거로 이뤄진 담론이라기보다는 의혹이나 암시에 가까운 담론이다. 그것이 가진 도덕주의와 강경한 어조는 그 사안이 관련 당국을 만족시킬 정도로 충분히 증명되지 않았다는 점을 반영한다".[20] 부엘은 "과학적·법적 복잡성이라는 풍토는 중독 담론이 발화되기도 전에 그것에 이의를 제기하고, 또한 그것이 발화되도록 함으로써 그것의 사회적·윤리적 의미를 옹호한다".[21] 부엘에 의하면 그것은 다음과 같은 진퇴양난의 괴로운 상황에 처하게 된다. 중독 담론의 진실성이 언제나 문제가 된다면 어떻게 그것이 '사회적·윤리적 의미'라는 강력한 메시지의 효력을 계속 유지할 수 있는가 하는 것이다.

회의주의의 이러한 불길한 상황에서 몸의 회고록을 쓰기 위해서는 누군가 이 거의 인지가 불가능한 자아unrecognizable self를 기록하는 위험을 감수해야 한다는 것이다. 주디스 버틀러는 푸코에 대해 논의하면서 [내가 맺는] "진실의 체계와 갖는 관계는 동시에 나 자신과의 관계이기도 하기" 때문에 "반성적 차원 없이는" 비판도 "있을 수 없다"고 주장한다.[22] 비판의 반성적 차원은 스스로를 위험에 처할 것을 각오해야 한다.

나의 자아를 지배하는 인정의 규범에 대해 이의 제기하고, 그러한 규범들이 무엇을 배제하는지, 또 무엇이 우리가 그것에 순응하도록 강요하는지에 대해 묻는 것은 다음과 같은 가능성을 안고 있다. 현 체제에서 자신이 주체로서 인정받지 못할 위험을 감수하거나, 아니면 적어도

---

20 Lawrence Buell, *Writing for an Endangered World: Literature, Culture, and Environment in the U.S. and Beyond*, Cambridge, Mass.: Harvard University Press, 2001, p.48.

21 Ibid.

22 Judith Butler, *Giving an Account of Oneself*, New York: Fordham University Press, 2005, p.22.

자신이 누구인지 질문할 기회를 제공하거나 또는 자신이 과연 인정을 받을 수 있는지 없는지에 대해 자문해야 한다는 것.[23]

비판의 한 양태로서 몸의 회고록은 인정받지 못함을 감수하는 자기-질문하기를 수행한다. 하지만 이 자아들을 식별하기 어렵게 만드는 것은 그것들이 규범과 원칙, 계보학에 대한 조사뿐만 아니라 자신의 물질성, 빈번하게 과학 지식을 경유하여 이해해야만 하는 물질성에 대한 조사를 수행해야 하기 때문이다. 몸의 회고록의 자아, 환경, 횡단-신체적인 것, 그리고 포스트휴머니즘과 함께 존재하는 자아는 울리히 벡이 말한 '위험사회'에서 행하였던 환경보건운동을 과학적이고 대중적인 운동으로 체현하는 자아이다.

환경보건, 위험사회, 그리고 일상의 전문가

『나라의 건강: 미국 정착민들은 자신들과 땅을 어떻게 이해했는가』에서 코네브리 볼턴 발렌시우스는 19세기 정착민의 글들에 나타나는 "나라의 건강"에 대한 놀라운 관심을 논의했다.

장소들의 건강에 대한 평가가 이민자들의 편지와 일기, 지역 신문의 기고란, 의사와 과학 조사관의 보고서, 사냥꾼과 덫사냥꾼의 모험 소

---

23 *Ibid.*, p. 23.

설, 촌뜨기 허풍선이의 믿기 힘든 이야기를 가득 채우고, 극서 지역을 미국, 유럽 이민자들에게 설명하는 다채로운 여행, 이민 안내서에 화려하게 쓰인 페이지들을 가득 채운다.[24]

『숙명적 생태학: 환경·질병·지식의 역사』에서 린다 내시는 19세기 미국의 지배적인 몸 개념은 '생태적 몸'ecological body이었다고 강조한다. 자신이 '생태적 몸'이라고 부르는 용어가, 생태과학에 앞서서 생태적 몸이 등장했다는 인상을 주기 때문에 시대착오적이라는 점을 그녀는 인정하고 있다. 몸은 "투과성"permeability, 즉 "내부와 외부 사이의 지속적인 교환으로", "유출과 유입으로", 그리고 "그것을 둘러싼 환경에 대한 밀접한 의존성으로" 특징지어진다.[25] 예를 들면 그녀는 19세기 캘리포니아 주 정착민은 건강을 "현지 환경을 이해하는 훌륭한 방식으로 이용했다"고 주장한다.[26] 또 "장소의 독기와 풍토병을 얘기하면서 정착민들은 그들의 환경 개입으로 발생하는 결과와 그들의 몸에 나타날 결과들을 통제하거나 예측할 수 없다는 것을 알고 있었다"고 말한다.[27] 19세기 의학에서 "몸과 땅은 서로 내밀하게 엮여 있었"던 반면,[28]

---

24 Conevery Bolton Valencius, *The Health of the Country: How American Settlers Understood Themselves and Their Land*, New York: Basic, 2002, p.7.
25 Linda Nash, *Inescapable Ecologies: A History of Environment, Disease, and Knowledge*, Berkeley: University of California Press, 2006, p.12.
26 *Ibid*, p.5.
27 *Ibid*, p.50.
28 Valencius, *The Health of the Country*, p.19.

근대 의학의 몸에 대한 인식은 이러한 연결들을 절단한다. 내시는 "근대적 몸"을 "서구의 대중의학allopathic medicine과 미국 소비 자본주의의 몸", 의학 서적에서 정의되는 몸, 변별적인 부분들로 구성되고 피부에 의해 경계 지어진 몸, 다른 말로 하면, 너무나 당연해서 더 이상의 설명이 필요치 않은 관념으로서의 몸이라고 정의한다.[29] 근대적 몸에서 "'건강'은 무엇보다 질병이 없다는 것을 암시하며, 또한 유해한 유기체들과 물질들을 막아서 차단하는 능력과 청결함을 내포한다".[30]

근대적 몸의 관념에 의해 쫓겨났던 생태적 몸은 20세기 중반에 다시 전면에 등장한다. 레이첼 카슨Rachel Carson의 글을 묶어 『침묵의 봄』 Silent Spring이란 제목의 책으로 출판한 1962년 이전, 1950년대 후반에 "기타 질문들에 대한 답변에서"[31]라는 텍스트를 보면 멕시코계 미국인 농장노동자들은 살충제가 그들을 병들게 한다고 인터뷰에서 답했다. 내시가 말했듯이 노동자들은 "몸의 한계와 질병을 통해서 땅의 건강을 측정하는 일종의 도구로서 자신의 몸을 살피며", 따라서 그들의 지식은 공적 담론이 아니라 직접적인 경험에서 출현한다.[32] 예를 들면, 한 익명의 노동자는 "내가 XX 농장에서 일할 때, 아팠어요. 입이 부어오르고 튀어나왔죠. 그들이 식물에 뿌린 독약 때문에 그렇다고 생각해요. 많이 아팠어요"라고 말한다.[33] 1960년대 후반 즈음에, 농장노동자들뿐만 아

29 Nash, *Inescapable Ecologies*, p.12.
30 *Ibid.*
31 *Ibid.*, p.137.
32 *Ibid.*, p.138.
33 *Ibid.*, p.137에서 재인용.

니라, "소비자들과 공중보건 공무원들 모두 인간의 건강이 환경의 건강과 연결되어 있다는 것을, 그리고 몸은 때론 대책이 없을 정도로 다공적이라는 것을, 지금과는 다른 방식이었지만 틀림없이 알고 있었다".[34] 종종 근대 환경주의운동을 촉발했다는 명예가 부여된 카슨의『침묵의 봄』은 몸의 생태학적 인식이 재출현하는 역할을 상당히 수행했다. 내시의 말처럼 카슨은 "토질과 수질, 공기의 질을 동물과 인간의 생리현상에" 설득력 있게 연결시키고, 그 결과로 "인간의 몸과 비인간 환경에 대한 연구"를 서로 분리했던 전통을 타파하였다.[35]

그 책은 우리에게 통찰력을 주지만, 지나치게 단순하게 역사를 서술했기 때문에 저자는 얼마나 다양한 그룹과 세력이 몸에 대해 각기 다른 모델을 제시하고 그것을 옹호하기 위해 노력했는지는 분명하지 않다. 하나의 예를 들자면『침묵의 봄』이 거둔 대중적 성공은 요란한 반발에 직면했는데, 화학제품 제조사들이 비난의 선두에 섰다. 일반적으로, 투과적permeable 몸의 재등장에도 불구하고 닫힌 몸이라는 근대적 의학 모델은 사회경제적 세력들이 여전히 그것을 떠받치면서 유지되고 있다. 제약 산업은 근대 의학적 몸에서 이윤을 취한다. 질병을 유발하는 환경요인을 개선함으로써 이익을 내려 하지 않는다. 그리고 독성물질들의 생산과 유통을 멈추게 하거나 최소화하면 화학회사들이 입을 경제적 타격은 엄청날 것이다.[36] 이러한 이유로 투과적 몸의 재등장에 대

---

34 *Ibid.,* p.168.
35 *Ibid.,* p.157.

한 반발로, 몇몇 제조업체들은 상품과 그것의 부산물인 독성물질만 생산하는 것이 아니라 거기에 덧붙여서 불확실성도 생산한다. 『암 전쟁』에서 로버트 프록터가 설명하듯 수많은 무지의 영역들은 사회적으로 구성되어 왔다.

지속되는 논란은 종종 불완전한 지식의 자연스런 결과가 아니라 충돌하는 이해관계와 구조적 무관심의 정치적 결과이다. 논란이 설계될 수도 있고, 무지와 불확실성이 제조되고 유지되며 확산될 수도 있다. ("불확실성이 우리의 제품이다"라고 한 담배회사가 사석에서 말했듯이 말이다.)[37]

생태적 몸에 가해지는 의학적·정치적 영향을 최소화시키거나 모호하게 만드는 태도들로 인해 회의론, 의심, 아이러니한 초연함 —— 이

---

36 조니 시거는 "환경정의와 여성보건 변호사들로부터 인간의 보건 이슈를 주류 환경주의운동의 의제 위에 놓고, 환경주의운동의 이슈를 보건 지도 위에 놓는 식으로 패러다임을 전환하라는 완고한 압박을 가해 왔다"라고 주장한다(Joni Seager, "Rachel Carson Died of Breast Cancer: The Coming Age of Feminist Environmentalism", *Signs*, vol.28, no.3, 2003, p.957). 산업계의 반발에 대한 분석에 대해서는 John Stauber and Sheldon Rampton, *Toxic Sludge Is Good for You: Lies, Damn Lies, and the Public Relations Industry*, Monroe: Common Courage Press, 1995. New York: Putnam, 2001; 그리고 Sheldon Rampton and John Stauber, *Trust Us, We're Experts! How Industry Manipulates Science and Gambles on Your Future*, New York: Tarcher, 2001을 보라. 후자는 사전주의 원칙이 그 자체로 유해하다고 주장하면서, 사전주의 원칙에 반하는 왜곡된 홍보활동 캠페인을 드러낸다.

37 Robert N. Proctor, *Cancer Wars: How Politics Shapes What We Know and Don't Know about Cancer*, New York: Basic, 1995, p.8.

것들의 몇몇은 지식인과 좌파가 가치를 두는 특성들이다──이 생겨
났다.

그럼에도 불구하고 21세기 초반에 환경보건 과학·운동·단체·
사업체들이 번성했다. 환경보건에 대한 최근의 정의定義는 특이성
과 긴급성의 정도에 따라 다양하다. 세계보건기구World Health Organi-
zation(WHO)는 환경보건을 광의적으로 정의하면서, "외부에서 개인의
몸에 영향을 주는 물리적·화학적·생물학적 요인들, 그리고 개인의 행
동에 영향을 미치는 모든 요인들"을 포함시킨다. "그것은 건강에 영향
을 미칠 수 있는 잠재적인 환경요인들에 대한 평가와 통제도 포함하고
있다. 그것은 질병의 예방과 건강 유지를 위한 환경의 조성을 목표로
한다." 미행정부의 질병통제센터Center for Disease Control(CDC) 산하 국
립환경보건센터National Center for Environmental Health는 "인간과 환경
사이의 상호작용에서 발생하는 질병이나 죽음을 예방하고 통제함으로
써 건강과 삶의 질을 향상시키는" 임무를 가지고 있다. 새삼스러운 일
은 아니지만, 환경요인이 초래하는 죽음 및 질병의 높은 비율을 산정하
는 유럽연합European Union의 성명서는 미국의 그것보다 훨씬 더 강렬
하다.

물, 음식 또는 공기를 통한 오염물질 노출과 같은 환경요인들은 건강
의 중요한 결정 원인들이다. 예를 들어, 모든 유아 사망자와 질병의 1/6
이 환경요인에 의한 것으로 추정되고 있다. 개인들은 나름의 방식으로
삶과 건강에 영향을 주는 것들에 대해 선택을 할 수는 있다. 그러나 동

시에 환경의 위험으로부터 자신을 보호하기 위해 공공 기관들에 의존한다.[38]

비록 최근에 '생태의학'ecological medicine이 자리를 잡고 있기는 하지만, 환경보건은 개인의 결정과 공공정책·규제·법집행 양자를 포함하고 있다는 점에서 그것은 의학 이외의 많은 전문가들을 포함할 필요가 있다. 과학과 환경보건 네트워크Science and Environmental Health Network는 생태의학을 "생태계, 인구, 공동체, 그리고 개인들의 보살핌과 건강을 조화시키기 위한 조사와 행동의 새로운 분야"로 정의하며, "지구 생태계의 건강이 모든 건강의 토대다"라고 말한다.[39] 환경의학이 미국 의학[40]의 주류가 아닌 것은 분명하다. 그렇지만 앤드류 웨일

38 이 인용문들의 출처는 WHO, CDC, 그리고 유럽연합 포털이다. http://www.who.int/topics/environmental_health/en, http://www.cdc.gov/node.do?id=0900f3ec8000eo44, http://ec.europa.eu/health-eu/my_environment/environmental_health/index_en.htm. / [옮긴이] 마지막의 EU 웹페이지 주소는 접속이 되지 않지만 https://www.otherpapers.com/Social-Issues/Environmental-Factors-Affecting-Europe/14845.html(accessed: 2018.8.19)에서 정확히 일치하는 내용이 소개된다. 환경이 건강에 미치는 영향과 관련해서 EU는 "Management Plan 2012: DG Environment"와 같은 성명서를 발표하고 있다.

39 [옮긴이] http://www.sehn.org/ecomedicine.html(accessed: 2018.6.30.).

40 필 브라운과 주디스 커원 켈리는 의사들의 환경보건에 대한 교육이 부족하다고 말한다. "환경이 건강에 미치는 수많은 영향은 비전문 의사들의 의료 행위로는 파악되지도 않고, 그 결과 제대로 치료되지도 않는다. 이는 환경이 건강에 미치는 영향에 대한 [훈련받은] 의사의 부족 때문에 발생한다. 환경보건 이슈들에 대한 대중의 증가하는 관심에도 불구하고, 수많은 연구들은 환경이 건강에 미치는 영향을 인지하고 다루도록 교육받은 의사들의 숫자가 턱없이 부족하다고 보고한다"(Phil Brown and Judith Kirwan Kelly, "Physicians' Knowledge, Attitudes, and Practice Regarding Environmental Health

Andrew Weil 박사를 비롯해서 '대체 의학'의 실천과 이에 대한 철학서에 대해 점증하는 대중적 관심은 이제 의학이 환경까지도 논의에 포함해야 한다는 인식이 증가하고 있음을 말해 준다. 유방암행동단체와 침묵의봄재단Silent Spring Foundation 같은 그룹들은 특히 암과 같은 질병의 환경적 요인을 대중에게 공개한다. 이보다 훨씬 더 커다란 변화는, '녹색 살림'green living에 도움을 주는 상점과 웹사이트의 급성장이다. 여기에는 자연식품Whole Foods과 같은 음식 체인점, 가이암Gaiam과 같은 온라인 쇼핑몰, 원래는 『엄마와 다른 이들』Mothers and Others이라는 소책자였지만 지금은 『내셔널 지오그래픽』National Geographic에 합병된 『그린 가이드』Green Guide, 공기청정기, 정수기, 유기농 면 침구와 의류, 천연 살충제, 그리고 여타 다른 제품들이 포함된다. 지구를-구하기 위해-가정에서-당신이-할 수 있는-것들 운동은 부분적으로 자신을-구하기 위해-집에서-자신이-할 수 있는-것들이다. 그런데 애석하게도 이러한 활동의 대다수는 이전보다 더 많은 제품과 더 많은 에너지를 소비하게 만들고 있다. 그럼으로써 환경파괴와 기후 변화를 더욱 악화시키고 더욱 가속화할 수 있다. 이러한 것들은 정보를 찾아내는 능력, 그리고 보호 장치들을 구입할 수 있는 자금을 필요로 한다. 티모시 루크Timothy

Hazards", *Illness and the Environment: A Reader in Contested Medicine*, eds. Steve Kroll-Smith, Phil Brown, and Valerie J. Gunter. New York: NYU Press, 2000, p.47).
또한 Kenny Ausubel, *Ecological Medicine: Healing the Earth, Healing Ourselves*, San Francisco: Sierra Club Books, 2004; 그리고 Richard Hofricher, *Reclaiming the Environmental Debate: The Politics of Health in a Toxic Culture*, Mass.: MIT Press, 2000을 보라.

W. Luke는 다음과 같이 표현한다.

더 강력한 집단적 조치를 취하는 확실한 전략이 없다면, 결국 자유주의 사회는 위험을 평가하고, 독성물질을 관리하는 책임을 대부분 개인에게 부과하며, 시장에서 발생하는 생태 파괴를 억제해야 하는 엄청난 비용을 개인의 건강 부담금에다 전가하게 된다.[41]

스펙트럼의 한쪽 끝에서 녹색 살림은 단지 또 다른 소비 선택이 된다. 개인이 스스로 통제할 수 없는 위협에 대해 책임을 짊어지게 되기 때문이다(예를 들면 가정용 공기청정기는 미세 먼지를 최소화할 수 있지만 위험한 오존 수치에 대해서는 속수무책이다). 다른 한쪽 끝에서는 인간의 건강이 환경 건강에 영향을 받는다는 인식을 가지고 전지구적 환경정의운동에 참여하는 것이다. 조반나 디 치로가 주장하듯이, "전세계 풀뿌리 여성 환경운동가들"은 "인간과 환경의 '건강'은 깊이 연결되어 있다고 주장한다".[42]

현대 환경보건운동과 환경정의운동은 위험사회risk society에서 생존하는 방식을 모색하고 또한 위험사회를 비판적으로 변화시키는 형태로 발전하고 있다. 울리히 벡은 "위험"을 "근대화 자체가 유발하고 발

---

41 Timothy W. Luke, "Rethinking Technoscience in Risk Society: Toxicity as Textuality", *Reclaiming the Environmental Debate: The Politics of Health in a Toxic Culture*, ed. Richard Hofrichter, Cambridge, Mass.: MIT Press, 2000, p.241.
42 Giovanna Di Chiro, "Local Actions, Global Visions: Remaking Environmental Expertise", *Frontiers*, vol.18, no.2, 1997, p.203.

생시킨 위험요인과 불안정성을 다스리는 체계적인 방식으로 정의한다. 과거의 위험danger과는 대립되는 것으로서 위험risk은 근대화의 위협적인 힘, 그리고 의심의 전지구화와 연관된 결과물이다".[43] 후기 근대의 위험은 다음과 같은 것을 포함한다.

> 방사능은 물론이고 공기·물·음식에 있는 독성물질과 오염물질은 식물·동물·인간에게 부수적으로 발생하는 장·단기적 영향을 발휘한다. 그것들은 체계적이고 종종 **불가역적인**irreversible 손상을 유발하고, 일반적으로 눈에 보이지 않으며, 인과관계적 해석에 기반하고, 따라서 최초에는 오로지 그것에 대한 (과학적 또는 반과학적) 지식 속에서만 존재가 드러난다.[44]

울리히 벡은 계급이 의식을 규정한다는 마르크스의 언명을 "위험에 처한 처지에서는 **의식**이 **존재**를 규정한다"라는 공식으로 수정하면서 위험사회에서 "지식은 새로운 정치적 의미를 획득한다"라고 설명한다.[45] 건강에 이로워 보이는 빵, 물, 소파 같은 물질들에도 위험이 숨겨진, 영구적으로 위험한 환경에 살면서, 위험사회의 주체는 서로 충돌하는 정보와 허위 정보의 홍수에 직면한다. 그렇지만 가장 위험한 것은

43 Ulrich Beck, *Risk Society: Towards a New Modernity*, trans. Mark Ritter, London: Sage, 1992, p. 21. 강조는 원저자.
44 *Ibid.*, pp. 22~23. 강조는 원저자.
45 *Ibid.*, p. 23.

정보의 결핍이라는 망령으로 인해서 사람들이 잠재적으로 치명적임에도 불구하고 습관적으로 행하는 행동과 선택의 경우이다. 벡이 설명하듯, 위험문화의 주체는 위기를 평가할 수 없는 자신의 무능력에 충격을 받으며, "소득의 감소와 같은 뉴스와는 다르게, 음식, 소비 상품 등에서 검출되는 독성물질에 대한 뉴스에는 두 배로 충격을 받는다. 그러한 위협은 자신이 살아가는 환경의 위기를 평가하는 능력의 상실과 결합한다".[46] 현대 소설에 위험이론을 적용했던 우슬라 헤이즈는 돈 드릴로Don DeLillo의 『백색 소음』White Noise과 리처드 파워Richard Power의 『이익』Gain에 나오는 화학 독성물질들은 "몸과 환경, 가정과 공적 영역, 이로운 기술과 유해한 기술 사이의 경계들을 흐리게 한다. 그리고 위험 인지와 위험 평가의 불확실성이 이들 영역의 사이에 있다"고 주장한다.[47] 불확실성에 대한 진지한 인식은 이런 종류의 횡단-신체적인 경계의 해체뿐만 아니라 과학적 설명에 대한 개입의 필요성과 몸의 회고록 등에서 모습을 드러낸다.

위험사회를 사는 시민은 위기를 평가하지 못하는 자신의 무능력만 경험하는 것은 아니다. 그들은 관계 기관들도 사실상 상황을 잘 통제하지 못한다고 의심한다. 좀 더 광범위한 의미에서 위험사회는 자연을 지배하려고 했던 계몽주의적 탐구를 어리석은 일로 만들어 버린다.

---

46 *Ibid.*, p.54.
47 Ursula K. Heise, "Toxins, Drugs, and Global Systems: Risk and Narrative in the Contemporary Novel", *American Literature*, vol.74, no.4, December 2002, p.748.

아이러니하게도, 문화적으로 매개되면 될수록 환경은 오히려 더욱 불안정해지고 더욱 미궁 속으로 빠진다. 물론 계몽주의 사상가들은 정확히 그 반대를 약속했었다. 인간은 지식을 가지고 자연을 길들이고 사회적 목표를 위한 동력으로 삼았다. 그러나 자연은 사회적 목적에 더욱 적합한 것으로 변모되었지만, 결코 유순하게 길들여지진 않았다. 후기자연postnatural 세계에서 결정적인 문제는, 환경의 변화를 이해하려는 전문가와 전문 시스템의 한계가 환경의 급격한 변화를 따라잡지 못한다는 점에 있다.[48]

'전문가들과 전문 시스템의 제한된 능력'을 인식한 사람들은 자신이 가진 전문지식을 서투르게나마 활용해야 하는 상황에 놓인다. 예를 들면, 자기 자신, 가족, 공동체를 위험에서 보호하기 위해 임기응변으로 화학, 핵물리학, 생물학, 여타 전문 분야의 강좌를 듣는, 대체로 여성들이나 유색인종 시민–전문가들이 환경정의운동을 이끌어 왔다. 활동가들은 종종 집집이 방문하면서 자기 지역 사람들의 건강을 조사하기도 한다. 필 브라운은 이런 실천들을 "문외한들이 환경 위험요인과 질병을 탐지하고 그것들에 대해 행동하는" "대중역학"이라고 지칭한다.[49]

---

48 Phil Brown, Steve Kroll-Smith, and Valerie J. Gunter. "Knowledge, Citizens, and Organizations: An Overview of Environments, Diseases, and Social Conflict", *Illness and the Environment: A Reader in Contested Medicine*, eds. Steve Kroll-Smith, Phil Brown, and Valerie J. Gunter. New York: NYU Press, 2000, p.18.
49 Phil Brown, "When the Public Knows Better: Popular Epidemiology", *Environment*, vol.35, no.8, October 1993, p.16.

디 치로는 "새로운 종류의 '전문가' ── 품격 있는 삶을 살고픈 욕구와 욕망을 이해하고 그것을 만족시키기 위해 일상에서 노력하는 사람들 ── 가 출현했다"고 주장한다.[50] 그녀는 "경계선상에서의 환경정의를 위한 투쟁"에서 발생하는 지식은 "지역적인 것 이상이고 일회성이 아니고 단순한 개인적 경험을 넘어서 있다. 그것은 공유된 관찰과 주의 깊은 연구조사, 다양한 '전문가들'이 형성한 모임의 결과이다".[51] 스티븐 카우치와 스티브 크롤-스미스는 평범한 사람들도 "이제 환경 위기에 대한 기술적 해결책이 필요하다는 것을 알고 있다. 그렇지만 점점 더 전문가들을 불신하고 있다"고 설명한다.[52] 그래서 비전문가들은 "과학의 전문적 자료를 공동체로 가져와 나름대로 학습을 한다. 자신의 고통을 합리적으로 이해하고, 또 공동체주의적 합리성이나 도덕적 합리성에 근거해서 관계 기관에게 해결책을 요구하기 위해서는 그러한 지식이 필요하기 때문이다".[53] 카우치와 크롤-스미스는 이 지식 실천들은 "탈근대적인" "과학의 종언"이 아니라 "즉각적이며 실천적인 관심에 입각한 대안적 인식론으로서 전통적인 방법론의 가설에 이의를 제기하"는, "과학사에서 전례가 없었던 새로운 차원"을 가리킨다고 주장한다.[54]

---

50 Di Chiro, "Local Actions, Global Visions", p.210.

51 Giovanna Di Chiro, "'Living Is for Everyone': Border Crossings for Community, Environment, and Health", *Osiris*, vol.19, 2004, p.129.

52 Stephen R. Couch and Steve Kroll-Smith, "Environmental Movements and Expert Knowledge", *Illness and the Environment: A Reader in Contested Medicine*, eds. Steve Kroll-Smith, Phil Brown, and Valerie J. Gunter, New York: NYU Press, 2000, p.385.

53 Ibid.

녹색소비자운동이 사회 전체에 만연한 환경파괴에 대한 조치를 개인적인 것으로 돌리는 반면에, 시민-전문가의 실천은 권력과 지식 사이, 그리고 과학과 자본주의 기업 사이의 관계에 대한 정치의식을 고취하고 있다.

자아의 과학과 정치

몸의 회고록은 위험사회 환경보건의 횡단-신체적 상황과 '일상의 전문가들'의 지식 실천으로부터 발달하기 시작하였다. 그것은 몸의 위험사회의 삶을 체화하고, 불확실하다고 해서 완화되지 않는 인식론적 절박함을 반영하고 있다. 또한 자신의 일상에 대한 '과학적' 탐구를 수행하려는 결의를 극적으로 보여 준다. 그리고 몸의 회고록은 위험문화와 대중역학, 일상의 전문가에 의한 연구를 보완해 준다. 그것은 자아의 구성물질을 완벽하게 측량하지도 이해할 수도 없는 방대한 생물학·경제·산업 시스템과 뗄 수 없이 엮여 있다는 인식을 통해서 자아의식이 얼마나 크게 바뀌는지 보여 주기 때문이다. 수전 스콰이어가 『경계에 선 삶들』에서 논의하는 문학처럼, "지식과 무지 사이에" 있는 몸의 회고록은 "전문 담론에 대한 대안"이라기보다는 과학 지식을 어느 정도 활용하는 새로운 전문지식의 형태라고 할 수 있다.[55] 이런 의미에서 몸의 회

---

54 Ibid., p.388, p.387.
55 Susan Merrill Squier, *Liminal Lives: Imagining the Human at the Frontiers of Biomedicine*, Durham, N.C.: Duke University Press, 2004, p.22.

고록은 푸코를 원용했던 라델 맥휘터가 말했던 '대항-기억'의 한 형식일 수 있다. 대항-기억은 "중요한 윤리적 실천이다. 하나의 이유는 그것을 통해 공인된 진리의 새장에서 탈출할 수 있고, 원점으로부터 새로운 사유를 시작할 수 있기 때문이다. 두 번째 이유는, 그것이 의미의 대안적 시스템을 구축하는 재료로서 권력과 지식의 대안적 모체를 구성하는 바로 그 물질이기 때문이다."[56] 오드리 로드, 캔디다 로런스, 질라 아이젠스타인, 수잔 안토네타, 그리고 샌드라 스테인그래버는 객관적 과학 지식과 주관적인 자서전적 회상 사이, 외부의 물질 환경과 자아의 내면 작업 사이의 대립을 거부함으로써 "권력과 지식의 대안적 모체"를 구상한다.[57] 과학적 글쓰기, 행동주의, 계보학, 회고록이 한꺼번에 혼합된 이 작품들은 자서전이라는 장르뿐 아니라, 놀랍게도 과학적 글쓰기의 관행으로부터도 벗어나 있다. 마이클 브라이슨이 언급하듯 레이첼 카슨은 자신의 유방암이 『침묵의 봄』의 "객관적인 논증의 설득력을 훼손시킬 수" 있다는 염려에서 그 사실을 언급하지 않았다. 브라이슨은 "『침묵의 봄』이 비과학적이며, 심지어 히스테리컬하다는 몇몇 화학 산업의 대표자들의 비판에 직면했기 때문에" 그러한 전략이 유효했다고 덧붙인다.[58] 이와 반대로, 스테인그래버는 "카슨이 데려가지 않았던 영

---

56 Ladelle McWhorter, *Bodies and Pleasures: Foucault and the Politics of Sexual Normalization*, Bloomington: Indiana University Press, 1999, p.199.

57 *Ibid.*

58 Michael A. Bryson, "It's Worth the Risk: Science and Autobiography in Sandra Steingraber's *Living Downstream*", *Women's Studies Quarterly*, vol.1, no.2, 2001, p.172.

토로 독자를 데리고 간다. 그것은 자신의 병을 정면으로 직시하고, 자신이 유년시절에 살던 집과 복잡하게 얽힌 생태 뿌리와 화해하는 개인적 공간이다".[59] 카슨과 스테인그래버의 수사적인 전략에 주로 초점을 맞췄던 브라이슨과 달리 나는 다음을 주장하려고 한다. 카슨의 '객관적인' 과학적 글쓰기와 최근의 몸의 회고록 사이에 존재하는 놀라운 차이는, 20세기 후반과 21세기 초반의 시민들은 자신이 거주하는 위험한 환경으로부터 자신이 분리되어 있다고는 상상도 하지 못하고 있는 현실의 엄청난 변화를 반영하고 있는 것이다. 그것은 또한 현대인의 그러한 깨달음, 혹은 적어도 깨달음에 가까운 불안감을 반영하는 것이다. 몸의 회고록들은 몸 정치에 주의를 기울이고, 개인적인 것은 정치적인 것이다라고 주장하는 페미니즘 운동의 장구한 역사로부터 발생했다. 하지만 몸의 회고록들은 젠더 적대를 주장하는 정체성 정치를 제시하는 것이 아니라 위험사회의 불확실성과 상호연결성의 불길한 분위기를 극적으로 보여 준다. 조니 시거는 활동가 그룹이 "주류 과학의 통로를 거쳐 환경주의운동의 '대성공'을 거둘 때, 페미니스트들은 적대성이라는 뚜렷한 입장을, 또 환경 지식의 다양한 형식을 강조했던 그들의 주장을 상실할 위험을 감수해야 한다"라고 경고한다.[60] 몸의 회고록은 많은 형식의 환경 지식을 서술한다. 그렇지만 그들의 정치적 비판은 적대적 입장에서 나오는 것이 아니라 과학에 대한 개입을 요구하는 횡단-신체적

---

59 Ibid., pp.173~174.
60 Seager, "Rachel Carson Died of Breast Cancer", p.963.

공간으로부터 나온다. 몸과 장소의 교차로에서 과학 지식이 매우 중요해졌기 때문이다.

『인간이 만든 유방암』에서 질라 아이젠스타인은 그녀 가족의 유방암과 관련된 이야기를 하면서 "정치적 회고록"을 시작한다.[61] 이론이 "연결성을 이해하는" 하나의 "방식"이라고 주장하는 그녀는 "이와 같은 앎의 방식을 올바로 정립하기 위해서가 아니라 뭔가 다른 의도를 가지고 자신의 고통과 아픔을" 독자에게 이야기한다.[62] 그녀의 가슴에 대한 서술은 매우 복합적인데, "가슴과 그 외 다른 것 사이에 있는 경계의 유동성" 때문이다.[63] 그녀는 암재단, 전지구적 자본주의, 그리고 인종적·경제적 불평등 때문에 발생하는 암 발병 위험과 치료의 불평등한 분배를 비판한다. 1990년대 후반에 페미니즘 이론에 대해 고민하면서 아이젠스타인은 "여성의 장소-의식과 그것의 물질성"에 대하여 쓰려고 노력하였다.[64] 자신의 프로젝트를 마르크스의 유물론과 이리가레의 여성 몸과 대비시키는 그녀는 "자신의 목적에 일치하는 언어가 부재하는 상태에서 적절한 어휘를 찾을 수 없는" "여성 몸의 물질성"을 포착할 수 있는 방식을 발견하려 노력한다.[65] 그렇지만 자기 목적과 어울리는 언어를 결코 찾을 수 없었을 것이다. 더구나 공통점이 없는 주제 몇

---

61 Zillah Eisenstein, *Manmade Breast Cancers*, Ithaca, N.Y.: Cornell University Press, 2001, p.4.
62 *Ibid.*, p.ix.
63 *Ibid.*
64 *Ibid.*, p.41.
65 *Ibid.*

가지 — 예를 들면, 지금은 조금 무의미해 보이는 모니카 르윈스키와 빌 클린턴의 성추문에 대한 비판 — 를 설득력 있게 조합할 수 없었다. 그럼에도 불구하고 그것은 성명서 같은 강력한 내용을 담고 있다.

> 가슴에 대해 다시 상상해 보자. 가슴을 체계적으로 몸에 연결하고, 가슴이 복합적 환경들과 순환하는 방식으로 연결하자. 공기, 토양, 경제적·인종적 위계질서, 그리고 여성의 몸 사이의 열려 있고 서로 연결된 경계로서 환경을 정의해 보자.
>
> 과학의 원인/결과 모델의 선형적 맹목성을 심문하자. 그리고 이 모델을 몸과 유전자, 환경 사이에 틈새가 있다는 것을 보여 주는 이 상호작용적이고 다층적인 악성 종양 모델로 대체해 보자. 그러한 **인식소**는 여성의 몸, 사회적이거나 환경적으로 구축되는 유전자, 그리고 유방암에서 작동하는 유전자의 역할에 대해 상충하는 메시지를 비판적으로 다룰 것을 요구한다.[66]

가슴을 재상상하는 것은 문화적·정치적 비판뿐 아니라, 유전자와 환경의 상호작용으로 인해 발생하는 암에 대한 보다 복합적인 과학을 포함하는 인식론을 필요로 한다. 아이젠스타인이 개인 서사, 사회적·정치적·경제적 비판, 그리고 과학적 해설을 한데 묶으려는 시도는 전혀 이상하지 않다. 마르크스주의, 반인종주의, 반식민지주의 페미니스트

66 *Ibid.*, p.76.

로서 그녀는 외부로 확장하는 다중적 비판 틀을 가지고 자신의 개인적 경험을 이해하려고 한다. 이때 그녀는 가슴과 몸, 자아와 물질 환경과의 공존을 의미하는 횡단-신체성을 제시한다. 유방암은 "진짜로 인간이 만든 것"이라고 그녀는 주장한다.[67] 왜냐하면 "생태와 몸을 파괴하고 생태계를 자연화하면서 무효화하는 자본주의적·남성적·인종차별적 참조 틀이 우리가 필요로 하는 과학을 망치고 있기 때문이다".[68] 아이젠스타인의 회고록은 사회적, 정치적, 과학적, 그리고 의학적 변화를 요구한다.

이 중요하고 야심만만한 텍스트의 결점을 지적하고 싶지 않지만, 저자의 주장과 입장은, 암 발생의 환경 유전적 원인과 같이 복잡한 문제들을 해결하려 할 때도, 인식론적 당혹감과 혼란을 회피하는 듯이 보인다. 역설적이지만 이 책이 로런스나 안토네타, 스테인그래버의 작품보다 매혹적이지 않은 이유는, 아이젠스타인이 위험사회에서 일상의 전문가가 되는 것이 얼마나 어려운지에 대해 고민하지 않기 때문이다. 그녀는 대중 저널리즘과 의학 텍스트, 역학 자료, 생화학 편람, 기타 과학 연구서를 읽고 이해하기 위해서 노력하지 않는다. 과거의 자서전 작가들이 자료를 참조하였듯이 그녀도 과학 정보를 자명한 진리로 받아들이는 우를 범한다. 서로 모순되고, 때로는 애매모호한 과학적 자료에서 옳고 그름을 추려 내야 하는 그 난감하고 당혹스럽고 짜증이 나는

---

67 *Ibid.*
68 *Ibid.*

작업은 생략해 버리는 것이다.[69]

이와는 반대로, 샌드라 스테인그래버는 과학자임에도 불구하고 그녀의 회고록은 과학이라는 체계 안에서 물질적 자아를 이해하는 어려운 과제를 수행하고 있는 듯이 보인다. 『흐름을 따라 살기: 암과 환경에 대한 한 과학자의 개인적 조사』는 세계를, 특히 그녀가 성장한 일리노이 주의 농촌을 관통해 순환하는, 그리고 결과적으로 그녀의 몸을 관통해 순환하는 엄청나게 많은 화학물질들을 정교하게 보여 준다. 그녀의 책은 자신의 방광암을 유발했을 것으로 보이는 다양한 환경요인을 밝혀 주는 과학적 폭로기사이자 행동하라는 정치적 요구이며 과학적 자서전이다. 그녀는 신뢰할 만한 과학적 자료를 찾는 것이 얼마나 어려운 일인지, 그것에 대해 특별한 주의를 기울여야 한다고 말한다. 그녀는 암 진료기록 자료들이 얼마나 부정확한지에 대해 설명하고,[70] 환경보호청의 독극물 유출 일람표는 "대략 전화번호부 두께"라고 언급하고,[71] 국립보건원National Institute of Health이 발행하는 『발암물질에 대한 격년 보고서』Biennial Report on Carcinogens는 "433쪽 분량이고 200개의 표제

---

69 우슬라 헤이즈는 리처드 파워의 소설 『이익』에 대해 다음과 같이 유사한 비판을 가한다. "화자의 전지구적이고, 투명한(비록 복잡하기는 하지만) 언어의 구사능력에 대한 자기-확신은 소설이 묘사하는 전지구적인 권력 망들을 마주하면서 느끼는 개인의 무력감이라는 시나리오와 변함없이 긴장관계에 놓인다. 이런 점에서 소설 형식의 완성도는 그것의 개념적 정교화에 못 미친다"(Ursula Heise, "Toxins, Drugs, and Global Systems: Risk and Narrative in the Contemporary Novel", *American Literature*, vol.74, no.4, 2008, p.773).

70 Sandra Steingraber, *Living Downstream: A Scientist's Personal Investigation of Cancer and the Environment*, New York: Vintage, 1998, pp.34~39.

71 *Ibid.*, p.103.

어를 가지고 있다"고 지적한다.[72] 그러면서 "잔뜩 쌓인" 과학적 서류더미에 묻혀 있는 자신에 대해 말해 준다.[73] 우리는 세계를 이해하려는 그녀의 고군분투를 지켜볼 수 있는 것이다. 하지만 그녀의 설명에서 가장 감동적인 대목은, 처음에는 외부 세계를 분명하게 말해 준다고 생각되었던 과학적 데이터가 점차 자신의 자아를 구성하는 물질로 바뀌는 과정을 생생하게 묘사하는 지점이다. 이러한 자아의 인식은 엄청난 도전에 직면하게 한다. 예를 들면, 스테인그래버는 신체 부하body burden를 검사(위험한 물질에 노출된 정도를 측정)하는 가장 좋은 방법은 "세포조직의 모든 수액과 세포격실을 하나하나 꼼꼼하게 표본화하는" 작업인데,[74] 그것은 사망 후에 제대로 할 수 있는 작업이다. 그렇다면 이는 자서전 작가에게 아무런 도움도 되지 않을 것이다. 신체 부하를 측정하는 다른 방법도 있다. 자신의 "혈액, 소변, 모유, 날숨, 지방, 정자, 모발, 눈물, 땀, 그리고 손톱"을 검사하는 것이다.[75] 스테인그래버는 현명하게도, (쓸데없이 세밀하고 양이 방대한 첨단기술에 지나지 않을 수 있는) 지극히 개인적인 독성 평가로부터 '생태 뿌리들'이라는 그녀의 표현을 완벽하게 체현하는 횡단-신체성의 의미에 대한 논의로 넘어간다. 자신의 몸이 일생 동안 흡수한 모든 독성물질에 영향을 받고 있다는 사실을 깨닫는 것은 충격적인 깨달음일 수 있지만, 그럼에도 환경주의윤리와 환경정의

---

72 *Ibid.*, p.126.
73 *Ibid.*, p.257.
74 *Ibid.*, p.236.
75 *Ibid.*

윤리의 강화에 도움이 되는 것은 인간과 광활한 환경을 **가로지르면서** 행해지는 운동이다. 더욱이, 횡단-신체성의 계보학을 추적하는 것은 그 자체로 환경행동주의를 촉진하는 정치화된 지식 실천이라 할 수 있다.

우리의 생태 뿌리들을 찾아 나서는 것은 친밀하면서 동시에 저 멀리 미지의 차원을 지닌다. 그것은 우리가 마시는 물의 출처들에 대해 배우는 것이고, 우리의 마을로 불어오는 바람에 대해 배우는 것이며, 우리에게 음식을 제공하는 농업 시스템에 대해 배우는 것이다. 그것은 논, 소 농장, 과수원, 목초지, 그리고 낙농장을 방문하는 것을 포함한다. 그것은 우리가 사는 건물의 해충이 어떻게 박멸되었는지, 옷가지들이 어떻게 세탁되는지, 그리고 골프 코스가 어떻게 유지보수되는지에 대한 관심을 요구한다. 그것은 주방 세제, 페인트, 화장품과 같은 제품들의 모든 독성 성분에 대한 우리의 알 권리를 주장하는 것을 의미한다. 그것은 지하 유류탱크가 어디에 있는지, 토지가 재분할되어 건물이 지어지기 전에 어떻게 사용되었는지, 길가를 따라 분사된 것은 무엇인지, 도로 끝에 설치된 철조망 울타리 뒤에서 진행되는 것은 정확히 무엇인지 알아볼 결단력을 필요로 한다.[76]

"친밀하고" "저 멀리 미지의" 것에 대한 개인적이고 과학적인(광범한 의미에서) 탐색은 개인이 '알 권리'를 가지고 있기 때문에 가능하

---

76 *Ibid.*, pp. 267~268.

다. 사실, 에필로그는 '당신의 알 권리를 실천하기'Exercising Your Right to Know라는 제목 아래 유용한 정보출처를 목록으로 보여 준다. 또한 생태뿌리들에 대한 탐색은 우리가 발굴하는 정보로 무언가를 할 수 있거나 해야 한다는 것을 암시한다. 우리 각자가 유사한 조사를 하고, 서로 다른 지역과 인생사에서 다른 (또는 유사한) 종류의 발암물질 노출들을 들춰내는 이 작업의 중요성은 무엇인가? 우리 각자가 자신의 생태뿌리를 조사하고 독성물질들(몇몇은 궁극적으로 우리의 사망 원인이 될 독성물질들)의 가능한 발원지를 **발견할 수** 있다고 하자. 그렇지만 "뼈로부터 혈액과 유방 세포조직에 이르기까지 인간을 구성하는 모든 물질이" 어떻게 환경으로부터 우리에게 오게 되었는지의 과정을 설득력 있게 논증한 스테인그래버 덕분에 우리는 발원지를 돌아보는 대신에 세계와 자아가 함께 존재한다는 사실을 이해하는 환경윤리를 포용할 수 있게 된다.[77] 스테인그래버는 우리가 위험물질에 대항해 싸우기 위해서는 먼저 그것의 정체를 파악하기 위해서도 싸워야 하는 일상의 전문가가 되도록 자극한다. 이와 유사하게 『경계 위의 카나리아: 서부에서 바람을 따라 살기』라는 제목의 회고록에서 저자 칩 워드는 "자기 집 뒤뜰에 있는 위험요인들을 조사하고, 허약한 건강과 환경파괴의 연관성을 잘 보여 주는 수백만의 생태탐정을 제시한다".[78]

---

77 *Ibid.*, p.267.
78 Chip Ward, *Canaries on the Rim: Living Downwind in the West*, New York: Verso, 1999, p.148. / [옮긴이] 카나리아는 산소포화도 또는 일산화탄소를 측정하기 위해 광산의 갱도 또는 군 막사에서 키우던 새이다. 이 책에서는 카나리아로 제목을 단 작품이 세 작품 소개된다. 카나리아처럼 환경질병을 앓는 사람은 환경위험을 표지하는

수잔 안토네타는 자신의 생태적 기원을 발굴하기 위해서 유사한 탐색을 수행한다. 그녀의 대담한 회고록『중독된 몸』에서 그녀는 무지와 부인否認을 조장하는 위험사회에서 살고 있는 자아의 구성 물질을 이해하려는 투쟁을 전경에 배치하는데, 그것은 역학적 대항-기억의 형식을 취한다. 그녀는 충격적일 정도로 많은 독성물질이 함유된 뉴저지주 남부의 파인 배런스Pine Barrens에 대해 작성된 공적 자료들이 얼마나 허구적인지, 주민들이 얼마나 무관심하고 또 잊고 싶어 하는지 폭로하였다. 그녀의 부모는 1960년 여름에 개봉한 (그녀의 아빠가 "그 빌어먹을 영화"라고 부른) 영화「사이코」Psycho는 생생하게 기억하고 있으면서도, 집에서 불과 15마일 떨어진 곳에서 행해진 핵실험은 까마득히 잊고 있었다. 한 해를 떠들썩하게 만들었던, 그리고 그 주위로 방사능 입자를 산포했던 핵실험이었다. 12년 후에 "정부는 보호를 요구하는 주민들의 항의에 대한 대책으로 핵발전소 주위에 마름모꼴의 철책을 설치했다".[79] 구성원들이 다인종이고, 그 가운데는 심각한 심리적 문제를 가진 사람도 있다는 사실을 망각했던 가족들은 자신이 집을 지은 땅의 위험도 망각한다. "우리는 해변의 별장이 오염된 물에 의해 오염된 땅에 있다는 것을 망각한다. 우리가 토사물과 색깔이 비슷한 우스꽝스러운 산딸기는 기억하고 있지만, 핵발전소 주위의 마름모꼴 철책을 따라 걸으며 산딸기를 따먹었던 사실은 기억하지 못한다."[80] 안토네타

인간-지표종이고, 환경오염을 조사하는 생태탐정이다.

79 Susanne Antonetta, *Body Toxic*, Washington, D.C.: Counterpoint, 2001, p.15.

80 *Ibid.*, p.54.

는 우리 몸이 되는 자연, 그리고 그 자연에 잠복해 있는 위험들을 한목소리로 부정하는 사람들에 저항하면서 대항-기억을 제시한다. 그것은 개인적 성찰을 비롯해서 자신을 형성하는 장소에 대한 역사적·저널리즘적·과학적 연구에서 뽑아낸 대항-기억이다. 진정한 활동가로서 그녀는 다음과 같은 이름들을 명시했다. 보마크 지대공 요격 미사일, 벙커버스터, 오이스터 크리크 원자로, 시바-가이기 화학 회사, 덴저 & 셰이퍼 X-Ray 회사, 유니언카바이드, 니콜라스 아그리콜라, DDT 등.[81]

대중역학의 형식으로 자서전을 집필하면서 안토네타는 톰스 강/비치우드Toms River/Beachwood 근처, "그녀 유년시절의 고향"이 1970년대, 1980년대, 그리고 1990년대에 "평균보다 몇 배 더 높은 소아암(특히 뇌와 신경계통의 암), 백혈병, 그리고 유방암에 의해 파괴되었다는 사실을 기억하였다. 나의 가족은 암은 아니었다. 우리는 불임, 종양, 출생 시 장기臟器 기형, 그리고 조울증으로 파괴당했다"라고 언급한다.[82] 그녀는 역학 데이터와 자신의 가족 병력의 증거 자료 사이의 엄청난 차이를 담담하게 지적하였다. 진정한 사실이 무엇인지 분명하게 파악하지 못하는 자신의 무능력을 한탄하면서 그녀는 과학 지식과 자아에 대한 지식을 정합시키기 위해 노력한다.

---

81 [옮긴이] 니콜라스 아그리콜라(Nicholas Agricola)는 유니언카바이드에서 배출한 산업 폐기물을 안토네타가 성장한 고향 주변에 버린 장본인이다. 그는 4만 개의 드럼통을 몰래 폐기했다. Ann Jurecic, *Illness as Narrative*, Pittsburgh: University of Pittsburgh Press, 2012, p.32에 위에서 언급된 회사들이 그녀의 고향땅에 어떤 일을 자행했는지 설명되어 있다.

82 *Ibid.*, p.27.

나는 사실들의 목을 졸랐지만 그것들이 도리어 내 목을 졸랐다. 잘 분리되지도 않고 어떤 형태로도 만들기 어려운 레고Lego와 같았다. 나는 물고기의 연조직soft tissue에 기생하는 물 속의 물질이 무엇인지 알 수 있다. 나는 내 몸이 들려주는 이야기의 정체를 알 수가 없기 때문에 나에게 일어난 사건의 결과도 모르고, 그래서 이야기의 끝을 맺을 수가 없다. 나는 한 번의 극적인 다태 임신, 유산, 방사선으로 유발된 종양, 두자궁증, 천식, 자궁내막증, 신장 종양, 알레르기, 기타 다른 의학적인 병을 앓았거나 지금도 앓고 있다.

여기 원인과 결과의 이야기들이 있다.

워싱턴 주 핸퍼드Hanford에서 발생한 저선량 방사능 누출 이후에, 그것에 노출된 여성들의 갑상선 질환과 자연유산의 비율이 두 배로 증가했다.

저선량 방사선에 노출된 노동자에 대한 의학 연구에 따르면 노동자 대다수의 몸에서 갑상선 종양이 자라고 있었다.

다이옥신과 폴리염화비페닐PCBs에 노출된 실험용 암컷 원숭이들의 몸에서 비정상적으로 자궁내막증이 많이 발견되었다.

나의 신장 종양과 같은 종양을 유발하는 산업 화학제품들의 종류는 너무나 많아서 목록으로 만들 수도 없을 지경이다.

수많은 살충제의 저선량 노출은 실험용 생쥐의 뇌에 비정상적인 신경 점화를 유발했다. 그것은 조울증 환자의 뇌에서 볼 수 있는 신경발화와 비슷한 것으로, 비정상적 신경발화electrical misfiring와 극파spike, 돌발 행동을 일으킨다.[83]

영웅적 행위들을 열거하듯이 "원인과 결과의 이야기"의 목록은 월트 휘트먼Walt Whitman의 「내 자신의 노래」Song of Myself의 20세기 후반의 새로운 판본으로 읽힐 수 있다. 차이가 있다면 그녀는 통일된 인격체가 아니라 산만한 의학적 사실들을 열거하며, 민주주의에 대한 것이 아니라 검진에 대한 것이라는 정도이다. 그녀는 가장 최근의 전문적 과학 지식의 소유자로서 "사실들의 목을 조르려" 시도한다. 그러나 그녀는 자신이 종양과 천식, 유산의 원인이었던 물질적 현실들로부터 멀리 떨어진 초월적인 주체가 될 수 없다는 사실을 극적으로 깨닫는다. 그러자 그녀는 오히려 사실에 의해 목이 졸린다. 안토네타는 시민의 '주권 상실'이라는 벡의 인식과 카우치와 크롤-스미스의 "직접적이고 실용적인 관심에 기반한 대안적 인식론"[84]을 극적으로 그려 보인다. 안토네타 자신의 신체 상태와 지리멸렬한 과학적 자료 사이에 있는 엄청난 격차는 "과학이 얼마나 불확실한지"[85] 극적으로 보여 준다. 브라운, 크롤-스미스, 군터가 설명하듯, 개별적 몸은 수많은 물질과 힘들로 형성되며 또 그러한 영향을 받았기 때문에, "특정 질병이 특정 환경 독성물질의 노출에 의한 것이라는 결론을 내리기가 거의 불가능하다".[86] 과학의 불확실성으로 인해서 과학서의 저자들은 무질서하고 산만한 지식을 나열하게 된다. 그리고 이미 앞에서 논의되었다는 사실도 잊어버

83 *Ibid.*, pp.27~28.
84 Couch and Kroll-Smith, "Environmental Movements and Expert Knowledge", p.387.
85 Brown, Kroll-Smith, and Gunter, "Knowledge, Citizens, and Organizations", p.10.
86 Ibid.

리고서 저자들은 책의 후반에서 그것을 또다시 반복하는 우를 범하기도 한다. 그 책을 포스트모던하고 자기-반성적이며 메타소설적이라고 metafictional 부를 수 있을지도 모른다. 우리는 또한 "근대성이 극복하고자 했던 합리적 기획의 실패를 서술한다"는 점에서 "상처 입은 이야기꾼"의 "혼돈 이야기"로 간주할 수도 있다.[87] 아서 프랭크에 의하면, 그러한 이야기들에서 "처방과 진보, 전문성이라는 근대주의자의 보루가 파괴되면서 그 틈새로 취약성과 무의미성, 무능력"이 드러났다.[88] 그러면서 "우리 누구든지 그러한 틈새로 빨려 들어갈 수 있다는 사실도" 드러냈다.[89] 탈근대의 지배적 특징들, 근대성에 대한 상처 입은 이야기꾼의 비판은 대중역학자가 그러하듯이 안토네타가 과학적 진보라는 메타서사들을 비판하는 역할만 한다. 그런 비판적 논의들이 그녀의 생존을 위협하는 물질적 실체를 밝히는 데는 아무런 도움이 되지 못하는 것이다. 라투르처럼 그녀는 "경험론에 대항하는 것이 아니라 새로운 경험론을 정리하고, 사실에서 멀어지는 것이 아니라 더 가까이 다가서려는" 목표를 가지고 있다.[90] 안토네타에게 '사실의 문제'는 이미 언제나 '관심의 문제'이다.

---

87 Arthur W. Frank, *The Wounded Storyteller: Body, Illness, and Ethics*, Chicago: University of Chicago Press, 1995, p.97.

88 *Ibid*.

89 *Ibid*.

90 Bruno Latour, "Why Has Critique Run Out of Steam? From Matters of Fact to Matters of Concern", *Critical Inquiry*, vol.30, Winter 2004, p.231.

물질적 환경들, 물질적 자아들

라투르는 지구 온난화를 부인하는 정치적 우파들을 "위험한 극단주의 자들은 우리 삶을 구할 수 있는 귀중한 증거들을 파괴하기 위해 사회구성주의 이론을 사용하고 있다"[91]고 비판한다. 그는 '관심의 문제들'에 대해 우리들이 "엄격한 현실주의자의 태도"를 가져야 하며, 그것을 활용하는 새로운 비판 방법을 발견하라고 촉구한다.[92] 라투르는 "이론을 해체하는" 대신에 "조립해야 한다"고 주장한다.[93] 허약하게 구축된 현실에 대한 '관심과 주의'를 자극하면서 "참가자들이 모일 수 있는 투기장을 제공하고", 빼기보다는 곱하기를 해야 한다는 것이다.[94] 그와 같이 중대한 관심의 문제를 다룰 수 있는 새로운 비판적 방법들을 발견하라는 라투르의 요청은 부분적으로 몸의 회고록으로 체화되었다. 몸의 회고록은 지극히 파악하기 어려운 횡단-신체적 물질성을 파악하기 위해 혼신의 힘을 다한다.

「위험사회에서 기술과학에 대한 재고찰: 텍스트성으로서의 유독성」에서 티모시 루크는 "유독성이라는 과학적 사실과 인간의 건강에 미치는 광범한 위험은 논쟁의 소지가 큰 텍스트로 전환된다"고 주장한다.[95]

91 Ibid., p.227.
92 Ibid., p.231.
93 Ibid., p.246.
94 Ibid.
95 Timothy W. Luke, "Rethinking Technoscience in Risk Society: Toxicity as

유독성toxicity을 분석하는 좀 더 정교한 과학은 아직 발견되지 않았다. 독성물질들에 대한 우리의 이해는 과학적이 아니라 훨씬 더 텍스트적인 듯이 보인다. 텍스트는 당연한 것으로 받아들여진 관습적 의미를 넘어서서 읽히거나 재해석될 수 있는 것이다. 이때 텍스트성은 재독해들과 재해석들을 유발하는 무엇이며, 그와 같이 생산된 것은 모두 텍스트이다. 유독성을 텍스트로 여기는 것은 독성물질이 미치는 영향이 아직 다툼의 여지가 있고, 분명히 알려지지 않았으며, 아직 확정된 것이 없다는 사실을 인정하는 것이다.[96]

특히 비판 이론이 지난 수십 년 동안 언어와 담론, 텍스트로부터 물질적 현실을 엄청나게 차단해 온 상황에서, 유독성에 대한 과학적 지식의 한계를 고려한다고 할지라도 '기술적'인 것으로부터 '텍스트적'인 것으로 연구의 방향을 전환하는 것은 매우 위험하다. 루크는 텍스트 의미의 스펙트럼이 넓고 다른 많은 요소들과 얽혀 있다고 주장하면서 "광범한 사회적 세력을 폭로"할 수 있는 힘이 있다고 강조한다.[97] 그러나 아이러니하게도 그가 전지구적인 환경파괴를 논의할 때 그는 텍스트성을 안심해도 좋은 영역으로, 물질이 아닌 담론으로, 자연이 아닌 문화의 공간으로 바꿔 버린다. 게다가 루크가 "환경의 거의 모든 물질"에서

Textuality", *Reclaiming the Environmental Debate: The Politics of Health in a Toxic Culture*, ed. Richard Hofrichter, Cambridge, Mass.: MIT Press, 2000, p. 239.
96 Ibid.
97 Ibid., p. 240.

"유독성은 확실한 기술적 질문이 아니라 하나의 열린 결말의 텍스트적 질문이다"라고 주장하기까지 한다.[98] 그는 기술적·과학적 지식은 '확실'하지만 텍스트들은 '열려' 있다고 가정하고 있는 것이다. 텍스트성을 강조하면서도, 흥미롭게도 루크는 위험사회의 삶이 무엇인지에 대해 불편할 정도로 생생하게 사건을 서술한다. 환경위험관리는 "화학적이거나 물질적인 것이 주는 혜택 A, B, 또는 C와 관련해서, 만 명당 X명, 십만 명당 Y명이 [……] 병마, 유전자 변이 그리고/또는 죽음의 해를 입을 것이다"라고 통계적으로 설명한 후에, 그는 "근대 사회에서는 모든 사람들은, 잔디에 제초제를 분사하고, 휘발성이 높은 휘발유를 연료탱크에 채우며, 압력 약품 처리된 목재를 구입하고, 플라스틱 가정용품을 구매하는 소비자들을 강력하게 처벌하는 것에 암묵적으로 동의한다"고 말한다.[99] 그렇지만 대부분 사람들은 이런 강력한 처벌에 동의하지 않을 것이다. 아무튼 루크는 "유독성을 텍스트적으로 바라보는 자신의 관점은 비전문가로서 시민과 소비자가 독성물질에 대한 정보를 해독하거나 환경 위험요인에 대한 전문적 과학 용어를 더 잘 이해하도록 만든다"고 주장한다.[100] 텍스트로서 유독성을 이해하는 것이 일반 시민에게 반드시 유용하다는 것이다. 하지만 유독성을 '텍스트화하는 것'은 회의주의자들이 그러하듯이 자연과 문화, 세계와 관념 사이의 존재론적 분할을 악화시킬 것이다. 회의론자들은 지구 온난화나 여러 종류의

98 Ibid., p. 244.
99 Ibid., p. 248.
100 Ibid., p. 252.

환경파괴를 믿지 않는 선택을 함으로써 그런 환경 문제를 일축해 버린다. 텍스트성의 강조는 우리 인간이 세계와 다른 것들과 물질적으로 상호연결되어 있다는 의식을 강화시키는 대신에 오히려 시선을 다른 곳으로 돌리도록 만든다.

안토네타의 회고록은 더욱 광범위한 물질성과 함께 존재하는 자아에 대해 설명하려는 문학 텍스트이다. 그녀가 거주했던 오염된 장소를 가득 채우는 바로 그 물질로 그녀의 몸과 자아가 구성된다. 이런 점에서 자서전은 심오하게 생물학적이다. 다양한 독성물질들이 몸에 잔류함에 따라서, 화학적으로 불활성적일 것이라고 여겨지는 장소라는 '배경'은 자아의 활성화된 구성요소가 된다. 이 경우 안토네타는 어떻게 미국에서 가장 유독한 장소들 중 하나인 이 장소를 구성하는 물질이 그녀의 생물학적 몸, 심리 또는 자아로부터 분리될 수 없는지 밝힌다. 그녀의 2001년 회고록은 내시와 볼턴 발렌시우스가 묘사했던 건강과 장소 사이의 상호관계에 대한 19세기적 이해를 자신도 모르게 반영한다. 안토네타는 그녀가 성장한 곳에서 가까운 바네갓 만Barnegat Bay은 "부유하는 사상균 곰팡이와 흰곰팡이처럼 보이는 어떤 것을 고이게 하고 배양하는 환경을 조성한다. 그 해변은 모래사장이 아니라 차라리 해수면까지 높게 차오른 습지와 수초들로 가득했다"고 말한다.[101] 뉴저지 주의 이 지역은 납, 비소, 크롬, 수은, 그리고 다른 수많은 생체이물 화학물질들이 흘러나오는 유해 폐기물 매립지와 방사능 입자, DDT의 본거

---

101 Antonetta, *Body Toxic*, p. 11.

지이거나 또는 본거지였다. 안토네타 자신이 조울증, 불임, 종양, 기형 자궁의 본산지이다. 이 병든 장소에서 안토네타는 이 병든 환경에 대한 의학 '검사'를 상상한다. "만일 장소에 대한 혈액 검사가 있다면, 내가 보고 있는 것은 다시마 줄기로 된 짤막한 시험관, 그것의 양 옆에는 살찐 작은 잉어처럼 생긴 이끼 벙커, 수정되지 않는 알들과 정소들을 지닌 개구리들이다."[102] 장소가 혈액이 되듯이, 다음과 같이 혈액은 자연이 된다. "나는 다양한 것들을 모니터링하기 위해 언제나 채혈을 했다. 유리병들이 내게로 몰려와서는 그 안에 있는 것을 물들이는 동안 나는 백일몽을 꾸는 것을 좋아한다. 소금 물, 빨간 세포들, 쌍갈래로 뻗고, 잘 도망치는 선조들. 깡마른 지리학."[103] 그녀의 할머니는 1차 세계 대전에서 크리스천 사이언스Christian Science[104]의 신봉자가 되어 '오류' 일 뿐인 물질을 믿기를 거부하고, 간호사로 증언을 했다는 공포스러운 상상된 기억과 싸운다. 그녀와는 다르게, 안토네타는 자기 몸의 생물학적 구성요소에 집중한다.[105] 따라서 안토네타의 무시무시한 이미지들은 장소가 되는 자아가 다시 장소가 되는 낯선 지대에 우리를 잠기게 하면서 생물학적 개체들(다시마, 작은 잉어, 개구리)과 구성 물질들(혈액과 뼈)로 텍스트를 채운다.

『믿음을 갖기: 한 생태학자의 모성으로의 여정』에서 스테인그래버

---

102 *Ibid.*, p.30.
103 *Ibid.*, p.28.
104 [옮긴이] 심령(心靈, Mind)만이 유일한 실재이고 물질은 한낱 환상에 지나지 않는다고 믿는 종교단체이다(네이버 지식백과 '종교학대사전'의 '크리스천 사이언스' 항목 참조).
105 *Ibid.*, p.62.

는 하나의 환경이 되는 몸에 대해 쓴다. 임신을 하고 그녀는 "놀라워하면서" 자신이 "서식지가 되었"으며, 그녀의 자궁은 "한 명의 인구가 거주하는 내륙 해양"이 되었다는 것을 깨닫는다.[106] 발달 단계의 태아에게 잠재적으로 손상을 가할 수 있는 수많은 물질들에 대한 그녀의 조사는 안전한 임신에 대한 욕망으로부터 시작된다. 이것은 "내 몸 안의 생태계를 보호하는 것은 몸 바깥의 생태계를 보호하는 것을 필요로 했다"는 더 광범위한 환경주의 입장으로 변화한다.[107] 스테인그래버는 의사들, 임신·출산 안내서들, 그리고 출생기형의 예방에 기여하고자 하는 소아마비 구제 모금운동조차 어떻게 태아와 유아들에게 가해지는 수많은 환경 위협들을 경시하거나 무시하는지 강력하게 고발한다. 적은 양의 음주가 위협을 야기한다는 증거가 부족함에도 여성들은 여기저기서 임신 기간에 술을 끊으라는 강력한 권고를 받는다. 하지만 "임신에 대한 환경 위협에 대해서는 어떤 공적인 대화도 존재하지 않는다".[108] 예를 들면, 소아마비 구제 모금운동의 발행물은 "용매제, 살충제 또는 유해물 매립지, 미나마타 또는 베트남을 언급하지 않는다".[109] 이렇게 조작된 무지에 대항해 스테인그래버는 기형발생물질teratogen이라고 알려진 주변의 수많은 가정용품들을 폭로한다. 더욱더 불안하게 출생기형의 유행 또는 원인들에 대해 우리가 거의 아무것도 모른다고 설명

106 Sandra Steingraber, *Having Faith: An Ecologist's Journey to Motherhood*, New York: Berkeley Trade, 2001, p. ix.
107 *Ibid.*
108 *Ibid.*, p. 107.
109 *Ibid.*, p. 105.

한다. 한 예로 수많은 감시 시스템들은 "살아서 태어난 유아들 중에서 발생한 출생기형들만을 셈할" 뿐이다.[110] 28개월 이전에 혹은 20개월 이전에 유산되거나 또는 사산아로 태어난 기형아들은 계산하지 않는다.[111] 게다가 "높은 생산량"을 보이는 화학제품의 3/4을 포함해 "대부분의 화학제품들은 기형 발생에 어떤 영향을 미치는지 검사를 받은 적도 없다".[112] 스테인그래버가 종종 사회적으로 구축된 무지 뒤에 숨은 특정 세력들을 조사하는 데 실패하지만, 대신 그녀는 객관적 과학 연구자와 온화하고 염려하는 어머니라는 이중적인 목소리를 유지한다. 따라서 회고록을 읽는 독자는 과학·의학·정부가 건강한 인간의 재생산을 위해 필수적인 기초 지식들을 제공하지 못한다는 의식을 갖게 된다.

이렇게 분리 불가능하게 연결된 개인적이고 과학적인 탐험에서 나타나는 스테인그래버의 핵심적 발상은 그녀의 몸, 즉 발달 단계에 있는 태아의 서식지가 더 넓은 세계와 분리 불가능하게 연결되어 있다는 사실이다. 산부인과 의사는 스테인그래버에게 물을 더 많이 마시라고 권고하면서 양수검사를 위해 유리병들을 양수로 채운다. 길고 시적인 반추에서 스테인그래버는 양수의 기원이 되는 광범위한 현실세계를 추적한다.

나는 물을 마시고, 그것은 아기 또한 들이키는 혈장이 되는데, 혈장은

110 *Ibid.*, p. 87.
111 *Ibid.*
112 *Ibid.*, p. 88.

양막주머니를 통해 퍼지며, 아이를 감싼다.

그리고 양수가 되기 전에 그것은 무엇일까? 그것이 식수이기 이전에, 양수는 저수지를 채우는 시냇가이고 강이다. 그것은 우물을 채우는 지하수이다. 그리고 그것이 시냇물과 강과 지하수이기 이전에 양수는 비다. [……] 소와 닭의 혈액이 이 유리병 안에 있다. 꿀벌과 벌새가 채집한 꿀이 이 유리병 안에 있다. 벌새 알의 내부에 있는 그 무엇이든 또한 내 자궁 안에 있다. 세계의 물 안에 있는 그 무엇이든 여기 내 손안의 물에 있다.[113]

의미심장하게 스테인그래버는 유전적 '기형들'에 관한 의학 검사를 세상의 물질들이 어떻게 그녀의 몸과 딸의 몸을 관통해 흐르는지에 대한 시적 탐험으로 풍부하게 변형시킨다. 우리가 이미 위험한 물질들이 이 물들과 생명체들을 거쳐 순환한다는 것을 알고 있음에도 불구하고, 스테인그래버는 시냇물, 강, 소, 닭, 벌, 그리고 벌새가 등장하는 심미적이고 사랑스러운 자연을 불러내면서 우리가 욕망할 수밖에 없는 유토피아적 자연을 멋지게 그려 낸다. 유전적으로 문제가 없는 인간을 출생시키려는 양수검사는 물, 농장의 가축, 꿀벌, 그리고 벌새 알을 손상시키지 말아야 한다는 더욱 광범위한 환경윤리에 의해 의미가 퇴색한다. 더욱이 의학의 출생 전 표준 주의사항들은 우리가 일부로 속한

113 *Ibid.*, pp.66~67.

더 광범위한 환경의 건강과 안녕을 보호하지 않고는 인간의 건강과 안녕을 얻는 것이 불가능하다고 언급하는 환경주의적 사전주의 원칙들로 빛이 바랜다.

스테인그래버의 텍스트는 횡단-신체적 순환 과정을 극적으로 묘사해 보인다. 다양한 독성물질들이 환경을 거쳐 물과 공기, 음식으로, 그리고 산모의 몸을 거쳐 최종적으로 발달 단계의 태아와 수유 중인 유아로 흘러 들어간다. 스테인그래버의 비전이 너무나 설득력 있지만, 횡단-신체성의 이 특정 형식은 젠더를 최소화하는gender-minizing 페미니스트들을 불안하게 한다. 이는 '산모'라는 강력한 범주가 여성들이 거주하는 정체성 전체를 집어삼키겠다고 위협하기 때문이다. 수세기 동안 낡은 방식으로 여성/몸/자연을 수동적인 물질로, 능동적인 인간의 정신과 문화의 재료로 표현하였기에, 여성의 임신한 몸은 이데올로기적으로 위험한 영토이다. 일단의 치명적인 실천과 추론은 여성을 자연으로, 자연을 여성으로 혼합하는 것으로부터 발산한다.[114] 스테인그래버는 "정자에 대한 독극물학이 결국에는 어떻게 아버지가 받는 노출과 출생기형의 문제를 좀 더 분명히 하는 신생 연구 분야가 되는"지 언급하기는 하지만,[115] 이 책의 핵심은 바로 재생산하는 여성의 몸이다(만일 정자에 대한 과학적 증거가 존재하지 않는다면, 그녀가 그것에 대해 논할

---

114 어떻게 다양한 역사적 순간들에 여성들이 여성과 자연 사이의 연합관계들을 변형시켜 왔는지에 대해서는 Stacy Alaimo, *Undomesticated Ground: Recasting Nasture as Feminist Space*, Ithaca, N.Y.: Cornell University Press, 2000을 보라.
115 Steingraber, *Having Faith*, p.95.

수는 없다고 자신을 변호한다). 태아의 건강에 초점을 맞춰 재생산을 택하는 산모의 선택을 평가절하고, 여성의 몸을 재생산하는 몸으로 규정하는 것이 이데올로기적으로 위험하기는 하다. 그럼에도 불구하고, 환경 독성물질들이 모유와 분유——스테인그래버가 자세히 논의하듯이, 유아에게 최고의 음식이면서 동시에 끔찍한 독극물——로부터 영양분을 흡수하는 유아와 발달 단계의 태아에게 미치는 파괴적인 결과들을 부정할 수는 없다. 이렇듯 페미니즘, 젠더를 최소화하는 페미니즘들은 재생산 과정에서 나타나는 건강 문제와 몸 정치를 외면해서는 안 된다. 더욱이 스테인그래버의 텍스트는 남성을 아는 자로, 여성을 알려진 자로 가정하는 인식론을 논박한다. 생태학자이자 임신한 여성으로서, 과학자와 엄마(후보자)로서, 기형발생 물질이 미치는 영향에 대한 정보를 찾는 자와 자신의 몸을 양수검사에 맡기는 자로서 글을 쓴다는 사실이 반복해서 나타난다. 합리적인 과학적 사실과 내밀하고 정서적인 통찰력을 번갈아 기용하면서, 아는 자인 동시에 알려진 자인 스테인그래버는 젠더화된 양 극단 사이를 오가는 것이다. 또한 그것은 자아의 구성 물질을 관통하는 수수께끼 같은 과학적 물질들의 문제와 씨름하는 위험사회에 처한 '모든 사람'의 인식론을 극적으로 그려 낸다. 물질로서 존재하는 엄마라는 파멸적인 공식화는 동시에 생물학적이면서 사회적이고, 과학적이면서 인격적인 과정들에 기입된 물질적 자아들로 우리 자신을 이해하는 좀 더 복합적이고, 좀 덜 젠더화된 방식에 의해 곤경에 처한다.

스테인그래버는 환경 윤리·정책·실천을 포함하기 위해 출산 전 돌봄prenatal care을 확장하고 동시에 환경주의운동을 자신의 일부로 재생산 건강reproductive health을 포용하는 설득력 넘치는 사례를 제시한다. 스테인그래버의 해결책은 결코 단순히 소비자운동 또는 개인에 기대지 않고, 뚜렷하게 정치적이다. 백인이면서 재생산할 수 있는 경제적 여건을 지닌 성의 특정 형식을 자연화하거나 또는 낭만화하지 않도록 그녀의 주장이 보완되어야 한다. 하지만 이것이 그녀가 쓴 텍스트의 영향력을 축소하지는 않는다. 확실히 인종주의, 빈곤, 그리고 보편 의료보험의 부재는 출산 전 건강뿐만 아니라 출산 후 건강을 위협하고, 우리는 그 문제들에 반드시 관심을 기울여야 한다. 무엇보다 스테인그래버의 서사가 지닌 이성애 규범성은 생물학적 성을 재생산적이고 이성애적인 것으로 자연화하는 데 저항하는 '퀴어 생태학'[116]의 다채로운 배치로 반박될 필요가 있다.

유전체와 '독소체': 중독된 몸의 환경 정치

자아를 구성하는 횡단-신체적 물질을 강조하면서, 안토네타와 스테인그래버는 인간의 건강을 위한 열쇠로 여겨지는 유전학에 대한 대중적·과학적 집착으로부터 벗어난다. 『흐름을 따라 살기』에서 스테인그래

---

116 Catriona Mortimer-Sandilands and Bruce Erickson, eds., *Queer Ecologies: Sex, Nature, Biopolitics and Desire*, Bloomington: Indiana University Press, 2010을 보라. 마이클 워너는 재생산성(reprosexuality)을 "이성애성, 생물학적 재생산, 문화적 재생산, 그리고 개인 정체성"을 엮어서 짜는 것으로 정의한다(Michael Warner, "Introduction: Fear of a Queer Planet", *Social Text*, vol.9, no.4, 1991, p.9).

버는 무엇이 자신에게 방광암을 일으켰는지 질문한다. 그녀는 이 특정 암의 발생 과정에서 "나타나는 순차적 유전자 변이들sequential genetic changes"에 대하여 엄청나게 많이 알려져 있다고 말한다.[117] 그러나 "애석하게도, 유전자 돌연변이, 유전적 위험요인, 그리고 효소 작용에 대한 이 모든 지식은 질병을 예방하기 위한 효율적인 캠페인으로 전환되지 않았다".[118] 매체들이 유전자 연구의 새로운 발견을 유망한 비약적 진전으로 보도한다는 사실에도 불구하고 우리는 "우리의 조상을 바꿀 수 없다. 따라서 유전에 스포트라이트를 비추는 것은 우리가 절대적으로 아무것도 할 수 없는 퍼즐의 한 조각에 집중하도록 우리의 관심을 돌린다"고 그녀는 다소 상식적으로 지적한다.[119] 더 열악하게는, 스테인그래버는 이러한 "유전자와 유전에 대한 집착"은 환경 발암물질에 대한 관심을 다른 곳으로 돌린다고 주장한다.[120] 로드와 로런스, 스테인그래버, 안토네타의 몸의 회고록과 또한 '독소체들'toxomes과 '화학물질 지문들'chemical fingerprints ── 아래에서 논의된다 ── 에 대한 활동가들의 설명은 현재도 진행 중인 몸과 장소 사이의 물질적 상호교환들을 강조함으로써 유전학에 대한 과학적·대중적 강박을 반박한다.

안토네타의 회고록은 가족력, 어릴 적 기억, 10대 시절 약 복용을 표제어로 자세하게 작성한 일지, 집이 독성물질에 오염된 역사, 의학 연

---

117 Steingraber, *Living Downstream*, p.257.
118 *Ibid*.
119 *Ibid*., p.260.
120 *Ibid*., p.357.

구, 그리고 역학을 뒤섞는다. 반면 그녀의 주치의들은 그녀의 환경적 유전environmental heritage보다는 유전학적 유전에 초점을 맞추며 협소하게 접근한다. 그녀는 "내 의사들은 내 가족력을 좋아했다. [……] 비록 화학물질과 방사능의 신경학적·신체적 영향들에 대한 자료들이 아주 많았지만, 나는 그것에 대해 얘기하고 싶어 하는 의사를 한 번도 만난 적이 없다"고 말한다.[121] 내시가 말하듯이, 근대적 몸의 표준 의학 패러다임에서 인간의 몸은 마술적으로 봉해지고, 침투당하지 않으며, 고립된 채로 환경이라는 배경과 뚜렷하게 구분된다. 유전자는 근대적 몸의 원동력으로 여겨졌다. 이블린 폭스 켈러, 다나 해러웨이, 그리고 다른 이들이 주장하듯이 구분되고, 기계론적이며, 작용능력을 지니는 개체로 상상되는 유전자에 생명 그 자체의 힘이 부여된다. 해러웨이는 리처드 도킨스Richard Dawkins의 사회생물학sociobiology에서는 "살아 있는 살은 2차적인 것이고, 유전자가 삶 그 자체의 세속적 구원 드라마의 시작과 끝이다. 이것은 거의 세속적인 기독교적 플라톤주의에 가깝다"라고 강력히 주장한다.[122] 예를 들면, 우리는 종들의 환경적 유전이 유전자를 통해 후손에게 전달된다고는 생각하지 않는다. 『믿음을 갖기』에서 스테인그래버는 이제는 거의 표준이 된 양수검사 시술의 '협소함'을 비판한다. "대부분 출생기형은 선천적인 유전적 오류가 원인이라고 여겨지지 않는다"라고 언급하면서, 그녀는 "풍진으로 실명한 수천 명

---

121 Antonetta, *Body Toxic*, p.203.
122 Donna J. Haraway, *Modest_Witness@Second_Millennium: FemaleMan©_Meets_OncoMouse™*, New York: Routledge, 1997, p.133.

의 사례와 탈리도마이드[123]에 노출되어 무족증으로 태어난 아이들의 사례"를 인용한다.[124] "그럼에도 불구하고, 마치 DNA 덩어리가 생명 그 자체의 원동력이라는 듯이, 우리는 수많은 유전학자들에게 유전학적 오류들을 찾도록 떠맡기고, 양수검사를 임신 여성이 치르는 통과의례 로 거쳐 간다. 마치 임신이 물 순환과 먹이 사슬과 동떨어진 밀실에서 발생하기라도 하다는 듯이"라고 그녀는 말한다.[125] 책임이 있는 산업체 들과 기관들, 정부기관들을 폭로하며 외부 환경과 관련해 환경보건이 다루는 불쾌한 문제들은 '유전자'에 의해 대체된다. 유전자에 비춰지는 스포트라이트는 윤리적·정치적 질문들을 제기하지 않는다. 오로지 출 생기형을 다루는 환경주의의 역사만이 누가 비난의 대상이 되어야 하 는지 그리고 어떤 형식의 지식이 신뢰받을 수 있는지에 대해 불편한 질 문들을 제기하는 탈리도마이드와 미나마타병과 같은 것들을 다룬다.

「'라운드업 레디®' 공동체를 생산하기? 인간 유전체 연구조사와 환 경정의 정책」에서 조반나 디 치로는 환경유전체 프로젝트Environmental Genome Project는 "인간 유전체의 선천적 결함들에 집중함으로써 핵심

---

123 [옮긴이] 탈리도마이드(thalidomide)는 다발성 골수종 치료와 나병 환자의 중증 피부 병변 치료에 사용되는 약물이다. 인체 내 면역과 관련된 물질의 생성을 조절하여 면역 반응을 조절하거나 새로운 혈관의 형성을 억제하여 치료 효과를 나타낸다. 탈리도마 이드를 임신 중에 복용하면 태아에게 심각한 선천성 기형 또는 유산을 유발할 수 있 다. 임산부가 1회 용량만 복용해도 태아에게 선천성 기형을 일으킬 수 있다. 태아 기형 은 사지결손, 단지증, 뼈의 저형성증, 외이의 이상, 안면마비, 눈의 이상, 선천성 심장 결함, 소화기관, 요로 및 생식기 기형 등이 보고되었다. 출생 시 또는 출생 직후 사망률 은 약 40%로 보고되었다(네이버 지식백과 '약학용어사전'의 '탈리도마이드' 항목).

124 Steingraber, *Having Faith*, pp.74~75.

125 *Ibid*.

적인 환경보건 문제들을 해결하는 방침을 취할 것을 목표로 한다"고 주장한다.[126] 환경유전체 프로젝트는 "인구의 특정 하위그룹에서 불균등하게 나타나는 결함들과 일련의 환경질병에 대한 점증하는 취약성과 관련되는 이러한 결함들을 밝히려고 한다".[127] 디 치로와 그녀가 인터뷰한 여타 환경정의 활동가들은 이 프로젝트가 암시하는 바를 설득력 있게 비판한다. 그녀는 "환경유전체 프로젝트가 유전자와 환경 사이의 상호작용에 초점을 맞추겠다고 천명했음에도 불구하고", "유전자 변형이 영향을 미치는 자연화된 하층토naturalized substratum를 제외하고 환경은 지속적으로 환경유전체 프로젝트의 문서가 그리는 도식에서 누락된다"고 폭로한다.[128] 몸의 회고록이 수행하는 가장 중요한 문화 작업의 일부는 "자연화된 하층토"로 간주되는 어떤 무엇에 조명을 집중하고, 그것을 종종 낯설게[탈자연화] 하는 방식으로 전경에 배치한다.

세라 쇼스택은 환경유전체 프로젝트 자체에 초점을 맞추지는 않는다. 그녀는 오히려 유전 역학genetic epidemiology과 분자 역학molecular epidemiology, 독성유전체학toxicogenomics이라는 신생 과학들의 잠재

---

126 Giovanna Di Chiro, "Producing 'Roundup Ready®' Communities? Human Genome Research and Environmental Justice Policy", *New Perspectives on Environmental Justice: Gender, Sexuality, and Activism*, ed. Rachel Stein, New Brunswick, N.J.: Rutgers University Press, 2004, p.141.

127 Ibid.

128 Ibid., p.155. / [옮긴이] 구글에서 'Roundup Ready®'로 검색하면 나오는 이미지를 참조하라. '라운드업®'는 몬산토에서 제조하는 강력제초제이고, 같은 회사에서 생산되는 '라운드업 레디®'는 '라운드업®'를 견뎌 낸다고 선전되는 유전자 변형 식물이다. 검색되는 이미지 도식은 '라운드업®'와 제초제에 견디는 유전자 변형 식물, 하층토를 보여 준다.

성을 좀 더 낙관적으로 평가한다. 이는 그것들이 우리의 관심을 유전자-환경 **상호작용**[129]들에 집중시키기 때문이다. 그녀는 이 연구가 "분자 수준에서 노출(들)을 눈에 보이게 함"으로써 "몸과 환경 사이의 관계에 대한 생명과학적 이해와 대중적인 이해 모두를 변형"시킬 것이라고 주장한다.[130] 그녀는 "환경 유전적 몸은 다공적이다. 그 몸은 공기와 토양, 물에서 접촉하는 무언가를 흡수함으로써 분자적이고 형태학적인 수준에서 변화한다. 몸은 노출들의 과거 역사와 잠재적인 미래의 손상들을 드러내는 분자적이고 고고학적인 장소가 된다"라고 설명한다.[131] 아래에서 논하겠지만, 빌 모이어스Bill Moyers와 미국 비영리 환경단체 Environmental Working Group[132]를 포함하는 환경주의운동가들은 환경주의적 관심의 긴급함을 극적으로 표현하기 위해 이 과학들을 이용한다. 이 과학들은 "환경 문제와 더불어 유전 문제를 조사하는" 출산 전 검사

---

129 [옮긴이] 유전자-환경 상호작용에서 형질의 표현형은 유전자들의 작용과 그 유전자들이 처한 환경에 영향을 받아 나타나게 된다. 이는 동일한 유전자형이 환경이 달라지면 서로 다른 표현형을 발현한다든지, 같은 환경하에서는 상이한 유전자형들이 서로 유사한 표현형을 나타내는 현상이다(네이버 지식백과 '농업용어사전: 농촌진흥청'의 '유전자환경간상호작용' 항목).

130 Sara Shostak, "Locating Gene-Environment Interaction: At the Intersection of Genetics and Public Health", *Social Science and Medicine*, vol. 56, 2003, p. 2338. / [옮긴이] 여기서 '환경적 유전'이 정의되고 있다. 이는 "환경적 유전이 유전자를 통해 후손에게 전달된다"(이 책 260쪽)는 '후생학적 유전'을 포함한다.

131 Ibid.

132 [옮긴이] EWG는 독성 화학제품, 농업 보조금, 공공택지, 산업체의 책임을 전문적으로 조사하는 비영리 환경단체다. 공중보건과 환경보호를 목적으로 한다(영어판 위키피디아 'Environmental Working Group' 항목). 국내 포털사이트에서 "ewg"를 검색하면, 자동완성으로 "ewg 등급"과 "ewg skin deep"(EWG 스킨딥 등급)이 뜬다. EWG는 제품의 함유 성분의 유해성을 등급으로 매겨 발표한다.

를 상상해 보도록 한다.[133] 만일 산부인과 의사(또는 '유전자 감식가'와 유사한 '환경 감식가')가 일상적으로 임신 여성과 기형발생 독성물질들에 관해 논의한다면, 어떤 종류의 환경정책과 실천들이 전개될지 상상해 보라.

쇼스택처럼 안토네타도 「이중 나선형」Double Helix이라는 제목의 글에서 유전자와 환경 사이의 상호작용을 강력히 주장한다. 그녀는 "몸으로 흡수된 방사능과 독성 화학물질들이 몸과 뇌의 화학반응을 변형시켜 열성형질들이 발현되도록 염색체들을 공격하는 것처럼, 유전자들은 환경이 활성화시키는 경향성을 생산한다"고 말한다.[134] 유전자의 힘을 과도하게 강조하는 최근 추세에 반대하며 그녀는 "방사능은 벌목꾼이 나무를 도끼질하듯이 염색체를 파괴한다"며 장소의 물질적 작용 능력들을 생동감 넘치게 강조한다.[135] 혹은 "아이일 때, 심지어 자궁 속에서도 우리는 자연의 힘으로 변화되고, 자극을 받고 재형성되었다. 나는 내 중추신경계와 기관들과 둥둥 떠다니는 신경절들에 주먹을 마구 휘둘렀을지 모른다. 하지만 그것이 향했던 것은 작은 하얀 물고기와 블랙베리들과 공기 그 자체였다"라고 말한다.[136] 유년기의 기억 속에 존재하는 "작은 하얀 물고기"와 "블랙베리들"은 몸과 마음에 잠복해 있고, 그것들을 형성하고, 손상시키는 물질들을 실어 나르는 것들 —— 안

---

133 Steingraber, *Having Faith*, p.75.
134 Antonetta, *Body Toxic*, p.175.
135 *Ibid.*, p.202.
136 *Ibid.*, p.148.

토네타 자신을 구성하는 것들 ── 로도 존재한다.

　대중문화와 환경 행동주의에 대한 다양한 매체들 여기저기서 수많은 몸의 회고록 축소판들이 등장한다. 『내셔널 지오그래픽』의 2006년 10월호를 예로 들어 보자. 표지는 큰 글씨로 '우리가 반드시 보호해야 하는 장소들'이라고 공표하면서, '야생', 즉 사막 한가운데 높이 치솟은 메사 고원 ── 그 뒤로 보이는 3개의 암울한 공장 굴뚝과 함께 ── 을 보여 준다. 이 전통적인 환경주의적 표지에 「우리 안의 화학물질들」이라는 기사가 뒤따른다. 그 기사에서 "화학적 자기-발견의 여행에 참가하는" 작가인 데이비드 유잉 덩컨은 "내가 음식, 음료수, 들이마시는 공기, 그리고 피부에 접촉한 제품들에서 흡수했을 320개의 화학물질들 ── 단순히 살아가면서 획득하는 나 자신의 비밀스런 화합물 저장소" ── 에 대해 검사받았다.[137] 그는 검사받은 320개 화학물질들 중에서 165개가 탐지되었다고 고지하는 '화학물질 통지서'를 받는다. 덩컨은 어린 시절 환경보호청Environmental Protection Agency 공해방지 사업자금이 투입된 장소에서 뛰어놀고, 살충제가 살포된 농업 지역과 유독한 구름들을 뿜어내는 공장들 가까이에서 성장했다고 말한다. 스테인그래버와 안토네타처럼, 그는 "그러한 극미량의 독성물질들이 발생한" 장소들을 찾아 나선다.[138] 그 글은 폴리브롬화디페닐에테르PBDEs

---

137　David Ewing Duncan, "The Chemicals within Us", *National Geographic*, vol. 210, no. 4, October 2006, p. 120. / [옮긴이] http://allinonebusiness.net/PDFDocuments/NationalGeographic.ChemicalsWithinUs.pdf(accessed: 2018. 6. 30.).

138　Ibid., p. 122.

와 테레프탈산염과 같은 흔하지만 잠재적으로 위험한 화학물질들의 몇몇 항목들의 편재성, 오염원, 그리고 건강에 미치는 영향에 대한 정보를 제공한다. 그것은 또한 우리 주변에 널린 화학제품들의 안전성에 대해 우리가 거의 알고 있지 못하다는 불편한 정보도 포함한다. 예를 들면, "미국에서 사용 중인 82,000개의 화학제품들 중 오로지 1/4만이 유독성 검사를 받았다".[139] 이러한 심란한 데이터와 덩컨의 PBDEs 농도는 "매우 높은 수치"라는 스웨덴 화학자의 논평에도 불구하고, 그 글의 많은 부분들은 기이하게 낙천적이다.[140] 예를 들면, '통지서' 옆에 있는 네모 칸은 큰 글씨로 "덩컨은 검사를 실시한 여러 종류의 살충제 28개 중에서 16개가 발견된 미드웨스턴 옥수수 밭을 반대할 수 있다. 덩컨의 혈액 속에 지금은 단계적으로 사용이 정지된 흔한 난연제인 BDE-47[141]이 풍부하기는 하지만, 그에게 불을 붙이려고 하지 마시오"라고 통지한다.[142]

안토네타와 스테인그래버의 중독된 몸은 취약성을 보여 주는 반면에, 덩컨은 더욱 거칠고, 더욱 공격적이며, 덜 투과적인, 심지어는 더욱

---

139 Ibid.

140 Ibid., p.120.

141 [옮긴이] 테트라브로모디페닐에테르, 또는 브롬화 난연제. 난연제는 플라스틱의 내연소성을 개량하기 위하여 첨가하는 첨가제로, 때에 따라서는 플라스틱 성형품의 표면에 도포할 때도 있다. 유기질 난연제와 무기질 난연제가 있다. 플라스틱은 연소하기 쉽고, 연소 시에는 유독 가스가 발생하기 때문에 난연화를 해야 한다(네이버 지식백과 '환경공학용어사전'의 '난연제' 항목). 2007년에 미국 11개 주에서 브롬화 난연제가 금지되었다.

142 Ibid., p.126.

'풍성한' 몸으로 나타난다. 방사선 또는 미스터리한 독성물질 혼합물로 더욱 강해지는 과학소설 속 주인공처럼, 덩컨은 강화된다. 덩컨이 자신의 검사 결과를 내과의사에게 보여 주자 그 의사는 "그 자신도 이 화학물질들에 대해 아는 것이 거의 없다고 인정"하면서도, 덩컨이 "건강하다"고 확인해 주는 것으로 글을 끝맺는다.[143] 이 글은 의학이 생체이물 화학물질들의 위험성을 인정하는 것이 좋겠다고 권고하거나, 좀 더 확장된 검사들과 규제들 또는 가정에서 좀 더 친환경적인 실천들을 권고하는 것으로 끝낼 수도 있었을 것이다. '우리의 중독된 가정'에서 다양한 화학물질들을 '피하는 방법'을 독자에게 전달하는 삽입 문구가 있기는 하다. 그러나 그 글은 언제나처럼 "그래서 나는 계속 비행기를 탈 것이고, 테플론Teflon 프라이팬에 스크램블 계란을 할 것이며, 향수 샴푸를 사용할 것이다. 그러나 그렇게나 많은 방식으로 삶을 윤택하게 하는 화학제품들에 대해 이제 더 이상 이전과 동일하게 느끼지는 못할 것이다"라며 사업가다운 방식으로 끝맺는다.[144] 무엇보다 느낌에 초점이 맞춰지면서, 덩컨에게 노출되는 생화학적 현실들은 비물질성 속으로 서서히 사그라진다. 검사 한 번 받는 데 천팔백만 원이나 지불하는, 이 얼마나 값비싼 정서적 여행이란 말인가!

『내셔널 지오그래픽』은 몸을 강하고 건강하게 재구성하는 이러한 남성적이고 특권적인 중독된 몸을, 노출에 굴복한 덜 다행인 이들의 몸

---

143 Ibid., p.133.
144 Ibid.

으로 에워싼다. 공장과 정유소 들로 환하게 밝힌 지평선을 배경으로 자세를 취하는 세 명의 유방암 여성의 사진들이 덩컨의 글 앞에 실려 있다. 이 글 자체는 난연제 때문에 위험에 처한 아이들의 사진들과 슈퍼마켓의 세제 판매대로 가는 마스크를 착용한 한 여성의 사진들을 포함한다. 성인 남성이 나오는 또 다른 유일한 사진은 온천에서 독성물질 제거 과정을 웃으며 즐기는 존 무어John Moore의 사진이다. 페이지를 넘기다 보면 「상처의 세계」라는 기사를 소개하는 사진에서, 눈이 있어야 할 자리에 흐릿하게 보이는 어떤 것을 가진 아이가 보인다. 독자는 충격에 빠질 것이다. 의뭉스럽게 짤막한 이 글에서 덩컨은 어떻게 "화학물질 '오염지대'hot spot가 우리 대부분이 경험하는 것보다 훨씬 더 높은 수준으로 살충제와 중금속, 기타 다른 물질들을 사람들에게 노출시키"는지 논의한다.[145] 그는 "희생자들은 종종 세계의 빈민과 약자"라고 지적하고, 비록 "그 사실 자체가 비극적"이기는 하지만, "이런 높은 수준의 노출은 또한 우리가 일상에서 흡수하는 훨씬 더 작은 10억 분의 1 정도의 극미량에 대해서도 곤란한 질문들을 제기한다"고 말한다.[146] 여기서 이 '우리'라는 범주는 상대적 위험과 안전에 대한 불편하고 쉽게 변하는 영역에 의존한다. 벡이 공식화하듯이 독극물들은 어떤 지역에 집중되기도 하지만, 그것들은 궁극적으로는 사회·경제 영역을 횡단한다는 점에서, '우리'는 '세계의 빈민과 약자' 같기도 하고 아니기도 하

---

145 David Ewing Duncan, "A World of Hurt", *National Geographic*, vol.210, no.4, October 2006, p.139.
146 Ibid.

다. 불편하게도 독성물질 노출로 심각하게 손상된 사람들의 생생한 예들은 "사람들에게서 수집되어 우리에게 정보로 제공된다"고 미국 환경보건센터의 누군가는 말한다.[147] 그 글은 환경정의 행동주의 또는 대중역학을 논하지도 않으면서, 이 사람들을 알 권리를 지닌 주체가 아니라 지식의 대상으로 간주하며, 더욱 우려스럽게 궁극적으로는 '우리'에게 정보를 제공하는 실험실 생쥐라는 배역을 맡긴다. "과학이 대답을 찾는 동안 이것 한 가지는 확실하다: 화학물질들의 과도한 흡수가 가하는 익히 알려진 공포들은 우리 각자 내부에 존재하는 작은 양으로도 우리를 훨씬 더 심란하게 만든다."[148]

빌 모이어스는 "어떻게 우리를 둘러싼 수천 가지 화학제품들의 진실에 대한 대중의 알 권리가 손상되었"는지 폭로하는 미국 공영방송 PBS의 TV 프로그램인 「사업 비밀」Trade Secrets의 일부로 신체 부하 검사를 받았다.[149] 놀랍도록 자세한 정보를 담고 있으면서도 포괄적인 웹사이트는 독극물들을 11가지 유형으로 나누면서 모이어스의 검사 결과 목록을 나열한다. 모이어스에게서 탐지된 25개의 뇌신경계통 독극물들은 "근육 약화, 경련, 어지럼증, 눈의 통증, 시야의 흐려짐, 착각, 무감각, 근육수축, 마비"와 같은 증상들 그리고 "사망"을 발생시킨다고 검사 결과는 적고 있다. 게다가 "학습능력, 기억, 그리고 기타 고도

---

147 Ibid.

148 Ibid., p.140.

149 「사업 비밀」 웹사이트를 보라. / [옮긴이] https://www.pbslearningmedia.org/resource/pbs_org14 _tradesec_soc_4/trade-secrets-transcript/?#.Wzc6jOQnaUk (accessed: 2018.6.30.). 이미지를 클릭하면 방송 대본이 나온다.

의 뇌 기능들 또한 영향을 받는다".[150] 그것은 어떻게 우리가 독극물 함대의 정박지가 되는지에 대한 증거를 제공한다. 또한 대부분의 사람들은 검사를 받기 위해 7백만 원을 쓸 수 없다는 것을 언급하고, 모이어스의 신체 부하 검사를 웹사이트에서 평가절하한다. 그것은 「일람표: 오염 정보 사이트」Scorecard: The Pollution Information Site에 링크로 연결된다. Scorecard.org에서 사람들은 자신들의 우편번호를 입력하면 최근에 그들의 이웃에 방출된 독성 화학물질들의 목록과 함께 이 화학물질들이 건강에 미치는 영향들을 검색할 수 있다. 게다가 이 사용하기 쉬운 사이트는 회사 이름들을 거명한다. 우편번호 75208을 입력하고 클릭한 후에, 나는 미국의 '상위 오염 회사들', 2002년에 141,721파운드의 독성물질을 배출한 라스코 배스웨어 주식회사Lasco Bathware Inc.와 131,210파운드를 배출한 2등 댈타일Dal-Tile을 발견할 수 있다(나는 이 글을 2010년에 쓰고 있으므로, 이 정보에 조금 먼지가 쌓였을 것이다). 비록 모이어스가 검사를 위해 자신의 몸을 제공하기는 하지만, 사이트는 개별적 몸의 건강이라는 의학 모델 또는 소비자 모델에 저항하고, 정치적 행동주의를 동반하는 환경보건에 대한 좀 더 광범위한 의식을 권장한다. 행동주의가 단순히 님비NIMB, not-in-my-backyard 다양성의 행동주의가 되지 않도록, 그 사이트는 또한 어떻게 폴리염화비페닐PCBs이 줄곧 앨라배마 주로부터 북극권에 이르기까지 이동하는지 지도로 보여 주는 지구 이미지를 포함하고 있다. 「사업 비밀」을 위한 홈페이

---

150 Ibid.

지는 '문제들', '증거들', 그리고 '선택지들'을 명확히 소개한다. 증거는 37,000쪽 분량의 화학회사 문서들의 데이터베이스와 어떻게 화학회사 자금이 정부로 흘러 들어갔는지 보여 주는 하나의 차환표를 포함한다. 선택지들은 '알 권리'와 '당신 자신을 보호하기' 양자를 포함한다. 사이트는 대중역학자들, 시민-전문가들, 환경주의 활동가들, 그리고 녹색 소비자들을 위한 풍성한 자료들을 제공한다. 자기 자신의 사적인 건강은 지식과 행동주의를 요구하는 문제가 된다.

「사업 비밀」 사이트에 실린 37,000쪽 분량의 아카이브는 인간독소체 프로젝트를 수행하는 비영리 환경단체EWG가 제공한다. 인간독소체 프로젝트는 "음식과 공기, 물을 통한 오염 또는 일상의 소비자 제품들에 있는 성분에 노출되는 것으로 인간 몸에 침투하는 산업 화학물질에 대한 혈액, 소변, 모유, 그리고 세포조직을 검사하기 위한 최첨단 생화학물질 오염검사 기술"을 사용한다.[151] 훌륭하게도, 인간독소체 프로젝트는 인간유전체 프로젝트에 다음과 같은 환경적 대안을 제시한다. '사람들에게 있는 오염 지도그리기'Mapping the Pollution in People라는 소제목이 시사하는 것처럼, 사람과 장소가 사이트에 함께 배치된다. 세계 지도를 클릭하면 검사를 받은 사람들의 목록이 뜨고, 이름을 클릭하면 혈액과 소변에서 검출된 지금은 익숙해진 화학물질들의 목록을 보여 준다. 페이지 상단에 위치한 웃고 있는 얼굴 사진들과 특정 독극물들의

---

151 EWG의 인간독소체프로젝트 웹사이트. / [옮긴이] https://www.ewg.org/sites/humantoxome/(accessed: 2018.6.30.). 업데이트된 페이지이다.

수치와 건강에 미치는 영향, 그리고 가능한 노출 경로를 보여 주는 길고 충격적인 도표 사이의 으스스한 분열이 발생한다. 예를 들면, 안드레아 마틴Andrea Martin은 아주 행복해 보이지만, 적어도 2개의 발암물질들의 수치가 '높게' 나왔다. 그중 하나는 매우 우려스럽다. 사이트에 나온 그녀의 약력을 훑어 내려가면 그녀가 암 생존자라는 것, 또한 500명의 다른 생존자들과 함께 후지산을 등반했다는 것을 알 수 있다. 마치 우리 모두가 비가시적인 위협들의 광활한 자연에서 부유하기라도 한다는 듯이, 수수한 사진들과 약력들이 독극물 수치와 위험성을 보이는 도표들 때문에 초라해지는 탓에, 이 웹페이지들은 인간에 대한 우리의 개념을 낯설게 한다. 물론 이후에는 다시 우리로 돌아오겠지만 말이다.

환경보건, 환경주의, 동물에 대한 주의를 촉구하는 단상

인간독소체 프로젝트는 덜 문학적인 버전의 몸의 회고록을 내놓는다. 그것은 사람들과 장소들, 산업체들 사이의 물질적 상호연결을 드러내는 생화학물질 오염감시를 이용하고, 더 강력한 규제, 더 적은 독극물 배출 그리고 더 많은 시민과 공동체의 관리를 촉구한다. 하지만 인간독소체 프로젝트는 촘촘히 늘어선, 인간이 생산한 독소들을 흡수하는 비인간 동물들의 신체 부하에 대해서는 언급하지 않는다. 몸의 회고록들이 인간 세계와 인간을 넘어선 세계 사이의 상호교환들을 드러내는 것처럼, 우리는 모든 생명체들이 몸과 장소의 고유한 신체적 교차로들의 일부로 존재한다고 상상할 수 있고, 이는 생명체들과 서식지들에 대한 배려의 윤리를 촉구한다. 횡단-신체성이 그러하듯이, 오로지 협소하게 인본주의적 윤리 영역을 회복시키려고 인간 예외주의의 기반을 침식하는 것은 쓸쓸하게 아이러니하다. 환경보건 실천들에 헌신했던 사람으로서 나는 인간의 건강이 비인간 생명체들을 희생해서 구입할 수 있다는 사실에 종종 당황한다. 때때로 환경보건운동들과 실천들, 제품들이 환경주의운동을 방해하는 것처럼 보인다. 예를 들면, 가정용 공기청정기를 사용하는 것은 식물과 동물, 서식지, 생태계를 손상시키는 전지구적 기후변화를 가속화한다는 점에서 이기적인 행위다. 그것들의 녹색 포장들에도 불구하고, 가장 유아론적인 환경보건 실천들은 우리, 다행스러운 소수인 우리 자신만을 구하려는 방공호 사고방식을 떠올리게 한다. 요약하면, 횡단-신체적 상호교환들의 위험을 인정하는 것은 개인들을 세계로부터 보호하려는 목적으로 일련의 심리적·정치적·물질적 경계를 가로지르는 실천들을 자극한다. 다른 한편으로, 몸의 회고록이 그러하듯이, 세계와 자아가 함께 존재한다고 이해하는 것은 경계선들보다는 연결들을 만들고, 전지구적 시스템들과 교환들, 흐름들 내부로부터 윤리적 행동들을 수행하는 횡단-신체적이고 포스트휴먼적인 환경주의운동을 고취할 수 있다. 캐런 배러드는 "우리가 일부를 구성하는 생성의 생동하는 관계성들에 대한 책임과 해명할 책임에 관한" 것인 "물질작용"mattering과 "세계작용"worlding의 윤리를 옹호한다.[152]

---

152 Karen Barad, *Meeting the Universe Halfway: Quantum Physics and the Entanglement of Matter and Meaning*, Durham, N.C.: Duke University Press, 2007, pp.392~393.

배러드의 "내부-작용"inter-action 이론은 인간주체를 "앎"과 "윤리성"의 장소로 대체하고, "의식적 의도를 통해서가 아니라 물질성이 수반하는 다양한 존재론적 얽힘들을 통해서, 우리(하지만 오로지 '우리 인간들'은 아닌 우리)는 우리가 얽혀 있는 인간·비인간 타자들에 대해 언제나 이미 책임이 있다"는 것을 보여 준다.[153] 미리 관계에 앞서 제한되거나 정의될 수 없는 존재론적 얽힘과 "생동하는 관계성들"에 우리가 주의를 기울이는 것은 통념적인 자연 개념을 재형상화하는 다소 가공할 만한 윤리적/인식론적 기획이다. 문자 그대로 창발적인 물질세계의 일부분이 되는 몸의 회고록들의 화자들이 아는 것이 무엇인지, 존재하는 것이 무엇인지, 행동하는 것이 무엇인지와 같은 문제와 씨름할 때, 그러한 윤리는 몸의 회고록들에서 언뜻 나타난다.

마지막으로 돌고래, 고래, 그리고 기타 해양 동물들에 헌신하는 블루보이스BlueVoice라는 비교적 신생 환경단체를 언급하고 싶다. 「공유된 운명」A Shared Fate이라는 제목으로 웹사이트에 올라온 문서는 "오염된 해양 먹이사슬이 인간과 해양 동물의 건강을 똑같이 위협한다"고 공표한다.[154] 혈액학자/종양학자인 브라이언 듀리Brian G. M. Durie와 블루보이스 단체와 일하는 하디 존스Hardy Jones가 공동집필한 이 사이트에 실린 또 다른 짤막한 보고서는 연구들이 "돌고래와 인간의 최근 이뤄진 체내축적의 상호연관성을 밝히려고 진행 중이며", "골수종이 발병할

---

153 *Ibid.*, p.393.

154 [옮긴이] http://www.bluevoice.org/pdf/asharedfate.pdf(accessed: 2018.6.29.), 57쪽 분량의 PDF 문서이다.

위험에 대한 확률 산출이 해양 환경의 오염과 독성물질에 대한 인간의 노출 양자를 줄이려는 개입들을 지지할 것이다". 아마도 활동가의 과학이라는 유사한 형태들은 옹호와 관심의 연결망들 안에 위치하는 인간과 비인간 동물들을 연결하는 횡단-신체적 윤리를 촉진시키면서 환경주의운동과 환경보건운동이 연대하도록 도울 것이다.[155] 이러한 종류의 과학과 행동주의, 윤리는 "이 물들이 흘러가는 강둑과 해변가에 모여 밀접하게 연관된 생명들에 대해 배려하는 집단 회의"를 수행하기 위해 "암을 지닌 사람들이 암을 가진 동물들이 산다고 알려진 다양한 물의 몸으로 이동하"는 스테인그래버가 상상하는 "성지순례"를 따라 이동할 것이다.[156]

155 다니엘 마티노 외 공저자들은 퀘벡 주 세인트로렌스(St. Lawrence) 강어귀 또는 그 부근에 서식하는 인간과 흰돌고래에서 나타나는 평균 이상의 암 발병률을 연구해 왔으며, "인간 모집단과 수명이 길고 고도로 진화한 포유류 모집단은 동일한 서식지를 공유하고 동일한 환경 폐기물 격납 시설들에 노출되기 때문에 특정한 유형의 암에 영향을 받을 것이다"라고 결론짓는다(Daniel Martineau, et al., "Cancer in Wildlife, a Case Study: Beluga from the St. Lawrence Estuary, Québec Canada", *Environmental Health Perspectives*, vol.110, no.3, 2002, p.290). 2009년 『네이처 리뷰: 암』에 실린 「야생동물 암: 보호주의적 관점」에서, 데니즈 맥캘루즈와 앨리사 뉴턴은 야생 동물의 암은 과학자들이 생각했던 것보다 더 널리 퍼져 있다고 관찰한다. 그들은 "시의적절한 환경 완화를 추진하고, 환경정책에 영향을 미치기" 위해서 동물역학에 대한 연구가 지닌 엄청난 잠재성을 들여다봐야 한다고 언급하는 것으로 끝맺는다(Denise McAloose and Alisa L. Newton, "Wildlife Cancer: A Conservation Perspective", *Nature Reviews: Cancer*, vol.9, no.7, July 2009, p.524).

156 Steingraber, *Living Downstream*, p.145.

5장

이탈적 작용물들
과학, 문화, 그리고 화학물질복합과민증

의학의 고전적인 충고는 회피인데, 이 지구상 어느 곳도 화학물질과 오염물질이 없는 곳이 있을지, 나는 그곳을 찾지 못했다. — 제이콥 벅슨, 『카나리아 이야기』[1]

위험에 관해선 어떤 전문가도 존재하지 않는다. — 울리히 벡, 『위험사회』[2]

이것은 증후군, 질환, 장애, 질병, 알레르기일까? 혹은 심인성으로 유발된 상태, 화학물질복합과민증, 환경 질환, 화학물질 손상, 화학물질 과민증intolerance, 종합 알레르기 증후군, 보편적 반응 증후군, 화학물질로 유발된 면역체계 조절장애일까? 심지어 21세기형 질병이라고 봐야 할까? 이들 전문용어의 소용돌이는 이러한 의학적·과학적·정치적·하

---

1 Jacob B. Berkson, *A Canary's Tale: The Final Battle: Politics, Poisons, and Pollution vs. the Environment and the Public Health*, vols.1~2, Hagerstown, Md.: Berkson, 1996.
2 Ulrich Beck, *Risk Society: Towards a New Modernity*, trans. Mark Ritter, London: Sage, 1992.

위문화적·경제적 영토들을 둘러싼 논쟁이 맹렬하게 진행 중임을 시사한다. 심지어 국립환경보건과학원은 "선호되는 의학 용어는 특발성 환경 과민증Idiopathic Environmental Intolerance" ── '특발성'은 불확실성을 표지한다 ──이라고 선언한다.[3] 이와 동시에 2005년에 출판된 『화학과 공학 소식지』에 실린 글은 '화학물질과민증'chemical intolerance은 표준 용어라고 주장한다. 뿐만 아니라 지금에 와서는 "이 환자들의 대다수는 정말로 병들었고, 그들의 증상들은 화학물질 노출과 관련이 있다는 인식이 널리 확산"되었다고 주장한다.[4] 화학물질복합과민증multiple chemical sensitivity[5] 또는 환경질병environmental illness[6]은 '일반적인' 21

---

3 National Institute of Environmental Health Sciences. http://www.niehs.nih.gov/external/faq/mcss.html(accessed: 2005.9.). / [옮긴이] 웹페이지는 검색되지 않지만, "preferred medical term is Idiopathic Environmental Intolerance"로 검색하면 정확히 일치하는 웹페이지가 20건 정도 검색된다.

4 Bette Hileman, "Chemical Intolerance: Researchers Explore Relationships between This Environmentally Induced Illness and Addiction", *Chemical and Engineering News*, vol.133, no.41, October 10, 2005, p.25.

5 [옮긴이] Multiple chemical sensitivity는 화학물질과민증이 복합적으로(multiple) 발생한다는 의미에서 화학물질복합과민증으로 번역했다.

6 나는 '환경질병'이라는 용어를 어떻게 이 질병이 인간의 건강을 환경보건(environmental health)으로 표현하는지 강조하기 위해, 인간의 몸은 자연적·비자연적·하이브리드적 물질세계와 함께 존재한다는 것을 강조하기 위해 사용한다. 나는 그리고 '화학물질복합과민증'을 우리가 공유하는 세계에서 수천 가지 생체이물 화학물질들이 이 질병에 대한 가능성 있는 원인이라는 것을 강조하기 위해 사용한다. 화학물질 손상(chemical injury)은 산업재해와 같은 특정 사건에 의해 손상을 당한 사람들에게 중요한 용어이다. 그렇지만 나는 이러한 상황에 대한 일반적인 명칭으로 이 용어를 사용하기를 주저하는데, 이는 그것이 평범하고, 겉으로 안전해 보이는 노출로부터 병을 얻는 수많은 사람들을 포함시키지 못하기 때문이다. 게다가 만연한 산업행위와 소비행위보다 고립된 사건들을 암시하는 화학물질 손상이라는 용어는 특정 장소에서 더 나은 안전 조치들 ──화학/산업사회 전반에 걸친 대규모 점검보다 ──이 이 질병을 예방할 수 있었을 것이라고 암시한다.

세기의 환경과 물질들에 노출됨으로써 발진, 경련, 발작, 호흡 장애, 두통, 어지럼증, 매스꺼움, 관절통, '머리가 안개처럼 뿌연 상태', 그리고 극심한 피로를 포함하는 일련의 신체 반응을 발생시키는 건강상태를 뜻한다. 화학물질복합과민증은 걸프전 질환, 새집증후군sick building syndrome, 음식과민증후군과 중첩된다. 이 증후군에 대한 과학적·의학적·대중적 설명들은 증식하고 분화하고 있다. 부연하면, 보편화하는universalizing 설명들은 그것을 다양한 정도로 우리 모두에게 가해지는 어떤 것으로 보는 반면, 특수화하는minoritizing 설명들은 그 증후군을 다른 질병과 구분되는 하나의 특정 질병으로 간주한다. 어떤 이들은 그것이 암, 자가면역 질병, 그리고 여타 질병들을 발생시키거나 그와 관련이 있다고 믿는 반면에, 다른 이들은 노골적으로 그것을 심인성이고 히스테릭한 상태라고 일축한다. 화학물질복합과민증/환경질병에 대해서는 의학 표준검사도, 심지어 확립된 정의조차도 존재하지 않는다. 그 단어가 어디에서 왔는지도 알려져 있지 않다. 피터 라데츠키의 『20세기 알레르기』에 인용된 수많은 전문가들은 환경질병은 3차 신경, 대뇌변연계, 화학물질에 대한 알레르기 반응, 면역체계 조절장애, 또는 뇌의 콜린 작용[7] 장애로 발생한다고 가정한다. 아주 도발적으로 라데츠키는

7 [옮긴이] 콜린 작용은 아세틸콜린이 신경전달물질로 작용하는 과정을 의미한다. 아세틸콜린은 콜린과 아세트산의 에스테르로 최초로 발견된 신경전달물질이다. 뉴런 전체에 분포하고, 신경의 말단에서 분비되며, 신경의 자극을 근육에 전달하는 화학물질이다. 아세틸콜린이 분비되면 혈압강하·심장박동 억제·장관(腸管) 수축·골격근 수축 등의 생리작용이 나타난다. 신경말단에서 분비된 아세틸콜린은 자극의 전달이 끝나면 콜린에스테라아제에 의해 콜린과 아세트산으로 분해된다. 콜린은 콜린에스트라아제의 작용에

'독성물질로 유발된 항독성 상실'toxin-induced loss of tolerance은 감염 질병들과 동등하게 복수형으로 표시되는 질병들인, 완전히 새로운 범주라고 주장하는 과학자 클라우디아 밀러Claudia Miller를 인용한다.

　　문제를 일으키는 모든 물질을 필수적으로 회피해야 하는 화학물질복합과민증 '치료법'은 어떻게 이 건강상태가 인간의 횡단-신체성의 실례가 되는지 암시한다. 동시에 그것은 어떻게 몸과 환경 사이의 흐름과 상호교환에 대한 관심이 창발적인 물질세계 안에서 사유와 존재의 새로운 양태들을 촉발하는지 보여 준다. '회피'avoidance는 약물도, 수술도, 그리고 입원치료도 필요로 하지 않는다. 사실 이러한 의학 표준치료는 오로지 환자의 "독성물질 부하"toxic load를 증가시킬 뿐이다.[8] 비유적으로 말해서 독성물질이라는 '부하에 짓눌리기' 때문에, 화학물질에 반응하는 몸 ─ 앞 장에서 논의한 물질적 자아의 극단적인 예 ─ 은 "서로 구별되는 부분들로 구성되고, 피부로 안과 밖이 나누어지는" 20세기 대증의학allopathic medicine의 '근대적 몸'보다는 19세기 의학의 투과적 신체성들과 더 많은 공통점을 지닌다.[9] 하지만 환경질병은 특수

<hr/>

따라 효소적으로 합성되어 다시 아세틸콜린이 된다(두산백과 '아세틸콜린' 항목). 이 책 321쪽에서 제시되는 벅슨은 콜린 작용 장애를 겪는 것으로 보인다.

8　윌리엄 레아는 "전체 독성물질 (신체) 부하 (부과)"(Total Toxic [Body] Load [Burden])를 "한 번에 몸으로 유입되는 모든 오염물질들의 총합"으로 정의한다. 그의 이론에서, "이러한 축적이 신경계에 과부하를 일으킬 때 화학물질과민증이 발생하기 때문에", 독성물질 부하가 중요하다(William Rea, *Chemical Sensitivity*, vol.1, Boca Raton, Fla.: Lewis, 1992, p.12).

9　Linda Nash, *Inescapable Ecologies: A History of Environment, Disease, and Knowledge*, Berkeley: University of California Press, 2006, p.11.

하게 20세기와 21세기에 나타나는 현상이다. 부분적으로 이것은 근래에 눈덩이처럼 불어나고 확산 중인 생체이물 화학물질들 때문에 발생한다. 더욱이 환경질병 치료법은 현대 위험사회에서 직면하는 존재-인식론적 영토로 환자들을 몰아넣는다. 왜냐하면 위험사회에서 일반시민들은 수많은 잠재적 위험들을 평가하며 현기증이 일 정도로 많은 정보출처들을 마주해야 하고, 양성에서 악성으로 형태변화하는 것으로 보이는 사물들이나 물질들과 직면해야 하기 때문이다. 살충제, 향수, 자동차 배기가스, 섬유 유연제, 의류, 잡지, 그리고 카펫처럼 생활 주변에 널린 제품들과 물질들이 증상을 유발할 수 있다. 따라서 화학물질복합과민증에 대한 효과적인 치료는 개인적인 문제가 아니라 거의 모든 군사, 산업, 제조회사, 농업, 가정, 그리고 소비자 행동들에 대한 철저한 점검을 필연적으로 동반한다. 라데츠키가 주장하듯이, "화학물질들이 우리에게 나쁜 영향을 미친다는 주장에 근거하는 질병은 인간이 직조한 문명과 그로부터 발생한 엄청난 이익을 파탄 내겠다고 위협한다".[10] 혹은 스티브 크롤-스미스와 휴 플로이드가 표현하듯이, 화학물질복합과민증은 "근대성modernity을 몸으로 고발"하는 것에 다름 아니다.[11]

안이한 태도에 대한 근본적인 문제제기로서 그리고 지배적인 의학모델에 부합하지 않는 신체 상태로서 환경질병은 인간 몸을 안과 밖으

10 Peter Radetsky, *Allergic to the Twentieth Century: The Explosion in Environmental Allergies-From Sick Buildings to Multiple Chemical Sensitivity*, Boston: Little, Brown, 1997, p.167.
11 Steve Kroll-Smith and H. Hugh Floyd, *Bodies in Protest: Environmental Illness and the Struggle over Medical Knowledge*, New York: NYU Press, 1997, p.xi.

로 나누는 경계선과 '건강'의 영토를 다시 사유할 수 있는 강력한 가능성을 보여 준다. 문화적 은유로 사용되는 것에서 질병을 해방시키려는 수전 손택은 "질병은 은유가 아니다"라고 주장한다.[12] 뿐만 아니라 "질병에 경의를 표하는 가장 진실된 방식 ── 그리고 질병 앓기의 가장 건강한 방식 ── 은 은유적 사유라는 불순물을 최대한 제거하고, 그것에 최대한 저항하는 것"이라고 주장한다.[13] 손택은 우리가 질병이라는 현실을 파악하도록 은유라는 문화의 껍질을 벗겨 내기를 바라는 반면에, 나는 우리가 환유적 미끄러짐, 즉 의미화의 물질적 연쇄에 대한 가능성을 곰곰이 따져 볼 것을 제안한다. '**환경**질병'은 몸을 횡단-신체적 공간으로 확장시킨다. 다양한 물질들이 고통, 질병, 장애, 현기증, 그리고 피로를 유발하기 때문에, 그러한 몸(또는 마음)은 그것을 둘러싼 물질로부터 구분될 수 없다. 크롤-스미스와 플로이드의 말처럼, "화학물질복합과민증을 지닌 사람은 몸과 몸이 마주하는 장소들과 물건들 사이의 상호교차 지점을 조사한다. 그는 자기 몸의 표면이 문화 생산물과 접촉하는 지점들에 관심이 있다".[14] 화학물질복합과민증을 겪는 사람들을 담은 론다 즈윌링거의 사진집은 사람, 주거 공간, 그리고 환경을 통합하는 인물사진을 촬영함으로써 횡단-신체성에 대한 인상을 포착한다. 따라서 환경질병은 횡단-신체적 공간에 대한 특별히 강력한 예를 제공한

---

12 Susan Sontag, *Illness as Metaphor and AIDS and Its Metaphors*, 1977, Rpt., Garden City, N.Y.: Doubleday, 1988, p.3.

13 *Ibid*.

14 Kroll-Smith and Floyd, *Bodies in Protest*, p.104.

다. 이 공간에서 인간 몸은 물질세계, 즉 생물학적 생명체, 생태계, 생체

이물질, 그리고 인간이 만든 물질과 결코 분리될 수 없다.

캐런 배러드의『우주를 중간에서 만나기: 양자물리학과 물질과 의

미의 얽힘』과 앤드류 피커링의『행위의 뒤섞임: 시간, 작용능력, 그리고

과학』은 매우 독특한 방식으로 세계를 물질적으로 얽힌 작용능력들의

창발적인 장소로 개념화한다. 예를 들면 앤드류 피커링은 과학자들이

세계를 "표상한다"는 관념에 반박하면서 세계는 "관찰 보고서처럼 우

리에게 탈신체화된 지성들을 부과하지 않는다. 강력한 힘들로서 우리

에게 물질적 존재들을 부과하며 지속적으로 **무언가를 하는 중이다**. 기후

를 생각해 보라"고 주장한다.[15] 확실히 이 세계는 화학물질복합과민증

을 지닌 이들이 거주하는 세계 — 계속해서 '무언가를 하는' 세계 —

이다. 배러드와 피커링의 이론은 어떻게 평범한 사람들이 이러한 상황

을 경험하는지 이해하는 데 매우 유용하다. 뿐만 아니라 더욱 폭넓게,

특정 환경질병과 몸된 자연들 일반에 관한 이론적·윤리적·정치적 세

분화들을 전개하는 데 매우 유용하다. 화학물질복합과민증 연구에서

발생하는 가장 놀라운 일들 중 하나는 생체이물 화학물질이 그러하듯

사람들이 자신의 고유한 분야로부터 이탈한다는 사실이다. 문화 비평

가들은 텍스트 논쟁보다는 차라리 물질의 작용능력들을 찾고, 과학자

들은 물질성을 은유로 녹여 내며, 평범한 사람들은 '과학'의 실천에 개

---

15 Andrew Pickering, *The Mangle of Practice: Time, Agency, and Science*, Chicago:
University of Chicago Press, 1995, p.6.

입한다. 화학물질에 예민한 사람들은 자신들의 몸을 과학 측정도구로 경험하면서 그들이 마주하는 모든 장소, 모든 공기의 흐름, 모든 음식, 그리고 개인 간호용품과 내부-작용하는 물질의 작용능력들을 지속적으로 통과해 간다. 아이러니하게도, 화학물질복합과민증을 의학이 아닌 심리적인 문제라고 주장하며 어떤 과학자들은 그것을 '비물질적'이라고 파기하는 반면에, 사회구성주의 패러다임에 몰두하는 문화 이론가들은 통제 불가능한 물질성에 집착한다. 이 통제 불가능한 물질성은 몸들과 인간이 만든 물질들이 규범·표준·예측 모델로부터 벗어난다는 의미에서 일종의 이탈deviance로 이해될 수 있다. 라델 맥휘터가 제시하는 이탈의 의미는 유토피아적 차원과 디스토피아적 차원, 생물학적 힘과 정치적 힘 모두를 지닌다.

이 장은 먼저 화학물질복합과민증이 앞에서 다룬 환경정의 이론 틀 안에서 이해될 수 있는지 고려한다. 이어 물질성에 대한 새로운 모델과 인간에 대한 횡단-신체적 개념화를 위한 가능성과 관련해서, 1장에서 간략하게 다룬 이론적 입장들을 발전시키겠다. 또한 화학물질복합과민증이 과학과 문화이론, 자서전, 사진, 영화에서 나타나고 묘사되는 바를 탐색한다. 화학물질에 예민한 사람들이 물질세계 ─ 위험에 대한 지식, 뒤범벅된 행위들, 그리고 불안하게 하고 잠재적으로 이탈적인 물질 작용능력이 영속적으로 창발하는 세계 ─ 와 자신의 자아가 서로 이웃하는coextensive 것으로 경험함에 따라, 화학물질복합과민증은 내가 횡단-신체성이라고 부르는 어떤 것의 전형적인 예가 될 것이다.

성, 젠더, 인종, 그리고 계급: 환경정의의 문제

문자 그대로, 물질과 사람 사이의 미끄러짐 때문에 환경질병은 어쩌면 앞 장에서 논의된 환경보건운동의 패러다임을 체현하는 건강상태일 것이다. 이미 논의했듯이, 린다 내시는 환경보건운동의 "생태적 몸"은 "투과성, 즉 내부와 외부 사이의 항구적인 교환으로, 유출과 유입으로, 그것을 둘러싼 환경에 대한 밀접한 의존성으로" 특징지어진다고 설명한다.[16] 환경질병과 환경보건운동 간의 관계는 명백한 반면에, 환경질병을 환경정의 이슈로 고려하는 게 사리에 맞는지 아닌지를 결정하는 것은 더욱 어려운 일이다. 환경정의의 표준적인 전례 — 인종, 계급, 생물학적 성 — 는 예측 가능한 방식으로 환경질병의 분포와 조응하지 않는다. 바버라 소그의 역학 연구에 따르면, 미국에서 대략 4퍼센트의 사람들이 심각한 화학물질복합과민증으로 고통받으며, 15~30퍼센트 정도가 그보다 덜 심각한 증상들을 경험한다.[17] 몇몇은 화학물질복합과민증

---

16 Nash, *Inescapable Ecologies*, p.12.

17 Barbara A. Sorg, "Multiple Chemical Sensitivity: Potential Role for Neural Sensitization", *Critical Reviews in Neurobiology*, vol.13, no.3, 1999, pp.283~316 을 보라. 스탠리 커레스 외 공저자들에 의해 2004년에 수행된 역학 연구는 그들이 뽑은 표본 중 12.6%가 화학물질들에 대해 과민반응했다고 보고했다(Stanley Caress, et al., "Prevalence of Multiple Chemical Sensitivities: A Population-Based Study in the Southeaster United States", *American Journal of Public Health*, vol.94, no.5, May 2004, pp.746~747). 마틴 폴은 환경질병은 "대략 당뇨병과 포도당 과민증의 유행과 유사하게" 유행하기는 하지만, 환경질병은 당뇨병 연구에 주어지는 기금보다 수천 배 적은 기금을 받는다(Martin L. Pall, "NMDA Sensitization and Stimulation by Peroxynitrite, Nitric Oide, and Organic Solvents as the Mechanism of Chemical Sensitivity in Multiple

을 지닌 이들 대다수는 여성이라고 주장한다.[18] 예를 들면, 피오나 코일
은 화학물질복합과민증을 진단받은 이들의 80퍼센트는 여성이라고 언
급한다.[19] 화학물질에 중독된 많은 여성의 더 높은 체지방 비율, 에스트
로겐과 화학물질 사이의 상호작용, 남성과 여성 간 면역 체계 차이, 여
성의 독성물질을 분해하는 더 적은 비율의 알코올 분해 효소 같은 생물
학적 요인들은 부분적으로 생물학적 성의 차이를 설명한다.[20] 또한 세

  Chemical Sensitivity", *FASEB Journal*, vol.16, 2002, p.1411).

18 Gail McCormick, *Living with Multiple Chemical Sensitivity: Narratives of Coping*,
   Jefferson, N.C.: McFarland, 2001; 그리고 Rhonda Zwillinger, *The Dispossessed:
   Living with Multiple Chemical Sensitivities*, Paulden, Ariz.: Dispossessed Project,
   1998은 화학물질복합과민증을 지닌 여성들의 수적 우위를 보이지 않는다. Alison
   Johnson, ed. *Casualties of Progress: Personal Histories from the Chemically
   Sensitivity*, Brunswick, Maine: MCS Information Exchange, 2000은 화학물질복합
   과민증을 겪는 여성과 남성이 대략 수적으로 동일하다고 할 뿐만 아니라, 전체적으로
   젠더에서의 동일 비율을 강조하며 남성과 여성의 설명을 번갈아 배치한다. 그녀의 책
   목차는 또한 개인들의 직업을 나타내서, 은연중에 화학물질복합과민증은 모든 '유형'
   의 사람에게 영향을 미친다고 주장한다. 그렇지만, 맥코믹과 즈윌링거, 존슨이 묘사하
   는 젠더에서의 동일 비율이 대표성을 지니는지 또는 전략적인 것인지는 불분명하다.
   역학 연구에서 커레스 외 공저자들은 과민반응을 보인 사람들 중 71.7%의 응답자들
   이 여성(남성은 28.3%)이었다고 보고하지만, 이 차이는 표본추출 그 자체에서 여성의
   수적 우위에 의해 과장되었다고 언급한다(Stanley Caress, et al., "Symptomology and
   Etiology of Multiple Chemical Sensitivities in the Southeastern United States", *Archives
   of Environmental Health*, vol.57, no.5, September 1, 2002). 확실히, 어느 정도로 화학
   물질복합과민증이 여성들에게 더 많이 퍼져 있는지 결정하기 위해서, 그리고 더욱 중
   요하게, 여성들에게 그것이 더 만연하게 발생하게 하는 환경적·생물학적 요인들(과 그
   것의 상호작용들)을 조사하기 위해서 더 많은 연구조사가 수행되어야 한다.

19 Fiona Coyle, "Safe Space as Counter Space: Women, Environmental Illness and
   'Corporeal Chaos'", *Canadian Geographer*, vol.48, no.1, 2004, p.62.

20 Pamela Reed Gibson, "Multiple Chemical Sensitivity, Culture, and Delegitimi-
   zation: A Feminist Analysis", *Feminism and Psychology*, vol.7, no.4, 1997, p.476.

척제와 향수, 화장품의 사용과 같은 젠더와 관련된 다양한 행위들은 화학물질에 민감한 여성들의 비율을 더욱 높이는 데 기여할 수 있다.[21]

　　다소 논란이 되는 성과 젠더 격차들은 별도로 하고, 일상적인 사회경제적·지리적 환경정의 지도들 안에서 화학물질복합과민증을 찾는 것은 어려운 일이다. 3장에서 논의한 것처럼 독성물질 폐기장, 공장, 그리고 다른 오염원들은 매우 자주 아프리카계 미국인들 또는 다른 유색인종의 거주지 가까이에 자리 잡는다는 점에서 미국에서 독성물질 노출은 인종과 아주 직접적으로 연관되고, 다음으로 계급과 연관된다. **화학물질 손상**chemical injury이라는 용어가 암시하듯 수많은 사람들이 유독한 작업장에서 질병을 얻는데, 공장노동자와 농업노동자처럼 화학물질들과 아주 가까이에서 일하는 이들은 가장 심각한 위험에 직면한다. 이는 결국 화학물질복합과민증이 계급 이슈라는 사실을 강하게 암시한다. 그리고 의사, 특히 마취과 의사와 같은 전문직들 또한 화학물질복합과민증에 대한 더욱 심각한 위험에 처한다. 피터 밴 윅이 울리히 벡을 인용하며 설명하듯, "생태 위협은 종종 그리고 대부분 기존의 계급과 사유재산, 부의 분배와 같은 분할들에 들어맞지 않는 사회적 지도를 제작한다. 따라서 위협은 이미 만들어진 사회적 분할들을 절단한다. 위험에 처한 이들은 새롭게 친밀감을 형성하고, 새로운 운동 단체를 만

---

21 깁슨은 가족 구성원들, 친구들, 고용주들, 동료들, 그리고 의사들 때문에 여성들은 그들의 질병이 그들에게 하찮은 것으로 치부되는 경험을 하는 경향이 더욱 빈번하게 발생한다고 주장한다. 그녀는 심지어 남성과 여성이 동일한 건강상태를 겪을 때조차도, 의사들은 여성의 증상들을 히스테리나 스트레스라고 더욱 빈번하게 무시한다는 것을 여러 연구들을 인용해 보인다(Ibid., p.478).

든다".[22] 토드 헤인즈의 영화 「세이프」는 심각한 병을 앓는 부유한 천사 가정주부인 캐럴 화이트에 초점을 맞춤으로써 이 새로운 사회적 지도 제작을 극적으로 연출한다. 한 장면은 가사노동자와 함께 집에 있는 캐럴을 묘사한다. 가정용품 독성물질에서 배출되는 증기가 상류층인 캐럴을 점차 병들게 할 때, 화학물질 세척제와 직접 접촉한 라틴계 여성 피고용인은 깨끗이 씻어서 영향을 받지 않는다. 영리하고 경험이 풍부한 영화감독인 헤인즈는 여기서 아이러니를 새겨 넣는다.

이는 산업화된 문화에서는 어느 누구도 화학물질복합과민증으로부터 안전하지 않다는 사례일 뿐만 아니라, 풍요 자체가 위험을 증식시키는 사례이기도 하다. 새 가구, 새 카펫, 새 옷, 새로 칠한 페인트, 드라이클린 증기, 유해한 섬유 유연제, 그리고 온갖 종류의 미용 용품 같은 것들이 빈번하게 위험의 원인이다. 더 많이 소비하고 더 자주 노출될수록 더욱 위험하다. 인종과 계급은 화학물질복합과민증의 증상 대 진단에 서로 다르게 작용하면서 상황을 더욱 복잡하게 만든다. 스탠리 커레스 등은 화학물질복합과민증은 "인종/민족, 연령, 가계수입, 그리고 교육 수준의 모든 범주들을" 가로질러 균등하게 분포한다고 결론짓는다.[23] 그렇지만 의사에게 실제로 화학물질복합과민증 진단을 받은 사람들을 비교하여 이러한 인자들을 도표로 확인했을 때, 진단받은 사람들 대다수가 백인이었고 그 백인들 대다수는 고등교육을 받았다는 놀

22 Peter C. Van Wyck, *Signs of Danger: Waste, Trauma, and Nuclear Threat*, Minneapolis: University of Minnesota Press, 2004, p.91.
23 Caress, et al., "Symptomology and Etiology of Multiple Chemical Sensitivities", p.1.

라운 결과가 나왔다.[24] "환경질병을 공식적인 의학적 건강상태로 정의하기 위한 합의된 평가기준이 없고", 의사들은 그러한 진단을 내리려면 비난을 감수해야 한다.[25] 이러한 이유로 화학물질복합과민증에 대한 진단을 범주화하는 과정은 대개 상당한 정도의 여유 시간이 필요하고, 고유한 연구를 수행하는 동정적인 의사와 같은 정보 공급원들을 필요로 한다고 결론내리는 것이 이치에 맞는다. 더밋은 2006년도 글의 제목처럼 화학물질복합과민증과 만성피로증후군이 「당신이 진단받기 위해 싸워야 하는 질병들」이라고 도발적으로 주장한다.[26]

진단을 받기 위해 전투를 벌일 뿐만 아니라, 치료를 받기 위해서도 정보공급원들이 필요하다. 몇 개 없는 환경질병 치료센터 중 하나인 텍사스 주 댈러스의 윌리엄 레아 환경보건센터William Rea's Environmental Health Center에 입원하는 것은 수백만 원이 들고, 아마도 몇 주치 주급의 손실이 있을 것이다.[27] 게다가 비록 1차 치료, 즉 '회피'에 큰 돈이 들지 않을 것 같지만, 사실 꼭 필요한 공기청정기, 정수기, 유기농 옷가지와 침구, 유기농 식품 그리고 개인 간호용품 등은 비용이 많이 든다. 무독

---

24 Stanley Caress, Personal email, October 2005. 스탠리 커레스는 나의 요청으로 친절하게 비교 도표를 계산해 주었지만, 실제 수치들은 어림수이고 몇몇 누락된 사례들이 있다고 하면서 나에게 인용하지 말라고 요청했다.
25 Kroll-Smith and Floyd, *Bodies in Protest*, p.19.
26 J. Dumit, "Illnesses You Have to Fight to Get: Facts as Forces in Uncertain, Emergent Illnesses", *Social Science and Medicine*, vol.62, no.3, 2006, pp.577~590 을 보라.
27 궁금해할 독자들에게 치료법을 소개하겠다. 댈러스의 환경보건센터는 면역요법, 영양요법, 산소흡입요법, 안마, 그리고 사우나와 같은 치료법과 함께, 자신의 몸속에 있는 화학물질들의 유형과 수치를 측정하는 진단 검사 결과를 제공한다.

성 주택을 구하는 비용 또는 가스레인지를 전자레인지로 교체함으로써 집을 덜 유독하게 만드는 비용은 말할 것도 없다. 카펫, 합성수지 장판, 커튼, 매트리스, 그리고 가구를 교체하는 비용, 또는 좀 더 극단적인 사례들로 집안 벽을 자기磁器 제품 또는 알루미늄으로 마감하는 비용도 두말할 나위가 없다. 대부분의 의료 보험은 암 치료 경비를 부담하지만, 유기농 옷가지 또는 타일 바닥에 대해 비용을 지불하지는 않을 듯하다. 화학물질에 예민한 사람들이 일터에 대해 항독성이 없거나 무독성 주택을 구할 수 없는 경우 비참한 삶과 빈곤, 노숙자의 삶으로 끝날 것이다.[28] 따라서 비록 환경질병이 위험의 불평등한 분포를 다루는 환경정의 표준 모델들로부터 벗어나기는 하지만, 경제적 요인들이 정보, 진단, 치료, 일자리, 그리고 주택에 접근하는 데 영향을 미친다. 화학물질복합과민증을 가진 이들에게 인간이 구축한 거의 모든 환경, 심지어 주거 공간조차도 유해하기는 하지만 환경정의 활동가들은 특정 장소들이 특정 사람들에게 특정 독성물질들을 노출시켜 왔다는 것을 입증해야만 한다.

---

28 앨리슨 존슨은 "화학물질복합과민증을 지닌 많은 사람들이 끔찍하게 아프게 하지 않는 집을 찾지 못해서 자살했다"라고 보고한다(Alison Johnson, ed., *Casualties of Progress: Personal Histories from the Chemically Sensitive*, Brunswick, Maine: MCS Information Exchange, 2000, p.251).

환경질병의 몸—공간 묘사

어느 누군가가 가스 스토브나 소파, 샤워 커튼 같은 겉으로 보기에 무
해하고 실용적인 물건들에 취약하거나 무방비로 노출되어 있다는 것
을 깨닫고 나서, 자신의 주거 공간을 다시 만드는 과정은 인간 몸을 안
과 밖으로 나누는 상식적인 경계선을 흐릿하게 만든다. 갑자기 이 사물
들은 더 이상 화학적으로 불활성적인 물질이 아니라 특정 증상들을 유
발시키면서 몸과 상호작용한다. 예를 들면 플라스틱판으로 만들어진
가구는 꾸준히 기침, 천식, 발작, 피부 발진, 피로, 심각한 알레르기 반
응, 그리고 암을 유발할 수 있는 포름알데히드를 방출(또는 가스 배출)
할 것이다. (이는 맨해튼을 집어삼킨 소파처럼 우호적인 어떤 무엇이 살인
마로 돌변하는 B급 공포영화를 떠오르게 하기에, 아마도 망상paranoid 또
는 코미디처럼 들릴지도 모른다.) 신체의 경계선들을 째는 것 ——외과
수술, 주사제 투입, 이식수술, 그리고 여타 과정들 ——이 표준적인 의
료 행위[29]임에도 불구하고, 근대 의학 모델은 인간 몸을 환경과 서로 이

---

29 물론 여기서 눈여겨볼 만한 예외로 임상생태학(clinical ecology)과 인간생태학이라
는 의학 분야를 들 수 있다. 일찍이 1962년에 『인간 생태학과 화학적 환경에 대한 취약
성』에서 테론 랜돌프는 의학은 "참조하기 위한 더 넓은 틀"을 필요로 하고, "가장 중요
한 것은 바로 식단 ——소위 말해 인간 생태 ——을 포함하는 인간과 환경 사이의 관계성
이다. 기이하게도, 인간 생태의 기본적인 생물학 규칙들은 충분히 언급되지 못했다. 또
한 넓은 범위의 환경 자극제들이 임상적 반응들을 유도할 수 있는지 충분히 묘사되지
도 않았다"라고 말한다(Theron G. Randolph, *Human Ecology and Susceptibility to the
Chemical Environment*, Springfield, Ill.: Thomas, 1962, p.v). 거의 50년이 지나서도, 지
배적인 의학 패러다임은 여전히 이 더 넓은 참조의 틀을 포함시키지 못하고 있다.

웃한다거나 또는 카펫과 소파처럼 겉보기엔 불활성적인 물건들에 취약한 것으로 묘사하지 않는다. 하지만 환경질병을 가진 이들은 자기 몸이 물질세계와 인접해 있다는 것을 생생하게 경험한다. 따라서 어떤 것도 '외부적'이라거나 변함없이 '외부에' 머문다고 확신할 수 없다. 아이러니하게도『신경정신질병 연구』의 심리학 논문 한 꼭지는 화학물질에 예민한 사람들에게 "사적 자아에 주의를 기울이지 않고" "질병의 원인을 외부로 돌리는 이externalizer"라는 꼬리표를 붙이면서 화학물질복합과민증 현상을 설명한다.[30] 콘스탄스 하우스테이너 등의 저자들은 "자신의 내면적이고 정서적인 삶에 집중시키는 훈련이 '외부로 돌리는 이'에게 도움을 줄 수 있다"고 주장한다.[31] 이러한 치료법은 건강한 자아는 엄격하게 폐쇄되고 비물질적인 개체라고 가정한다. 하우스테이너 등이 "신체의 감각작용은 과장되고, 환경질병의 외부 원인은 일반적으로 자기에 대한 주의력 결핍으로 나타난다"고 주장할 때, 그들은 진정 신체적 경험을 자아로부터 분리한다.[32] 나아가 개인의 마음에 책임을 전가하면서 그 치료법은 정부, 산업, 그리고 전체 물질적/정치적 세계를 책임에서 면제시켜 준다. 이와 반대로『영양과 환경 의학 연구』에 출판된 46쪽 분량의 보고서는 생체이물 화학물질에 사람들이 노출되는 것을 줄이기 위한 (영국) 정부 권고안 목록으로 끝맺는다. 이 보고서는 책임

30 Constanze Hausteiner, et al., "Psychiatric Morbidity and Low Self-Attentiveness in Patients with Environmental Illness", *Journal of Nervous and Mental Disease*, vol.191, no.1, January 2003, p.50.

31 Ibid.

32 Ibid.

을 개인에게 돌리지 않는다. 대신 "개인은 최근에 화학물질 노출을 피하는 선택을 할 수 없으며, 심지어 그것을 줄이는 것은 비용이 많이 들고 사회적으로 고립된다"고 지적한다.[33] 이 보고서에서 사람들은 그들이 벗어날 수 없는 정치적/물질적 세계라는 그물망에 걸린 투과 가능한 존재들이다. 유사하게, 재니스 스트럽 위텐버그의 도발적인 제목을 단 『반역하는 몸: 환경질병 또는 만성피로증후군으로부터 당신의 생명을 구하라』는 "당신이 세계를 당신의 몸속으로 옮겨올 때, 환경질병과 만성피로증후군은 어떤 일이 발생하는지 보여 주는 상징들이다"라고 주장한다.[34] (환경질병은 문자 그대로 세계를 몸속으로 옮겨 오는 것으로 발생하기 때문에, 이 '상징들'은 아마도 좀 더 정확하게 물질적 환유라는 용어로 지칭될 수 있을 것이다.) 이 질환들을 횡단–신체적으로 간주하는 것은 정치적 행동주의와 개인적인 치유가 공생하는 자습서를 촉진시킨다. 스트럽 위텐버그는 사람들에게 스스로 치유하고 배우며 녹색소비자운동에 참여하는 '행동주의'와 다른 한편으로 환경 친화적인 정치인들에게 투표하고, 의회에 편지를 쓰는 등의 '행동주의'를 수행하라고 조언한다.

---

33 K. Eaton, et al. "Multiple Chemical Sensitivity: Recognition and Management. A Document on the Health Effects of Everyday Chemical Exposures and Their Limitations", *Journal of Nutritional and Environmental Medicine*, vol.10, no.1, March 1, 2000, p.27.

34 Janice Strubbe Wittenberg, *The Rebellious Body: Reclaim Your Life from Environmental Illness or Chronic Fatigue Syndrome*, New York: Insight, 1996, p.274.

론다 즈윌링거의 사진집, 『박탈당한 자: 화학물질복합과민증과 더불어 살기』는 화학물질복합과민증의 극단적인 양상들이 빚어내는 황폐화를 순간 포착한다. 장애를 드러내 보이는 건 위험한 기획이다. 데이비드 헤비가 「사진의 기이함」에서 주장하듯이, "장애에 대한 사진 관찰은 차츰 범주화categorization와 감시의 기술이 되었기" 때문이다.[35] 장애에 대한 시각적 재현물들은 감시의 매개물이 되는 위험을 감수하는 반면에, 장애인들에 대한 재현물의 부족은 비가시성, 특히 널리 알려지지 않았거나 이해되지 않은 상태들을 지닌 사람들에 대한 비가시성을 초래한다. 즈윌링거의 사진들은 논란이 진행 중인 질환들을 겪는 사람들을 위한 정체성 정치identity politics(물론, 이것도 '범주화'의 형식일 수 있다)의 특정 양식이 지속적으로 필요하다고 제안한다.[36] 그런 논란의 한 예로 에릭센과 우르신을 들 수 있다. 그들은 화학물질복합과민증과 여타 다른 '불평불만들'을 일축한다. 그들은 [환경질병에서] "대부분의 사람들이 보살피지 않아도 되는 완벽하게 정상적인 상태와, 도움과 치료를 필요로 하고 장애로 이끌 수 있는 치명적인 상태들 사이에 어떤 뚜

35 David Heavey, "The Enfreakment of Photography", *Disability Studies Reader*, ed. Lennard J. Davis, New York: Routledge, 1997, p.36.
36 예를 들면, 메리 스완더는 자신이 겪는 환경질병의 비가시성과 싸웠다. "나는 비장애인들이 내가 다르다고, 매우 다르다고, 그리고 '정상적으로 기능할' 수 없다고, 먹을 수도, 잠잘 수도, 옷을 입을 수도, 일할 수도, 또는 그들이 하는 식으로 사회화할 수도 없다는 것을 파악했으면 하고 바랐다"(Mary Swander, *Out of This World: A Journey of Healing*, Iowa City: University of Iowa Press, 2008, p.102). 비록 그녀의 친구들이 그녀가 그녀의 건강상태를 특히 함께 일할 고용주들에게 "숨기는" 것이 어떠냐고 제안했지만, 그녀는 "비장애인으로 통과하기를 원했음에도" 불구하고 "그렇게 할 능력이 없었다"고 말한다(*Ibid.*).

렷한 구분선도 없는 것으로 보이기" 때문이라고 말한다.[37] (기이하게도, 에릭센과 우르신에게 스펙트럼으로 존재하는 [장애-비장애] 문제는 아예 고려의 대상도 아니다.) 자신도 화학물질복합과민증을 겪는 즈윌링거는 어떻게 질병의 심각한 양상들이 사람들의 삶을 심대하게 바꿔 놓는지를 묘사한다. 환경질병이 어떻게 인간이라는 의식 ─ 자신의 환경으로부터 구별되고 분리된 개체라는 의식 ─ 의 기본적인 토대를 소멸시키는지 사진들이 포착하며, 따라서 그녀의 예술은 환경질병이 수반하는 존재론적 전환을 암시한다.

화학물질복합과민증은 숨어 있는 장애이기 때문에, 어떤 것도 화학물질에 예민한 사람의 몸을 시각적으로 특징짓지 못한다. 대부분의 피사체들은 관객의 회의나 냉소를 예상하면서 딱딱하고 다소 적대적인 표정들로 카메라를 응시한다. 각각의 사진은 대부분 그 질환을 발생시킨 기폭제를 묘사하는 1인칭 서사로 진행된다. 대부분의 이야기들은 사람들이 어디에서 어떻게 사는지 묘사하는 걸로 끝난다. 많은 이들은 야외에서, 텐트에서 또는 특수하게 개조된 밴 또는 벽을 타일로 마감한 트레일러에서 살아야만 한다. 따라서 여기서 관심의 대상이 되는 건 개인의 몸과 증상이 아니라, 개괄적으로 말해서, 바로 환경이다. 관습적인 인물사진과는 다르게 후경은 전경으로 나오고, 피사체들은 약간 주변부로 물러난다. 때때로 산소마스크가 피사체의 얼굴을 흐릿하게 한다.

---

37 H. R. Eriksen and H. Ursin, "Subjective Health Complaints, Sensitization, and Sustained Cognitive Activation (Stress)", *Journal of Psychosomatic Research*, vol. 56, no. 4, April 2004, p. 446.

그림 5-1 론다 즈윌링거, 「캐서린 D.」, 『박탈당한 자』(1998).

예를 들면, 「캐서린 D.」의 인물사진을 보자. 피사체가 어두컴컴한 사우나 안에 앉아 있을 때 그녀는 거의 눈에 보이지 않는다(그림 5-1을 보라). 사우나라는 프레임 바깥에서 아이가 행복하게 자전거를 타는 동안 피사체는 프레임 안에 들어가 있기 때문에 이 사진은 고립감과 정지 상태라는 느낌을 준다. 피사체의 얼굴들이 눈에 보일 때조차도 그들의 표정은 내면 삶에 대해 거의 아무것도 드러내지 않는다. "이 사람은 누구지?"라는 질문을 "이 사람은 어떻게 이렇게 살아가고 있는 거야?"라는 질문으로 대체하면서, 이 사진들은 정체성이 아니라 점점 더 살아가는 행위에 관한 것이 된다. 예를 들면 「켈리 S.」의 인물사진은 그녀가 간이 차고의 좁은 공간에서 뒤범벅이 된 물건들과 함께 잠을 자야 한다는 것을 드러낸다. 그녀의 인터뷰가 설명하듯이, 이는 그녀가 계약한 집이 그

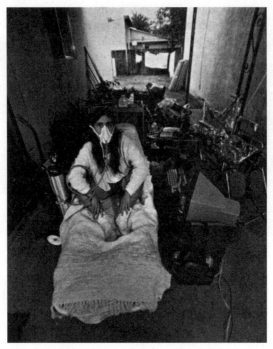

그림 5-2 즈윌링거, 「켈리 S.」, 『박탈당한 자』(1998).

녀에게 '화학적으로 안전하지' 않기 때문이다(그림 5-2를 보라). 바깥에 있는 산소 탱크에 호스로 연결되어 있을 뿐만 아니라, 또한 어떤 미학적 안도감(산도, 사막 식물도 시야에 들어오지 않는다)도 결여하고 있는 내부/외부 하이브리드에 사는 켈리 S.를 보여 주는 이 사진은 그녀를 억누르는 건강 상태를 묘사한다. 게다가 캘리 S.의 개인 물건들은 집의 안락함을 전혀 보여 주지 못하며, 그 대신에 20세기 후반 삶의 암울한 폐기물로 보인다. 사진은 또한 헤어날 수 없는 아이러니를 암시한다. 캘리 S.가 덕지덕지 수선한 겉으로는 안전한 장소가 그럼에도 불구하고 유

그림 5-3　즈윌링거, 「재닛 M., MCS 커뮤니티, 타오스, 뉴멕시코」, 『박탈당한 자』(1998).

독할 수도 있는 물건들로 가득하다는 점에서 그러하다.

　　인물사진들이 풍경들로 확장될 때, 사람과 장소가 한데 모인다. 사진을 보는 사람은 그 사람들이 거주하는 풍경을 환경과 끊임없이 상호교환하는 사람들의 자서전으로 읽는 법을 배운다. 예를 들면 사막 풍경,

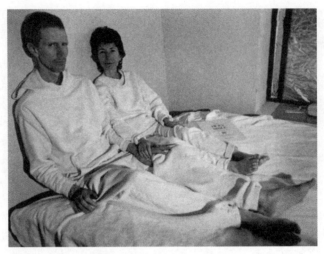

그림 5-4 즈윌링거, 「알린 M.과 래리 M.」, 『박탈당한 자』(1998).

트레일러 집, 그리고 산으로 규모 있게 구성된 구도 안에서 재닛 M.이 아주 작은 공간을 차지하는 「재닛 M.」을 인물사진이라고 부르기는 어렵다. 재닛 M.은 사람과 집, 풍경이 서로 이웃한다고 암시하듯 문이 열린 그녀의 트레일러 내부와 지상의 야생 사막 식물들 사이 문턱에서 자세를 취하고 있다. 인물사진은 보통 당연하게 피사체들을 배경과 뚜렷하게 구분한다. 반면에, 즈윌링거는 훌륭하게도 환경질병을 지닌 사람들에게 장소들은 결코 단순한 배경이 아니라는 걸 강조하면서 사람들이 그들이 사는 공간들과 뒤섞이는 인간 풍경들을 묘사한다. 「알린 M.과 래리 M.」 사진은 흰색 벽에 기대 흰색 보 위에 앉은 채로 흰색 옷을 입은, 배경과 거의 구분이 되지 않는 부부를 보여 준다(사진 5-4를 보라). 사진은 이 텅 비어 보이는 환경에 희망과 행동주의 정치의식을 들여오기라도 하려는 듯 유명한 레넌-오노의 평화를 위한 '연와시위'를 참조한다.[38] 전체적으로 이 사진집의 가장 충격적인 특징들 중 하나는 사진들이 종종 안과 밖, 자연과 주거 공간 사이의 구별을 혼란스럽게 만든다는 것이다. 사진들은 문 바깥에 위치한 매트리스, 옷가지로 가득한 뒷마당과 널브러져 있는 우편물, 간이차고 아래 움츠린 채 뒤범벅된 개인 물품들, 그리고 임시변통의 주거 공간으로 이용되는 광활한 서남부 사막을 떠도는 텐트와 자동차, 트레일러의 문턱 위에 또는 그 옆에 위치한 채 자세를 취하고 있는 사람들을 묘사한다.

이러한 '비정상적인'deviant 공간들에 거주하는 사람들을 찍은 즈윌링거의 훌륭한 사진들은 눈에 보이지 않는 어떤 무엇 ── 독성물질들로 초토화되는 소위 말해 '정상적인'normal 인간 거주 공간 ──을 환기시킨다. 이 사진들은 구경거리가 되기를 거부한다. 오히려 정상적인 것의 비정상성에 대한 놀라움을 확산시키고, 우리에게 일상생활로 침투하는 비가시적인 독성물질들을 보거나, 냄새 맡거나, 상상해 보라고 요청한다. 따라서 화학물질복합과민증을 겪으며 살아가는 이들의 공간에 대한 즈윌링거의 사진들은 21세기 초반의 정상적인 인간 주거지의 안전성에 대해 질문한다. 사진은 개인의 투과 가능한 경계들에 집중하며, 그녀가 재현하는 비정상적 공간들은 정치적 신랄함을 지닌다.

---

38 론다 즈윌링거는 나에게 2009년 7월의 대화에서 말하고 싶었다며 다음과 같이 전했다. 레넌-오노의 평화를 위한 '연와시위'(Bed-In) 흑백 사진들 중 많은 것들이 흰색 보와 활동가들의 침대에서 입는 가벼운 잠옷과 기자와 사진사들의 검은색 양복이라는 흑백 대비로 묘사되었다.

화학물질복합과민증에서 몸은 환경과 분리될 수 없기 때문에, 인간 몸을 안과 밖으로 나누는 의학 모델들은 화학물질복합과민증을 결코 이치에 맞게 설명하지 못한다. 이에 반해, 공간과 유동성에 초점을 맞추는 이동성accessibility[39]에 대한 장애 모델들은 더욱 생산적인 접근 방법을 제공할 것이다. 스티브 크롤-스미스와 휴 플로이드는 "장애 이슈는 장애의 원인이 아니라 기능장애에 주의를 기울이기" 때문에 화학물질에 예민한 사람들은 의학 시스템보다는 법률 시스템으로부터 더 많은 인정을 얻어 가고 있다고 주장한다.[40] 화학물질에 예민한 사람들에게 공적 공간에 접근할 수 있도록 만드는 것은 모든 사람들에게 혜택이 갈 것이다.[41] 따라서 화학물질복합과민증의 가장 심각한 사례들을 다루는 특수화하는 모델 또는 장애 모델은 21세기에 편재하는 생체이물질이 우리 모두를 위협하는 것을 다루는 더 광범위하고 보편화하는 모델들로 보충될 수 있다. 하지만 그러한 보편화하는 주장들은 궁극적으로는 너무 인본주의적이어서 사람뿐만 아니라 동물과 식물, 나아가

---

39 [옮긴이] 장애인운동에서 'access rights'는 이동권으로 이해된다. 장애운동단체들은 장애인들의 3대 권리로 이동권, 교육권, 노동권을 주장한다. 'access'는 맥락에 따라 이동, 접근, 이용으로 번역했다.

40 Kroll-Smith and Floyd, *Bodies in Protest*, p.165.

41 예를 들면, 탈취 방향제는 "냄새를 맡는 능력을 방해하는 신경을 약화시키는 작용물을 사용하거나 어떤 냄새를 다른 냄새로 덮는 것에 의해서 작동한다". 크실렌과 같은 "방향" 화학물질들은 심각하게 건강에 영향을 미친다. "크실렌은 간과 신장 또는 발달 단계의 태아에게 손상을 일으킬 수 있다"("Fresh or Foul?: Air Fresheners in Public Spaces"). 어느 누구도 크실렌을 흡입해서는 안 되는 것으로 보인다. / [옮긴이] 위 글은 노바스코샤 환경보건협회 웹사이트에서 검색된다. www.environmentalhealth.ca/fall02foul.html(accessed: 2018.7.1.).

생태계 전체를 파괴하는 독성물질들의 흐름을 잘 설명하지 못한다. 따라서 화학물질복합과민증, 특히 이 맥락에서는 좀 더 적절하게 말해서 **환경질병**은, 정치가 단순히 개인적인 문제가 아니라 정치를 확장시키고, 서로 얽히게 하며, 물질적인 것으로 만들기 위해서 장애 인권 운동뿐만 아니라 반독극물 운동, 환경주의운동, 그리고 환경정의운동과 연대할 필요가 있다. 론다 즈윌링거의 사진들은 사람과 집, 그리고 더 광범위한 환경을 서로 맞물리게 한다. 따라서 그것들은 화학물질복합과민증이 우리에게 어떻게 사람들을 분리하던 경계들과 안전과 정상 상태에 대한 우리의 관념을 재고하도록 요구하는지 암시한다. 화학물질에 예민한 사람들은 언제나 이미 횡단-신체적인 신체성을 분명히 나타낸다. 그들은 또한 우리에게 인간 몸과 인간을 넘어서는 자연을 가로지르는 생체이물질의 비가시적인 운동을 보도록 도움을 준다. 화학물질복합과민증을 지닌 사람들이 안전한 공간을 만들기 위해 다양한 경계적 실천에 개입할 때조차도, 그들이 끊임없이 조심한다는 사실이 오히려 어떠한 장소도 안전하지 않다는 것을 입증한다.[42] 포괄적으로 표현하자면, 인간이 인간 이외의 세계와 물질적으로 서로 이웃하는 한, 그러한 각성은 인간의 건강을 환경보건의 문제로 재구성한다.

---

42 예를 들면, "일상 환경을 안전한 공간들로 재구축하는 것을 포함하는 공간적이고 신체적인 관리방식"을 실천하는 것으로서 18명의 캐나다 여성들이 어떻게 화학물질복합과민증의 "신체적 혼돈"을 다루는지 보이는 Fiona Coyle, "Safe Space as Counter Space: Women, Environmental Illness and 'Corporeal Chaos'", *Canadian Geographer*, vol. 48, no. 1, 2004, pp. 62~75를 참조하라.

물질성을 위치 짓기: 독, 유전자, 그리고 문화이론

화학물질복합과민증의 존재 여부에 대한 과학 논쟁들은 여전히 진행 중이다. 의학박사 스티븐 배럿은 화학물질복합과민증을 그의 '돌팔이 의사 감시' 웹사이트에 포함시킨다.[43] 국립환경보건과학원의 웹사이트는 환경보건 과학자 회의에서 "화학물질복합과민증에 대한 구닥다리 논쟁이 있었고, 그것을 간단하게 정신의학적psychiatric 장애라고 믿는 지지자들이 논쟁에서 승리했다"라고 보고한다.[44] 여기서 '간단하게'가 의미하는 바는 화학물질복합과민증을 지닌 사람들의 증언을 무시할 뿐만 아니라 심리적 상태들을 희한하게 비물질적인 것으로 만든다는 것이다. 어떤 생체이물질들은 신경계에 영향을 미치기 때문에, 다양한 생체이물질들이 심리에 영향을 미칠 수 있다는 것은 놀라울 것이 없다. 그렇지만 어떤 이들은 화학물질복합과민증이 '실제적이고' 신체적인 질환이 아니라고 주장하기 위해서 그것에 정신의학적 건강상태라고 꼬리표를 붙인다. 『심인성 연구』의 글 한 꼭지는 "환자 자신이 설명하는 이러저러한 신체적 증상들에 대한 진단 시 유일한 주의사항은 신

---

43 [옮긴이] 이 웹사이트는 2016년에 '화학물질복합과민증: 가짜 진단'(Multiple Chemical Sensitivity: A Spurious Diagnosis)이라는 제목으로 수정되었다. https://www.quack watch.org/01QuackeryRelatedTopics/mcs.html(accessed: 2018.7.11.). 앨러이모와의 이메일.
44 [옮긴이] 국립환경보건과학원의 위 내용을 담은 웹사이트는 없지만 그 문구를 인용한 다른 책이 검색된다. 구글에서 "there was an old-fashioned debate on mcs"로 검색하면 나오는 세 건 중 첫 번째이다.

체적 질환들이 환자의 상상과 지식의 산물일 수 있다"고 주장한다.[45] 비록 에릭센과 우르신이 화학물질복합과민증의 물질성을 강조하는 것으로 보일지 모르는 과민 반응과 대뇌 변연계 자극의 신경학적 기제를 논의하기는 한다. 하지만 그들은 "존재하지 않는 기질병organic disease"을 찾는 것에 아무런 이익도 없다고 결론지으면서 결국에는 화학물질복합과민증과 유사한 건강상태를 희한하게 비물질적인 것으로 만든다.[46] 그들은 이 환자들에게 '증상'이라는 용어를 쓰는 것도 주저하면서, 그 현상을 '불평불만'으로 격하하고 싶어 한다. 이와 유사하게, 『독성학 소식지』에 실린 허먼 볼트와 에른스트 키스베터의 글 한 꼭지는 화학물질복합과민증을 시적으로 표현해서 효과를 발생시키는 "거미의 독"이 아니라, 셰익스피어를 인용해, "지식이 일으킨 전염병"이기 때문에, "화학물질복합과민증은 관습적으로 받아들여지는 독성학적 현상이 아니"라고 결론짓는다.[47] 이 비유는 그것을 (단순히) 정신적 문제로 만듦으로써 이 증후군의 물질성을 일축한다. 뿐만 아니라, 부분적으로 심대한 존재-인식론적 문제들을 일으키기에, 엄청나게 확산된 위협적인 환경물질들을 독을 가진 거미라는 손으로 만질 수 있는 뚜렷한 형상으로 비유한다. (누구나 보통은 거미를 피하거나, 포획하거나, 불쌍해서 다른 곳으로 옮기거나, 짓이겨 버릴 수 있다. 하지만 개인이 어떻게 공기 중의 수은을

---

45 Eriksen and Ursin, "Subjective Health Complaints", p.447.

46 Ibid., p.448.

47 Hermann M. Bolt and Ernst Kiesswetter, "Is Multiple Chemical Sensitivity a Clinically Defined Entity?", *Toxicology Letters*, vol.128, March 2002, p.105.

탐지하고 피할까?) 화학물질복합과민증을 단순한 심리적 문제로 무시하는 것은 마음/몸, 정신/물질 이분법을 뒤범벅이 되게 하는 향정신성 psychopharmaceutical 약품들의 사용이 빠르게 증가하는 시대엔 특히나 이상한 일이다. 니콜라스 애슈퍼드와 클라우디아 밀러가 표현하듯이, 자신들의 증상이 "심리적인 원인"이라는 진단을 받아 온 화학물질복합과민증 환자들은 "행동에 영향을 미치기 위한 **약품**이라고 불리는 화학물질 소량을 일상적으로 복용시켰던 정신의학자들이 공기 중이나 음식에 있는 화학물질들이 뇌에 영향을 미치거나 눈에 띄게 행동 변화를 일으킨다는 것을 어떻게 인지하지 못하는지 의아해한다".[48] 화학물질에 예민한 사람들의 대다수가 단순히 '불평하는' 여성들이거나 또는 여성들로 인식되는 한, 생물학적 효과와 심리적 효과 모두를 지닌 물질적 질병으로서 화학물질복합과민증에 대한 다소 거만한 무시는 여성혐오의 색조를 띤다. 이 경우 사회구성주의 또는 심리학 모델에 우호적인 태도를 보이면서 화학물질복합과민증의 생물학을 무시하는 것은 진보적이지 않다. 엘리자베스 윌슨을 따라서 어떻게 "페미니즘이 생물학적 설명방식과 심층적이고 행복하게 공조할 수 있는지"를 고려하는 것이 좀 더 이치에 맞다.[49]

　　그다지 놀랍지 않게, 화학제품 제조사들은 이런 몇몇 거만한 연구

48 Nicholas A. Ashford and Claudia S. Miller, *Chemical Exposures: Low Levels and High Stakes*, New York: Van Nostrand Reinhold, 1991, p.114.

49 Elizabeth Wilson, *Psychosomatic: Feminism and the Neurological Body*, Durham, N.C.: Duke University Press, 2004, p.14.

에 돈을 댄다. 『주간 레이첼의 환경과 보건』에 실린 글 「화학물질 노출과 인간의 질병을 연결하는 과학적 증거에 대한 제조사의 조작」에 따르면, "살충제 회사들은 건전한 환경을 위한 책임 있는 산업Responsible Industry for Sound Environment(RISE)이라 불리는 그들 자신의 담배-과학 그룹을 만들었다. RISE는 몬산토Monsanto, 산도스 아르고Sandoz Argo, 다우-엘란코Dow-Elanco, 듀퐁 농화학회사DuPont Agricultural Products, 스코츠 컴퍼니The Scotts Company, 그리고 여타 살충제 제조사들, 살충제 발명가들, 유통사들과 같은 회사들의 사장들로 구성된다".[50] 가장 악명 높은 경우로 산업계의 입장을 대리해서 전문가 증언을 한 로널드 가츠Ronald Gots 박사는 화학물질복합과민증을 "우리의 기술혐오와 화학혐오 사회의 특징적인 징후"라고 부르면서 그것을 의학적인 상태가 아니라 심리적인 상태라고 주장한다.[51] 가츠는 비이성적인 기술혐오적 믿음이 화학물질복합과민증을 불러낸다고 암시하지만, 커레스의 역학 연구는 그 반대를 보고한다. 그와 공저자들은 오로지 피험자의 1.4퍼센트만이 "화학물질들에 대한 고도과민증이 발발하기에 앞서서 우울, 불안, 또는 다른 정서적 문제들을 경험했다"고 보고하며, "고도과민증에

---

50 "Corporate Manipulation of Scientific Evidence Linking Chemical Exposures to Human Disease: A Case in Point-Cigarette Science at Johns Hopkins", *Rachel's Environment and Health Weekly*, vol.464, October 18, 1995를 참조하라. 제목이 '존스홉킨스의 담배 과학'(Cigarette Science at Johns Hopkins)으로 바뀌었다. / [옮긴이] https://www.ejnet.org/rachel/rehw464.htm(accessed: 2018.6.30.).

51 Eric Nelson, "The MCS Debate: A Medical Streetfight", *Free Press*, vol.8, February~March 1994를 참조하라. 보잉사로부터 큰돈을 받는 독성학자인 넬슨은 노동자들이 경험하는 증상들은 '심리적 병리상태'로 설명될 수 있다고 결론짓는다.

수반되는 정서적 장애들이 실체적인 정서 문제들을 발생시키는 너무나도 파괴적인 신체적 증상들의 결과로 나타날 수 있다"고 말한다.[52] 또는 "기분과 정서와 관련된 뇌 기능에 영향을 미치는 독성 작용물에 대한 노출로" 발생한다고 제안한다.[53] 유사하게, 최근의 과학 연구조사를 조심스럽게 종합적으로 평가하는 크리스 윈더는 왜 수많은 심리학적 설명들(자기암시, 조건이 붙은 답변, 엄살, 그리고 심인성적 상태)이 의심스러운지를 설명한다. 그는 화학물질복합과민증 조사에서 사람들은 왜 그렇게 독성물질들의 낮은 복용수치에 영향을 받는가라는 핵심적인 질문에 "독성물질을 다루는 문제들 중 하나는 참조할 만한 복용-반응does-response 정보란 보통 효과들이 좀 더 명확하게 나타나는 화학물질 관련성의 상단에 위치하는 고준위 노출과 관련된다"라고 설명하는 것으로 대답한다.[54] "저준위 노출의 생물학적 효과"에 대한 연구는 "독성학의 중요한 신생 분야"이고,[55] 종형鐘形 정규곡선bell curve에서 좀 더 번거로운 측면side에 주의를 집중한다. 따라서 화학회사들과 다른 산업체들은 이 추세에 대하여 그다지 열의가 없다. 과학과 법, 의학이 구분하는 영역 구분(한편은 안전하고 다른 한편은 유해하다고 간주하는 경계 설정)은 깜짝 놀랄 정도로 정치적·경제적·환경적·윤리적으로 세분화

52 Caress, et al., "Symptomology and Etiology of Multiple Chemical Sensitivities", pp.4~5.
53 Ibid.
54 Chirs Winder, "Mechanisms of Multiple Chemical Sensitivity", *Toxicology Letters*, vol.128, no.1~3, March 10, 2002, p.86.
55 Ibid.

되어 있다. 니콜라스 애슈퍼드와 클라우디아 밀러의 책 부제 '저준위와 고수익'Low Levels and High Stakes은 그것을 간략하게 표현한다.

비록 환경질병의 발생기제mechanism들이 여전히 상당한 논란의 여지가 있지만, 이 증후군에 대한 유전자 연구는 진행 중이다. 게일 맥퀸-에이센 등은 "생체이물질 대사작용xenobiotic metabolism에 유전적 차이들이 존재하는지"[56] 결정하기 위한 연구, 다른 말로 하면 화학물질에 예민한 사람들이 독성 화학물질 대사작용에 영향을 미치는 의미심장한 유전적 차이들을 가지고 있는지 결정하기 위한 연구를 수행한다. "독성물질과 내생적 신경전달물질을 활성화시키거나 비활성화시키는 것으로 알려진" CYP_2D_6 효소[57]에 초점을 맞추면서, 그들은 "높은 CYP_2D_6 활성도를 지닌 개인들은 [······] 비-기능적 대립형질들을 지닌 개인들과 비교해 화학물질복합과민증에 대한 증가된 위험을 보인다"는 것을 발견한다.[58] 그들은 또한 이 특정 효소가 "각각의 단독 유전자에서 관찰되는 위험을 넘어서 실체적으로 화학물질복합과민증에 대한 위험을 증가시키는 방식으로" 또 다른 효소(NAT_2)와 상호작용하는 것을 발견한다.[59] 유전자 연구는 유망하면서도 동시에 위험하다. 긍정적인 쪽에

---

56 Gail McKeown-Eyssen, et al., "Case-Control Study of Genotypes in Multiple Chemical Sensitivity: CYP_2D_6, NAT_1, NAT_2, PON_1, PON_2 and MTHFR", *International Journal of Epidemiology*, vol.33, 2004, p.972.

57 [옮긴이] CYP_2D_6는 해독작용을 하는 간에서 발현되는 효소로서 CYP_2D_6 유전자에 의해 발현된다(영어판 위키피디아 'CYP_2D_6' 항목). 또한 의약품의 약 25%에 대한 약물대사와 배설 경로에 관여하며 일부 의약품의 활성을 증가시킨다(『민족의학신문』, 2018.6.29.).

58 Ibid., p.971, p.975.

59 Ibid., p.977.

서는 유전자 연구가 화학물질복합과민증의 발생기제들을 밝히도록 도울 것이라고 본다. 게다가 최근 '유전자'의 문화적 효능과 과학적으로 '실재'한다고 여겨지는 어떤 것으로 의미화하는 것은 화학물질복합과민증으로 하여금 더 광범위한 문화적·의학적 적합성을 획득하도록 도와줄 것이다. 하지만 아이러니하게도 안과 밖으로 경계 지어지고 독립적인 몸이라는 의학 모델을 잠재적으로 무너트리고, 횡단–신체적 환경윤리를 고취시킬 환경질병은 '유전자'라고 불리는 구분되고 식별 가능한 개체들의 이중 나선 때문에 제한될 것이다. 과학연구자들은 유전자를 환경과 단절된 채 고립된 작용물로 현저하게 개념화하는 것에 대해 비판해 왔다.[60] 이블린 폭스 켈러는 『유전자의 세기』에서 "유기체가 가진 모든 양상의 토대를 구성하는 명약관화한 병의 원인 물질로서 유전자의 이미지는 대중적이고 과학적인 사유 모두에 매우 깊이 뿌리박혀 있다. 그것을 제거하기 위해서는 훨씬 더 많은 선의, 근면, 개념에 대한 비판이 필요할 것이다"라고 말한다.[61] 유전자의 작용능력에 관한 만연한 담론은 환경질병에서 '환경'을 비물질성으로 사라지게 한다. 화학물질에 예민한 사람들을 유전적으로 결함이 있다고 꼬리표를 붙이는 것

---

60 이 책의 6장을 참조하라. 또한 Evelyn Fox Keller, *The Century of the Gene*, Cambridge, Mass.: Harvard University Press, 2002; Richard Lewontin and Richard Levins, *Biology under the Influence: Dialectical Essays on Ecology, Agriculture, and Health*, New York: Monthly Review Press, 2007; Haraway, *Modest_Witness@Second_Millennium: FemaleMan©_Meets_OncoMouse™*, New York: Routledge, 1997; 그리고 Susan Oyama, *The Ontogeny of Information: Developmental Systems and Evolution*, Durham, N.C.: Duke University Press, 2000을 보라.
61 Keller, *The Century of the Gene*, p.136.

은 손상을 가하는 화학·산업·군사·정부의 행위들에 책임을 지우는 대신에 나쁜 유전자에 책임을 지운다. 이러한 결론은 수많은 경제적·법적·정치적 함축을 지닌다. 조반나 디 치로는 충격적인 글 「'라운드업 레디®' 공동체를 만들기? 인간유전체 프로젝트와 환경정의 정책」에서 유사한 시나리오를 탐험한다. 디 치로는 환경유전체 프로젝트는 "어떤 개체군이 '그들이 일터, 가정, 또는 좀 더 일반적으로 환경에서 마주하는 물질들에 더 취약하거나 또는 더 저항적인' 특징을 지니게 하는" 유전적 변이체genetic variance들을 목록으로 만드는 것을 계획하고 있다.[62] 디 치로가 증명하듯, 이 프로젝트 담론은 "우리가 환경 독성물질들과 함께 산다는 것을 당연한 것으로 가정하고, 환경 유독성을 자연스러운 것으로 여기며, 인간 개체군의 몇몇 유전체 하위세트들을 병리화한다".[63]

치명적인 환경적·사회적 결과들을 불러오는 유전자 환원주의에 연루되지 않으면서, 유전자-환경 상호작용을 드러내는 과학연구를 수행하는 것이 가능하다. 세라 쇼스택은 유전자 역학, 분자 역학, 그리고 독성유전체학이 "인간의 건강과 질병을 발생시키는 유전자-환경 상호작용의 중요성을" 강조한다고 설명한다.[64]

---

62 Giovann Di Chiro, "Producing 'Roundup Ready®', Communities? Human Genome Research and Environmental Justice Policy", *New Perspectives on Environmental Justice: Gender, Sexuality, and Activism*, ed. Rachel Stein. New Brunswick, N.J.: Rutgers University Press, 2004, p.142.

63 Ibid., p.146.

64 Sara Shostak, "Locating Gene-Environment Interaction: At the Intersection of Genetics and Public Health", *Social Science and Medicine*, vol.56, 2003, p.2338.

유전자-환경 상호작용 연구는 과학적·생의학적 공중보건의 관심을 **안으로 향하게 하는**, 즉 유전자/유전체와 몸의 내부로 향하게 하는 방향설정과 더불어 **바깥으로 향하게 하는**, 즉 화학물질 방출을 용이하게 하는 특정한 행위와 장소로, 그리고 화학물질 노출로 향하게 하는 방향설정을 약속한다. 그것이 분자 유전학의 환원주의적 담론을 장소라는 맥락에 위치시키는 한, 이러한 이중 초점은 생물학적인 것과 사회적인 것의 분리 불가능성을 밝히는 데 도움을 준다.[65]

만일 유전자 연구의 방향이 동시에 안과 밖으로 향한다면, 또는 나의 용어로 횡단-신체적이라면, 과학자들은 아마도 몸의 작용능력들이 언제나 물질들과 특정 장소들의 작용능력들과 상호작용하는 방식들을 포착할 수 있을 것이다. 유전자-환경 상호작용에 대한 연구는 화학물질복합과민증이라는 현상을 밝힐 수 있고, 동시에 특정 장소, 물질, 제품, 산업, 그리고 노동 행위들의 위험성을 드러낼 수 있을 것이다.

화학물질복합과민증이 심리적 상태인지 또는 의학적 상태인지에 대한 논쟁은 이 질병이 '실재'하는지 아닌지에 대한 논쟁이다. 그것이 심인성이라고 주장하는 이들은 기이하게도 마음을 비물질적인 것으로 간주할 뿐만 아니라, 정신 이외의 부분들을 더 넓은 환경으로부터 절단한다. 독극물학자, 신경학자, 면역학자, 그리고 유전자 연구자들과 같은 여타 과학자들은 극미량의 독성물질에 대한 과민증을 발생시키는 생

---

65 Ibid, p.2328.

물학적 기제를 찾는다. 화학물질복합과민증의 어떤 의학적 치료법 ─ 아마도 약품 또는 외과수술은 치료법이 아니다 ─ 도 존재하지 않는다는 사실은 화학물질복합과민증이 어떤 의학 모델에도 잘 들어맞지 않는다는 것을 의미한다. 따라서 표준 의학 패러다임을 실천하는 사람들은 정확하게 잘 들어맞지 않는 모델 덕분에 그것이 실재하는지 의심할 것이다. 아이러니하게도, 과학과 의학에 종사하는 이들은 환경질병의 물질적 존재 여부를 둘러싸고 논쟁을 벌이는 반면에, 물질성의 생산 능력을 최소화하는 경향이 있는 사회구성주의 모델에 몰두했던 문화비평가들은 그것을 신체의 작용능력을 경유하여 그 패러다임을 파괴하는 것으로 간주한다. 다른 말로 하자면, 환경질병은 물질의 작용능력과 앎의 신체적 방식을 극적으로 내보이면서 사회적 구성을 배신하고 떠나라고 도발한다.

미셸 머피의 도발적인 글, 「"여기 안에서 다른 어딘가" 그리고 환경질병, 또는 당신 자신이 안전한 공간에 당신의 몸을 구축하는 방법」은 "화학물질복합과민증과 같은 절망적인 질병에 대한 글쓰기를 함정에 빠트리는 정치적 싸움을 탐색하는 것에 신중해야 한다"고 말한다.[66] 왜냐하면, "사회구성주의와 문화연구의 실행 수단들이 언제나 정치적으로 동정의 대상이 되는 이들의 이익을 위해 수행되는 것은 아니기 때문이다".[67] 그녀는 또한 "역사적·문화적 설명들은 질병의 역사성이 그

66 Michelle Murphy, "The 'Elsewhere within Here' and Environmental Illness; or, How to Build Yourself a Body in a Safe Space", *Configurations*, vol.8, 2000, p.91.
67 Ibid.

것의 현실성과 반비례한다고 가정하는 경향이 있었고", 따라서 문화적 구성은 "기능에 대한 비합법화 또는 '탈물질화'"를 수행한다고 덧붙인다.[68] 하지만 머피는 화학물질복합과민증의 "물질성을 깎아먹는 대신에 인정하는" 구성주의를 제안한다.[69] 예를 들어 머피는 몸과 건축된 환경의 "상호적 구성"을 설명하며, "환경에 반응하는 몸은 환경을 발병의 원인으로 돌리고, 몸과 겹쳐지는 환경은 몸을 아프게 한다"라고 말한다.[70] 그녀는 몸과 환경의 물질적 작용능력들을 증명하는 것이다. 머피가 "단순히 자연으로부터 신체 크기로 이동하는 것뿐만 아니라 피부를 통해 건축된 환경으로부터 확장하는 것을" 포함시키기 위해 "생태학"의 범주를 확장할 때, 그녀는 또한 내가 횡단-신체성이라고 부르는 어떤 무엇과 가까운 어떤 것을 상상한다. 머피의 정교한 글은 "가차 없는 유물론적" 과학연구를 위한 모델 역할을 한다.[71] 하지만 생태학이라는 용어를 사용함에도 불구하고, 머피는 자신의 분석 대부분을 이 질병에 대한 더 광범위한 생태학적 세분화를 축소시킬 위험이 있는 건축된 환경 안에 삽입한다.

『저항하는 몸: 환경질병과 의학지식에 대한 투쟁』에서 사회학자인 스티브 크롤-스미스와 휴 플로이드는 화학물질에 예민한 이들이 가진 비정상적인 신체의 작용능력을 대담하게 강조한다. 그들은 설문지,

---

68 Ibid.
69 Ibid., p.93.
70 Ibid., p.98.
71 Ibid., p.110.

면접, 병에 대한 전기, 의학연구, 그리고 지지단체 관찰을 통해 화학물질복합과민증에 대한 설명들을 모은다. 그들 논점의 가장 강력한 측면 중 하나는 그들이 인간 몸의 작용능력을 어느 정도로 묘사하느냐이다. "의식이 존재를 규정한다"는 울리히 벡의 주장을 받아들이면서, 그들은 우리가 또한 "몸의 상태와 상황이 의식을 형성한다"는 것을 인정해야만 한다고 주장한다.[72] 그들은 "화학물질에 예민한 사람들은 그들의 몸이 사물들을 알아본다"라고 가정한다.[73] 게다가 화학물질복합과민증은 "몸이 생의학 이론의 대상이 되는 것을 거부한다"는 점에서 신체의 작용능력 방식을 따른다.[74] 신체의 작용능력이 우리의 몸에 대한 관념과 양립 불가능한 인식 또는 지향성을 필요로 한다고 가정하는 것으로, 신체의 작용능력에 대한 이런 개념화를 비난하기보다, 우리는 그것을 물질성 자체가 작용능력을 지니는 것으로 재인식할 수 있는 가능성들의 특별히 강력한 사례로 읽을 수 있다. 『우주를 중간에서 만나기』에서 캐런 배러드는 "물질은 내부-작용하는 생성 ── 사물이 아니라 작용하기, 즉 작용능력의 응결 ── 중에 있는 실체"인 "작용능력적 현실주의"agential realism 이론을 전개한다.[75] 작용능력은 주체를 필요로 하지(또는 허락하지) 않으며, 차라리 "작용능력agency은 내부-작용의 문제이다. 그것은

---

72 Kroll-Smith and Floyd, *Bodies in Protest*, p.10.
73 *Ibid.*, p.132.
74 *Ibid.*, p.97.
75 Karen Barad, *Meeting the Universe Halfway: Quantum Physics and the Entanglement of Matter and Meaning*, Durham, N.C.: Duke University Press, 2007, p.151. 강조는 원저자.

어느 누구 또는 어떤 무엇이 소유한 어떤 것이 아니라 하나의 작동이다. 그것은 주체 또는 대상의 속성으로 지시될 수 없는데, 그것들은 그와 같은 방식으로 앞서서 존재하지 않기 때문이다".[76] "상호-작용"과는 다르게, "내부-작용"은 그것에 "앞서는 독립된 실체들의 존재"를 거부한다.[77] 화학물질에 예민한 사람들의 몸은 "내부-활동적인 생성"이라는 의식을 체현하고, "인간은 내부-작용의 역동적인 구조화 과정에 있는 세계-몸 공간의 일부이다".[78] 닐스 보어Niels Bohr의 물리철학에 기반하는 배러드의 이론이 비록 세계들이 평범한 사람들의 화학물질복합과민증에 대한 경험에서 동떨어져 있는 것으로 보이기는 하지만, 그것은 화학물질에 예민한 이들의 충격적인 횡단-신체성을 이해하도록 우리에게 도움을 주는 강력한 존재-인식론을 제공한다. 더욱이 유물론적 윤리라는 배러드의 의식이 화학물질복합과민증을 지닌 이들의 특이한 곤경으로부터 방출되는 것으로 보이는데, 그것을 통해 우리는 "우리가 한 부분을 차지하는 얽히고설킨 물질화들에 대해" 설명해야 한다.[79] 화학물질에 예민한 사람들은 물질의 얽힘 — 얼마나 작든 또는 우호적으로 보이는 물질의 얽힘이든 어떻든 간에 — 을 해명할 책임을 지는 윤리 양식을 인정할 것이다.

76 *Ibid.*, p.178.
77 *Ibid.*, p.139.
78 *Ibid.*, p.185.
79 *Ibid.*, p.384.

물질의 작용능력을 포착하기

"독성물질 담론"은 "증거 제시보다는 의혹과 암시의 담론이다"라는 로렌스 부엘의 반론에 응답하기라도 하듯이,[80] 화학물질에 예민한 사람들은 일종의 특이한 (자전적) 전기(auto)biography 장르 안에서 몸이 나타내는 반응이라는 개인적이기보다 '과학적인' '증거'를 제출한다. 원인과 결과의 연쇄로 점철된 무미건조한 목록은 '객관적 지식'이라는 과학의 목소리를 모방하면서 합법성을 추구한다. 이 장르는 또한 화학물질복합과민증을 겪는 삶을 위한 초급자 과정 역할을 한다. 크롤-스미스와 플로이드는 도발적으로 화학물질복합과민증을 "실용적 인식론 —— 인간이 일으키는 문제를 줄이고 관리할 수 있도록 하는 방식으로 작동하는 세계를 이해하기 위한 전략" —— 으로 간주한다.[81] 크롤-스미스와 플로이드의 화학물질복합과민증에 대한 "실용적 인식론"이라는 계시적인 개념화는 앤드류 피커링의 (과학) 행위의 "뒤범벅" 모델을 통해 확장될 수 있다. 피커링은 많은 부분 "일상은 물질의 작용능력에 대응하는 특성을 지닌다. 그러한 작용능력은 인간의 영역 바깥에서 우리에게 다가오며, 인간적 영역의 그 어떤 것으로도 환원될 수 없는 것"이라고 설명한다.[82] 담론과 물질적 현실을 대립시키는 재현 모델에 반대하

---

80 Lawrence Buell, *Writing for an Endangered World: Literature, Culture, and Environment in the U.S. and Beyond*, Cambridge, Mass.: Harvard University Press, 2001, p.48.

81 Kroll-Smith and Floyd, *Bodies in Protest*, p.11.

82 Pickering, *The Mangle of Practice*, p.6.

면서, 피커링의 주장에 따르면, 과학적 실천은 물질의 작용능력을 '포착'한다. 그는 어떻게 "능동적이고, 의도를 지닌 존재들"로서 "과학자들이 새로운 기계를 실험적으로 구축하는지" 설명한다.[83] "그리고 나서 그들은 수동적인 역할을 자처하며, 기계가 포착하는 물질의 작용능력의 그 어떤 것이든지 관찰하기 위해 기계의 성능을 조사한다."[84] 화학물질복합과민증을 지닌 사람은 능동적으로 물질의 작용능력에 대한 지식을 찾는 일종의 과학자로, 동시에 이러한 물질 작용능력들을 기록하는 기계장치로 이해할 수 있을 것이다. 화학물질복합과민증 (자전적) 전기에서 몸은 일상이 "내가 저기에 가면, 이 공기를 들이마시면, 이 물건을 접촉하면 무슨 일이 발생할까?"라는 일종의 실험이 된다는 점에서 종종 과학 기계장치와 유사한 어떤 것으로 출현한다. 예를 들면, 즈윌링거의 『박탈당한 자』 서문에서, 의학박사 군나르 호이저는 화학물질복합과민증을 지닌 사람들의 "과민증들"은 "어떤 방식으로 잠재적인 독성 화학물질들의 매우 낮은 수치도 측정할 수 있는 매우 정교하게 조율된 기계장치들을 구성한다"고 쓴다.[85] 린 로슨은 산업 화학물질들의 대다수가 장기간 건강에 미치는 영향에 대해 결코 검사를 받은 적이 없다고 언급하면서, "물론 실제로는, 우리가 검사를 진행하는 중이다. 우리 모두가 그렇지만, 특히 환경질병/화학물질복합과민증을 지닌

---

83 *Ibid.*, p.21.
84 *Ibid.*
85 Gunnar Heuser, "Foreword", in Rhonda Zwillinger, *The Dispossessed: Living with Multiple Chemical Sensitivities*, Paulden, Ariz.: Dispossessed Project, 1998, p.4.

사람들이 그렇다"라고 결론 내린다.[86] 머피가 표현하듯, 환경질병을 지닌 사람들에게 "증상들은 몸 안에 숨어 있는 근원적인 질병의 징후가 아니다. 증상들은 화학물질복합과민증 환자들에게 그들 몸 상태의 다양한 차원들이 상호작용하는 방식에 대한 물질적 정보를 제공한다. 증상들은 환경에서 무슨 일이 진행되는지를 알려 주는 지표들인 것만큼, 건강의 지표들이다".[87] 그리고 크롤-스미스와 플로이드가 설명하듯이, "환경질병을 지닌 사람들은 그들의 몸을 무매개적immediate 지식의 원천으로 경험한다. 중요한 건 그러한 지식이 마치 합리적, 즉 합법적이기라도 하다는 듯이 지식을 향해 행동한다는 점이다".[88] 자신의 신체의 내부-작용들로부터 수집된 '데이터'는 서구 의학, 대안 의학, 법, 과학, 환경주의운동, 녹색소비자운동, 그리고 화학물질복합과민증 하위문화로부터 가져온 정보와 이론과 함께 뒤섞인다.

화학물질복합과민증을 지닌 사람들의 특이한 (자전적) 전기는 독성물질들에 대한 묘사와 그것들이 끼치는 영향들을 외부로 표출하면서 눈에 띌 만한 장르가 되었다. 때로 독성물질과 자아 사이의 으스스한 물질적/환유적 미끄러짐은 화학물질복합과민증을 지닌 이가 불가피하게 자기 자신을 환경과 상호연결된 어떤 것으로 간주해야 하는 새로운 존재론을 시사한다. 예를 들면, 엘리자베스 슈스터는 어떤 방으로

86 Lynn Lawson, "Notes from a Human Canary", *Illness and the Environment: A Reader in Contested Medicine*, eds. Steve Kroll-Smith, Phil Brown, and Valerie J. Gunter, New York: NYU Press, 2000, p.340.

87 Murphy, "The 'Elsewhere within Here'", p.115.

88 Kroll-Smith and Floyd, *Bodies in Protest*, p.93.

걸어 들어가는 것에 대해 이렇게 묘사한다. "뇌로 들어와 달라붙어서는 도대체 나가려고 하지 않는 화학물질들 중 하나를 느낄 수 있었기 때문에, 나는 그야말로 공황상태에 빠졌다. 단 하나의 물질이 3일, 4일, 5일 동안 나를 괴롭혔다."[89] 변호사 "랜드Rand는 향수와 디젤 자동차 배기가스가 일으키는 최초의 문제들이 거의 기하급수적으로 폭발했다"고 보고한다.

새 책, 새 카펫, 새 페인트, 페놀과 포름알데히드를 지닌 그 어떤 것, 여하한 살충제와 제초제, 카세트 테이프에서 자동차 배기가스와 대형 부가부 유모차에 이르기까지. 물론 담배 연기도. 이것들은 불쾌감을 주는 냄새뿐만 아니라 나를 완전히 방향감각을 잃게 하고, 정서적으로 폭발하게 하며, 완전히 기진맥진하게 하는 느닷없는 분노를 일으키게 하면서 나를 공격하는 작용물들이다.[90]

스틴 핸슨 흐비드가 작성한 댈러스 환경보건센터의 환자 18명에 대한 각각 한 문단 길이의 "개인적 이야기들"은 다양한 물질들이 신체에 미치는 특정 효과들을 세밀하게 묘사한다.[91] 그런 설명은 어떤 사람

89 McCormick, *Living with Multiple Chemical Sensitivity*에서 재인용, p.25.

90 Johnson, *Casualties of Progress*에서 재인용, p.201.

91 Steen Hansen Hviid, "Personal Stories from Environmentally Ill Patients around the Environmental Health Center in Dallas"를 참조하라. / [옮긴이] "Personal Stories from Environmentally Ill Patients"로 검색하면 나온다. http://www.eiwellspring.org/stories/PersonalStoriesFromEIPatients.pdf(accessed: 2018.6.30.).

이 화학물질복합과민증을 겪는다고 누군가가 결론을 내린 후에야 글로 표현될 수 있다. 그러한 인식론적 틀 없이는 누구도 자기 병력이나 자서전에 복사기, 향수 또는 살충제와 같은 것들을 포함시킬 생각은 결코 하지 못했을 것이기 때문이다. 린 로슨의 「인간 카나리아로부터의 노트」는 두 가지의 목소리를 지닌 담론을 사용한다. 여기서 로슨은 자신의 인식이 부족했음을 나중에서야 깨달았다고 말한다. "나는 깨진 온도계의 수은에 매료되어서 그것을 가지고 놀았다는 사실을 이제야 기억한다." 비록 1970년대에 자동차에 의한 대기오염과 살충제에 대한 논문을 쓰는 "열렬한 환경주의운동가"였지만, 그녀는 "그녀의 두통을 이 이슈들과 연결시키지 못했다".[92] 진 매켄지Jean Mackenzie는 성장소설에 전형적인 경험이 많은 성인과 순진한 청소년이라는 두 개의 관점으로 글을 쓴다.

처음 14살쯤에 고무줄과 같은 물건들과 그와 유사한 것에 피부가 반응을 보였다. 여름방학 동안 드라이클리닝 시설에서 실크 소재 옷을 다림질하는 아르바이트를 했는데, 물건들이 차츰 나를 괴롭히기 시작했다. 나중엔 청소용액을 많이 사용하는 일인 진열장 장식과 간판 닦는 일을 했다. 내가 내 자신에게 무슨 일을 하고 있었는지 그때는 알지 못했다. 그리고 많은 문제를 겪기 시작했다. 물론, 나는 그것이 무엇인지 결코 알지 못했다.[93]

92 Lawson, "Notes from a Human Canary", p.334.

화학물질복합과민증 성장소설은 원수 역할—최종적으로 자아를 꿰뚫고 침투하는 원수 역할—을 하는 청소용액과 고무줄과 더불어 기이하게도 물질적이다. 저자의 의학/환경/인생 역사들에서 가장 영향력 있는 것들인 사물들과 물질들, 화학물질복합과민증에 대한 개념이 없었더라면 경고의 대상조차 되지 않았을 평범한 물질들인 한에서, 사회적 관계는 으스스한 설명들 속으로 사라진다.

화학물질복합과민증 진단을 받거나 주장하는 것은 건강을 개선할 수 있는 명백한 것들을 제공하면서 불가해한 건강 상태를 이해할 수 있도록 그들에게 도움을 준다. 하지만 화학물질복합과민증에 대한 검사가 없고 증상들은 엄청나게 다양한 탓에, 진단을 받는 것은 결코 간단한 문제가 아니다. 독학으로 쓰어진 설득력 있는 자서전이면서 동시에 살 만한 안전한 장소를 위한 긴급한 청원인 비참한 웹사이트에서 에릭 헌팅Eric Hunting은 "진단받기 위한 추적" 때문에 발생하는 "빈곤의 패턴은 환경질병으로 고통받는 사람들이 노숙자가 되는 가장 주요한 원인들 중 하나"라고 주장한다.[94] 많은 사람들이 다양한 의사와 심리학자, 정신과 의사들에게서 도움을 구하려 하지만 종종 아무 소용도 없이 끝나는 것처럼, '진단받기 위한 추적'은 화학물질복합과민증 장편 서사에서 표준적인 플롯이다. 진단 플롯에서 반환점은 보통 환경질병을 지

93 McCormick, *Living with Multiple Chemical Sensitivity*, p.216에서 재인용.
94 Eric Hunting, "Shelter: Documenting a Personal Quest for Nontoxic Housing". / [옮긴이] http://radio-weblogs.com/0119080/stories/2003/01/30/whatIsEnviron mental Illness.html(accessed: 2018.7.11.). 앨러이모와의 이메일.

닌 사람이 잡지나 텔레비전 프로그램, 또는 그가 우연히 만나는 누군가와 같은 비공식적인 정보 출처로부터 무엇인가를 알게 될 때 발생한다. 대부분 사람들은 이미 갖추어진 이론 틀을 받아들이는 반면에, 산업 플랜트 노동자인 "제프"는 "누군가에게 자신의 질병을 더 잘 이해시키기 위해서" "증기중독fumeaholic[과] 화학조미료가 첨가된 가공식품 중독chemicalism과" 자신의 질병을 비교했다. 그는 권위 있는 담론의 필요성을 거부한다. "'왜 이 물건이 나를 괴롭히는지 당신은 아세요?'라고 설명하려고 60cm짜리 책을 펼칠 필요가 없다. 이것은 항독성tolerance의 문제이고, 이 모든 것은 당신이 무엇을 버텨낼tolerate 수 있는지에 관해서이다."[95] 의사들이 그가 괜찮다고 판단한 탓에 그는 산재보상을 거부당하고, 타락한 변호사 때문에 법적 소송을 거부당하며, 2m 50cm 깊이의 구덩이에서 일하는 동안 그에게 노출되었던 화학물질들에 대한 정보를 거부당한 상태에서(회사는 그것들을 "업무기밀"이라고 불렀다), 그가 그러한 책으로 상징화되는 권력/지식 시스템에 환멸을 느끼게 되는 건 결코 놀랄 일이 아니다.

'진단받기 위한 추적'의 가장 매혹적인 설명은 제이콥 벅슨Jacob B. Berkson이 자비로 출판한 『카나리아 이야기』A Canary's Tale이다. 그는 이 책에서 화학물질복합과민증을 겪은 9년 동안의 삶을 기록했다. 전직 군인이자 변호사였던 벅슨은 파삭파삭하고 농담도 없으며, 미사여구 하나 없는 산문으로 아이러니와 냉소, 음울한 유머의 어조로 자신의 이야

---

95 Johnson, *Casualties of Progress*에서 재인용, p.56.

기를 들려준다. 환경질병을 겪는 삶에 관한 대부분의 서술들처럼, 『카나리아 이야기』는 진드기를 죽이기 위해 살충제 더스반Dursban을 집에 뿌렸던, 자기 질병의 최초 원인을 묘사하는 것으로 시작한다. 벅슨과 그의 아내가 제거되지 않는 더스반을 없애기 위해 침대의 두꺼운 천을 유기용매를 사용하여 청소하는 것을 보면서, 반독성물질 하위문화에 정통한 독자들은 아이러니를 알아챌 것이다. 다른 환경질병 서사들처럼 이 이야기는 살 만한 무독성 장소를 찾기 위한 절망적이고, 거의 헛수고에 가까운 시도들을 세밀하게 묘사한다. 처음엔 그는 자기 뒷마당 텐트에서 거주하면서 작업을 하고, 매번 화장실을 써야 할 때마다 근처에 있는 지역 YMCA로 운전해 간다. 하지만 그것은 결코 "편하지 않다".[96]

자신의 건강상태를 이해하기 위한 맹렬한 투쟁을 극적으로 그려 보이면서, 벅슨은 의학, 독성학, 공기표본추출 검사 결과들과 또 공중보건공무원, 알레르기학자, 독성학자, 정신의학자, 그리고 다양한 부류의 전문의들과 나누었던 상담들을 포함시킨다. 책의 형식, 특히 극단적으로 짧은 장들은 그의 지식 추구가 혼란스럽고, 조금씩 이뤄지며, 여러 단편들로 구성된다는 것을 보여 준다. 벅슨의 미니멀리즘, 무표정, 암울한 아이러니의 문체는 모더니스트의 방식으로 이 인식론적 투쟁에서 나타나는 정박지의 부족을 시사한다. 정박지는 권위자들의 지혜에 의문을 제기하는 처음 몇 장에서 휩쓸려 사라진다. 벅슨은 최초의 고통을 기록한 후에, "당신은 편하게 숨 쉴 수 있다"고 소비자에게 장담하면

96 Berkson, *A Canary's Tale*, p.30.

서, "걱정 없고, 마음의 평안을 주는 진드기살충제"로 더스반을 홍보하는 다우케미컬Dow Chemical 광고에서 발췌한 긴 문장을 인용한다.[97] 벅슨은 "만약 당신이 세계에서 가장 거대한 국제 석유화학 회사들 중 하나인 다우케미컬을 믿을 수 없다면, 당신이 누구를 믿을 수 있을까?"라고 빈정대듯이 논평하는 것으로 이 장을 끝맺는다.[98] 그 마을의 공중보건 공무원(의학 박사)이 더스반은 안전하다는 것을 어떻게 그에게 설명해 주는지 묘사하면서 다음 장을 시작하기 위해서이다. 공중보건 공무원은 자기가 장담하는 안전함이 넓은 역사적·정치적·경제적 맥락에서 보면 허구에 지나지 않는다는 것을 깨닫지 못한다. 과학을 대변하는 의학 박사의 설명의 불합리함을 저자는 폭로하는 것이다. 의학 박사는 더스반은 "발암물질로 밝혀진" 클로르데인Chlordane을 대체하기 위해 개발된 안전한 약품이라고 설명한다.[99] 그는 더스반이 "아주 최근에 출시된 약품"이라고 말하면서도[100] 자신이 장담하는 안전이 얼마나 허구적인지를 깨닫지 못한다. 누군가는 '그들'이 더스반에 대해서 무엇을 알게 될까? 오로지 시간이 말해 주겠지라며 의아해할 것이다.[101] 여전히

---

97 *Ibid.,* p.14.

98 *Ibid.*

99 *Ibid.,* p.16.

100 *Ibid.,* p.15.

101 「인간의 질병에 화학물질 노출을 연관 짓는 과학적 증거에 대한 회사의 조작」이 증명하듯이, 물론 시간은 사고 팔 수 있다.
　　"과학적 증거들이 쌓임에 따라, 화학물질 노출을 심각한 인간의 질병에 연결시키면서, 살충제 공급업체와 같은 많은 화학물질에 의존하는 산업들이 불가피하다고 핑계 대면서 당분간 살충제들을 판매하려는 전략을 찾고 있다. 그들은 찾을 필요도 없다. 담배 회사는 40년 동안의 과학적으로 나쁜 소식이 상대적으로 쉽게 왜곡되었고 중화

끔찍하게 아픈 벅슨이 그의 집에 대한 공기표본추출 보고서(그가 백만 원 이상 지출했다)를 받아들고서는 그는 "반가운 소식은 내가 공기를 표본추출했고 집이 안전하다고 결론내리는 과학 전문가로부터 문서보고서를 받았다는 것이다"라는 암울한 아이러니는 줄어들지 않은 채 이 짤막한 장을 끝맺는다.[102]

이 처음 몇 개의 장들에서, 이성의 목소리는 저명한 권위자로부터 나오지 않고, 그에게 무언가가 잘못되었다는 첫 단서를 제공하는 벅슨이 '도그'Dog라고 부르는 청소업자에게서 나온다. 그는 벅슨에게 자신이 해충구제업자였지만, "화학물질 냄새를 참을 수 없었기" 때문에 일을 그만두었다고 말한다.[103]

"나는 매일 아팠어. 안절부절못했고 현기증이 났어. 속이 매스꺼웠고, 그리고 나서는 내 시력에도 문제가 생겼고 경련을 일으키기 시작했어. [……]"

"도그야, 네가 지금 나에게 저 화학제품들이 일하는 사람들에게 위험하다고 말하는 거지?"

되었다"("Corporate Manipulation of Scientific Evidence").
더스반은 마침내 "잠재적으로 모든 가정과 정원에서의 사용"에 대해 미환경보호국에 의해 2000년 6월 8일 금지되었고, 더스반 유의 다른 제품들도 단계적으로 사용 정지될 예정이다(Carol Browner, "Dursban Announcement", *U.S. Environmental Protection Agency*). / [옮긴이] https://archive.epa.gov/epa/aboutepa/dursban-announcement.html(accessed: 2018. 6. 30.).
102 Berkson, *A Canary's Tale*, p. 45.
103 *Ibid.*, p. 10.

"바로 그렇지, 이 머저리야! 저 빌어먹을 것들은 독극물이야. 그것들은 벌레들뿐만 아니라 너의 신경계통을 망가트리고 지옥처럼 너를 아프게 할 거야."

"나는 모르겠는데."

"놀랍네. 너같이 똑똑한 변호사가 독성 화학물질 노출이 아프게 할 수 있다는 것을 모른다니 말이야. [……] 이 애송이야, 너네 집은 약냄새가 진동한다구."[104]

도그는 '똑똑한 변호사'뿐만 아니라 광범위하게 물리도록 사용되는 살충제들을 바보처럼 보이게 만든다. 대화는 그러한 무지 — 상식과 경험을 거부하는 무지 — 는 고의적으로 조작되었음에 분명하다고 암시한다. 다음 장은 퇴역군인 담당의사도 가정 주치의도 벅슨이 집을 떠나야 한다고 제안하지 않았다는 것을 언급함으로써, 그의 신체 경험이 가장 신뢰할 만한 증거를 제공한다는 인상을 강조한다. 산업, 과학, 그리고 의료 시설에 대해 날카롭게 비판하면서도, 벅슨은 계속해서 진단과 상담을 쫓아다닌다. 그가 표현하듯이, "내과 의사, 소화기내과 의사, 정신과 의사, 비뇨기과 의사, 이비인후과 의사, 그리고 배나무에 앉아 있는 꿩"을 쫓아다닌다.[105] 그는 다채로운 오진뿐만 아니라 문외한이 의학 담론을 해독하려고 시도할 때 일어날 수 있는 부조리한 순간들과

---

104 *Ibid.*

105 *Ibid.*, p.87.

도 씨름한다. 예를 들면, 그가 '캄필로박터 파일로리'campylobacter pylori 라는 진단을 받게 되자 직접 사전의 정의를 찾아 그것이 가축과의 성교로 감염되는 질병이라는 것을 알게 되고는 "빌어먹을, 나는 진짜로 얼어 죽을 양이나 소하고 성관계를 하지 않았어!"라고 말한다.[106] 그는 '캄필로박터'[107]의 정의를 잘못 이해했던 것이다.

이런 어려움에도 불구하고, 벅슨은 계속해서 화학물질복합과민증에 대한 더 많은 정보를 추적한다. 지식을 향한 탐험이 이 서사를 구동한다. 개인적인 이야기로 시작했던 서사가 오염, 환경에 의해 유발되는 질병, 화학물질복합과민증의 법적 위상, 새집증후군, 걸프전증후군, 그리고 여타 환경주의 투쟁들에 대한 정보를 제공하는 개론으로 끝난다. 『카나리아 이야기』의 두 번째 권은 화학물질복합과민증뿐만 아니라 정치적 "행동에 대한 요구"에서 절정에 이르는 오염과 환경공공정책에 대한 150쪽 분량의 참고문헌 목록이다. 비록 벅슨이 독특한 목소리로 글을 쓰기는 하지만, 그 자신에 대한 설명이 지식과 권력, 행동주의의 방대한 네트워크로, 책, 잡지, 그리고 과학 수필에서 가져온 긴 인용들에 의해 포획된 "회고록"으로, 그리고 그 자신의 의료 기록들로 확장되어 갈 때, 독자는 정작 벅슨에 대해서는 거의 아무것도 모르게 된다. 독자는 지식 ─생존을 위한 핵심적인 지식─ 에 대한 뒤죽박죽 탐색이라는 생생한 느낌을 갖게 된다. 『카나리아 이야기』가 실험적인 형식으

---

106 *Ibid.*, p.88.
107 [옮긴이] 캄필로박터는 양, 소와 같은 가축과 사람에게 식중독을 일으키는 병원균이다.

로 열정적인, 때때로 아이러니한, 인식론적 탐험을 극화한다는 점에서, 그것은 화학물질복합과민증의, 또는 보다 일반적으로 위험사회의 『모비딕』Moby-Dick이다. 심지어 벅슨이 자신의 신체 반응과 다른 이들의 설명으로부터 배울 때조차도, 그의 탐험의 핵심은 과학과 의학을 비판하는 것뿐만 아니라 물질에 대한 진실에 이르는 것이다. 브뤼노 라투르처럼, 그는 "사실에서 멀어지는 것이 아니라 더 가까이" 다가서려고 노력한다.[108] 벅슨은 자신의 일상을 인도하기 위해 과학 정보를 필요로 한다. 울리히 벡이 설명하듯이, 위험사회 안에서 "사람들이 위험에 처하는 것의 정도와 증상은 근본적으로 **외부에 대한 지식에 의존한다**".[109] 하지만 벡의 패러다임은 오로지 부분적으로만 화학물질복합과민증을 지닌 이들에게 유효하게 작용한다. 이는 외부에 대한 지식이 물질세계, 언제나 자신의 생성 중인 신체적 자아와 내부-작용하는 물질세계의 작용 능력을 포착함에 따라, 외부에 대한 지식의 필요성은 자신의 고유한 몸에서 진행 중인 경험과 분리 불가능하게 연관되기 때문이다.

주거 공간, 평범한 소비자 실천, 비인간 자연, 그리고 인간 몸이 서로 뒤섞임에 따라, 벅슨의 지식을 향한 탐험은 급격히 확산된다. 예를 들어 그는 건강을 오로지 '인간'의 영역에만 국한되는 문제로 간주하는 것은 오류라는 것을 깨닫는다. 도그가 살충제가 벌레를 죽일 뿐만 아니라 사람들에게도 손상을 가한다고 말한 후, 이내 곧 벅슨은 독극물학자

---

108 Bruno Latour, "Why Has Critique Run Out of Steam? From Matters of Fact to Matters of Concern", *Critical Inquiry*, vol.30, Winter 2004, p.232. 강조는 원저자.
109 Beck, *Risk Society*, p.53. 강조는 원저자.

로부터 더스반은 콜린에스테라아제cholinesterase 억제제라는 것과 "콜린에스테라아제는 신경계가 제대로 작동하기 위해서 필수적인 효소다"라는 것을 알게 되고, "그녀는 진드기와 사람이 신경계통의 건강을 위해 동일한 물질 — 콜린에스테라아제 — 에 의존한다고 말하고 있는 것 같았다"라고 말한다.[110] 이것은 생물학자에게는 그리 놀라운 일이 아니겠지만, 살충제가 없는 생활을 상상할 수 없는 평범한 소비자에게는 경악할 만한 발견이다. 자신을 생물학적으로 구성하는 물질이 진드기의 그것과 다르지 않다고 알게 되는 것은 누군가를 횡단-신체적 공간으로 몰아넣는다. 때문에 벅슨이 환경질병을 좀 더 과학적이고 의학적인 지식뿐만 아니라 좀 더 환경 지향적인 정책들과 실천들을 요구하는 현상으로 간주하는 것은 놀라울 것이 없다.

자신의 악화되는 건강상태를 이해하기 위한 벅슨의 탐험은 방대한 환경보건 선언문으로 확대된다. 의학박사 셰리 로저스가 주장하는 『해독이 아니면 죽음을』은 반대 방향으로 나아간다. 그녀는 환경질병을 거의 보편적인 건강상태라고 간주하지만, 결국에는 알약 한 알의 크기로 위기를 축소시키고 만다. 『해독이 아니면 죽음을』은 "환경 독성물질들은 인간의 모든 질병을 초래한다"고 주장한다.[111] 로저스는 어떻게 다양한 독성물질들이 "해산물로 인한 카드뮴 축적, 치아교정, 또는 자동차와 소각로 배출가스가 일으킬 수 있는 골다공증, 요통, 고혈압, 고관

110 Berkson, *A Canary's Tale*, p.36, p.37.
111 Sherry Rogers, *Detoxify or Die*, Sarasota, Fla.: Sand Key, 2002, p.89.

절 통증, 관절염, 신장질환, 양성전립선비대증, 만성피로, 그리고 암"과 같은 문제들을 발생시키는지 목록으로 보여 준다.[112] 철저하게 환경적인 신체성이 이 설명으로부터 출현한다. 즉, 투과적 몸은 자기충족적인 통일체가 아니며, 셀 수 없이 많은 오염원으로부터 확산되는 다양한 독성물질들을 축적한다. 이러한 화학물질복합과민증을 보편화하는 설명으로부터 가해지는 의료산업, 제약산업, 그리고 화학산업에 대한 통렬한 비판은 불행하게도 로저스의 사이비 종교적인 해결책에 의해 유순해진다. 그녀는 선반에 가득한 항산화제와 식물성 생리활성 물질 — 그녀의 설명에 따르면, 산업사회로부터 우리를 구원하기 위해 **신이 몸소 특별히 창조한 것들** — 을 구매해야 하는 값비싼 해독 양생법을 주장한다. 정말로, 이것은 거의 시적이지 않은 항산화 글루타티온이 구원의 방편이 되는 희한한 신학이다. 비록 로저스가 "세인트로렌스강에서 회수한 고래 사체의 27%가 [……] 암을 가지고 있었는데", 인간에게도 그와 같은 동일한 비율이 있다는 통계를 인용하면서, "우리 모두는 우리가 오염시킨 환경의 산물"이라는 것을 입증한다.[113] 그럼에도 불구하고, 그녀는 '해독이 아니면 죽음'이라는 해결책이 야생 생명체에게 무의미하다고는 생각하지 않는데, 이는 매우 기이한 일로 그 생명체들은 그녀의 책도, 엄청난 양의 글루타티온도 구매할 수 없기 때문이다. 그녀가 그 책이 "당신에게 자연의 장엄함, 즉 당신 내부에 프로그램된 자연과

---

112 *Ibid.*, p. 90.
113 *Ibid.*, p. 315.

신이 준 치유 능력에 대한 작은 감사함"을 선물한다는 그녀의 희망으로 끝맺을 때, 그녀가 제공하는 개인주의적이고 소비지상주의적인 해결책은 디지털화된 신학으로 승화한다.[114] 그녀가 말하는 "당신"은 생물 종이 진행 중인 환경과의 내부-작용으로부터 나타나는 진행 중인 진화과정에서 탄생하는 것이 아니라 디지털 창세기에서 탄생한다.

환경질병은 인간 신체성을 인간 이외의 세계와 함께 존재하는 것으로 재개념화할 수 있게 하는 강력한 장소를 제공한다. 물질의 작용능력에 대한 신생 이론들, 특히 앤드류 피커링과 캐런 배러드의 이론은 신체성과 인간을 넘어선 자연 양자를 다시 인식하기 위한 설득력 있는 포스트휴먼posthuman 모델을 제공한다. 우리 모두는 피커링의 용어로 "행위의 뒤범벅"에 거주하며, 배러드를 따라서 "차이화하며 생성하는 세계의 일부"이다.[115] 창발적이고, 뒤엉키며, 뒤범벅된, 물질적인 작용능력에 대한 이러한 설명들은 분리되고, 안정적인 물질들이 세계로부터 우리를 구원할 수 있다는 셰리 로저스의 환상에 대한 해독제의 역할을 한다. 정말로, 환경질병과 연관된 작용능력들은 궁극적으로 서로 분리된 '사물들'은 존재하지 않고, 모든 물질은 세계의 진행 중인 '차이화하는 물질작용'으로 작용하고, 내부-작용한다는 배러드의 이론에 나오는 작용능력만큼 복잡하다. 물질적인 윤리, 개별 인간들이나 외부 자연에만 집중하지 않고, 대신에 그것들 사이의 흐름과 상호교환에 집중하

---

114 *Ibid.*
115 Barad, *Meeting the Universe Halfway*, p.85.

는 윤리가 이 횡단-신체적 공간으로부터 출현한다.

어떤 장소도 '안전하지 않다'

제이콥 벅슨의 『카나리아 이야기』는 어떻게 표면적으로는 사적인 의학적 건강상태가 과학과 의학, 환경주의운동, 정치적 행동주의로 하여금 언뜻 무한하게 개입하라고 촉구하는지 기록한다. 반대로 토드 헤인즈의 영화 「세이프」는 어떻게 화학물질복합과민증이 지닌 방대한 환경적·정치적 함의들이 심리적 긍정이라는 메아리방echo chamber[116]에 갇히게 되는지 논증한다. 화학물질복합과민증의 횡단-신체성을 부인하는 것은 그것을 단순히 개인의 문제로 압착한다.

위에서 언급했듯이, 「세이프」는 자동차 배기가스, 새로 산 소파, 또는 드라이클리닝 증기와 같은 것들에 노출된 후에 격렬하게 아프게 되는 교외 가정주부인 캐럴 화이트를 좇아간다. 검은색 소파는 가구와 반비례하는 듯한 공포스러운 음향과 함께 소개된다.[117] 감탄을 자아내는

---

116 [옮긴이] 메아리방 효과는 특정한 정보나 사상이 일단의 사람들 사이에서 돌고 돌면서 관점이 다른 외부 정보의 유입을 막아 그 집단에 속한 사람들은 왜곡된 관점만을 갖게 된다는 것을 의미하는 말이다. 메아리방은 소리의 울림을 얻기 위해 만들어진 방으로, 닫힌 방 안에서만 이야기가 전파되니 그 이야기가 방 안에서만 울려퍼지는 것은 당연하다(김환표, 「메아리방 효과」, 『트렌드 지식사전 5』, 인물과사상사, 2015).

117 검은색 소파에 대해서는 Stacy Alamo, "Discomforting Creatures", *Beyond Nature Writing*, eds. Karla Armbruster and Kathleen Wallace, Charlottesville: University of Virginia Press, 2001, pp.279~296; Roddey Reid, "Unsafe at Any Distance: Todd Haynes' Visual Culture of Health and Risk", *Film Quarterly*, vol.51, no.3, 1998, pp.32~44를 보라.

DVD 감독판 해설에서 헤인즈는 "즉시 우리는 우리 자신에게 '이것은 정말로 무엇에 관한 영화지?'라고 묻게 됩니다. [⋯⋯] 이내 곧 우리는 물질들, 캐럴의 삶의 실체, 그녀의 건강에 영향을 미치는 물질들, 영화 자체의 실체에 대해 우려를 표합니다"라고 말한다. 화학물질복합과민증이 실체적인지 아닌지, 즉 물질들이 신체적 효과들을 촉발시키는 실재하는 물질적 상태인지는 영화의 등장인물들과 관객 모두에게 논란의 대상이 된다.[118]

배우 줄리앤 무어가 탁월한 냉담함으로 캐럴 역을 연기했는데, 영화 속에서 캐럴은 그녀의 의사에게 거만한 방식으로 거부당한 후, 환경질병 하위문화를 발견하게 되고 '안전한' 장소로 여겨지는 렌우드 Wrenwood라 불리는 사막의 피난처에서 치료법을 찾는다. 그렇지만 희망했던 것보다 이 장소는 (물질적으로, 이데올로기적으로) 덜 안전한 것으로 드러난다. 유해한 배기가스를 내뿜는 자동차가 렌우드에서는 금지되었음에도 불구하고, 자동차 한 대가 코너를 돌아 속도를 높여 그녀

---

118 로렌스 부엘은 묻는다. "알부케르크(Albuquerque) 위로 언덕에 자리 잡은 배타적으로 전체론적인 건강 농장에서 은둔생활을 위해 이글루처럼 생긴 '안전주택'으로 그녀가 최종적으로 은거하는 것은 진단받지 못한 심리적 취약성 때문인가? 아니면 정신의 기능장애인가? 영화는 전자를 표면적인 원인으로 만듦으로써 전자의 가능성을 암시하지만, 전체적으로 다른 가능성을 시사하는 것으로 얼버무린다"(Lawrence Buell, *Writing for an Endangered World: Literature, Culture, and Environment in the U.S. and Beyond*, San Francisco: Sierra Club Books, 2005, p.49).
내가 '영화와 문학에 나타나는 자연'이라는 학부수업에서 「세이프」를 가르쳤을 때, 대략 1/3의 학생이 캐럴 화이트가 미쳤다고 여겼다. 이는 수업에서 학생들 중 한 명이 용기 있게 새로운 카펫에 노출되고 거의 죽을 지경에 이르는 자신의 딸에 대해 얘기했던 상황을 감안하면 특히 놀라운 일이다.

를 거의 칠 뻔하고 나서야, 캐럴은 도로가 가까이에 있다는 것을 알아챈다. 의미심장하게도, 이 장면이 자기 집으로 낙관적인 편지를 쓰는 캐럴의 목소리와 겹쳐질 때, 이 영화는 이런 아슬아슬하게 물질적 현실과의 충돌을 모면하는 것이 렌우드의 긍정적 사고로 은폐된다는 것을 보여 준다. 유순한 학생인 캐럴은 환자가 자신의 질병에 대해 독성물질과 느슨한 정부 규제, 산업을 비난하는 것이 아니라 자기 자신을 비난하도록 유도하는 이해하기조차 어려운 뉴에이지[119] 심리학을 중얼거렸다. 이 말주변이 좋은 교조주의로부터 일탈하는 순간은 희망의 파편을 제공한다. 집단치료세션에서 "당신은 아플 때 기분이 어땠죠?"라는 질문에 한 여성이 "총을 구해서" 그녀의 질병에 책임이 있는 사람들의 "머리를 날려 버리고 싶었어요"라고 대답한다. 렌우드의 전문가인 피터가 "당신을 아프게 만들 수 있는 사람은 오로지 당신입니다"라며 그녀를 꾸짖자 그녀는 위엄 있게 머리를 돌리고는 자아비판 훈련에 참가하기를 거부한다. 놀랍게도, 심지어는 말 잘 듣는 캐럴조차 이 장면이 끝날 즈음 먼 곳으로 시선을 돌린다. 순식간에 벌어진 이 반역의 순간에 그녀가 본 것은 저기 멀리 광활한 사막 풍경 안에서 거의 구분되지 않는

---

119 [옮긴이] 뉴에이지(New Age)는 20세기 이후 나타난 새로운 가치를 추구하는 영적인 운동 및 사회활동, 뉴에이지 음악 등을 종합해서 부르는 단어이다. 뉴에이지란 이름으로 서로 단합된 활동을 하지는 않기 때문에 정확히 어떤 사람들이 어떤 운동을 하는지 정의하기는 힘들다. 뉴에이지 운동의 공통점을 찾기는 힘들지만, 대부분이 갖고 있는 속성이라면, 유일신 사상을 부정하고 범신론적이며, 개인이나 작은 집단의 영적 각성을 추구하는 경향이 있다. 또한 뉴에이지 문화와 밀접한 관계를 갖고 있다(한국어판 위키백과 '뉴에이지' 항목).

유령 같은 형상이었다. 이 남자가 렌우드의 변경에서 문제를 일으킬 때, 캐럴은 그를 몇 차례 언뜻 본다. 화학물질복합과민증을 겪는 사람들로 이뤄진 이 공동체 안의 거의 모두가 '장애인'이라는 용어로 불릴 수 있다는 사실에도 불구하고, 이상한 걸음걸이를 가진 이 남자는 대조적으로 다른 이들이 정상화되도록 만드는 장애의 몸이라는 역할을 한다.[120]

다음 장면에서, 공동체의 나머지 사람들이 여전히 또 다른 심리 훈련을 수행할 때, 기이하게 걷는 남자 — 우리는 결코 그의 얼굴을 보지 못한다 — 가 구급차에 실려 간다.[121] 그 남자가 죽은 후에도 피터는 "분노를 가라앉히라고 그렇게 가르쳤건만"이라고 말하며 그를 꾸짖는다. 피오나 쿠마리 캠벨이 표현하듯이, "장애와 장애인의 몸은 '비사유'의 지하세계에 효과적으로 안치된다. 이는 사유의 네트워크로 연결된 세상에 널리 퍼진 장애차별주의ableism를 지속적으로 안정화하는 것은 그 네트워크가 (장애차별적) 인간 자아의 필수적인 유사물, 즉 장애인을 '격리하고', 바깥으로 쫓아내고, 생각하지 않는 것에 달려 있기 때문이다".[122] 영화 「세이프」는 신체적 장애를 바깥으로 쫓아내면서 화학물

---

120 이 과정은 로버트 맥루어가 『일반 남성을 바라보는 퀴어한 시선』(Queer Eye for the Straight Guy)에 대한 신랄한 비판에서 "언뜻 연극에서 장애를 주변부적으로 비추는 것은" 장애와 퀴어성 양자를 훈육하고 억제하는 "정상화 과정들"을 "증언한다"고 주장하며 묘사하는 과정과 유사하다(Robert McRuer, Crip Theory: Cultural Signs of Queerness and Disability, New York: NYU Press, 2006, p.176).

121 론다 즈윌링거는 헤인즈가 그녀의 사진집 『박탈당한 자』의 인물사진들을 보고 나서 그중 한 인물에 기초해 영화의 등장인물을 만들었다고 한다(즈윌링거와의 통화 내용).

122 Fiona Kumari Campbell, "Legislating Disability: Negative Ontologies and the Government of Legal Identities", Foucault and the Government of Disability, ed. S. Tremain, Ann Arbor: University of Michigan Press, 2005, p.109.

질복합과민증을 완전히 심리적인 현상으로 탈물질화하는 이런 종류의 경향을 경고한다. 여기서 '정상화'normalization는 물질적인 몸의 초월성을 가정하는 것과 환경적·경제적·정치적 세력들에 대한 축복 어린 무지 양자를 필요로 한다. 누군가는 소위 말해 '정상적인' 환자들은 자기애에 대한 긍정을 반복하기 때문에, 피터가 "질병의 원인을 외부로 돌리는 이"에게 "자신의 내적이고 정서적인 삶들에 초점을 맞추는 것"을 배우도록 하는 것을 목표로 하는 콘스타스 하우스테이너의 지침에 따라 환자들을 "치료하는" 것은 아닌지 의아해한다.[123] 토드 헤인즈가 표현하듯이, "모든 질병과 모든 건강의 잠재성이 개인 안에 놓이기 때문에, 사회는 면죄부를 받게 된다. 이것이 뉴에이지 사유가 궁극적으로 시스템을 초월한다고 주장하면서 시스템에 우호적으로 작동하는 방식이다". 더욱이 유령처럼 출몰하는 이 등장인물이 구축된 공동체 주변을 떠돌 때, 그가 머무는 장소는 인간의 신체성과 인간을 넘어선 세계 사이의 접촉면을 함축한다. 따라서 이 그림자 같은 등장인물은 역설적으로 질병과 불안의 물질적 현실과 신체성의 예측 불가능한 작용능력을 체화하는데, 때문에 그의 몸은 결코 단순한 "대화치료"의 통제 아래로 끌려들지 않는다. 토빈 사이버즈는 "몸은 자신의 고유한 힘을 가진다. [……] 그것은 사회적 재현에 따른 손쉬운 조작에 종속되는 불활성 물질이 아니다"라고 주장한다. 이런 생각은 장애연구의 "몸에 대한 새로운 현실주의"를 시사한다.[124] 그 등장인물의 인물설정은 신체적 차이,

---

123 Hausteiner, et al., "Psychiatric Morbidity", p.50.

억제될 수도 이야기로 치유될 수도 없는 차이를 올바로 이해하도록 권고한다. 시미 린턴은 이렇게 말한다. "장애인들은 대중을 당혹스럽게 하는 행동들을 감추어야 하며, 우리의 이상한 형태나 그 형태가 기능하는 방식을 과장하거나 그 방식에 주의를 기울이게 하지 말아야 한다. 하지만, 부분적으로는, 우리가 가진 탁월한 기술은 우리의 이 별난 모습들을 활용하고 확장하는 것이며, 그런 몸들이 만들어 내는 흥미로운 스타일들을 육성하는 것이다."[125]

이탈적 작용능력

렌우드의 주변을 배회하는 그 사람은 초월될 수도 무시될 수도 없는 물질성에 거주한다. 이렇게 경험된 몸은 지배문화의 장애차별적인 규범들과 렌우드 하위문화의 뉴에이지 영성주의 모두로부터 일탈한다. 이 유령처럼 출몰하는 괴상한 걸음걸이의 인물은 물질의 이탈적인 작용능력을 암시한다. 이탈적인 작용능력으로서 화학물질복합과민증을 사유하기는 여러 수준들에서 작동한다. 첫째, 인간이 혼합물질로 만든 수많은 생체이물 화학물질들은 살아 있고 살이 있는 생명체들에게 영향 — 이들 중 아직도 많은 것이 알려지지 않았다 — 을 미치는 작용물, 화학적 작용물들이다. 이 생체이물질들은 종종 파괴적인 방식으로 원래 의

---

124 Tobin Siebers, "Disability in Theory: From Social Constructionism to the New Realism of the Body", *American Literary History*, vol.13, no.4, Winter 2001, p.749.

125 Simi Linton, "What Is Disability Studies?", *PMLA*, vol.120, no.2, March 2005, p.521.

도된 효용과 작용 경로를 이탈한다고 말할 수 있다. 둘째, 화학물질에 예민한 몸 자체는 소위 말해 '정상적인' 몸들이 견딜 수 있어야 하는 독성물질 노출 수치에 대한 의학적·과학적 표준들로부터 이탈한다.[126]

생체이물 화학물질과 화학물질에 예민한 몸의 부정적이고 비정상적이라고 여겨지는 작용능력에 반대하며 그것에 생명 그 자체의 생성적인 힘을 부여하는 이탈deviance이라는 라델 맥휘터의 퀴어하고 친환경적인 재정의를 고려해 보는 것은 놀라운 일이다. 푸코를 다루는 대담한 자전적 반추에서, 맥휘터는 어떻게 그녀가 자신의 '비정상적인' 성정체성deviant sexuality 때문에 정신병원에 수용되었는지 묘사한다.

---

126 파멜라 리드 깁슨은 화학물질에 민감한 사람들은 "비정상"으로 정의되고, "개업 의사들은 통상적으로 독성학 교육을 받지 못하며, 재정적이고 법적인 기득권을 지닌 화학 회사들은 화학물질 환경을 두드러지게 재-경험하는 여성들을 비정상적이고 균형 잡히지 않은 것으로 정의함으로써 환자들과 화학물질 환경 사이에 경계를 설정한다"고 말한다(Gibson, "Multiple Chemical Sensitivity, Culture, and Delegitimization", p. 484). 파멜라 모스가 설명하듯이, 좀 더 일반적으로, 만성적으로 아픈 몸은 아마도 비정상으로 표지되는데, 이는 "질병을 앓기에서도, 건강하기에서도 특출나지 않기" 때문이다. 모스가 부분적인 장기(long-term) 장애 수당을 받으려고 투쟁했을 때, 대학 행정직원들은 그녀의 "질병 경험"을 부인하고, 대신에 그녀의 몸을 "담론적·물질적 비정상으로" 묘사했다(Pamela Moss, "Autobiographical Notes on Chronic Illness", *Mind and Body Spaces: Geographies of Illness, Impairment, and Disability*, eds. Ruth Butler and Hester Parr, London: Routledge, 1999, p. 161). 종종 다소 고정된 신체 상태들로 가정되는 '장애'라는 확실히 명백한 범주는 만성적이거나, 변동이 심하거나, 또는 진단받지 못한 건강상태들을 겪는 이들에게 아무 도움도 주지 못한다. 서로 상대적인 비장애(ability)와 장애가 종종 예측 불가능한 방식들로 요동치는 자가면역 질병을 겪는 이들을 포함해서 장애 스펙트럼을 강조하는 대안 모델들이 그러한 범주들에 문제제기할 수 있다. 몸의 물질적 작용능력과 영속적으로 창발적인 몸의 내부-작용들을 옹호하는 것은 안과 밖으로 엄밀하게 구분되는 신체성에 대한 개념화들에 의문을 제기하는 한 방식이다.

이 범주화가 초래하는 고통들에도 불구하고, 그녀는 자신의 성적 욕망 sexuality을 다름 아닌 진화의 생산하는 힘에 연결시키기 위해 그것을 재정의하면서 이탈이라는 꼬리표를 포용한다. 「자연의 몸들: 또는 여기 우리를 제외하고 그 누구도 이탈자가 아닌 사람은 없다」Natural Bodies: or Ain't Nobody Here but Us Deviants에서 거대한 개오동나무는 처음에 키 작은 콩과 사촌이었고, 유일한 차이는 껍질의 발달이었다.

그래서 나무줄기들이 처음 나타났을 때, 그것들은 개선이 아닌 단순히 이탈이었다. 그것들은 이상생물, 기형생물이었다. 하지만 당시 주변에는 치료적 개입을 하려는 이가 없었다. 그래서 그것들은 그대로 있을 수 있었다. [……] 이 숲, 이 풍경, 이 살아 있는 지구를 생산했던 것은 바로 발전 과정에서 출현하는 이탈이었다. 반가운 소식은 세계가 여전히 이탈에 개방되어 있다는 것이다.[127]

'기형생물들'이 좀 더 많아짐에 따라, 그것들은 더 이상 기형이 아니라 새롭고 생존 가능한 나무 종이 된다. 퀴어라는 이유로 정신병원에 수용되었던 경험을 아이러니하게 짜 넣으면서, 맥휘터는 이탈의 완전한 물질적 의미를 기대하지 않은 변화로 열린 윤리적 이상으로 제안한다. 맥휘터가 인간 몸과 인간을 넘어선 자연 양자를 횡단하는 긍정적·

---

127 Ladelle McWhorter, *Bodies and Pleasures: Foucault and the Politics of Sexual Normalization*, Bloomington: Indiana University Press, 1999, p.164.

물질적 힘으로 이탈을 설득력 있게 재평가하는 것은 환경주의, 페미니즘, 퀴어 이론 사이의 새로운 동맹을 창조한다. 우리가 언제나 환경과 분리 불가능한 완전히 체현된 존재들의 물질적/담론적 작용능력의 형식으로서 이탈을 고려한다면, 이탈을 이데올로기적이면서도 물질적인 것으로서, 또 비판의 형식과 이상으로서 사유하는 것은 생각보다는 덜 모순적일 것이다. 그렇게 하는 것은 "이미 확립된 이데올로기 노선 또는 정당 노선으로부터 벗어나기"와 "진화 과정에서 나타나는 차이화"라는 이탈에 대한 두 개의 서로 관련 없어 보이는 정의定義들을 한데 모은다. 환경질병은 새로운 윤리적·인식론적·정치적 전략들을 유발한다. 그리고 무엇보다 21세기 초반의 화학/산업 사회의 규범들로부터 이탈하는 새로운 물질적 실천들을 유발한다. 그렇지만, 화학물질에 예민한 사람들과 여타 횡단-신체적 주체들은 이 독극물들과 생체이물 화학물질들의 세계에서 모든 이탈들이 포용되어야 하는 것은 아니라고 경고한다. 이 경우 화학물질에 예민한 사람들로 하여금 이 세계에 좀 더 접근 가능하도록 만듦으로써 그들의 존재-인식론적 상황을 심각하게 받아들이기 위해서 '영속적으로 이탈에 열려 있기'는 정정되어야 할 것이다. 이것은 산업행위, 소비행위, 일상행위에 대한 근본적인 점검을 요구할 뿐만 아니라, 인간 주체를 폐쇄되고 투과 불가능한 것으로 개념화하는 철학과 통념에서 철저하게 벗어날 것을 요구한다. 인본주의적 주체와 현대 소비자 모두 주저 없이 전통적인 윤리 영토로 근접하려고 착수조차 하지 않으면서 외부세계에 영향을 미치려고 한다. 반면에, 화학물질복합과민증을 지닌 이들과 여타 횡단-신체적 생명체들은 향수를 뿌리거나 섬유 유연제를 사용하는 것과 같은, 소위 '정상적인' 일상의 얽힘들을 포함하는 수많은 물질적 얽힘들에 대한 철저한 평가를 포함하기 위해 윤리적 영토가 확대되어야 할 것을 요구한다. 화학물질에 예민한 사람들의 건강과 복지, 유동성mobility이 위기에 처할 때, 이 겉으로 보기에 평범한 물질들은 윤리적 문제가 된다.

화학물질복합과민증을 지닌 이들의 횡단-신체성은 우리로 하여금 환경질병의 환경 — 살을 지니고, 창발적이며, 궁극적으로 인간을 구성하는 요소들과 분리 불가능한 환경 — 을 전경에 놓도록 강제한다. 다음 장은 포스트휴먼 환경윤리의 가능성을 모색할 것이다. 이 윤리는 이 이탈의 진화적 힘을 포함해서 스스로가 물질의 작용능력이 일으키는 소용돌이의 일부임을 깨닫게 되는 생명체들이 실천하는 윤리다.

6장

과학소설에 나타나는 유전학, 물질의 작용능력, 그리고 포스트휴먼 환경윤리의 진화

어떤 무언가가 우리의 유전자에서 튀어나와 괴물 아기들을 만들었다고? …… 이 단 한 개의 거대한 난소로? 그게 도대체 뭐지? — 그렉 베어, 『다윈의 라디오』[1]

유전학이 끝나고 환경이 시작되는 그 어떤 시간이나 장소는 존재하지 않는다. — 다나 해러웨이, 『동료종 선언』[2]

미국의 과학 잡지 『와이어드』*Wired*는 커버 스토리로 「종의 기원을 재정의하기 위한 크레이그 벤터의 대항해」를 실었다. "그는 신의 역할을 원했고, 인간 유전체를 해체했다. 이제 그는 다윈의 역할을 원하며 지구상에 존재하는 모든 DNA를 수집하기를 원한다." 이미 "인간 유전체를 정

---

1 Greg Bear, *Darwin's Radio*, New York: Ballantine, 1999.
2 Donna J. Haraway, *The Companion Species Manifesto: Dogs, People, and Significant Otherness*, Chicago: Prickly Paradigm, 2003.

복한"[3] 대담한 탐험가로 묘사되는 벤터는 이제 "방대한 전인미답의 세계, 생명의 암흑 물질"로 묘사되는 "먹이사슬의 가장 밑바닥까지" 정복하기 위해 세계를 탐험하는 중이다.[4] 영웅적 개인주의, 과학의 진보, 그리고 비인간 자연의 정복으로 우리를 안심시키는 이 이야기는 이미 성차별주의, 인종주의, 식민지주의가 지나간 익숙한 길을 따라 이동한다. 공포영화 「카르노사우르스」Carnosaur에 등장하는 미치광이 과학자가 우리 모두는 "뒤섞여 있다"라고 말하였듯이, 인간이 다른 생명체들과 동일한 유전적 구성 물질로 만들어졌다는 무서운 진실을 드러내는 괴물영화와는 다르게, 이 기사는 "아직 드러나지 않은 [……] 생명의 암흑 물질"과 인간 사이에는 심오한 차이가 있다는 것을 보여 준다.[5]

　　나는 벤터와 물질을 코드로 변환해 버리는 그의 최첨단 무기에 "사냥당하고", 수집되고, "산산조각 나기를" 기다리며 "저기 어딘가에" 웅크리고 있을 이 수동적인 물질을 벗어나,[6] 그렉 베어의 과학소설science fiction, 캐런 배러드, 앤드루 피커링, 그리고 다른 이들의 과학연구에서 묘사하는 그것과는 다른 종류의 물질로 선회하겠다. 인간의 신체성과

---

3 James Shreve, "Craig Venter's Epic Voyage to Redefine the Origin of Species", *Wired*, August 2004, p.112. / [옮긴이] www.wired.com/2004/08/venter/(accessed: 2018.6.28.).

4 Ibid., p.109. / [옮긴이] "먹이사슬의 가장 밑바닥"은 동물성/식물성 플랑크톤을 말한다. 위에 링크된 기사의 아래에는 미생물을 채집하는 기술을 소개한다. 같은 잡지 2016년 5월호에는 "노화와 싸우는" 벤터를 소개하고 있다.

5 Ibid. 영화 「카르노사우르스」에 대한 분석으로 Stacy Alaimo, "Endangered Humans? Wired Bodies and the Human Wilds", *Camera Obscura*, vol.40-41, May 1997 참조.

6 Shreve, "Craig Venter's Epic Voyage", p.112.

인간을 넘어선 세계 사이에서 일어나는 흐름들, 상호교환들, 그리고 상호관계들을 옹호하고, 그 둘 사이를 단절시키려는 이데올로기적 세력들에 저항하는 포스트휴먼 환경윤리를 주장하겠다. 나는 물질에 대한 심오한 재고찰이 포스트휴먼 환경윤리의 근저에 자리 잡아야 한다고 주장한다. 물질은 인간의 조작과 소비를 위한 수동적 재료가 아니다. 또한 생물학 환원주의biological reductionism가 주장하는 결정론적 힘도 아니다. 코드의 저장고도, 대상도, 수집되어 코드화되어야 하는 사물들도 아니다. 배러드는 이렇게 주장한다. "의미가 그러하듯 물질은 개별적으로 분절되거나 안정된 개체가 아니다. 물질은 수동적으로 의미화를 기다리는 자연의 작은 조각들, 빈 서판, 표면, 또는 장소가 아니다. 또한 과학, 페미니즘, 또는 마르크스주의 이론을 위한 논란의 여지 없는 토대도 아니다."[7] 대신에 앞에서 논의했듯이, 그녀는 "물질은 내부-활동적인 intra-active 생성 —— 사물이 아니라 작용하기, 즉 작용능력의 응결 —— 중에 있는 실체다"라고 주장한다.[8] "내부-활동적인 생성"으로서의 물질이라는 이 개념은 안과 밖의 경계가 분명한 인간의 형상을 자연이라는 배경과 구별되는 것으로 간주하기를 거부하고, 대신에 접촉면, 상호교환, 그리고 변형을 일으키는 물질적/담론적 실천에 초점을 맞추는 포스트휴먼 환경윤리를 환기시킨다.

---

7 Karen Barad, *Meeting the Universe Halfway: Quantum Physics and the Entanglement of Matter and Meaning*, Durham, N.C.: Duke University Press, 2007, pp.150~151.

8 *Ibid.*, p.151. 강조는 원저자.

그렉 베어의 소설 『다윈의 라디오』와 『다윈의 아이들』*Darwin's Children*은 미치광이 과학자, 괴물 엄마, 흉측한 자식, 그리고 살인 바이러스와 같은 고전적인 과학소설과 좀 더 최신 과학소설의 등장인물들을 조합한다. 소설의 전제는 무언가가, 아마도 체르노빌에서 나온 방사능, 스트레스, 광범위한 환경파괴와 같은 어떤 무엇이 내생적 레트로바이러스retrovirus[9]를 활성화시킨다는 것이다.[10] 소설에서 시바SHEVA라 불리는 특정한 레트로바이러스는 충분히 납득할 만하게 다음의 경로를 거쳐 이동한다. 여성들이 독감 같은 질병에 걸리고 난 후 수정도 없이 임신을 한다. 첫 번째 임신은 자연 유산을 하지만, 다음 번에는 태어나자마자 "안녕하세요"라고 말하는 반짝거리는 '오징어 뺨'을 가진 새로운 종의 아이를 낳는다. 이 새로운 인간 종에 대한 공포로 여기저기서 폭동이 일어나고, 대량 사형 집행이 이뤄지며, 새로운 종들을 수용소에다 감금해 버린다. 하지만 '자신이 아기를 임신하는 실험실이 되기를' 간절히 원하고, 새로운 종의 생존 멤버 중 한 명을 출산하는 소설의 여주인공 생물학자 케이 랭Kaye Lange을 포함한 용감한 소수는 그들의 자식을 받아들인다. 수많은 괴물영화들처럼 이 소설은 자연, 진화, 재생

---

9 [옮긴이] 유전 정보의 부호화에서 DNA 대신 RNA를 사용하는 바이러스를 의미한다.
10 베어는 내생적 레트로바이러스를 "숙주의 DNA 속으로 자신의 유전 물질을 주입하는 바이러스"로 정의한다(Greg Bear, *Darwin's Children*, New York: Ballantine, 1999, p.378). 맷 리들리에 따르면, 내생적 레트로바이러스들은 놀랍게도 인간 유전체의 상당한 비율을 차지한다. 3%를 차지하는 "고유" 유전자와 비교해서 1.3%를 차지한다. 그가 설명하듯이, "당신이 만일 유인원으로부터 진화된 것이 당신의 자존감을 상하게 한다면, 바이러스들로부터 진화했다는 생각에 익숙해져야 한다"(Matt Ridley, *Genome: The Autobiography of a Species in 23 Chapters*, New York: Perennial, 1999, p.125).

산, 그리고 여성의 몸에 대한 공포를 부채질하는 것처럼 보인다. 하지만 인간 DNA 안에 존재해 온 아주 오래된 어떤 것이 인간을 대체하겠다고 위협하면서 또 다른 종을 생산한다는 이 시리즈의 전제는 자연과 문화의 접촉면, 자연의 작용능력, 인간이라는 범주의 구성, 그리고 물질 자체의 본질에 관해 질문한다. 병행적 '감쌈'enfolding의 연속체를 통해, 베어의 소설 『다윈의 라디오』는 인간 몸의 경계 외부에 존재한다고 여겨지는 것들이 언제나 이미 내부에 존재한다는 내부-거주in-habitation와 같은 것을 보여 준다. 이를 통해 소설은 형상과 땅, 인간 행위자와 물적 자원, 문명과 야생의 통념적인 풍경들을 재형상화한다. 물질은 생성하고, 합성하며, 변형하고, 해체한다. 따라서 '인간'이라는 관념의 내장을 꺼내는 것은 바로 물질과 (인간) 신체성의 구성요소 양자이다.

서문: 물질의 작용능력과 창발적 세계

나는 여기서 잠시 물질의 작용능력에 제기되는 질문을 살펴보겠다. 작용능력agency은 보통 이성적 ─ 따라서 배타적으로 인간의 ─ 숙고의 영역에 속하는 것으로 여겨지기 때문에, 물질세계에 작용능력을 부여하는 것은 다소간에 여전히 의문스런 행동으로 받아들여진다. 축약해서 특성을 할당하는 방식은 인간에게 행위능력agency, 동물에게 본능, 그 외 모든 것들에게는 자연의 결정론적인 힘을 부여한다. 비록 이러한 과학적·철학적·문화적 분할들을 한 문장으로 요약하는 것이 분명히 과도하게 단순화하는 것이기는 하지만, 물질에 작용능력을 부여하는 것에 가해지는 비난은 이러한 분할들이, 아무리 단순하다고 하더라도, 여전히 지배적이라는 것을 암시한다. 그럼에도 불구하고, 물질성을 철두철미하게 다시 고려하는 것, 특히 비인간 동물과 인간을 넘어선 세계를 배려하기 위해 물질성을 다시 고려하는 것은 물질의 작용능력이라는 문제를 다뤄야만 한다. 왜냐하면 자연에서 작용능력을 박탈하는 것은 세계를 인간이 사용하기 위한 수동적인 재료 저장고로 변형시켜도 된다고 승인하는 것이기 때문이다. 자연이 지닌 생기 넘치고, 능동적이며, 창발적이고, 작용능력적인 측면들을 강조하는 대안적인 개념화는 배려, 돌봄, 경의, 존경, 조심(또는 예방), 인식론적 겸손, 유대, 차이, 그리고 이탈을 생성하는 윤리적/인식론적 태도들을 함양한다. 예를 들면, 앞 장에서 진화상의 변화와 관련되는 과학 용어의 의미와 사회 규범으로부터 벗어나는 행위로 정의되는 좀 더 일반적인 의미('성적 비정상인' sexual deviant에서처럼)를 도발적으로 혼합하는 이탈deviance에 대한 맥휘터의 재정의를 포함한다. 개오동나무에 대한 맥휘터의 뛰어난 통찰이 반가운 것은 "세계가 변함없이 영속적으로 이탈을 향해 열려 있다"는 윤리적 이상에서 정점에 이른다.[11] 진화적 힘들과 같은 작용능력들을 포함하는 물질의 작용능력들을 향한 열림은 그로부터 발생하는 이탈들을 향한 열림뿐만 아니라 세계는 영속적으로 창발적이라는 더 포괄적인 의미를 향한 열림을 수반한다.

11 Ladelle McWhorter, *Bodies and Pleasures: Foucault and the Politics of Sexual Normalization*, Bloomington: Indiana University Press, 1999, p.164.

또한 낸시 투아나의 '상호작용주의'interactionalism 이론은 물질의 창발적인 작용능력을 옹호한다. "역동적으로 관계 맺으며 나타나는 복합적인 현상 세계"를 가정하면서, "인간을 넘어선 세계의 물질성과 인간의 물질성, 그 어떤 것도 아무런 변화 없이 주어지지 않는다. 존재하는 모든 것은 우리 자신의 몸됨embodiment과 세계 사이의 복합적인 상호작용에서 창발적으로 유출된다"고 그녀는 말한다.[12] 『사물의 삶』에서 찰스 스콧은 그가 "물리성"physicality 또는 "물리적 사건"이라 부르는 것을 설명하면서 상호연결을 강조한다. 비록 스콧이 "작용능력"이라는 용어를 사용하지는 않지만, 그가 그리는 물리성은 행위, 사건, 해프닝 ─ 지적 도식 안에 들어맞지 않는 얽히고설킨 우연 ─ 의 하나이다. "생명체들"에게 "모든 물리적 사건들"이라는 의미를 부여하면서, 그는 "상호연결된 생명체들은 사건들이 발생하는 그곳에 그토록 풍성하게 존재하고, 그토록 제어되지 않은 채 자유분방하게 확산하며, 우리가 부과한 질서들과 그토록 자주 어긋나고, 그토록 무례하게 우리의 질서들에 야생성wildness을 부과하는 것 같다".[13] 스콧이 환경주의 철학과 야생성에 대한 숙의에 참여하지는 않는다. 그럼에도 불구하고 자연의 야생성이 인간의 질서를 붕괴시킨다는 생각은 여전히 그러한 전통을 반향한다. 이런 의미에서, 야생성은 물질의 작용능력, (인간) 주체가 없는 작

---

12 Nancy Tuana, "Material Locations: An Interactionist Alternative to Realism/ Social Constructivism", *Engendering Rationalities*, eds. Nancy Tuana and Sandra Morgen, Albany: State University of New York Press, 2001, p.239, p.238.

13 Charles E. Scott, *The Lives of Things*, Bloomington: Indiana University Press, 2002, p.77. 강조는 원저자.

용능력의 한 형식으로 간주될 수 있다. 진실로, 스콧은 **자연**이라는 용어를 조심스럽게 거부한다. 이는 정확히 "자연"이라는 단어가 "일종의 주체성을 의미하기" 때문이다.[14] 스콧은 또한 자연이라는 단어가 "우리를 담론적이지 않고 역동적으로 상호작용하는 사물들의 생명보다는 추상화 과정으로" 이끌기 때문에 그 단어를 거부한다.[15] 이 추상화 과정에 대한 거부와 "물리성"의 특성을 설명하려는 그의 시도는 "세계에서 우리가 발견하는 어떤 것에 대한 긍정"이라는 그가 기획한 에토스를 시사한다.[16] 『말, 살, 흙』에서 논의하는 횡단-신체적 주체들이 이와 같은 제어되지 않고 자유분방한 물질적 사건들을 인정함에도 불구하고, 그들이 세계에서 발견하는 것들을 자유롭게 '긍정'하는 것은 아니라는 것을 명심해야 한다. 주체들은 이 물질의 작용능력들을 이해하고 그 위험을 평가하기 위해 필사적으로 노력해야만 한다. 횡단-신체성은 긍정을 위한 장소가 아니라 차라리 인식론적 반성과 사전주의 원칙을 위한 장소이다.

다나 해러웨이는 오랫동안 비인간의nonhuman 작용능력이 지니는 인식론적·윤리적·정치적 함축을 풀어내려고 노력해 왔다. 『영장류 비전』에서 해러웨이는 "자연/문화 이분법주의에 고착되어 있는 지배하라는 전유주의자appropriationist 논리의 함정을 피하는 것이 거의 불가능하다"고 설명한다.[17] 그러한 논리는 세계를 "작용물agent이 아닌 사

---

14 *Ibid.*, p. 23.
15 *Ibid.*
16 *Ibid.*, p. 183.

물"로 간주하며, "자연은 문화를 위해 전유되고, 보전되고, 예속되고, 고양되는 원재료일 뿐이다. 그런 경우가 아니라면, 자본 식민지주의 논리 속에서 문화가 처분할 수 있도록 유연해져야 하는 원재료일 뿐이라고" 그녀는 말한다.[18] 이런 전통에 반대하면서 그녀는 자신의 이야기는 "원숭이와 유인원, 사람과 같은 영장류들 모두 어떤 종류의 '저작권'을 지니는 영장류 세계에 대한 해석 행위들에 주의를 기울인다"고 단언한다.[19] 비인간 영장류들을 '저자'로 인정하는 것은 그것들이 지닌 '물질적-의미론적' 작용능력을 인정하는 것이다. 해러웨이의 저서를 채우는 사이보그, 영장류, 장난꾸러기 코요테, 온코-마우스onco-mouse,[20] 개와 같은 형상들은 자연/문화 분할을 재형상화하는 물질적/의미론적 작용능력들을 체현한다. 예를 들면, 「상황적 지식: 페미니즘과 편견을 지닌 관점의 특권에 나타나는 과학의 문제」에 나오는 장난꾸러기 코요테 덕분에 우리는 "세계를 독자적인 유머 감각"을 지닌 "익살맞은 작용능력으로" 간주할 수 있다.[21] '동료 종'companion species 이론을 전개하는 해러웨이의 최근 저서는 인간의 작용능력과 인간을 넘어선 세계

17 Donna J. Haraway, *Primate Visions: Gender, Race, and Nature in the World of Modern Science*, New York: Routledge, 1989, p.13.

18 *Ibid.*

19 *Ibid.*, p.8.

20 [옮긴이] 인간의 유전자가 삽입된 실험용 생쥐를 말한다. 해러웨이의 『겸손한_목격자』에 묘사된 온코-마우스는 생쥐에 인간의 팔과 다리가 나 있는 형상을 하고 있다.

21 Donna J. Haraway, "Situated Knowledges: The Science Question in Feminism and the Privilege of Partial Perspective", Reprinted in her *Simians, Cyborgs, and Women: The Reinvention of Nature*, New York: Routledge, 1991, p.199.

의 작용능력에 대한 우리의 이해에 광범위하게 영향을 미친다. 한 가지 예로, "오로지 한 가지 동료 종만이 존재할 수는 없다"는 겸손한 명제는 인간은 개, 그리고 아마도 다른 종들도 중요한 행위자들이었던 진화의 역사로부터 출현한다는 것을 의미한다.[22] 인간과 개의 관계는 "두 파트너 중 어느 한쪽도 관계 맺기에 앞서 선행하지 않는 공동-구성적co-constitutive 관계"이다.[23] 언뜻 환경과 분리된 것 같은 인간의 어떤 영역 내부에 존재하는 하나의 속성으로 작용능력을 상상하는 것은 매우 기이한 일일 것이다. 인간 자체가 다른 종들과 맺는 관계 속에서 출현할 때, "역사적 특정성과 우발적 상호성이 모든 영역을 지배하기 때문이다".[24] 따라서 동료 종은 우리로 하여금 "다른 세계들에 존재하는 생기 발랄함과 작용능력에 대해 사유하도록" 자극한다.[25]

일반적으로 조롱당하고 무시당하는 흙은 아마도 '다른 세계들' 중에 하나일 것이다. 라델 맥훠터는 토마토를 키우면서 흙의 본질에 매료된다. 대부분의 "사람들이 흙을 식물이 그 위 또는 안에 자리 잡는 일종의 토대와 같은 것으로, 식물이 우연히 존재하는 장소에 지나지 않는 것으로 대하기" 때문에, 이 물질에 대한 느닷없는 그녀의 깊은 존경은 기이해 보인다.[26] "흙은 비활동적이다. 비활성적이기도 하고. 어느 누구도 흙에 많은 관심을 기울이지 않는다."[27] 하지만 맥훠터는 확산하는 경

22 Donna J. Haraway, *The Haraway Reader*, New York: Routledge, 2004, p.300.
23 *Ibid.*
24 *Ibid.*
25 *Ibid.*, p.308.
26 McWhorter, *Bodies and Pleasures*, p.165.

향을 지니는 흙의 작용능력을 반추하면서, 흙에 엄청난 철학적 호의를 퍼붓는다. 흙이 "어떠한 총체성도 갖지 않는다"고 언급한 이후에, 그것이 어떻게 작용하는지 설명한다.

> 흙은 식별 가능한 특정 사물이 아니다. 하지만 그것은 작용한다. 그것은 모이고, 특정 장소에 모이는 방식에 따라, 그리고 흙 입자와 입자 사이의 다양한 크기를 지닌 빈 공간 주위로 그것 자신을 배치하는 방식에 따라, 그것은 급수 시스템과 공기 투과 시스템을 만든다. 그 두 시스템이 지닌 리듬들은 땅에 노출된 바위를 좀 더 많이 흙으로 만들고, 동시에 생명을 잃은 유기물을 다시 흙이 되게 하는 데 필수적인 미생물을 유지시켜 준다. 흙은 스스로를 영속시킨다.[28]

흙은 작용물들이 따로 없는 작용능력, 의지나 의도 또는 설계 없이 발생하는 영속적인 생성을 위한 토대임을 입증한다. 그러면서도 다소간에 개별적 실체인 흙은 덜 확산하는 경향의 생명 형태들의 출현을 위해 필수적이다. 맥휘터는 "생명체들이 어떤 형태의 변별성이나 총체성, 그리고 정체성을 가지든지 간에, 그 모두는 우리가 흙이라고 부르는 그 무차별적이고 아주 적대적인 물질의 활동으로부터 발생한다"고 말한다.[29]

맥휘터의 시적 서사에 등장하는 흙의 작용능력을 경유해 사유하는

---

27 *Ibid.*
28 *Ibid.*, p.166.
29 *Ibid.*, p.167.

것은 작용능력 자체에 대한 재개념화를 요구한다. 캐런 배러드의 방대한 연구 『우주를 중간에서 만나기: 양자물리학과 물질과 의미의 얽힘』은 과학과 지식, 의미, 물질작용에 대한 일관되고 포괄적인 이론을 제시하면서 근본적으로 물질성과 작용능력, 현실주의를 다시 고찰한다. 닐스 보어의 철학과 수행성을 다루는 페미니즘과 퀴어 이론에 의존하면서 배러드는 작용능력이 "전통적인 인간중심주의의 세력권으로부터 절단되어 느슨해지는" "작용능력적 현실주의"agential realism 이론을 구축한다.[30] "작용능력은 인간의 지향성과 주체성 안에 정렬되지 않는다. 또한 그것은 단순하게 반인본주의의 사회적 기하학 안에서 재의미화되거나 또는 특정한 다른 종류의 조치들을 수반하지 않는다"고 배러드는 말한다.[31] 그녀는 "작용능력은 내부-활동성intra-activity 속에서 '작용하기' 또는 '존재하기'이다"라고 설명한다.[32] 상호-작용과 반대되는 보어의 내부-활동성에 대한 배러드의 설명은 '사물들'이 관계들에 앞서서 존재한다는 존재론을 거부한다. 대신에 (개별적 사물들에 반대되는) "관계항은 관계들에 앞서서 존재하지 않는다. 차라리 현상-안의-관계항이 특정한 내부-작용들을 통해 출현한다".[33] 재현주의representationalism를 거부하고, 수행성performativity의 물질적/담론적 형식에 우호적인 배러드의 작용능력적 현실주의는 담론과 물질성은 서로에게 외부적이지

---

30 Barad, *Meeting the Universe Halfway*, p.177.
31 *Ibid*.
32 *Ibid*., p.178. 강조는 원저자.
33 *Ibid*., p.140.

않고, 대신에 "물질적인 것과 담론적인 것은 내부-활동성의 역동성 속에서 상호적으로 함축된다"고 주장한다.[34]

배러드의 강력한 물질 작용능력 모델은 이 장 여러 곳에서 다시 다뤄질 것이다. 무엇보다도 물질의 작용능력이 제기하는 질문은 이 책 전체에 걸쳐 이어진다. 횡단-신체성은 얼마나 다양한 물질들이 인간 몸 안에서, 인간 몸을 가로질러 이동하는지 추적할 뿐만 아니라, 어떻게 그것들이 무언가 ──종종 반갑지 않고 기대하지 않은 무언가 ──를 실행하는지 추적한다. 그린피스가 사람들의 머리털에서 발견한 수은, 골리브리지 광부들의 허파로 침투한 이산화규소, 로버트 호크스와 미국 원주민 동맹을 위협하는 탄저균, 페Fe를 죽인 비가시적 물질, 그리고 몸의 회고록과 화학물질복합과민증 자서전에 묘사된 물질적 자아들의 거주지를 차지하고 있는 수많은 독성물질들, 이 모든 것들은 횡단-신체성의 핵심적인 문제 틀 중 하나가 위험하고, 종종 인지 불가능한 물질의 작용능력들이 일으키는 문제를 다룬다는 것을 극적으로 보여 준다. 우리 몸이 유해한 물질들로 투과 가능하다는 의식은 셰리 로저스의 신이 선물한 글루타티온의 경우에서처럼 사실의 부인, 초월성의 망상, 또는 마술과 같은 해결책을 향한 욕망을 자극하지만, 그것은 또한 공동-구성되는 생명체들, 얽히고설킨 지식들, 그리고 예방차원의 실천들이라는 포스트휴먼 환경주의운동을 자극한다.

로레인 코드는 어떻게 "외부 세계에 대한 인식론적 지배, 윤리적

---

34 *Ibid.*, p.152.

자기지배, 통제 불가능하고, 정도를 벗어난 대타자에 대한 정치적 지배"의 담론들이 환원론적 상상계로부터 발생하고, 그것을 승인하는지" 관찰한다.[35] 그 상상의 세계에서 "인식론적·도덕적 작용물들은 중립적인 풍경 위에서 고립된 단위들로 재현된다".[36] 반대로 횡단-신체성은 인간이 결코 하나의 고립된 단위가 아니라는 것을 입증한다. 그것은 코드가 옹호하는 '생태적 사유'와 유사성을 지닌다. 더욱이, 배러드의 이론을 이용하는 코드는 생태적 사유가 "자연과 인간 본성을 상호적으로 연관되고 내부-작용하는 것으로 간주할 수 있다"고 주장한다.[37] 코드가 묘사하는 "생태적 주체"에 대한 앎은 "물질적 상황에 조건 지어진다".[38] 하지만, 횡단-신체적 주체는 안정성과 정합성을 암시하는 상황에 붙들리기보다는 종종 예측 불가능한 수많은 물질의 작용능력들에 붙들리고, 작용능력들로 인해 변형된다. 울리히 벡은 "오염물질들과 독성물질들은 마치 중세 시대의 악마들처럼, 모든 곳에서 비웃으며 농간을 부리고, 사람들은 그것들로부터 거의 벗어날 수 없을 정도로 예속되어 있다"고 말하며 블랙유머적인 감각으로 위험사회의 풍토에 특유한 작용능력들의 특징을 서술한다.[39] 이 책에 포함된 문학과 영화, 사진, 웹사이

---

35 Lorraine Code, *Ecological Thinking: The Politics of Epistemic Location*, Oxford: Oxford University Press, 2006, p.19.

36 *Ibid.*

37 *Ibid.*, p.32.

38 *Ibid.*, p.91.

39 Ulrich Beck, *Risk Society: Towards a New Modernity*, trans. Mark Ritter, London: Sage, 1992, p.73.

트 들은 이런 악마 같은 물질의 작용능력들, 특히 사회적·경제적·정치적 세력들과 밀접한 관련이 있는 물질의 작용능력들이 일으키는 문제들과 씨름하면서 발생하는 절망과 혼란을 묘사한다.

지금까지 『말, 살, 흙』은 환경보건운동과 환경정의운동에서 출현하는 횡단-신체성을 다루었다. 이는 물질의 작용능력의 지배적인 형식이 지금까지는 독성물질들이었다는 것을 의미한다. 이 장은 그렉 베어의 다윈 시리즈에 나오는 진화와 여타 다른 문제들을 다루면서 아마도 조금 더 사변적인, 완전히 다른 방향으로 선회할 것이다. 하지만 이 장이 21세기 유전학의 헤게모니를 두고 경쟁하는 물질과 환경의 작용능력들에 대한 강력한 사례들을 제시한다는 점에서 앞선 3개의 장과 연결된다. 정말로, 만일 횡단-신체성이 우리의 윤리와 정치, 행위들에 영향을 미친다면, 그것은 계몽주의적 인간관, 물질을 상품으로 변형시키는 자본주의적 소비지상주의, 그리고 유전자를 고립되고 통제 가능하고 조작이 이뤄지는 개체로 간주하는 대중의 인식과 같은 유명한 적수들의 저항에도 불구하고 그렇게 한다. 비록 이 세 가지 세력들이 서로 다른 것들임에도 불구하고 그것들은 모두 '사물들' 사이에 세워진 강고한 경계들이라는 확신에서 비롯된 도구주의적 에토스를 공유한다.

과학소설과 과학연구에 나타나는 유전자공학

나는 정신(또는 코드)이 물질을 지배해야 한다는 인식과 일치하는 '유전자'에 대한 근래의 집착을 교정하는 수단으로 특히 물질의 작용능력이론들이 중요하다고 주장한다. 그렉 베어의 다윈 시리즈가 인간을 인간 이후의posthuman 어떤 무엇으로 변화시키는 유전자 변형을 묘사하지만, 이러한 변형들은 설계되고 조정되기보다는 차라리 서로 복잡하게 엮이고, 예측 불가능한 물질의 작용능력들의 결과로 발생한다. 유전자공학이 식료품점 판매대를 채우고 매체의 머리기사를 장식하며, 윤리적·정치적 논쟁들에 불을 붙이던 시기에 쓰인 베어의 시리즈가 유전공학을 전적으로 무시하는 것으로 보인다는 것은 놀라운 일이다. 따라서 다윈 시리즈는 포스트휴먼 종이 인간의 의식적인 유전자 조작으로부터 발생한다는 소재를 다루는 현대 과학소설로부터 벗어난다. 예를 들면, 마거릿 애트우드의 『인간 종말 리포트』는 회사 감옥들 ─침투 불가능한 벽으로 둘러싸인 대저택─이 인간을 위한 음식물과 장기 이식을 위해 괴물 같은 하이브리드 생명체를 사육하는 디스토피아를 묘사한다. 수많은 생명체들의 멸종을 선고한 동일한 문화가 이제는 동물들을 유전자공학을 위해 두드려 펼 수 있고, 사고력이 없는 물질로 축소시킨다. 예를 들면, "신농업"NeoAgriculture(또는 "아그리쿠튀르" AgriCouture)의 학생들은 유령처럼 머리가 없는 "닭들", 그것들의 몸이 소비 가능한 부위들, 입력된 대로 어떤 부위에서는 "닭다리"가 자라나고, 다른 부위에서는 가슴살이 자라나는 닭들을 설계한다.[40] 이 디스토피아는 거의 모든 인간들이 소멸된 후, 새롭고, 더 친절하고, 더 온화한 인간의 판본이 그 자리를 차지하는 인류 멸망 이후의 세계로 대체된다.

---

40 Margaret Atwood, *Oryx and Crake*, New York: Anchor, 2003, pp.202~203.

『인간 종말 리포트』는 미처 날뛰는 유전자공학에 대한 거부를 생동감 있게 보여 준다. 하지만 그것은 "온화한 인간의 대뇌 신피질 조직"이 비둘기에서 자라나게 하는 신경생성 프로젝트와 같은 것들을 조장하는 유전학의 "진보"를 향한 진군을 반대하거나 잠재울 대안적인 패러다임을 제공하지는 않는다.[41]

　더 자비로운 유전자공학의 형식들은 옥타비아 버틀러와 조안 슬론체프스키의 작품에 나타난다. 버틀러의 이종발생Xenogenesis[42] 시리즈 (지금은 『릴리스의 종족』[43]으로 재출간되고 있다)에서, 더 나은 종을 향한 욕망에서 오안칼리Oankali 종족은 전지구적 핵전쟁으로 인류를 멸망시켰던 위계질서를 세우는 치명적인 기질들 —— 누군가는 제거되기를 바라는 기질들 —— 이 거세될 인류 종말 이후의 생명체인 인간-오안칼리 하이브리드를 유전학적으로 설계한다. 비록 버틀러의 오안칼리가 자연/문화 분할은 엄두도 못 낼 환경주의적 에토스를 체화함에도 불구하고, 그들의 재생산 행위들은 유전자공학과 유사하다. 이는 우연, 무작위 돌연변이, 또는 물질적 힘들의 작용능력을 위한 공간이 거의 존재하지 않는다는 점에서, 그리고 자식들이 의식적 선별 과정을 거쳐 조립된다는 점에서 그렇다. 성관계 자체도 어떤 의미에서는 대뇌의 행위들이 되고 만다. 왜냐하면 다양한 이성애적 짝들이 서로를 어루만지는 것이 아

41 *Ibid.*, p.56.
42 옥타비아 버틀러의 이종발생 시리즈의 환경주의/페미니즘 윤리에 대한 분석에 대해서는, Stacy Alaimo, *Undomesticated Ground: Recasting Nasture as Feminist Space*, Ithaca, N.Y.: Cornell University Press, 2000, pp.144~147을 보라.
43 Octavia E. Butler, *Lilith's Brood*, New York: Warner, 2000.

니라 올로이들the ooloi —— 유전공학자이기도 한 제3의 성 —— 의 매개로 쾌락을 경험하게 되기 때문이다. 비록 유전자 조작이 외딴 실험실이 아닌 올로이의 몸 안, '야시'yashi라고 불리는 특정 기관에서 발생함에도 불구하고, 올로이가 자식들을 설계하지만 그 합성물에 자신의 유전자를 주입하지 못한다는 점에서, 오안칼리 족의 성별에 따른 노동 분업은 여전히 정신과 물질 사이의 분할을 암시한다.

조안 슬론체프스키의 이상향Elysium 연작에서 환경의식이 높고 평화로우며 단성생식하는, 오로지 여성으로만 구성된 문화를 지닌 공유자Sharer들은, 쇼라Shora라는 수중 왕국에서 생활한다. 버틀러의 오안칼리처럼, 공유자들은 전적으로 생물 친화적 환경에서 살고, "완전한 유기적 '생명물질'로 그들의 생필품들을 충족시킨다".[44] 책이나 컴퓨터보다 차라리 살아 있는 '클릭파리들'clickflies에 유전 정보를 저장하는 '생명형성자들'(또는 유전공학자들)이 공유자들의 생존을 위해 필수적이다. 생명형성자들은 장식용 곰팡이 벽지와 같은 편의시설들을 만들기 위해서뿐만 아니라, 더 중요하게는, "수중 생활을 위해 그들 자신의 유전자들을" 형성하기 위해서 유전자공학을 사용한다.[45]

버틀러와 슬론체프스키가 페미니즘적이고 환경의식이 높은 유전자공학을 제공한다는 사실에도 불구하고, 의식적인 통제로 물질의 구성요소가 변형되기 때문에, 그들이 보여 주는 시나리오는 정신을 물질

---

44 Joan Slonczewski, *A Door into Ocean*, New York: Doherty Associates, 1986, p.89.
45 Joan Slonczewski, *The Children Star*, New York: Doherty Associates, 1998, p.39.

보다 우위에 놓는다. 이와 반대로, 베어의『다윈의 라디오』에 나오는 포스트휴먼 종은 복합적이고 상호연결된 물질적인 과정들을 통해 창조된다. 사실, 소설에서 과학기관들과 정부기관들을 체화하면서 새로운 종이 태어나지 못하도록 방해하겠다고 위협하는 원수 역할을 하는 것은 바로 인간의 '지성'이다. "인간 종족은 대뇌 중심으로 성장해 왔고, 자신의 생물학적 특성에 대한 그토록 많은 통제를 당연한 것으로 여겨 왔으며, 그 결과 예측 불가능한 고대의 재생산 양식, 즉 종 다양성을 창조하는 양식은 진화과정에서 중단되고 말았다."[46] 플롯과 서사의 관점은 독자로 하여금 진화과정에 나타나는 변화를 촉발하는 물질적 힘들 — 물론 있음직하지는 않지만 다소 괴물적인 형상의 주인공 — 과 자신을 동일시하도록 만든다. 따라서 유전자공학을 둘러싼 논쟁들을 짐짓 무시하는 척하면서,『다윈의 라디오』는 실제로 유전자 수정이 광범위하게 행해지는 것에서 분명하게 나타나는 지배의 논리에 대한 믿음을 강력하게 경고한다.

이 흥미를 자아내는 소설의 다양한 측면들이 환경윤리를 체현하는 것으로 읽힐 수 있지만,『다윈의 라디오』는 외면적으로 환경주의를 명백하게 보여 주는 이야기는 아니다. 또 이 작품이 페미니즘 소설인지 아닌지 여부도 다른 이들이 결정할 문제다. 나의 특정 논점에서 더 문제적인 것은 유전학에 관한 한『다윈의 라디오』는 혼합된 메시지들을 송출한다는 것이다. 몇몇 등장인물들은 — 무엇보다 충격적이게도,

46 Bear, *Darwin's Radio*, p.335.

[생물학자인] 걸출한 여주인공을 포함해서 —— 유전학과 물질의 작용능력에 대한 놀랍도록 천진난만한 관념들을 천명한다. 어떤 등장인물들은 작용능력에 대한 복잡하게 얽히고설킨 의미를 언급하기보다는 차라리 '어머니 자연', 또는 시바 바이러스에 '마음', '자아', 또는 목적론적 의도라는 속성을 부여하는 것 같다. 예를 들면, 미생물학자 케이 랭은 대부분의 임신을 자연 유산으로 이끄는, 미스터리한 임신 배후에 숨겨진 목적에 대해 숙고하면서, "진화가 아니라면? 아마도 어머니 자연이 인간을 악성 종양, 암으로 판단했겠지"라고 말한다.[47] 이 새로운 종의 아이들이 이 '암'으로부터 태어났을 때, 이 결론은 잘못된 것으로 판명된다('어머니 자연'을 진화와 구별하는 것이 무엇을 의미하는지는 또 다른 문제이다). 나중에 케이가 "유전체가 어쨌든 변화를 발생시킬 적절한 시기를 감지하면서 그 자신의 진화를 조절한다"고 주장하는 것이냐는 질문에 그녀는 "나는 유전체가 우리보다 훨씬 더 영리하다고 믿는다"라고 덧붙이며 긍정적으로 답변한다.[48] 그럼에도 불구하고, 베어가 도리언 세이건과 린 마굴리스가 쓴 책의 열광적 지지자이기에, "유전자에는 생명이 존재하지 않는다. 자아도 없다. 유전자는 자아와 유기체에 대한 최소한의 척도에도 들어맞지 않는다"라는 그들의 주장을 소설에서 듣는 것이 그리 어렵지 않다.[49]

47 *Ibid.*, p.212.
48 *Ibid.*, p.341.
49 Dorian Sagan and Lynn Margulis, *Acquiring Genomes: A Theory of the Origin of Species*, New York: Basic Books, 2002, p.16.

리처드 레윈틴과 리처드 레빈스, 이블린 폭스 켈러, 보니 스패니어, 다나 해러웨이 등등은 유전학에 대한 과학적이고 대중적인 담론에 대한 포괄적인 비판을 내놓는다. 레윈틴과 레빈스는 "DNA를 그토록 숭배"해 온 "근대 성배기사단의 복음주의적 열광"을 비난한다. 그들은 DNA를 "청사진, 계획, 장기 종합 계획, 주인 분자master molecule로" 강조하는 "이데올로기적 편향"을 폭로한다.[50] 이런 편향은 "물질적인 것에 대한 정신노동의 우월성에 대한 믿음, 부품조립공정에서 일하는 미숙련 직공에 대한 기획자와 설계자의 우월성에 대한 믿음을 단순하게 생물학으로 옮겨 온다".[51] 이블린 폭스 켈러는 "유전자들에 행위능력, 자율성, 그리고 원인에 대한 책임"을 부여하는, 소위 "유전자가 신체 구성을 결정한다는 담론"이 유전자를 "생명의 토대"로 위치짓는다라고 설명한다.[52] "유전자가 살이 되는 복합적인 과정들을 살피는 대신에, 유전자, 유전자 산물gene product, 그리고 유전자 발현gene expression이라는 용어는 '사물들'로 결정화되는데crystallized, 이는 그 용어들이 현재 유행 중인 생물학의 개념 도식 안에서 사용되기 때문이다"라고 스패니어는 주장한다.[53] 해러웨이는 "몸들이 통합의 그물망에 놓이는 결절들이

---

50 Richard Lewontin and Richard Levins, *Biology under the Influence: Dialectical Essays on Ecology, Agriculture, and Health*, New York: Monthly Review Press, 2007, p.240.
51 *Ibid*.
52 Evelyn Fox Keller, *Refiguring Life: Metaphors of Twentieth-Century Biology*, New York: Columbia University Press, 1995, p.11.
53 Bonnie B. Spanier, *Impartial Science: Gender Ideology in Molecular Biology*, Bloomington: Indiana University Press, 1995, p.93.

라는 것에 대한 '망각', 모든 지식 주장이 굴절하는 특성에 대한 '망각'"을 포함하는 "유전자 물신숭배"를 비판한다.[54]

이 장이 다루는 영역 안에서 "유전자 물신숭배"에 대한 수많은 과학적이고 철학적인, 그리고 윤리적인 세분화들을 논의하는 것은 불가능하겠지만, 환경윤리를 위해 유전자에 대한 광범위한 집착이 함축하는 바를 고려하는 것은 아주 중요하다. 간단하게 요약하면, 유전학에 대한 지배적인 개념들은 적어도 세 가지 방식으로 서로 관련되며 환경윤리에 문제를 일으킨다. 첫째, 인간은 전원을 켜고 끌 수 있는 기제로 유전자를 이해하면 모든 생명 형태들에 대한 기술-과학적 정복이 가능하다고 여긴다. 이렇게 정복을 당연한 것으로 여기고 나서, 이로부터 앞뒤를 헤아리지 못하는 정책들과 상투적인 수단들을 남발하고, 다시 사전주의 원칙들이 필요하다고 연출한다. 둘째, 인간이 유전자 코드를 정복할 수 있다는 확신은 물질의 복합적인 작용능력들과 이 활기찬 힘들이 효력을 발휘해 발생하는 예측 불가능한 변형들을 무시하도록 우리를 이끈다. 셋째, 유전자에 대한 과도한 강조는 생명의 물질적 직물 전체, 즉 '환경'을 저 멀리 후경으로 배치하며, 그곳에서 환경은, 존재한다 하더라도 거의 아무런 역할도 하지 못한다. 예를 들면, 질병에 대한 유전학적 원인들을 찾으려는 대중적이고 과학적인 집착은 우리로 하여금 우리의 몸으로 흡수되어 예측 불가능한 방식으로 상호작용하는 수천

---

54 Donna J. Haraway, *Modest Witness@Second_Millennium: FemaleMan©_Meets_OncoMouse™*, New York: Routledge, 1997, p.142.

의 독성물질들과 같은 질병의 환경적 요인을 못 보게 한다. 뿐만 아니라 '유전적' 원인들이 환경요인들과 분리 불가능하게 얽히는 방식과 환경요인들로 인해 질병이 유발되는 방식도 못 보게 한다.

비록 여주인공 케이를 포함해 『다윈의 라디오』에 나오는 수많은 등장인물들이 유전자에 대해 정교하지 못한 개념들을 내놓기는 하지만, 이 시리즈는 '유전자들'이라고 불리는 서로 구별되고, 경계로 분리되고, 고립된 개체들에 거의 신과 같은 작용능력을 부여하는 대중적이고 과학적인 유전자 환원주의에 대한 비판으로 읽힐 수 있다. 해러웨이가 표현하듯이, 유전자 물신주의에서 "살아 있는 살은 2차적일 뿐이며, 유전자가 생명 자체에 대한 세속적 구원 드라마의 시작과 끝"인 반면에,[55] 『다윈의 라디오』에서 다양한 형상으로 시간과 장소들 속에 존재하는 '살아 있는 살'은 기원을 이루는 정적인 시작점이 아니라 하나의 생성의 모체, 생성의 그물망을 제공한다. 대중적 사유에서, 유전학은 인간 지식의 진보와 언젠가 의학이 간단하게 암과 같은 질병의 '전원을 끌' 수 있으리라는 희망을 알리는 신호인 반면에, 『다윈의 라디오』에서 유전자들은 어떤 무엇에 대한 유일한 결정인자가 아니라 차라리 생성의 물질적·역사적 그물망에서 뒤섞이며 짜인다.

---

55 *Ibid.*, p.133.

진화와 물질의 작용능력

수많은 포스트휴머니즘 이론들은 종종 환경을 무시하며 정보 시스템
들에 초점을 맞추면서 인간과 기계를 혼합하는 기술-미래주의를 강조
한다.[56] 그럼에도 불구하고, 환경윤리에 보다 우호적인 또 다른 종류의
포스트휴머니즘이 출현한다. 이는 인간을 포함해 모든 존재들이 물질
적으로 상호연관된다는 것을 인정하는 진화 패러다임들로부터 발생한
다. "어떤 일반적인 결론에서도 인간이 지구에 출현했던 방식과 관련해

---

56 유행 중인 테크노포스트휴머니즘과 사이버포스트휴머니즘 모델들 중에서 눈여
  겨볼 만한 예외들로는 특히 공진화와 동료 종에 관심을 기울이는 Haraway, *The
  Companion Species Manifesto*와 종 담론에 대한 비판과 동물에 관심을 기울이
  는 Cary Wolfe, *Animal Rites: American Culture, the Discourse of Species, and
  Posthumanist Theory*, Chicago: University of Chicago Press, 2003이 있다. 포스트
  휴머니즘 이론의 핵심적 텍스트인『우리는 어떻게 포스트휴먼이 되었는가: 인공두뇌
  학, 문학, 그리고 정보학에 나타나는 가상의 몸』에서 헤일즈는 "사이버공간을 통해 식
  민지화가 가능해지는 새롭게 조망되는 영역을 탐험하기 위해 내달릴 때, 대체될 수 없
  는 물질세계의 허약함을 잊지 않도록 하자"라고 말하면서 환경주의운동의 관심사들
  에 우호적인 방식으로 포스트휴먼의 탈신체화를 비판한다(Katherine N. Hayles, *How
  We Became Posthuman: Virtual Bodies in Cybernetics, Literature, and Informatics*,
  Chicago: University of Chicago Press, 1999, p.49). 마누엘라 로시니는 "그 모든 풍성함
  과 다양함 속에서 경험되는 몸됨이 포스트/휴머니티(post/humanity)를 표지하고, 경
  험되는 몸이 변함없이 개별적 주체성뿐만 아니라 세계와 타자들과의 상호작용과 연결
  의 토대"가 되는 "비판적 포스트휴머니즘"을 옹호한다(Manuela Rossini, "Figurations
  of Post/Humanity in Contemporary Science/Fiction: All Too Human(ist)?", *Revista
  Canaria de Estudios Ingleses*, vol.50, 2005, p.33). 해러웨이와 비키 커비, 헤일즈를 따
  라서, 셰릴 빈트는 "신체화된 포스트휴머니즘"을 옹호하며, "오로지 우리와 다른 주체
  들이 각인되는 물질적 맥락에 변함없이 헌신함으로써 우리는 집단적 몸의 윤리로 나
  아갈 수 있다"고 주장한다(Sherryl Vint, *Bodies of Tomorrow: Technology, Subjectivity,
  Science Fiction*, Toronto: University of Toronto Press, 2007, p.188).

서, 다른 유기체들 안에 인간을 포함시켜야 한다"라고 논증하려는 『인간의 유래』The Descent of Man에서 찰스 다윈은 "신체 구조"가 보이는 유사성의 증거를 살핀다.[57]

인간이 다른 포유류들과 동일한 일반 유형 또는 모델에 기초해서 구성되었다는 것은 **악명 높은** 사실이다. 인간의 골격에 있는 모든 뼈들은 원숭이, 박쥐, 물개에 있는 동일한 부분의 뼈들과 비교될 수 있다. 인간의 근육, 신경, 혈관, 그리고 내부 장기도 그러하다. 모든 기관들 중에서 가장 중요한 뇌도 동일한 법칙을 따른다.[58]

'인간'이 다른 포유류들과 동일하게 구성된다는 것을 인정한다는 것이 악명을 떨치는 것은 이와 같은 충격적인 유사성이 당연한 것으로 받아들여지는 동시에 배척당한다는 사실을 입증한다. 「모로 박사의 섬」The Island of Dr. Moreau과 같은 영화에서 나타나듯이, 수많은 인간들은 자신이 동물성animality을 지닌다는 생각을 여전히 혐오한다는 점에서, 다윈 시대 이후로 거의 아무것도 변하지 않았다. 하지만 신체적 관련성 — 예를 들면, "인간의 손, 박쥐의 날개, 돌고래의 지느러미, 말의 다리에 있는 뼈들의 유사한 구조"[59] — 은 인간과 다른 동물들 사이의

---

57 Charles Darwin, *The Origin of Species by Means of Natural Selection and the Descent of Man and Selection in Relation to Sex*, New York: Modern Library, n.d., p.389.

58 *Ibid.*, pp.395~396. 강조는 추가됨.

59 *Ibid.*, p.366.

풍성한 윤리적 유대감을 자극하거나, 적어도 우리로 하여금 인간 이외의 세계를 방해받지 않고 사용하도록 승인하는 정신적·영적 인간 예외주의를 거부하도록 한다. 인간을 포함하는 모든 동물들이 "구성원들"인 "자손의 공동체"community of descent라는 다윈의 용어는 특히 이 공동체를 거부하는 "편견"과 "오만"과 대조될 때 윤리적으로 반향한다.[60] 게다가 야생 동물과 가축이 영리하고, 배려하며, 용감하게 행동하는 다윈의 생생한 동물 우화는 '정신능력', '도덕의식'과 같은 가장 결정적인 인간의 속성들에 대한 인간의 배타적 권리를 철회한다. 인간의 몸 구조를 동물의 몸 구조와 비교할 수 있고, 동물 행동을 인간 행동과 비교할 수 있다는 것을 증명하면서, 다윈은 인간과 동물 사이에 어떠한 견고한 구분선도 존재하지 않는다고 주장하며, 인간이 창발적인 자연/문화 세계와 서로 이웃한다고 주장하는 과학적·철학적 '포스트휴머니즘'을 만든다.

진화의 '아버지'를 인유함으로써, 『다윈의 라디오』와 『다윈의 아이들』이라는 제목은 베어의 소설들을 기원설화origin story로 송출한다. 주인공인 케이 랭은 첫 번째 제목에 관해 "시바의 사자. […] 그것은 다윈의 라디오"라고 설명한다.[61] 시바 바이러스가 진화를 담은 '전언'을 전달하는 매개체의 역할을 한다는 생각은 변별적인 유전 정보 — 이 경우 인간의 새로운 종에 대한 코드 — 가 과거로부터 현재로 운송된

---

60 *Ibid.*, pp.411~412.
61 Bear, *Darwin's Radio*, p.275.

다는 목적론적 궤적을 암시한다. 유전학에 대한 이런 의식은 최근에 유전학을 지배하는 소비지상주의적·도구주의적 관념과 기이하게 유사하다. 세라 프랭클린이 표현하듯, "자연은 유전학이 되는 생물학이 된다. 이를 통해 생명 자체는 다시 프로그램할 수 있는 정보가 된다".[62] 하지만 새로운 종을 출산하는 기이하고 다양한 '어미들'은 DNA가 탈신체화된 정보라는 인식을 무색케 한다. 비록 나는 어머니 대지라는 형상에 대해 비판해 왔지만, 여기서 나는 대지와 다양한 '어미들' 사이의 환유적 미끄러짐이 코드로 정제될 수 없는 일종의 생산적이고, 재생산적인 물질성을 재설정하는 역할을 하리라 생각한다.[63] 환유적 미끄러짐은 또한 기술과학으로도 완전히 통제될 수 없다. 사실, 비록 이 시리즈가 유전학으로 넘쳐나지만,『다윈의 라디오』에 나오는 다중의 기원설화들은 '유전자'를 유일한 결정적 기원지로 간주하는 걸 불가능하게 만든다.

소설은 남성 주인공의 관점과 여성 주인공의 관점으로 서술되는

---

62 Sarah Franklin, "Life Itself: Global Nature and the Genetic Imaginary", *Global Nature, Global Culture*, eds. Sarah Franklin, Celia Lury, and Jackie Stacie, London: Sage, 2000, p.190.

63 흥미롭게도,『다윈의 라디오』와『다윈의 아이들』모두 "가이아(Gaia)는 험악한 암컷이다"라는 린 마굴리스의 발언을 반향한다(Lynn Margulis, "Gaia Is a Tough Bitch", *The Third Culture: Beyond the Scientific Revolution*, ed. John Brockman, New York: Touchstone, 1995, p.140).『다윈의 아이들』에서 케이는 "자연은 암컷 여신"이라고 생각하고(Bear, *Darwin's Children*, p.336),『다윈의 라디오』에서 미치는 "어머니 자연은 언제나 암컷 같은 어떤 무엇이었다"라고 말한다(Bear, *Darwin's Radio*, p.380). 페미니즘과 환경윤리의 관점에서 보면, 암컷으로서의 자연 — 강력하고, 통제 불가능하며, 정복 불가능하고, 예측 불가능한 힘 — 이 오랫동안 감내하고, 언제나 너그러우며, 한없이 베푸는 모성적 형상이라는 이미지보다 바람직하다.

두 개의 서로 다른 기원설화로 시작한다. 첫 6개의 장들은 이 두 관점들을 오간다. 이것들보다 더 큰 구조인 이방인들의 서사는 게다가 또 다른 기원설화를 생산한다. 이 시점에서는 이방인이지만, 주인공들은 소설 마지막에 이르러 태어날 '바이러스 아이'를 생산하며, 그들은 새로운 인간 종의 기원자가 된다. 따라서 소설 구조는 처음부터 '다윈의 아이들'이 탄생하는 하나의 변별적인 출발점을 상정하려는 시도를 약화시키는데, 이는 각각의 기원설화들은 이미 또 다른 기원설화를 생산하는 플롯에 감싸이기 때문이다.

첫 번째 기원설화는 동굴에서 냉동된 채로 발견된 선사의 네안데르탈인 핵가족의 잔해들을 발굴한 변절자 인류학자인 미치Mitch가 서술한다. 그는 즉각 그들을 "모든 이들의 조상들", "세계의 엄마와 아빠"로 반긴다.[64] 이 특정한 가족은 네안데르탈인 부모들이 낳은 '인간' 아이를 포함한다. 그 아이는 '인간'의 자손으로 이뤄진 동종의 혈통이 아니라 파열과 차이의 순간을 표지한다. (다른 말로 하면, 이 소설은 점진주의가 아니라 차라리 균형상태의 중단을 지지한다.) 미치의 인류학적 기원설화에 이어, 조지아 공화국에서 낮 동안 세균 분해 바이러스 bacteriophage를 조사한 후 저녁에 케이 랭이 "우리의 존엄한 적수, 세계의 작은 어머니들, 박테리아를 위하여!"라고 축배를 드는 떠들썩한 축하연으로 끝나는 생물학 이야기가 뒤따른다.[65] 이 미생물학적 조상들

---

64 Bear, *Darwin's Radio*, p. 29.
65 *Ibid.*, p. 49.

은, 다윈이 그랬듯이, 인간의 계보는 일종의 완전한 비인간 생물체로 거슬러 올라갈 수 있다고 주장하는 것으로 인류학적 우화를 약화시킨다. 불행하게도, 베어는 여기서 젠더화된 이성애적 재생산 모델을 불안정하게 할 잠재성을 활용하지는 않는다. 예를 들면, 미라 허드는 "박테리아는 다양성을 인정하고 열정적으로 옹호하기 때문에, 그것들은 절대 '성' 차이 또는 '젠더' 차이에 기초해 차별하지 않는다"고 주장하면서 그녀의 퀴어 생물학에 박테리아를 포함시킨다.[66] 게다가, 아래에서 보겠지만, '임시 딸'이라는 살짝 퀴어한 '물질'이 소설 속에서 언뜻 보면 이성애적인 재생산 패러다임 안에 감싸인다.

처음으로 소설에서 가장 눈에 띄는 어머니인 "이브Eve에 버금가는"이로 추앙받는 케이 랭을 살펴보도록 하자.[67] 생물학자인 케이는 임신된 시바 바이러스를 키우는 것으로 대담하게 그녀 자신이 실험실이 되기로 선택한다. 따라서 그녀는 "기억해 둬, 사랑스런 케이야, 여성들은 다른 방식으로 과학을 하기로 되어 있어"라는 스승의 풍자 어린 견해를 실행한다.[68] 이 임신으로 어떤 종류의 생물체가 나올지 그 어느 누구도 알기 전에, 그녀가 이 실험을 수행한다는 것이 중요하다. 확실히, 이보다 더 개인적일 수도, 더 내밀할 수도 없는 그녀의 대담한 과학 실험은 결코 초연한 (남성적) 객관성이라는 과학적 이상을 체현하는 척 할 수 없다.[69] 케이는 자신의 연인, 인류학자 미치에게 "나는 예전에는

---

66 Myra J. Hird, "Naturally Queer", *Feminist Theory*, vol.5, no.1, 2004, p.87.
67 Bear, *Darwin's Radio*, p.423.
68 *Ibid.*, p.91.

일과 가정이 서로 어울리지 않을 거라고 걱정했었지. 지금은 어떤 충돌도 없는걸. 내가 내 자신의 실험실이니까"라고 말한다.[70] 자신의 몸으로 피커링의 '행위의 뒤범벅'을 감싸면서, 케이는 "작용능력의 춤을" 추기 시작한다.[71] 피커링이 표현하듯이, "능동적이고, 의도를 지닌 존재들인 과학자들이 어떤 새로운 기계를 실험적으로 구축한다. 그러고 나서 그들은 수동적인 역할을 자처하며, 기계가 포착하는 물질의 작용능력의 그 무엇이든 관찰하기 위해 기계의 성능을 조사한다".[72] 흥미롭게도, 이 경우 케이의 '기계장치'는 외부에 있는 어떤 것이 아니라 임신 그 자체이다. 행위의 뒤범벅으로서 케이의 임신은 시바 바이러스의 물질적 작용능력과 새로운 종의 창조를 '포착'한다. 케이는 실험실을 그녀의 몸으로 감싸는 것에서 발생하는 예측 불가능한 변형들을 받아들일 준비가 되어 있다. 그럼에도 불구하고, 그녀의 경제적 지위, 과학자로서의 신분, 시민으로서의 권리, 그리고 시민권 모두 뒤죽박죽된다는 의미에서, 소설은 또한 어떻게 "물질적·사회적 행위능력을 틀 짓는 것들이 행위 속에서 뒤범벅되는지" 입증한다.[73] 쓰라린 경험을 하고 나서야, 케이

---

69 과학적 인식론에 대한 페미니즘의 강력한 비판으로 Carolyn Merchant, *The Death of Nature: Women, Ecology and the Scientific Revolution*, New York: Harper and Row, 1980; Sandra Harding, *Whose Science? Whose Knowledge? Thinking from Women's Lives*, Ithaca, N.Y.: Cornell University Press, 1991; 그리고 Haraway, "Situated Knowledge"를 보라.

70 Bear, *Darwin's Radio*, p.357.

71 Andrew Pickering, *The Mangle of Practice: Time, Agency, and Science*, Chicago: University of Chicago Press, 1995, p.52.

72 *Ibid.*, p.21.

73 *Ibid.*, p.23.

가 다른 사람이 된다고도 말할 수 있을 것이다. 그녀는 경험을 통해 물질적으로 표지된다. 즉, 숨어서 그녀를 만나는 사람들에게 너무나도 확실하게 나타나는 그녀의 새로운 의사소통 방법인 '오징어 뺨'은 그녀의 지위를 바이러스 아이의 어머니로 만든다. 그녀는 "우리에게 **표식**이 생겼어!"라고 외친다. "내가 문둥이로 느껴져. 더 나쁘게는 검둥이로."[74]

케이 자신의 개인 실험실 공간 안에서, 특별하게 흥미로운 물질적 작용물이 작동한다. 아마도 이 시리즈에서 가장 매혹적인 '어미'는 동굴 여성도, 박테리아도, 그 주인공도, 내생적 레트로바이러스도 아니고, 뒤에 가서 "임시 딸들"이라고 불리는 "태아, 또는 어떻든 간에 기괴한 종양이라고 불릴지 모르는 어떤 무엇"이다.[75] 이 물질 덩어리들은 "괴물 아기들"을 생산하는 "1개의 거대한 난소"이다.[76] 오로지 난자 생산을 위해 존재하는 물질의 흉물스런 파편인 이 어미는, 생물학적 환원에 대한 페미니즘의 공포가 불러낸 듯하다. 이 공포는 근거가 없는 것은 아닌데, 수백 년간 이어 온 여성 혐오에 근거해서 여성을 수동적이고, 타락한 자연으로 정의해 왔다는 것을 감안하면 그러하다. 엘리자베스 윌슨이 표현하듯이, 이 괴물적인 물질은 생물학을 일종의 "사악한 물질성"과 동일시하는 페미니즘 이론의 경향을 실례로 보여 준다.[77] 동시에 태아이면서 어미인 이 생명체는 물질을 불활성적인 실체로 구현하는 진화적·

74 Bear, *Darwin's Radio*, p.517, p.516.
75 *Ibid.*, p.119.
76 *Ibid.*, p.129.
77 Elizabeth Wilson, "Somatic Compliance —Feminism, Biology, and Science", *Australian Feminist Studies*, vol.14, no.29, April 1999, p.2.

역사적 시간을 붕괴시킨다. 자연유산으로 폐기된 쓰레기인 이 괴물적인 생명체가 예기치 않은 포스트휴먼의 진화를 낳는다. 버려졌음에도 불구하고, 이 생체 조직 덩어리는 새로운 종을 생산하기에 필요한 그 어떤 무엇이라도 작동시킴으로써 유일한 결정인자인 유전자를, 그리고 고양되고 신성한 기원인 코드를 탈구시킨다. 그것은 또한 우리가 물질 그 자체를 이해하는 방식을 재구성한다. 배러드는 다음과 같이 말한다.

> 물질의 역동성은 생산적인데, 이는 새로운 사물들을 세계로 가져온다는 의미에서뿐만 아니라, 새로운 세계들을 산출하고, 세계의 지속적인 재형상화에 개입한다는 의미에서 그러하다. 몸들은 단순하게 세계에서 그들의 자리를 차지하고 있는 것이 아니다. 그것들이 특정 환경들에 위치 지어지거나, 또는 자리 잡혀지는 것도 아니다. 차라리, '환경들'과 '몸들'은 내부-활동적으로 공동-구성된다. '인간의', '환경의' 그리고 여타 다른 형식들의 몸들은 존재하는 것을 구성하는 필수적인 '부분들'이거나 존재하는 것을 역동적으로 재형상화한다.[78]

이 정의 내릴 수 없는 괴물적인 태아/배란생명체fetus/ovulator, 딸/어미는 "사물이 아니고 작용하기, 작용능력의 응결"이라는 점에서 물질의 역동성을 극적으로 보인다.[79] 게다가, 그것의 작용능력은 주체의

---

78 Barad, *Meeting the Universe Halfway*, p. 170.
79 *Ibid.*, pp. 183~184.

지위에서 발생하는 것으로 이해될 수 없으며, 차라리 몸과 환경이 공동-구성되는 관계의 그물망에서 작동하는 내부-작용들로부터 발생한다. 스티븐 도허티가 주장하듯이, "살인 바이러스 소설"은 오로지 "유기체 이후의postorganic [……] 개체", "단순하게 물신화된 코드로 작동할 뿐인" 개체로 몸을 변형시키기 위해서 "그토록 음란하게 살과 피의 물질성에 초점을 맞춘다".[80] 하지만 『다윈의 라디오』는 유전학에 대해 토론하고, 궁극적으로 살이 꿈틀대는 생성의 모체 안으로 우리를 빠져들게 하면서도, 그것과는 반대로 가는 길을 택한다. 따라서 포스트휴먼 종은 근본적으로 세계를 재형상화하면서 몸과 환경의 내부-작용하고 비변별적인 작용능력들로부터 물질화한다.

배러드의 용어로, 모든 작용들이 내부-작용으로 더욱 잘 이해되는 관계들의 이 복잡한 그물망과는 아무 상관없이, 소설에 나오는 중요한 과학자 회의의 명칭은 「환-경을 통제하기: 바이러스성 질병을 정복하기 위한 신기술」Controlling the En-Viron-Ment: New Techniques for the Conquest of Viral Illness이다.[81] 비록 미국 현대어문학회MLA 형식에 맞춘 익살맞은 명칭이 외부의 '환경'을 감싸 아주 작은 바이러스에 주입하기는 하지만, 여기서 '해결책'은 간단히 타자를 정복하는 것이다. 그렇지만 이 경우에 타자는 자아와 구별 가능하지 않다. 이는 이 내생적 레트로바이러스가 수천 년 동안 인간 DNA에 남아 있었기 때문이다. '정복'

---

80 Stephen Dougherty, "The Biopolitics of the Killer Virus Novel", *Cultural Critique*, vol.48, Spring 2001, p.10.
81 Bear, *Darwin's Radio*, p.230.

과 '통제'라는 아마추어적 용어는 이 시나리오로부터 출현하는 환경윤리, 여전히 인간 아래 또는 뒤에 머무르는 배경, 자원, 수동적 물질, 또는 변별적인 실체라는 형상을 더 이상 환경에 부여할 수 없다는 윤리의 필요성을 알리는 증후이다. 대신에 우리는 '바깥'이 이미 언제나 내부에 있으며, 지속적인 내부-작용들을 통해 여전히 '인간'으로 불릴 수도, 불리지 않을 수도 있는 어떤 무엇에 거주하고, 어떤 무엇을 변형시키는 감쌈enfolding이라는 의식을 함양할 수 있다. 이 역동적 시나리오에서, 물질 —— 당신이 원한다면, 자연 —— 은 언제나 변화의 작용물이며, 언제나 이미 인간의 투과 가능한 막 내부와 외부에 존재한다. 이 횡단-신체성은 물질의 작용능력들이 그와 같은 인간의 바로 그 경계들을 재형상화한다는 의미에서 포스트휴먼으로 가장 잘 이해될 수 있다.

캐런 배러드가 표현하듯, "현상을 여러 겹으로 감싸고 경계들을 옮기는 것은 내부성과 외부성의 영역들에 대한 반복적인 재작업, 이로부터 공간 그 자체의 재형상화와 위상학의 변화를 수반한다".[82] 가장 눈에 띄는 감쌈의 장면은 케이가 조지아 공화국에서 수많은 무덤들을 조사한 이후에 현장에서 본 악몽을 아름다운 꿈으로 변형시킬 때 발생한다.

생물막들, 대부분의 사람들이 점액으로 생각하는 것. 이 시신들, 한때는 살아 있었을 거대한 진화의 산물을 그것들을 낳은 물질들로 되돌려

82 Karen Barad, "Re(con)figuring Space, Time, and Matter", *Feminist Locations: Global and Local, Theory and Practice*, ed. Marianne DeKoven, New Brunswick, N.J.: Rutgers University Press, 2001, p.92.

보내는 부산한 작은 박테리아의 도시들. 내부 통로 안에 누워 있는 이 사랑스러운 다당류 구조물들, 내장과 허파, 심장과 동맥, 그리고 눈과 뇌. 박테리아는 야생의 길을 단념하고, 도시를 이루며, 모든 것을 재활용한다. 그것들이 지금 재생 중인 영락한 거인들의 철학도, 역사도, 성격도 모른 채, 유쾌한 박테리아의 위대한 쓰레기 처리 도시.[83]

인간 몸은 몸 안에 도시들을 건설하는 부산한 박테리아들을 위한 서식지, 즉 환경이다. 뿐만 아니라, 그것은 "내장과 허파, 심장과 동맥"이 "그것들을 낳은 물질들로 되돌아가는" 것이 보이듯 '물질'이기도 하다. 다음으로, "대부분의 사람들이 점액으로 생각했던 것"인 영광이 다한 물질은 여기서 "사랑스러운 다당류 구조물들"로 변형된다. 하지만 이것은 비인간/인간, 자연/문화의 역전이 아니라 고유하게 인간적인 것의 외부라고 여겨졌던 모든 것이 언제나 이미 내부에 존재하는 일종의 감쌈이다. 추정컨대 박테리아가 인간 거주지 내부와 외부를 이동하면서, 자신들의 "야생의 길"에서 한번 떠들썩한 잔치를 벌였다고 말해지는 한에서, 심지어 "야생적인" 것과 좀 더 확장해서 황무지는 인간 영토 안에서 작동된다. 이러한 종류의 황무지 또는 야생 — 박테리아, 바이러스, 유전 물질, 또는 괴물적인 배란생물체, 그 무엇이든 서식 가능한 장소 — 은 확실하게 인간이 채굴하기 위한 단순한 자원일 수 없다. 또한 그것은 유전공학의 산물이 아니며, 대신에 여기서 물질은 작용능

83 Bear, *Darwin's Radio*, p.41.

력, 인간의 바로 그 구성요소를 변형시키는 작용능력이다.

진실로, 다른 모든 종처럼 '인간' 종은, 세이건과 마굴리스에 따르면, "의미심장하고, 유용한 유전적 다양성으로 이끌었던 '외부' 유전체, 박테리아 등등을 체내화incorporation하고, 통합하면서" 비로소 인간이라는 존재가 된다.[84] 체내화에 대한 강조는 다윈 소설들이 보여 주는 자명한 이치를 분명히 한다. 즉, 인간은 언제나 이미 '타자'이고, 우리의 유일무이해 보이는 개별 '자아들'에 거주하고, '자아들'을 구성하는 외부인들, 즉 '이질적' 생명 복합체들이라는 것이다.[85] 인간이 침팬지와 유전학적으로 98% 동일하다는 사실에도 불구하고, 그 인간유전체 프로젝트 담론의 대부분은 변별성이라는 구닥다리 인본주의 감성에 동조한다. 예를 들면, 인간유전체 프로젝트 웹사이트는 "물질의 관점에서 우리 종의 그 모든 섬세함, 그 모든 예술과 과학은 궁극적으로 변별적인 유전명령genetic instruction[86]을 담은 놀랍도록 작은 세트로 설명될 수 있다"고 설명한다.[87] 게다가, 유전학이 상징적으로 투사하는 시간의 궤

---

84 Sagan and Margulis, *Acquiring Genomes*, p.205.
85 "비인간 부분들의 집합체로서의 인간 몸에 대한 진화론적 관점"에 대해 에릭 화이트는 "우리 내부의 동물원"이라는 경이로운 용어를 사용한다(Eric White, "Once There Were Men, Now They're Land Crabs': Monstrous Becomings in Evolutionist Cinema", *Posthuman Bodies*, eds. Judith Halberstam and Ira Livingston, Bloomington: Indiana University Press, 1995, p.244).
86 [옮긴이] 유전명령은 다음 세대에 유전정보를 전달하는 것을 말한다.
87 [옮긴이] 미국 에너지부(US Department of Energy)에서 인간유전체 프로젝트의 일환으로 'To Know Ourselves'라는 제목으로 출판된 문서에서 발췌한 내용이다. http://www.ornl.gov/sci/techresources/Human_Geome/publicat/tko/(accessed: 2018.8.19.). PDF 문서를 다운로드할 수 있으며, 9쪽에 해당 내용이 나온다.

적은 우리가 우리 자신도 조작할 수 있을 미래로 향한다. 이와 반대로, 그렉 베어의 『다윈의 라디오』의 전제는 어떤 의미에서 유전자의 활동성을 기술문화의 실험실로부터 끄집어내고, 그것을 자연사의 훨씬 더 방대한 연대기적 맥락 안에 위치시키며, 그것을 진화의 생물학적/역사적 영역 안에 배치한다.[88] 이러한 전제는 지배적인 설명들이 기술적·과학적 진보를 위한 편리한 자원이 되는 식으로 유전자를 작용물로 고립시키는 방식뿐만 아니라, 기원들에 대한 자극적인 이야기에서처럼 유전학을 진화로부터 분리하는 방식을 교정하는 하나의 중요한 수단이다.

포스트휴먼 환경윤리

『다윈의 라디오』에서 기이한 물질들, 뒤범벅된 유전자들, 그리고 진화의 과거와 미래는 정확히 인간이 아닌 새로운 종으로 귀착한다.[89] 이러

---

88 리사 린치는 『다윈의 라디오』가 의료 기관들을 비판하기는 하지만, 사회 개혁을 그리는 데 실패하고, 대신에 소설은 "베어가 옹호하는 '개혁'이 유전체 내부로부터 발생하는 한에서, 그것은 포스트휴먼의 도래를 알리는 함성으로 들린다"라고 해석한다(Lisa Lynch, "Not a Virus, but an Upgrade: The Ethics of Epidemic Evolution in Greg Bear's *Darwin's Radio*", *Literature and Medicine*, vol. 20, no. 1, Spring 2001, p. 72). 그녀가 소설에 나타나는 사회생물학과 유전자 물신주의를 비판하는 반면에, 나는 진화상의 물질적 작용능력을 포함해서 복합적인 물질의 작용능력들이 현대의 유전자 환원주의를 와해시킨다고 주장한다.
89 여기서 약간의 과학적 맥락이 흥미를 더할 것이다. "인간은 여전히 진화 중인가?"라는 질문에 비록 진화생물학자들은 긍정적으로 답하겠지만, 레트로바이러스는 미래의 인간 진화를 일으킬 만한 주된 원인으로 여겨지지 않는다. 대신 막스플랑크 진화생물학 연구소의 플로이드 리드는 "새로운 질병들, 전쟁, 값싼 에너지와 음식 자원의 이용가능성, 기후 변화와 핵·화학물질 오염과 같은 변화들이 […] 우리의 유전체들을 강력

한 포스트휴먼의 난잡하고, 복합적이고, 물질적인 기원들은 가로지르는 —시간을 가로지르고, 장소를 가로지르며, 종을 가로지르고, 몸을 가로지르고, 영역을 가로지르는 — 운동으로부터 시작할 수 있다. 그것은 또한 인간 이외의 세계를 구성하는 바로 그 물질로부터 분리 불가능한 창발적인 물질의 내부-작용들의 장소로 인간을 재형상화하는 환경윤리를 제안한다. 『다윈의 라디오』는 야생 박테리아, 이미 인간 유전자 안에 존재하는 바이러스, 그리고 결코 주체가 된 적이 없었던 그것 자신의 작용능력을 작동시키는 괴물적 물질과 같은 다양한 '자연들'을 인간으로 감싼다.

환경으로부터 결코 단절될 수 없는 신체성에 거주한다는 것을 깨닫기 위해서, 상상력을 동원해 과학소설로 도약할 필요는 없다. 보니 스패니어는 다음과 같이 말한다.

유기체는 환경들 또는 다른 유기체들로부터 동떨어져 존재하지 않는다. 그것은 환경들과 연루되는 역동적인 상호작용에 의해 둘러싸이고, 상호작용 속에 기입된다(그러한 의미에서 환경과 인접한다). 뿐만 아니라 우리의 소화기 통로와 호흡기 통로, 피부 모공, 또는 원형질 망 조직을 통해서든, 또는 수많은 유형의 세포들의 세포질을 통해서든 내부

한 다윈주의적 선택 그리고/또는 유전적 부동(genetic drift)에 노출시킬 가능성이 있"고, "지속적으로 진화상의 변화의 몇몇 형식을 겪는 것"을 "필연적으로" 만들 것이라고 설명한다(Floyd A. Reed, "Are Humans Still Evolving?", *Encyclopedia of Life Sciences*, Hoboken, N.J.: Wiley, 2008, p.4).

에서부터 환경과 인접한다. 인간 몸은 수많은 유기체들의 집합체이고, 대장의 대장균, 피부에 있는 미생물과 같은 유기체들 중 대부분은 건강한 생활을 위해 필수적이다. [……] 자아 등등에 대한 매우 다른 심리학은 우리의 내부와 외부 접촉면들을 통해, 그리고 우리 자신들이 내뿜는 어떤 무엇(우리의 날숨, 몸 머리 복사작용, 쓰레기, 기타 등등)을 통해 우리의 존재를 우리를 둘러싼 환경을 향해 열려 있고 환경과 연결되어 있는 것으로 이해할 수 있다.[90]

인본주의, 자본주의적 개인주의, 초월론적 종교, 그리고 자연에 대한 공리주의적 개념은 우리가 투과 가능하고 창발적인 존재이며, 우리 몸의 다공적 경계들 내부와 외부에 있는 타자들에 의존한다는 생물물리학적인 자각, 더욱이 상식적인 자각을 부인하려 한다. 횡단-신체성에 대한 생물학적 의미는 '인간' 내부에 남아 있는 동물의 '흔적'에 대한 철학적 인식으로 보완될 수 있을 것이다. 캐리 울프는 "인간이 아닌 다른 것이 이성에 대한 전인미답의 윤리적 교정수단이기보다는" 인간 그 자체의 바로 그 중핵에 "이성 자체의 일부로 거주한다"고 주장한다.[91] 울프는 "진실한 탈근대 윤리 다원주의"가 "포스트휴머니즘 이론을 회피하지 않고 오로지 그것을 수단으로 하여 [……] 발생할 수 있다"라고 주장한다.[92] "이론적·윤리적으로 말하자면 유일한 탈출구는 관통해 가

---

90 Bonnie B. Spanier, *Impartial Science: Gender Ideology in Molecular Biology*, Bloomington: Indiana University Press, 1995, p.90.

91 Wolfe, *Animal Rites*, p.17.

는 것이고, '앞'으로 가는 유일한 길은 '되돌아오는 것'이며, 동물들이 서식하는 장소인 '거기'에 가는 유일한 길은 동물들을 '여기'에서 발견하고, 우리 안의 그리고 우리라는 동물들, 복수성 ― 이 단어에 대해 복수형의 '동물들'조차 너무나도 불충분한 단어 ― 의 일부로서 동물들을 발견하는 것이다."[93]

포스트휴먼 환경윤리는 인간들로 하여금 물질적 현실에 상호연결되고, 상호적으로 구성적인 작용들로부터의 단절감을 거부하게 하고, 엘리자베스 그로스의 용어로, "어떤 현실적인 방향도 없이, 특정 결과에 대한 기약도 없이, 진보와 개선에 대한 어떤 보증도 없이, 확산과 변형의 징후들과 함께 미래를 향해 나아가는" 진화 서사 속으로 우리를 몰아넣는다.[94] 다윈주의 이론에 대한 그로스의 강력한 철학적 재고찰은 열린 역동성을 강조한다.

다윈은 그의 전임자와 동시대인들의 설명과는 심오하게 다른 존재론, 즉 실재에 대한 설명을 전개한다. 그는 이제 생명을 자기-조직화하는 생산하고 열린 힘으로, 성장하는 물질적 복합성으로 간주한다. 이 복합성에서 생명은 그 자체로 역동적이고, 그것 자신의 형상들을 지니는 물질성, 즉 현실에 부합해서 성장한다. 진행 중인 안정성, 또는 주어진 정

---

92 *Ibid.*, p. 207.
93 *Ibid.*
94 Elizabeth Grosz, *Time Travels: Feminism, Nature, Power*, Durham, N.C.: Duke University Press, 2005, p. 26.

적 특질들을 내보이기보다는, 그리고 반응적이거나 또는 반작용하는 것으로 보여지기보다는 차라리 그 형상들은 변화를 생성하고 유지시키는 상호작용의 능동적인 힘들과 관련해서 즉각적으로 이해된다.[95]

상호연결된 물질적 역동성이 우리 모두를 휩쓸어 버리는 존재론 안에서 자연 또는 환경은 단순한 자원의 역할을 할 수는 없다. 그로스는 "어떤 특정한 종의 멸종을 애도하지 않고, 멸종의 장소에 무슨 일이 발생하는지를 놀라움 속에서 기다리며 관찰하는" 다윈주의의 "(무)도덕적" 존재론을 상정하는 것으로 이 열림의 다소 극단적인 판본을 찬양한다.[96] 그로스가 미래에 대한 급진적인 예측 불가능성을 애도와 도덕주의에서 해방되는 것으로 인정하는 것에 비하여, 배러드는 인간은 물질의 내부-작용들의 바깥이 아니라 내부에 존재하며 따라서 반드시 해명할 의무를 진다고 주장한다. 배러드는 포스트휴먼 윤리의 일부로 "우리는 우주의 일부이다. 내부도, 외부도 존재하지 않는다. 오로지 내부로부터 시작하는 내부-작용하기 그리고 세계의 생성 속에서 세계의 일부로서 존재하는 내부-작용하기만이 존재한다"라고 주장한다.[97] 그녀는 "물질작용의 윤리는 급진적으로 외부/화된exterior/ized 타자에 대한 정당한 응답에 대한 것이 아니라 우리가 그것의 일부인 생기 넘치는 생성의 관계맺음들에 대한 응답 의무와 해명 의무에 대한 것이다"라고 주장

---

95 *Ibid.*, p.37.
96 *Ibid.*, p.221, n.4.
97 Barad, *Meeting the Universe Halfway*, p.396.

한다.[98] 다른 말로 하면, "윤리는 우리가 누비고 지나가 얽힌 그물망들을 풀어내는 것에 관한 것이다".[99] "'환경들'과 '몸들'은 내부-작용하면서 공동-구성된다"[100]는 인식에 대해 숙고하는 것은 몸들과 장소들의 물질적 상호관계들에 주의를 기울이는 강력한 횡단-신체적 윤리를 유발한다. 모든 살아 있는 생명체들의 몸들이 어떻게 물, 영양분, 독성물질, 그리고 여타 물질들의 영구적인 흐름들로 장소와 내부-작용하는지에 대한 인식은 우리의 행위들에 대해 해명하라고 우리에게 명령한다. 인간이 아닌 그 모든 것들의 작용능력을 인정하는 것은 생명체들, 생태계들, 그리고 여타 비변별적 생명 형식들이 번성할 수 있는 장소들에 대한 필요성을 긍정한다. 배러드는 『우주를 중간에서 만나기』를 "세계의 일부로서 책임감 있게 내부-작용하는 것은 세계의 생명력에 고유하게 나타나는 얽히고설킨 현상들을 해명할 책임을 지는 것이며, 우리에게 도움을 주고, 세계가 번성할 가능성들에 민감하게 반응한다는 것을 의미하는" 내부-작용하며 그물처럼 짜인 포스트휴먼 윤리로 끝맺는다.[101] 얽힘, 내부-활동성, 영구적 창발성에 대한 심오한 의식은 인간의 활동들과 지식 실천들이 언제나 더 넓은 세계의 일부이면서, 세계를 해명할 의무가 있다고 주장하는 윤리적 입장을 양성한다.

인간 주변에서 동시에 방대한 시간적 거리들을 가로질러 생명체

---

98 *Ibid.*, p.393.
99 *Ibid.*, p.384.
100 *Ibid.*, p.170.
101 *Ibid.*, p.396.

들의 신체적 융합을 드러내는 찰스 다윈은 우리가 언제나 이미 '포스트휴먼'이었다는 최초의 번득임, 즉 이 자손의 공동체에 존재하는 우리의 동료 생명체들을 설명할 의무를 제안하면서, 세계의 물질적 작용능력들 안에 우리가 녹아들어 있다고 주장하는 입장을 제공한다. 생명 그 자체의 구성요소들에 대한 인간의 지배를 추구하는 현대 유전자 물신주의의 한복판에서, 그렉 베어의 다윈 시리즈는 난잡하고 예측 불가능한 물질성의 힘들로부터 영향을 받지 않는 것은 아니라는 진화 서사 속으로 인간을 내던진다. 『다윈의 라디오』 이후 11년 만에 출판된 『다윈의 아이들』은 "여전히 정확히 그들이 누구인지, 그들이 무엇인지에 대한 논쟁이 있다. 질병에 걸린 돌연변이인지, 하위종인지, 또는 완전히 새로운 종인지에 대하여"라고 보고한다.[102] 고대의 내생적 레트로바이러스, 배란 물질덩어리, 자기 자신이 실험실이 되는 미생물학자에게서 태어났기에, 이 바이러스 아이들은 그들이 물질화되는 장소인 세계를 외면하지 않을 가능성이 존재할 것이다. 그리고 환경보건, 환경정의, 화학물질복합과민증, 과학, 과학소설, 문학, 몸의 회고록, 사진, 영화, 행동주의, 그리고 이론이 보여 주는 몸된 자연들은, 인간으로 인해 한계 지어지는 것이 아니라, 결코 단순히 외부의 장소가 아닌 언제나 우리의 자아와 타자들을 구성하는 바로 그 물질들인 물질세계에 대한 해명 의무를 지니는 윤리를 촉구한다.

---

102 Greg Bear, *Darwin's Children*, New York: Ballantine, 2003, p.7.

옮긴이 후기

1. 남자는 정신, 여자는 몸

서양철학의 역사는 몸이 굴욕을 당하는 역사였다. 소크라테스는 몸을 영혼의 감옥으로 바라보았으며, 플라톤은 몸이 없으면 없을수록 더욱 진리에 가까워진다고 주장하였다. 죽지 않는 영혼에 비하면 육체는 초라하기 짝이 없다. 젊어서는 발정한 개처럼 욕망에 기다가 나중에는 병들고 늙어서 무덤으로 향하는 순간적이고 덧없는 것이지 않은가. 잘되면 정신 덕분이고 잘못되면 육체의 탓이었다. 정신의 천덕꾸러기가 육체였다. 기독교라고 예외가 아니었다. 우리의 몸은 원래 아름다웠던 에덴동산의 몸이 아니라 죄를 지어서 추하고 타락한 몸이다. 영혼이 걸친 남루한 옷에 지나지 않는 것이다.

근대철학은 데카르트와 더불어 시작되었다고 말해도 과언이 아니다. 그가 철저하게 이원론자라는 것은 우리 모두 잘 알고 있는 사실이다. 그는 공간을 차지하며 형상과 무게가 있는 모든 것을 물질로 정의하였다. 동물과 마찬가지로 인간의 몸도 그러한 물질에 지나지 않는다. 그는 인간의 본질을 생각(마음)에서 찾았다. 물질과 달리 마음은 모양이나 무게를 가지고 있지 않다. 물질과는 아예 차원이 다른 것이다.

서양철학이 왜 그렇게 육체를 비하하였을까? 왜 육체를 폄하하면 폄하할수록 자신은 더욱 고결하게 된다는 듯이 생각했을까? 그리고 또 왜 육체를 여성의 본질로 보았을까? 예외 없이 남자였던 고매한 ── 그리고 오만한 ── 철학자들은 자신이 정신이라 주장하면서 육체적인 것을 여성의 몫으로 남겨 놓았다.

왜 그랬을까? 나는 그 이유를 버지니아 울프Virginia Woolf의 『자기만의 방』A Room Of One's Own을 읽으면서 깨달았다. 이 책의 한 대목에서 울프는 남자들이 거실에서 즐겁게 담소를 나누는 장면을 묘사하였다. 철학과 문학, 과학이 어울리는 지식의 향연이다. 그런데 이상하게도 여자는 한 명도 볼 수가 없다. 왜? 여자들은 모두 부엌에서 먹을 것을 준비하고 있었기 때문이다. 이 지식인들도 먹어야 산다. 그러면서도 자신은 음식이 아니라 진리를 먹는다는 듯이 위세를 부리며, 음식은 기껏해야 대화를 위한 변명거리에 지나지 않는다고 거들먹거린다. 이 지점에서 이유가 분명해지지 않는가? 밥은 물질이다. 커피도 물질이다. 옷과 식탁도 물질이다. 그렇지만 남자들은 그러한 물질에 손도 대지 않는다. 모두 다 여성이 해야 하는 일들이다.

요리를 준비하거나 땅을 파 보지 않은 사람들은 손이 부드럽고 희다. 손에 빨래와 걸레질, 노동의 흔적도, 굳은살도 없는 것이다. 물질적인 것들이 여성과 하인의 소관이라면 자신은 정신이라고 착각할 수도 있겠다는 생각이 든다. 그렇지만 여성의 삶을 생각해 보라. 특히 과거에는 여성의 역할은 출산과 양육이었다. 모두 몸과 관련된 활동들이었다. 그리스 신화에 비너스가 제우스의 머리에서 태어났다는 이야기가 있지만, 아이는 마음이나 생각에서 태어나지 않는다. 수유와 양육도 머리로 하지 않는다. 온몸으로 해야 한다. 과거에 여성이 육체적인 것으로 동일시될 수밖에 없었던 이유이다.

2. 몸이 퇴장하다

앞에서 페미니즘적 관점에서 정신과 육체, 남성과 여성의 관계를 살펴보았다. 시몬 드 보부아르Simone de Beauvoir나 버지니아 울프와 같이 탁월한 여성 지식인들이 없었더라면 이렇게 말할 생각도 하지 못했을 것이다. 위와 같이 말하면 천박하다고 핀잔을 받았을 것이다. 그렇지만 아리스토텔레스가 말하지 않았던가. 원래부터 목수로 태어나는 사람은 없다. 마찬가지로 원래부터 지식인으로 태어나는 사람은 없다. 톱질과 대패질과 못질을 하다 보면 목수가 되듯이, 책을 읽다 보면 지식인이 된다.

그렇다면 남성인 척하다 보면 남자가 되고 여성인 척하면 여자가 되는 것일까? 이미 20세기 초반에 보부아르는 그렇게 주장하였다. "여자는 태어나는 것이 아니라 만들어지는 것"이라고. 생물학적으로 남자라고 해서 저절로 남성적이 되고 여자라고 해서 자연스럽게 여성적으로 되지는 않는다. 어린 시절부터 권총이나 칼을 가지고 놀면 아이는 점차 남성적으로 바뀌기 시작한다. 마찬가지로 인형놀이나 소꿉장난을 하면서 아이는 점차 여성적인 몸으로 변형되기 시작한다. DNA가 아니라 사회가 남성성과 여성성을 만든다는 이론이 사회구성주의social constructionism이다. 생물학적인 남자와 여자가 태어나는지 모르지만 남성적이거나 여성적인 것은 사회에 의해서 만들어진다는 것이다. 전자가 섹스sex라면 후자는 젠더gender다.

왜 뜬금없이 사회구성주의를 말하는가? 이 책 『말, 살, 흙: 페미니즘과 환경정의』의 저자인 스테이시 앨러이모를 소개하기 위해서는 사회구성주의를 건너뛸 수가 없다. '남성=정신, 여성=몸'이라는 가부장적 도식도 빼놓을 수가 없다. 그녀는 사회가 남성을 주물러서 정신으로, 여성을 주물러서 몸으로 만들어 놓았다는 사회구성주의 이론을 비판하면서 자신의 학문적 입지를 다지기 시작하였기 때문이다. 적어도 1990년대 초반까지는 이러한 사회구성주의 이론이 영미권 페미니즘 학계를 지배하였다.

한동안 페미니스트들은 사회구성주의 이론으로 자신을 무장하였다. 여성은 태어나는 것이 아니라 만들어진다는 사실을 지적하고 폭로하는 데 그만큼 훌륭한 이론이 없었다. 생각해 보라. 적어도 19세기 이전에는 뛰어난 여성 작가나 사상가가 존재하지 않았다. 세계문학전집이나 세계사상전집에서 여성 작가의 이름은 아무리 찾아도 보이지 않는다. 학문과 지식의 장에는 아예 여성이 존재하지 않았다. '남성=정신, 여성=육체'는 단순한 가부장적 허구가 아니라 현실이었다. 1882년에 좋은 집안에서 태어난 버지니아 울프는 천재임에도 불구하고 대학에 입학할 수가 없었다. 당시에 여성은 옥스퍼드나 케임브리지와 같이 유서 깊은 대학에 입학이 허용되지 않았다. 대학 졸업장이 없었기 때문에 그녀는 남모르는 열등감을 가지고 살았다고 한다. 19세기의 위대한 소설 『미들마치』*Middle March*의 저자인 조지 엘리엇George Eliot도 당연히 대학에 다니지 않았다. 여성 작가로 알려지면 제대로 평가를 받지 못할까 두려워서 필명도 남자 이름으로 하였다. 여자는 집에서 밥하고 아이를 양육하도록 강요된 사회에서 조지 엘리엇과 같은 탁월한 지식인 작가의 출현은 지극히 예외적이었다. 사회구성주의 이론은 남성이 지식과 권력을 독점하고 여성이 배제된 것은 성적인 차이의 결과가 아니라 가부장적 제도의 산물이라는 것을 탁월하게 증명해 주었다.

모든 이론이 그러하듯이 사회구성주의 이론도 유통기한이 있었다. 그동안 남녀의 차이를 탁월하게 설명해 주었던 이 이론도 1990년대 초반부터 점차 동력을 상실하기 시작하였다. 이러한 변화를 설명하기 위해 주디스 버틀러를 살펴볼 필요가 있다. 그녀가 1990년에 출판한 『젠더 트러블』*Gender Trouble*은 서점에 진열되자마자 인구에 회자되더니 곧 페미니즘 고전의 반열에 올라섰다. 그럼에도 불구하고 그녀는 3년 후에 이 책의 단점을 보완하기 위해 『몸이 중요하다』*Bodies That Matter: On The Discursive Limits Of "Sex"*라는 책을 내놓아야만 했다. 정작 여성의 몸을 주제로 다루면서도 지나치게 구성주의적으로 접근한 나머지 생물학적인 몸이 실종되고 말았다는 비판에 직면했기 때문이었다. 몸이 사회적으로 구성된다는 주장이 너무나 설득력 있었기 때문에 "그렇다면 진짜 몸은 어디에 있지?"라는 반발을 불러왔던 것이다.

3. 몸-정신이 재입장하다

이러한 지적 변화의 분위기를 타고 새로 등장한 것이 신유물론new materialism이다. 흥미로운 것은 페미니스트들이 신유물론을 주도하였다는 사실이다. 앨러이모는 그러한 신유물론적 페미니즘을 대표하는 학자의 하나이다. 그녀의 선배인 다나 해러웨이, 로지 브라이도티Rosi Braidotti, 캐런 배러드와 같은 학자들이 그녀에 앞서서 신유물론을 새로운 페미니즘의 방법론으로 구축하기 시작하였다. 설명할 여유는 없지만, 신유물론의 이론적 배경에는 스피노자와 들뢰즈, 베르그손의 철학, 그리고 양자론이 있다는 사실을 참고로 말해 두기로 한다.

무엇보다 유물론materialism이 아니라 '신'유물론이라는 사실이 중요하다. 그리고 과거의 유물론은 관념론idealism과 대립되는 자리, 즉 뒤집어진 관념론이었다는 사실도 염두에 둘 필요가 있다. 유물론과 관념론 모두 세계의 진정한 실체가 있다는 본질주의essentialism를 배경으로 하고 있다. 세계의 본질이 관념이라는 철학적 입장을 비판하면서 유물론은 출발하였다. 전자는 헤겔로, 후자는 마르크스로 대변될 수 있다. 헤겔에 의하면 인류의 역사는 정신이 자신을 실현하는 단계적인 과정이다. 자기 자신이 정신이라는 사실을 몰랐던 물질이 점차 자신의 본질을 실현하면서 역사가 전개된다는 것이다. 마르크스는 그러한 관념론적 역사관을 비판하면서 자신의 유물론적 역사관을 정립하였다. 이에 따르면 마음이나 의식은 물질적 작용에 지나지 않는다. 자신이 물질이라는 사실을 깨닫지 못하는 사람은 일종의 허위의식에 빠져 있는 셈이다. 현대의 뇌과학과 신경과학이 유물론을 주도하고 있다.

신유물론은 그와 같이 한편으로 관념 없는 물질, 다른 한편으로 물질 없는 관념의 관점에서 세계를 바라보는 입장 자체를 거부한다. 칸트적 의미의 물자체, 라캉적 의미의 실재도 거부한다. 물론 앞서 말했듯이 사회구성주의에 대해서도 비판적이다. 그것은 물질의 물질성에 충분히 유의하지 않았기 때문이다. 물질과 자연, 육체를 주어진 것이 아니라 사회와 문화의 산물로서 바라보기 때문이다. 그럼으로써 문화와 자연, 마음과 육체라는 이원론적 구도에 갇혀 버리고 말았다. 이 점에서 신유물론자들은 자연과 문화, 물질과 정신이라는 독립적 개념 자체를 거부한다. 존재하는 것은 물질=정신, 자연=문화이다. 물질과 정신은 분리될 수 없는 일체를 이루고 있다는 것이다.

신유물론자들은 물질과 정신이 분리될 수 없다는 생각을 이론화하기 위해서 각자 새로운 개념들을 생산하였다. 해러웨이의 사이보그 cyborg가 한 예이다. 그녀는 주체로서 인간이 도구인 기계를 자유롭게 이용한다는 생각을 비판하였다. 인간과 기계는 따로 존재하는 것이 아니라 원래부터 기계였다는 사실, 즉 인간과 기계는 뗄 수 없이 서로 얽혀 있다는 사실을 가리키기 위해서 사이보그라는 신조어를 만들었다. 해러웨이와 마찬가지로 과학에 조예가 깊었던 배러드는 닐스 보어의 양자론을 재해석함으로써 '움직이는 물질'vibrant matter이나 상호작용intra-action, 행위자 실재론agential realism과 같은 개념을 추출하였다. 그녀는 개별적 존재로서의 존재론을 과정과 현상으로서의 존재론으로 대체하였다. 중요한 것은 개체가 아니라 관계이다. 이와 더불어 신유물

적 개념으로 브라이도티의 횡단적 주체transversal subject, 게일 웨이스
Gail Weiss의 상호신체성intercorporeality을 들 수 있다.

4. 스테이시 앨러이모

앨러이모는 1994년에 일리노이대학에서 영문학 박사학위를 취득한
후 2000년에 첫 책『길들여지지 않은 땅: 페미니즘 공간에서 자연을 재
해석하기』Undomesticated Ground: Recasting Nature as Feminist Space를 출간
하였다. 이 책의 제목 자체가 이미 많은 것을 말해 주고 있다. 남성적 권
력에 의해 훈육되지 않은 자연을 소개하기 위해서 생태주의적 관점에
서 저술한 책이다. 이번에 번역한『말, 살, 흙』은 2010년에 출간한 책으
로, 미국 문학과 환경 학회ASLE 생태비평상을 받았다. 최근에 집필한
책으로는『노출된 자들: 포스트휴먼 시대의 환경정책과 기쁨』Exposed:
Environmental Politics and Pleasures in Posthuman Times이 있다. 이 외에 공
동으로 편집한『유물론적 페미니즘들』Material Feminisms을 비롯한 여러
논문이 있다.

　이 책『말, 살, 흙』의 번역을 기념하기 위해서 몸문화연구소는 2018
년 가을에 그녀를 초청해서 특강을 듣고 국내 학자들과 좌담회도 가졌
다. 직접 만나 본 인상은, 해러웨이나 브라이도티처럼 재기가 번득이는
유형의 학자는 아니지만 하나의 주제에 천착하면서 성실하고 꾸준하
게 연구하는 대기만성형 학자구나 하는 것이었다. 그녀는 어린 시절에
도축과 관련된 다큐멘터리를 본 이후로 채식주의자가 되었다고 한다.

특히 인상적이었던 것은 남의 말을 진지하게 경청하는 겸손한 모습이다. 이는 쉽게 찾아볼 수 있는 미덕이 아니다. 학술대회 같은 자리에서는 자신의 지식을 과시하는 학자들이 많기 때문이다. 막걸리와 함께한 뒤풀이 자리에서도 배려심 깊은 모습으로 참석자들의 말을 경청하면서 분위기를 맞춰 주었다.

그렇다면 앨러이모 교수에게 신유물론적 페미니즘은 무엇일까? 『말, 살, 흙』에서 그녀가 이론화한 중요한 개념이 횡단-신체성trans-corporeality이다. 옮긴이들은 이 용어를 우리말로 제대로 옮기기 위해서 적잖은 고민을 하였다. '번역'translation과 라틴어 어원을 같이하는 'trans'는 '여기에서 저기로 장소를 옮기기, 넘어가기, 통과하기'와 같은 의미를 가지고 있으며, 라틴어 'corporeus'에서 유래한 'corporeality'는 '몸, 살, 육체'와 같은 뜻을 가지고 있다. 경계가 뚜렷하고 고정된 개인주의적 몸의 개념을 비판하기 위해서 앨러이모는 이 용어를 사용하였다. 개인주의적 몸은 주체와 타자의 경계와 안과 밖의 구별이 분명한 일종의 원자와 같은 몸을 말한다. 이러한 몸과 달리 앨러이모의 몸은 고체보다는 액체에 가깝다. 주체와 타자가 서로 넘나드는 동적인 관계에 있기 때문에 어디에서부터 주체이고 어디서부터 타자인지 뚜렷하게 구분되지 않는다. 뿐만 아니라 그녀의 몸은 내부로 잠긴 몸이 아니라 외부를 향해서 구멍이 뚫려 있는 몸이다. 성城 비유를 들자면 그것은 굳게 문이 잠겨 있는 방어적 성이 아니라 평민이나 상인도 자유롭게 드나들 수 있도록 언제나 열려 있는 성이다. 입을 열어 말을 하듯이 나의 몸과 타자의 몸은 서로를 향해 열려 있는 몸인 것이다. 여기에서의 몸을 물질이나 자연으로 이해해도 좋다.

이 책에서 앨러이모는 횡단-신체성을 "인간이 언제나 인간을 넘어서는 세계와 맞물리는 지점"이라고 표현한다(18쪽). 이 간단한 문장에는 많은 의미가 담겨 있다. 우선 인간은 자연과 다른 특권적 존재가 아니라 자연의 일부로서 자연 혹은 비인간과 확실하게 구별되지 않는다. 인간만이 행위의 주체인 것이 아니다. 비인간도 행위의 주역임을 인정하지 않으면 안 된다. 더구나 인간을 구성하는 물질은 자연과 똑같지 않은가. 그녀의 생태학적 주장에 따르면 우리는 자연과의 접촉면을 더욱 크게 확대할 필요가 있다. 횡단은 "서로 다른 장소들을 가로지르는 운동"을 강조하는 개념이다. 그래서 "횡단-신체성은 인간 몸, 비인간 생명체, 생태계, 화학 작용물, 그리고 여타의 다른 행위자들의 (중략) 작용들을 인정하는 유동적인 공간을 열어 준다"(19쪽).

끝으로 번역어에 대해서 한마디 덧붙여야 하겠다. 앞서 신유물론적 개념을 소개하면서도 이러한 번역어의 문제에 직면했었다. 횡단-신체성과 같은 새로운 용어는 마음과 몸, 주체와 타자, 정신과 물질과 같이 이분법적 개념들의 질서를 뒤흔들고 경계를 무너뜨리며 뒤섞기 위해 고안된 용어들이다. 전통적 언어를 거부하기 위해 만들어진 신조어인 것이다. 이들 신유물론적 페미니스트들은 각자 자기만의 고유한 언어를 가지고 있다. 그런데 문제는 그러한 영어의 차이가 우리말로 잘 전환되지 않는다는 사실에 있다. 일례로 배러드는 개별적 존재를 전제하는 'interaction'을 비판하기 위해서 'intra-action'이라는 용어를 제시하였다. 그러나 이를 우리말로 옮기면 이 차이가 소거되어 버린다. 특히 중요한 용어인 횡단성은 두말할 나위가 없다. 브라이도티의 'transversal', 웨이스의 'intercorporeal', 앨러이모의 'trans-corporeal'은 서로 비슷하면서도 강조점과 지향성, 맥락이 다른 용어들이다. 횡단성으로 옮겨지면 그러한 차이가 사라지는 것이다. 이 외에도 번역에서 직면한 문제들은 수없이 많다. 그러한 어려움에 부딪힐 때마다 옮긴이들은 최선의 우리말이 아닌 차선의 우리말로 만족할 수밖에 없었다. 최악을 피하기 위해서 차악을 선택해야 할 때도 있었다. 생각해 보라. 신유물론은 정신과 물질의 이원론을 거부한다. 신조어를 사용했던 이유도 거기에 있다. 그럼에도 불구하고 그와 같은 이원론적 언어를 사용하지 않을 수가 없다. 앞으로 신유물론을 연구하는 학자들이 많이 출현하면, 미묘하고 섬세한 차이를 살리지 못했던 옮긴이들의 한계는 점차 극복될 것이라고 믿는다.

이 책이 출판되기까지 많은 분들의 도움이 있었다. 그린비출판사 편집부를 비롯하여, 초안을 꼼꼼히 읽어 주었던 김운하 선생님과 몸문화연구소의 모든 연구원들, 그리고 무엇보다도 연구소의 활동을 푸짐하게 지원하는 한국연구재단과 건국대학교에 감사의 말을 전한다.

옮긴이들을 대표하여

김종갑

참고문헌

Abram, David, *The Spell of the Sensuous: Perception and Language in a More-than-Human World*, New York: Vintage, 1997.

Adamson, Joni, *American Indian Literature, Environmental Justice, and Ecocriticism: The Middle Place*, Tucson: University of Arizona Press, 2001.

Agrawal, Arun, "Dismantling the Divide between Indigenous and Scientific Knowledge", *Development and Change*, vol.26, no.3, 1995, pp.413~439.

Akaba, Azibuike, "Science as a Double-Edged Sword", *Race, Poverty, and the Environment: A Journal for Social and Environmental Justice*, vol.11, no.2, Winter 2004~2005, pp.9~11.

Alaimo, Stacy, "Discomforting Creatures: Monstrous Natures in Recent Films", eds. Karla Armbruster and Kathleen Wallace, *Beyond Nature Writing*, Charlottesville: University of Virginia Press, 2001, pp.279~296.

_____, "Endangered Humans? Wired Bodies and the Human Wilds", *Camera Obscura*, vol.40~41, May 1997, pp.227~244.

_____, "Insurgent Vulnerability: Masculinist Consumerism, Feminist Activism, and the Gendered Sciences of Global Climate Change", *Women, Gender & Research* (*Kvinder, Kon og Forskning*, Denmark), Fall 2009, pp.22~35.

_____, *Undomesticated Ground: Recasting Nature as Feminist Space*, Ithaca, N.Y.: Cornell University Press, 2000.

Alaimo, Stacy, and Susan J. Hekman, "Introduction", eds. Stacy Alaimo and Susan J. Hekman, *Material Feminisms*, Bloomington: Indiana University Press, 2007, pp.1~19.

Alaimo, Stacy, and Susan J. Hekman eds., *Material Feminisms*, Bloomington: Indiana University Press, 2007.

Alexie, Sherman, "Introduction", Percival Everett, *Watershed*, Boston: Beacon, 1996.

Allister, Mark, *Refiguring the Map of Sorrow: Nature Writing and Autobiography*, Charlottesville: University of Virginia Press, 2001.

American Cancer Society, "The Environment and Cancer Risks", http://www.cancer.org/docroot/NWS/content/NWS_2_1x_The_Environment_and_CancecRisk.asp, January 14, 2000 (accessed: 2001.12.21).

Antonetta, Susanne, *Body Toxic*, Washington, D.C.: Counterpoint, 2001.

Ashford, Nicholas A., and Claudia S. Miller, *Chemical Exposures: Low Levels and High Stakes*, New York: Van Nostrand Reinhold, 1991.

Atwood, Margaret, *Oryx and Crake*, New York: Anchor, 2003.

Ausubel, Kenny, *Ecological Medicine: Healing the Earth, Healing Ourselves*, San Francisco: Sierra Club Books, 2004.

Barad, Karen, *Meeting the Universe Halfway: Quantum Physics and the Entanglement of Matter and Meaning*, Durham, N.C.: Duke University Press, 2007.

_____, "Posthumanist Performativity: Toward an Understanding of How Matter Comes to Matter", *Signs*, vol.28, no.3, Spring 2003, pp.801~831.

_____, "Re(con)figuring Space, Time, and Matter", ed. Marianne DeKoven, *Feminist Locations: Global and Local, Theory and Practice*, New Brunswick, N.J.: Rutgers University Press, 2001, pp.75~109.

Barrett, Stephen, *Quackwatch: Your Guide to Quackery, Health Fraud, and Intelligent Decisions*, www.quackwatch.org/ooAboutQuackwatch/mission.html (accessed: 2008.7.).

Bauer, Susanne, "Societal and Ethical Issues in Human Biomonitoring: A View from Science Studies", *Environmental Health* 7, suppl., vol.1, 2008, pp.1~10.

Bear, Greg, *Darwin's Children*, New York: Ballantine, 2003.

_____, *Darwin's Radio*, New York: Ballantine, 1999.

Beck, Ulrich, *Risk Society: Towards a New Modernity*, trans. Mark Ritter, London: Sage, 1992.

Benford, Robert, "The Half-Life of the Environmental Justice Frame: Innovation, Diffusion, Stagnation", eds. David Naguib Pellow and Robert J. Brulle, *Power, Justice, and the Environment: A Critical Appraisal of the Environmental Justice Movement*, Cambridge, Mass.: MIT Press, 2005, pp.37~54.

Berkson, Jacob B., *A Canary's Tale: The Final Battle: Politics, Poisons, and Pollution vs. the Environment and the Public Health*, vols. 1 and 2, Hagerstown, Md.: Berkson, 1996.

Berry, K. Wesley, "Bioregional Pedagogy, Ecospiritual Autobiography, and the Horn Island Logs of Walter Inglis Anderson", *Southern Quarterly: A Journal of the Arts in the South*, vol.38, no.1, Fall 1999, pp.147~158.

Birke, Lynda, "Bodies and Biology", eds. Janet Price and Margrit Shildrick, *Feminist Theory and the Body: A Reader*, New York: Routledge, 1999, pp.42~49.

BlueVoice, http://www.bluevoice.org/sections/ocean/ocean-pollution. shtml (accessed: 2009.8.1.).

Bolt, Hermann M., and Ernst Kiesswetter, "Is Multiple Chemical Sensitivity a Clinically Defined Entity?", *Toxicology Letters*, vol.128, Mar. 2002, pp.99~106.

Bolton Valencius, Conevery, *The Health of the Country: How American Settlers Understood Themselves and Their Land*, New York: Basic, 2002.

Breast Cancer Action, http://www.bcaction.org (accessed: 2007.12.21.).

_____, *Think before You Pink*, http://thinkbeforeyoupink.org/Pages/ FocusOnPinkwashers.html (accessed: 2007.11.7.).

Brown, Phil, "When the Public Knows Better: Popular Epidemiology", *Environment*, vol.35, no.8, October 1993, pp.17~41.

Brown, Phil, and Judith Kirwan Kelley, "Physicians' Knowledge, Attitudes, and Practice Regarding Environmental Health Hazards", eds. Steve Kroll-Smith, Phil Brown and Valerie J. Gunter, *Illness and the Environment: A Reader in Contested Medicine*, New York: NYU Press, 2000, pp.46~71.

Brown, Phil, Steve Kroll-Smith and Valerie J. Gunter, "Knowledge, Citizens, and Organizations: An Overview of Environments, Diseases, and Social Conflict", eds. Steve Kroll-Smith, Phil Brown and Valerie J. Gunter, *Illness and the Environment: A Reader in Contested Medicine*, New York: NYU Press, 2000, pp.9~25.

Browner, Carol, "Dursban Announcement", U. S. Environmental Protection

Agency, http://www.epa.gov/history/topics/1egal/03.html (accessed: 2009.8.3.).

Bryson, Michael A., "It's Worth the Risk: Science and Autobiography in Sandra Steingraber's Living Downstream", *Women's Studies Quarterly* 1-2, 2001, pp.170~182.

Buell, Lawrence, *The Environmental Imagination: Thoreau, Nature Writing, and the Formation of American Culture*, Cambridge, Mass.: Harvard University Press, 1995.

_____, *Writing for an Endangered World: Literature, Culture, and Environment in the U. S. and Beyond*, Cambridge, Mass.: Harvard University Press, 2001.

Bullard, Robert, *The Quest for Environmental Justice: Human Rights and the Politics of Pollution*, San Francisco: Sierra Club Books, 2005.

Burke, Fielding, *Call Home the Heart*, Old Westbury, N.Y.: Feminist Press, 1983.

Butler, Judith, *Giving an Account of Oneself*, New York: Fordham University Press, 2005.

Butler, Octavia E., *Lilith's Brood*, New York: Warner, 2000.

Caminero-Santangelo, Marta, "'The Pleas of the Desperate': Collective Agency versus Magical Realism in Ana Castillo's So Far from God", *Tulsa Studies in Women's Literature*, vol.24, no.1, Spring 2005, pp.81~103.

Campbell, Fiona Kumari, "Legislating Disability: Negative Ontologies and the Government of Legal Identities", ed. S. Tremain, *Foucault and the Government of Disability*, Ann Arbor: University of Michigan Press, 2005, pp.108~130.

Caress, Stanley, Personal email, October 2005.

Caress, Stanley, et al., "Prevalence of Multiple Chemical Sensitivities: A Population Based Study in the Southeastern United States", *American Journal of Public Health*, vol.94 no.5, May 1, 2004, pp.746~747.

_____, "Symptomology and Etiology of Multiple Chemical Sensitivities in the Southeastern United States", *Archives of Environmental Health*, vol.57, no.5, September 1, 2002, pp.429~436.

Carson, Rachel, *Silent Spring*, New York: Houghton Mifflin, 1962.

Casey, Edward, *Getting Back into Place: Toward a Renewed Understanding of the Place-World*, Bloomington: Indiana University Press, 1993.

Castillo, Ana, *So Far from God*, New York: Norton, 1993.

Castree, Noel, and Bruce Braun, "The Construction of Nature and the Nature of Construction: Analytical and Political Tools for Building Survivable Futures", eds. Bruce Braun and Noel Castree, *Remaking Reality: Nature at the Millennium*, London: Routledge, 1998.

Chandler, Katherine R., and Melissa A. Goldthwaite, *Surveying the Literary Landscape of Terry Tempest Williams: New Critical Essays*, Salt Lake City: University of Utah Press, 2003.

Cheah, Pheng, "Mattering", *Diacritics*, vol.26, no.1, Spring 1996, pp.109~139.

"Chemical Trespass 2004", Pesticide Action Network North America, http://www.panna.org/docsTrespass/chemicalTrespass2004.dv.html (accessed: 2010.1.24.).

Cherniak, Martin, *The Hawk's Nest Incident: America's Worst Industrial Disaster*, New Haven, Conn.: Yale University Press, 1986.

Clark, Claudia, *Radium Girls: Women and Industrial Health Reform, 1910-1935*, Chapel Hill: University of North Carolina Press, 1997.

Coburn, Jason, *Street Science: Community Knowledge and Environmental*

Health Science, Cambridge, Mass.: MIT Press, 2005.

Code, Lorraine, *Ecological Thinking: The Politics of Epistemic Location*, Oxford: Oxford University Press, 2006.

Coiner, Constance, "Literature of Resistance: The Intersection of Feminism and the Communist Left in Meridel Le Sueur and Tillie Olsen", eds. Bill Mullen and Sherry Linkon, *Radical Revisions: Rereading 1930s Culture*, Urbana: University of Illinois Press, 1996, pp.144~166.

Cornell, Drucilla, *Beyond Accommodation: Ethical Feminism, Deconstruction, and the Law*, New York: Routledge, 1991.

"Corporate Manipulation of Scientific Evidence Linking Chemical Exposures to Human Disease: A Case in Point-Cigarette Science at Johns Hopkins", *Rachel's Environment and Health Weekly*, vol.464, October 18, 1995, http://www.rachel.org/en/node/3977 (accessed: 2009.8., title changed to "Cigarette Science at Johns Hopkins").

Couch, Stephen R., and Steve Kroll-Smith, "Environmental Movements and Expert Knowledge", eds. Steve Kroll-Smith, Phil Brown and Valerie J. Gunter, *Illness and the Environment: A Reader in Contested Medicine*, New York: NYU Press, 2000.

Coyle, Fiona, "Safe Space as Counter Space: Women, Environmental Illness and 'Corporeal Chaos'", *Canadian Geographer*, vol.48, no.1, 2004, pp.62~75.

Darwin, Charles, *The Origin of Species by Means of Natural Selection and the Descent of Man and Selection in Relation to Sex*, New York: Modern Library, n.d.

Davidson, Michael, *Ghostlier Demarcations: Modern Poetry and the Material World*, Berkeley: University of California Press, 1997.

Dawahare, Anthony, "Modernity and 'Village Communism' in Depression-Era America: The Utopian Literature of Meridel Le Sueur", *Criticism*, vol.39, no.3, Summer 1997, pp.409~431.

Dayton, Tim, *Muriel Rukeyser's "The Book of the Dead"*, Columbia: University of Missouri Press, 2003.

"Death in Small Doses", Environmental Justice Foundation, http://www.ejfoundation.org/modules.php?set_albumName=album14&op=modload&name=gallery&file=index&include=view_album.php&page=1 (accessed: 2009.2.7.).

De Lauretis, Teresa, "Statement Due", *Critical Inquiry*, vol.30, no.2, 2004, pp.365~368.

Deleuze, Gilles, and Felix Guattari, *A Thousand Plateaus: Capitalism and Schizophrenia*, trans. Brian Massumi, Minneapolis: University of Minnesota Press, 1987.

Di Chiro, Giovanna, "Indigenous Peoples and Biocolonialism: Defining the 'Science of Environmental Justice' in the Century of the Gene", eds. Ronald Sandler and Phaedra C. Pezzulo, *Environmental Justice and Environmentalism: The Social Justice Challenge to the Environmental Movement*, Cambridge, Mass.: MIT Press, 2007, pp.251~283.

_____, "'Living Is for Everyone': Border Crossings for Community, Environment, and Health", *Osiris*, vol.19, 2004, pp.112~130.

_____, "Local Actions, Global Visions: Remaking Environmental Expertise", *Frontiers*, vol.18, no.2, 1997, pp.203~231.

_____, "Producing 'Roundup Ready®, Communities? Human Genome Research and Environmental Justice Policy", ed. Rachel Stein, *New Perspectives on Environmental Justice: Gender, Sexuality, and Activ-*

ism, New Brunswick, N.J.: Rutgers University Press, 2004, pp.139~160.

Dougherty, Stephen, "The Biopolitics of the Killer Virus Novel", *Cultural Critique*, vol.48, Spring 2001, pp.1~29.

Dumit, J., "Illnesses You Have to Fight to Get: Facts as Forces in Uncertain, Emergent Illnesses", *Social Science and Medicine*, vol.62, no.3, 2006, pp.577~590.

Dunaway, Finis, *Natural Visions: The Power of Images in American Environmental Reform*, Chicago: University of Chicago Press, 2005.

Duncan, David Ewing, "A World of Hurt", *National Geographic*, vol.210, no.4, October 2006, pp.139~143.

_____, "The Chemicals within Us", *National Geographic*, vol.210, no .4, October 2006, pp.116~137.

Duster, Troy, "Buried Alive: The Concept of Race in Science", eds. Alan H. Goodman, Deborah Heath and M. Susan Lindee, *Genetic Nature/ Culture: Anthropology and Science beyond the Two Culture Divide*, Berkeley: University of California Press, 2003.

Eaton, K., et al., "Multiple Chemical Sensitivity: Recognition and Management. A Document on the Health Effects of Everyday Chemical Exposures and Their Limitations", *Journal of Nutritional and Environmental Medicine*, vol.10, no.1, March 1, 2000, pp.39~84.

Eichstadt, Peter, *If You Poison Us: Uranium and Native Americans*, Santa Fe, N.M.: Red Crane, 2008.

Eisenstein, Zillah, *Manmade Breast Cancers*, Ithaca, N.Y.: Cornell University Press, 2001.

Environmental Health Center of Dallas, www.ehcd.com/services/patients services (accessed: 2004.10.18.).

Environmental Justice Foundation, http://www.ejfoundation.org/page124. html (accessed: 2008.9.15.).

Environmental Working Group, Human Toxome Project, http://www. ewg.org/sites/humantoxome/participants/index.php?country= USA&state=TX (accessed: 2007.12.18.).

"EPA Warns Human Beings No Longer Biodegradable", *Onion*, vol.43, no.30, July 26, 2007. http://www.theonion.com/content/news_briefs/ epa_warns_human_beings_no (accessed: 2009.6.20.).

Eriksen, H. R., and H. Ursin, "Subjective Health Complaints, Sensitization, and Sustained Cognitive Activation (Stress)", *Journal of Psychosomatic Research*, vol.56, no.4, April 1994, pp.445~448.

Everett, Percival, *Watershed*, Boston: Beacon, 1996.

FitzSimmons, Margaret, and David Goodman, "Incorporating Nature: Environmental Narratives and the Reproduction of Food", eds. Bruce Braun and Noel Castree, *Remaking Reality: Nature at the Millennium*, London: Routledge, 1998, pp.194~220.

Frank, Arthur W, *The Wounded Storyteller: Body, Illness, and Ethics*, Chicago: University of Chicago Press, 1995.

Franklin, Sarah, "Life Itself: Global Nature and the Genetic Imaginary", eds. Sarah Franklin, Celia Lury and Jackie Stacie, *Global Nature, Global Culture*, London: Sage, 2000.

"Fresh or Foul? Air Fresheners in Public Spaces", Environmental Health Association Nova Scotia, www.environmentalhealth.ca/fall02foul.html (accessed: 2005.5.27.).

Frickel, Scott, "Just Science? Organizing Scientific Activism in the U.S. Environmental Justice Movement", *Science as Culture*, vol.13, no.4,

December 2004, pp.449~469.

Fromm, Harold, "The 'Environment' Is Us", *Electronic Book Review*, January 1, 1997, http://www.altx.com/ebr/reviews/rev8/r8fromm.html (accessed: 2005.9.9.).

Garland-Thomson, Rosemarie, "Disability and Representation", *PMLA*, vol.120, no.2, March 2005, pp.522~527.

Gatens, Moira, *Imaginary Bodies: Ethics, Power and Corporeality*, New York: Routledge, 1996.

Gibson, Pamela Reed, "Multiple Chemical Sensitivity, Culture, and Delegitimization: A Feminist Analysis", *Feminism and Psychology*, vol.7, no.4, 1997, pp.475~493.

Goldman, Emma, and Max Baginski, "Mother Earth", *Mother Earth*, vol.1, no.1, March 1906, pp.1~4.

Gompers, Samuel, "Wages and Health", *American Federationist*, vol.21, August 1914, pp, 642~646.

Grosz, Elizabeth, *The Nick of Time: Politics, Evolution and the Untimely*, Durham, N.C.: Duke University Press, 2004.

_____, *Time Travels: Feminism, Nature, Power*, Durham, N.C.: Duke University Press, 2005.

_____, *Volatile Bodies: Toward a Corporeal Feminism*, Bloomington: Indiana University Press, 1994.

Grover, Jan Zita, *North Enough: AIDS and Other Clearcuts*, Minneapolis, Minn.: Graywolf, 1997.

Hames-Garcia, Michael, "How Real Is Race?", eds. Stacy Alaimo and Susan Hekman, *Material Feminisms*, Bloomington: Indiana University Press, 2007, pp.308~339.

Hansen Hviid, Steen, "Personal Stories from Environmentally Ill Patients around the Environmental Health Center in Dallas", http://www.ehcd. com/websteen/ehcd_patient_stories.html (accessed: 2005.5.29).

Haraway, Donna J., "A Cyborg Manifesto: Science, Technology, and Socialist Feminism in the Late 20th Century", Reprinted in her *Simians, Cyborgs, and Women: The Reinvention of Nature*, New York: Routledge, 1991.

_____, *Modest_Witness@Second_Millennium: FemaleMan©_Meets_ OncoMouse™*, New York: Routledge, 1997.

_____, *Primate Visions: Gender, Race, and Nature in the World of Modern Science*, New York: Routledge, 1989.

_____, "Situated Knowledges: The Science Question in Feminism and the Privilege of Partial Perspective", Reprinted in her *Simians, Cyborgs, and Women: The Reinvention of Nature*, New York: Routledge, 1991.

_____, *The Companion Species Manifesto: Dogs, People, and Significant Otherness*, Chicago: Prickly Paradigm, 2003.

_____, *The Haraway Reader*, New York: Routledge, 2004.

Harding, Sandra, *Science and Social Inequality: Feminist and Postcolonial Issues*, Urbana: University of Illinois Press, 2006.

_____, *Whose Science? Whose Knowledge? Thinking from Women's Lives*, Ithaca, N.Y.: Cornell University Press, 1991.

Harris, Eddy L., *Mississippi Solo: A River Quest*, New York: Holt, 1998.

Hartman, Stephanie, "All Systems Go: Muriel Rukeyser's The Book of the Dead and the Reinvention of Modernist Poetics", eds. Anne F. Herzog and Janet E. Kaufman, *How Shall We Tell Each Other of the Poet? The Life and Writing of Muriel Rukeyser*, New York: Macmillan, 1999, pp.209~223.

Hausman, Bernice, "Virtual Sex, Real Gender: Body and Identity in Trans-
gender Discourse", eds. Mary Ann O'Farrell and Lynne Vallone, *Virtual
Gender; Fantasies of Subjectivity and Embodiment*, Ann Arbor:
University of Michigan Press, 2006, pp.190~216.

Hausteiner, Constanze, et al., "Psychiatric Morbidity and Low Self-
Attentiveness in Patients with Environmental Illness", *Journal of
Nervous and Mental Disease*, vol.191, no.1, January 2003, pp.50~55.

Hayles, N. Katherine, "Constrained Constructivism: Locating Scientific
Inquiry in the Theater of Representation", ed. George Levine, *Realism
and Representation: Essays on the Problem of Realism in Relation to
Science, Literature, and Culture*, Madison: University of Wisconsin
Press, 1993, pp.27~43.

_____, *How We Became Posthuman: Virtual Bodies in Cybernetics,
Literature, and Informatics*, Chicago: University of Chicago Press, 1999.

Heavey, David, "The Enfreakment of Photography", ed. Lennard J. Davis,
Disability Studies Reader, New York: Routledge, 1997, pp.332~347.

Heise, Ursula K., *Sense of Place and Sense of Planet: The Environmental
Imagination of the Global*, New York: Oxford University Press, 2008.

_____, "Toxins, Drugs, and Global Systems: Risk and Narrative in the
Contemporary Novel", *American Literature*, vol.74, no.4, December
2002, pp.747~748.

Heuser, Gunnar, "Foreword", Rhonda Zwillinger, *The Dispossessed: Living
with Multiple Chemical Sensitivities*, Paulden, Ariz.: Dispossessed
Project, 1998.

Hileman, Bette, "Chemical Intolerance: Researchers Explore Relationships
between This Environmentally Induced Illness and Addiction",

Chemical and Engineering News, vol.83, no.41, October 10, 2005, pp.24~29.

Hird, Myra J., "Naturally Queer", *Feminist Theory*, vol.5, no.1, 2004, pp.85~89.

Hochman, Jhan, *Green Cultural Studies: Nature in Film, Novel, and Theory*, Moscow: University of Idaho Press, 1998.

Hofrichter, Richard, ed., *Reclaiming the Environmental Debate: The Politics of Health in a Toxic Culture*, Cambridge, Mass.: MIT Press, 2000.

_____, *Toxic Struggles: The Theory and Practice of Environmental Justice*, Salt Lake City: University of Utah Press, 2002.

Howard, J., "Environmental 'Nasty Surprise' as a Window on Precautionary Thinking", *Technology and Society Magazine* (IEEE), vol.21, no.4, 2003, pp.19~22.

Human Genome Project, http://www.ornl.gov/sci/techresources/Human_Genome/pubJicat/tko/03_introducing.html (accessed: 2008.7.).

Hunting, Eric, "Shelter: Documenting a Personal Quest for Nontoxic Housing", http://radio.weblogs.com/0119080/stories/2003/01/31/introduction.html (accessed: 2005.5.26.).

Irigaray, Luce, *This Sex Which Is Not One*, trans. Catherine Porter, Ithaca, N.Y.: Cornell University Press, 1985.

Ishiyama, Noriko, "Environmental Justice and American Indian Tribal Sovereignty: Case Study of a Land-Use Conflict in Skull Valley, Utah", *Antipode*, vol.35, no.1, 2003, pp.119~139.

Johnson, Alison, ed., *Casualties of Progress: Personal Histories from the Chemically Sensitive*, Brunswick, Maine: MCS Information Exchange, 2000.

Kadlec, David, "X-Ray Testimonials in Muriel Rukeyser", *Modernism/Modernity*, vol.5, no.1, 1998, pp.23~47.

Kalaidjian, Walter, *American Culture between the Wars: Revisionary Modernism and Postmodern Critique*, New York: Columbia University Press, 1993.

Kanner, Allan, Ryan Casey and Barrett Ristroph, "New Opportunities for Native American Tribes to Pursue Environmental and Natural Resource Claims", *Duke Environmental Law and Policy Forum*, vol.14, no.1, 2003, pp.155~183.

Keller, Evelyn Fox, *The Century of the Gene*, Cambridge, Mass.: Harvard University Press, 2002.

_____, *Refiguring Life: Metaphors of Twentieth-Century Biology*, New York: Columbia University Press, 1995.

Kidner, David W., "Fabricating Nature: A Critique of the Social Construction of Nature", *Environmental Ethics*, vol.22, no, 4, Winter 2000, pp.339~357.

Kingston, Maxine Hong, *The Woman Warrior: Memoirs of a Girlhood among Ghosts*, New York: Vintage, 1989.

Kirby, Vicki, *Telling Flesh: The Substance of the Corporeal*, New York: Routledge, 1997.

Knopf-Newman, Marcy Jane, *Beyond Slash, Burn, and Poison: Transforming Breast Cancer Stories into Action*, New Brunswick, N. J.: Rutgers University Press, 2004.

Konchar Farr, Cecilia, "American Ecobiography", ed. Patrick D. Murphy, *Literature of Nature: An International Sourcebook*, Chicago: Fitzroy Dearborn, 1998, pp.94~97.

Kroll-Smith, Steve, Phil Brown and Valerie J. Gunter, "Knowledge, Citizens, and Organizations: An Overview of Environments, Diseases, and Social Conflict", eds. Steve Kroll-Smith, Phil Brown, and Valerie J. Gunter, *Illness and the Environment: A Reader in Contested Medicine*, New York: NYU Press, 2000, pp.9~25.

Kroll-Smith, Steve, and H. Hugh Floyd, *Bodies in Protest: Environmental Illness and the Struggle over Medical Knowledge*, New York: NYU Press, 1997.

Latour, Bruno, *Pandora's Hope: Essays on the Reality of Science Studies*, Cambridge, Mass.: Harvard University Press, 1999.

_____, *Politics of Nature: How to Bring the Sciences into Democracy*, trans. Catherine Porter, Cambridge, Mass.: Harvard University Press, 2004.

_____, *We Have Never Been Modern*, trans. Catherine Porter, Cambridge, Mass.: Harvard University Press, 1993.

_____, "Why Has Critique Run Out of Steam? From Matters of Fact to Matters of Concern", *Critical Inquiry*, vol.30, Winter 2004, pp.225~248.

Lawrence, Candida, *Fear Itself: A Memoir*, Denver, Colo.: Unbridled, 2004.

Lawson, Lynn, "Notes from a Human Canary", eds. Steve Kroll-Smith, Phil Brown, and Valerie J. Gunter, *Illness and the Environment: A Reader in Contested Medicine*, New York: NYU Press, 2000, pp.333~341.

Le Sueur, Meridel, "American Bus", *Harvest and Song for My Time*.

_____, "Annunciation", *Salute to Spring*.

_____, "Autumnal Village", *Harvest and Song for My Time*.

_____, "Corn Village", *Salute to Spring*.

_____, *Crusaders: The Radical Legacy of Marian and Arthur Le Sueur*, St. Paul: Minnesota Historical Society Press, 1984.

_____, "The Dark of the Time", *Harvest and Song for My Time*.

_____, "Eroded Woman", *Harvest and Song for My Time*.

_____, "Evening in a Lumber Town", *New Masses*, July 1926, pp.22~23.

_____, "The Fetish of Being Outside", *New Masses*, February 26, 1935, pp.22~23.

_____, "The Girl", *Salute to Spring*.

_____, "Harvest", *Harvest and Song for My Time*.

_____, *Harvest and Song for My Time*, Minneapolis: West End, and MEP, 1977.

_____, *I Hear Men Talking: Stories of the Early Decades*, ed. Linda Ray Pratt, Minneapolis, Minn.: West End, 1984.

_____, "Iron Country", *Masses and Mainstream*, vol.2, no.3, March 1949, pp.53~60.

_____, "Memorial", *Ripening*.

_____, "Nests", *Poetry*, vol.24, no.2, May 1924, pp.80~81.

_____, "No Wine in His Cart", *Salute to Spring*.

_____, *Ripening: Selected Work, 1927-1980*, ed. Elaine Hedges, Old Westbury, N.Y.: Feminist Press, 1982.

_____, *Salute to Spring*, New York: International, 1940.

_____, "Spring Story", *Scribner's Magazine*, vol.89, May 1931, pp.553~562.

_____, "The Origins of Corn", Excerpted in *New America* vol.2, no.3, 1976, pp.20~23.

_____, "To Hell with You, Mr. Blue!", *Harvest and Song for My Time*.

_____, "We'll Make Your Bed", *Harvest and Song for My Time*.

_____, "Women Know a Lot of Things", *Ripening*.

Lewontin, Richard, and Richard Levins, *Biology under the Influence:*

Dialectical Essays on Ecology, Agriculture, and Health, New York: Monthly Review Press, 2007.

Libby, Brooke, "Nature Writing as Refuge: Autobiography in the Natural World", eds. John Tallmadge and Henry Harrington, *Reading under the Sign of Nature: New Essays in Ecocriticism*, Salt Lake City: University of Utah Press, 2000.

Light, Andrew, and Holmes Rolston III, "Introduction: Ethics and Environmental Ethics", eds. Andrew Light and Holmes Rolston III, *Environmental Ethics: An Anthology*, Malden, Mass.: Blackwell, 2003, pp.1~11.

Linton, Simi, "What Is Disability Studies?", *PMLA*, vol.120, no.2, March 2005, pp.518~522.

Lorde, Audre, *The Cancer Journals*, San Francisco: Aunt Lute, 1980.

Lowney, John, *History, Memory, and the American Left: Modern American Poetry, 1935-1968*, Iowa City: University of Iowa Press, 2006.

Luke, Timothy W., "Rethinking Technoscience in Risk Society: Toxicity as Textuality", ed. Richard Hofrichter, *Reclaiming the Environmental Debate: The Politics of Health in a Toxic Culture*, Cambridge, Mass.: MIT Press, 2000, pp.239~254.

Lynas, Mark, *High Tide: The Truth about Our Climate Crisis*, New York: Picador, 2004.

Lynch, Lisa, "Not a Virus, but an Upgrade: The Ethics of Epidemic Evolution in Greg Bear's Darwin's Radio", *Literature and Medicine*, vol.20, no.1, Spring 2001, pp.71~93.

Margulis, Lynn, "Gaia Is a Tough Bitch", ed. John Brockman, *The Third Culture: Beyond the Scientific Revolution*, New York: Touchstone, 1995, pp.129~151.

Martineau, Daniel et al., "Cancer in Wildlife, a Case Study: Beluga from the St. Lawrence Estuary, Québec, Canada", *Environmental Health Perspectives*, vol. 110, no. 3, March 2002, pp. 285~292.

Massumi, Brian, *Parables for the Virtual: Movement, Affect, Sensation*, Durham, N.C.: Duke University Press, 2002.

Masumoto, David, *Harvest Son*, New York: Norton, 1999.

McAloose, Denise, and Alisa L. Newton, "Wildlife Cancer: A Conservation Perspective", *Nature Reviews: Cancer*, vol. 9, no. 7, July 2009, pp. 517~526.

McCormick, Gail, *Living with Multiple Chemical Sensitivity: Narratives of Coping*, Jefferson, N.C.: McFarland, 2001.

McKeown-Eyssen, Gail, et al., "Case-Control Study of Genotypes in Multiple Chemical Sensitivity: CYP_2D_6, NAT_1, NAT_2, PON_1, PON_2 and MTHFR", *International Journal of Epidemiology*, vol. 33, 2004, pp. 971~978.

McKone, Thomas, *Berkeley Center for Environmental Public Health Tracking*, http://ehtracking.berkeley.edu/projects/assess.htm (accessed: 2008.9.1.).

McRuer, Robert, *Crip Theory: Cultural Signs of Queerness and Disability*, New York: NYU Press, 2006.

McWhorter, Ladelle, *Bodies and Pleasures: Foucault and the Politics of Sexual Normalization*, Bloomington: Indiana University Press, 1999.

Merchant, Carolyn, *The Death of Nature: Women, Ecology and the Scientific Revolution*, New York: Harper and Row, 1980.

Mortimer-Sandilands, Catriona, and Bruce Erickson eds., *Queer Ecologies: Sex, Nature, Biopolitics and Desire*, Bloomington: Indiana University Press, 2010.

Moss, Pamela, "Autobiographical Notes on Chronic Illness", eds. Ruth Butler and Hester Parr, *Mind and Body Spaces: Geographies of Illness, Impairment, and Disability*, London: Routledge, 1999, pp.155~166.

Moss, Pamela, and Isabel van Dyck, "Inquiry into Environment and Body: Women, Work, and Chronic Illness", *Environment and Planning: Society and Space*, vol.14, 1996, pp.737~753.

Murphy, Michelle, "The 'Elsewhere within Here' and Environmental Illness; or, How to Build Yourself a Body in a Safe Space", *Configurations*, vol.8, 2000, pp.87~120.

Nash, Linda, *Inescapable Ecologies: A History of Environment, Disease, and Knowledge*, Berkeley: University of California Press, 2006.

National Association for the Advancement of Colored People, http://www.naacp.org/legal/expertise (accessed: 2008.9.6.).

National Institute of Environmental Health Sciences, http://www.niehs.nih.gov/external/faq/mcss.html (accessed: 2005.9.).

Navajo Uranium Miner Oral History and Photography Project, *Memories Come to Us in the Rain and the Wind: Oral Histories and Photographs of Navajo Uranium Miners and Their Families*, Jamaica Plain, Mass.: Red Sun, 1997.

Nelson, Cary, *Repression and Recovery: Modern American Poetry and the Politics of Cultural Memory, 1910-1945*, Madison: University of Wisconsin Press, 1989.

_____, *Revolutionary Memory: Recovering the Poetry of the American Left*, New York: Routledge, 2003.

Nelson, Eric, "The MCS Debate: A Medical Streetfight", *Free Press*, vol.8, February-March 1994, http://www.washingtonfreepress.org/08/

Boeing4.html (accessed: 2005.5.).

Neumann, Shirley, "'An Appearance Walking in a Forest the Sexes Burn':
Autobiography and the Construction of the Feminine Body", eds.
Kathleen Ashley, Leigh Gilmore, and Gerald Peters, *Autobiography
and Postmodernism*, Amherst: University of Massachusetts Press, 1994,
pp.293~315.

Noble, Charles, "Work: The Most Dangerous Environment", ed. Richard
Hofrichter, *Toxic Struggles: The Theory and Practice of Environmental
Justice*, Salt Lake City: University of Utah Press, 2002.

Olsen, Tillie, *Yonnondio: From the Thirties*, New York: Dell, 1974.

Ortiz, Simon J., *Woven Stone*, Tucson: University of Arizona Press, 1992.

Oyama, Susan, *The Ontogeny of Information: Developmental Systems and
Evolution*, Durham, N.C.: Duke University Press, 2000.

Pall, Martin L., "NMDA Sensitization and Stimulation by Peroxynitrite, Nitric
Oxide, and Organic Solvents as the Mechanism of Chemical Sensitivity
in Multiple Chemical Sensitivity", *FASEB Journal*, vol.16, 2002,
pp.1407~1417.

Pellow, David Naguib, and Robert J. Brulle eds. *Power, Justice, and the
Environment: A Critical Appraisal of the Environmental Justice
Movement*, Cambridge, Mass.: MIT Press, 2005.

Pickering, Andrew, *The Mangle of Practice: Time, Agency, and Science*,
Chicago: University of Chicago Press, 1995.

Platt, Kamala, "Ecocritical Chicana Literature: Ana Castillo's 'Virtual Realism'",
ISLE: Interdisciplinary Studies in Literature and Environment, vol.3,
no.1, Summer 1996, pp.67~96.

Plumwood, Val, *Feminism and the Mastery of Nature*, New York: Routledge,

1993.

Pratt, Linda Ray, "Afterword", Meridel Le Sueur, *I Hear Men Talking and Other Stories*, Minneapolis, Minn.: West End, 1984.

Proctor, Robert N., *Cancer Wars: How Politics Shapes What We Know and Don't Know about Cancer*, New York: Basic, 1995.

Rabinowitz, Paula, *Labor & Desire: Women's Revolutionary Fiction in Depression America*, Chapel Hill: University of North Carolina Press, 1991.

———, *They Must Be Represented: The Politics of Documentary*, London: Verso, 1994.

Radetsky, Peter, *Allergic to the Twentieth Century: The Explosion in Environmental Allergies-From Sick Buildings to Multiple Chemical Sensitivity*, Boston: Little, Brown, 1997.

Raglon, Rebecca, and Marian Scholtmeijer, "Heading Off the Trail: Language, Literature, and Nature's Resistance to Narrative", eds. Karla Armbruster and Kathleen Wallace, *Beyond Nature Writing: Expanding the Boundaries of Ecocriticism*, Charlottesville: University of Virginia Press, 2001.

Rampton, Sheldon, and John Stauber, *Trust Us, We're Experts! How Industry Manipulates Science and Gambles with Your Future*, New York: Tarcher, 2001.

Randolph, Theron G., *Human Ecology and Susceptibility to the Chemical Environment*, Springfield, Ill.: Thomas, 1962.

Ray, Janisse, *Ecology of a Cracker Childhood*, Minneapolis, Minn.: Milkweed, 2000.

Rea, William, *Chemical Sensitivity*, vol. 1, Boca Raton, Fla.: Lewis, 1992.

Reed, Floyd A., "Are Humans Still Evolving?", *Encyclopedia of Life Sciences*,

Hoboken, N. J.: Wiley, 2008, pp.1~6.

Reid, Roddey, "UnSafe at Any Distance: Todd Haynes' Visual Culture of Health and Risk", *Film Quarterly*, vol.51, no.3, 1998, pp.32~44.

"Resolution of the Navajo Nation Council", 20th Navajo Nation Council, 2005 www.sric.org/uranium/DNRPA.pdf (accessed: 2008.12.1.).

Ridley, Matt, *Genome: The Autobiography of a Species in 23 Chapters*, New York: Perennial, 1999.

Roemer, Kenneth M., "A 'Touching Man' Brings Aacqu Close", *Studies in American Indian Literatures*, vol.16, no.4, Winter 2004, pp.69~78.

Rogers, Sherry, *Detoxify or Die*, Sarasota, Fla.: Sand Key, 2002.

Rolfe, John, "Asbestos", 1928, ed. Cary Nelson, *Anthology of Modern American Poetry*, Oxford: Oxford University Press, 2000.

Rose, Nikolas, *The Politics of Life Itself: Biomedicine, Power, and Subjectivity in the Twenty-First Century*, Princeton, N.J.: Princeton University Press, 2007.

Rosner, David, and Gerald Markowitz, *Deadly Dust: Silicosis and the On-Going Struggle to Protect Workers' Health*, Ann Arbor: University of Michigan Press, 2006.

Rossini, Manuela, "Figurations of Post/Humanity in Contemporary Science/Fiction: All Too Human(ist)?", *Revista Canaria de Estudios Ingleses*, vol.50, 2005, pp.21~35.

Rukeyser, Muriel, *The Book of the Dead*, eds. Janet E. Kaufman and Anne F. Herzog, with Jan Heller Levi, *The Collected Poems of Muriel Rukeyser*, Pittsburgh, Pa.: University of Pittsburgh Press, 2005.

_____, *The Life of Poetry*, Ashfield, Mass.: Paris Press, 1996.

_____, Radio interview with Sam Sillen, Tim Dayton, *Muriel Rukeyser's "The*

Book of the Dead", Columbia: University of Missouri Press, 2003.

Safe (movie), directed by Todd Haynes, DVD liner, Chemical Films Limited Partnership, 1995.

Sagan, Dorian, and Lynn Margulis, *Acquiring Genomes: A Theory of the Origin of Species*, New York: Basic Books, 2002.

Sandilands, Catriona, *The Good-Natured Feminist: Ecofeminism and the Quest for Democracy*, Minneapolis: University of Minnesota Press, 1999.

Science and Environmental Health Network, http://www.sehn.org/ecomedicine.html (accessed: 2007.8.8.).

Scigaj, Leonard, "Ecology, Egyptology, and Dialectics in Muriel Rukeyser's The Book of the Dead", *Mosaic*, vol. 38, no. 3, September 2005, n. p.

Scorecard: The Pollution Information Site, http://www.scorecard.org (accessed: 2008.7.).

Scott, Charles E., *The Lives of Things*, Bloomington: Indiana University Press, 2002.

Scott, Joan, "Experience", eds. Judith Butler and Joan W. Scott, *Feminists Theorize the Political*, New York: Routledge, 1992, pp. 22~40.

Seager, Joni, "Rachel Carson Died of Breast Cancer: The Coming Age of Feminist Environmentalism", *Signs*, vol. 28, no. 3, 2003, pp. 945~972.

Sellers, Christopher, "Factory as Environment: Industrial Hygiene, Professional Collaboration and the Modern Sciences of Pollution", *Environmental History Review*, vol. 18, no. 1, Spring 1994, pp. 55~83.

_____, *Hazards of the Job: From Industrial Disease to Environmental Health Science*, Chapel Hill: University of North Carolina Press, 1997.

_____, "Thoreau's Body: Toward an Embodied Environmental History", *Environmental History*, vol. 4, no. 1, January 1999, pp. 486~514.

Shiva, Vandana, *Biopiracy: The Plunder of Nature and Knowledge*, Cambridge, Mass.: South End, 1997.

_____, *Monocultures of the Mind: Perspectives on Biodiversity and Biotechnology*, London: Zed, 1993.

Shostak, Sara, "Environmental Justice and Genomics: Acting on the Futures of Environmental Health", *Science as Culture*, vol.13, no.4, December 2004, pp.540~562.

_____, "Locating Gene-Environment Interaction: At the Intersection of Genetics and Public Health", *Social Science and Medicine*, vol.56, 2003, pp.2327~2342.

Shrader-Frechette, Kristin, *Environmental Justice: Creating Equality, Reclaiming Democracy*, Oxford: Oxford University Press, 2002.

Shreve, James, "Craig Venter's Epic Voyage to Redefine the Origin of Species", *Wired*, August 2004, pp.106~113, 146.

Siebers, Tobin, "Disability in Theory: From Social Constructionism to the New Realism of the Body", *American Literary History*, vol.13, no.4, Winter 2001, pp.737~754.

Slicer, Deborah, "Toward an Ecofeminist Standpoint Theory", eds. Greta Gaard and Patrick D. Murphy, *Ecofeminist Literary Criticism: Theory, Interpretation, Pedagogy*, Urbana: University of Illinois Press, 1998.

Slonczewski, Joan, *A Door into Ocean*, New York: Doherty Associates, 1986.

_____, *The Children Star*, New York: Doherty Associates, 1998.

Smedley, Agnes, *Daughter of Earth*, Old Westbury, N.Y.: Feminist Press, 1987.

Sontag, Susan, *Illness as Metaphor and AIDS and Its Metaphors*, 1977, Rpt., Garden City, N.Y.: Doubleday, 1988.

＿＿＿, *Regarding the Pain of Others*, New York: Farrar, Straus and Giroux, 2003.

Sorg, Barbara A., "Multiple Chemical Sensitivity: Potential Role for Neural Sensitization", *Critical Reviews in Neurobiology*, vol.13, no.3, 1999, pp.283~316.

Spanier, Bonnie B., *Impartial Science: Gender Ideology in Molecular Biology*, Bloomington: Indiana University Press, 1995.

Squier, Susan Merrill, *Liminal Lives: Imagining the Human at the Frontiers of Biomedicine*, Durham, N.C.: Duke University Press, 2004.

Stauber, John C., and Sheldon Rampton, *Toxic Sludge Is Good for You: Lies, Damn Lies, and the Public Relations Industry*, Monroe: Common Courage Press, 1995. New York: Putnam, 2001.

Stein, Rachel, ed., *New Perspectives on Environmental Justice: Gender, Sexuality, and Activism*, New Brunswick, N.J.: Rutgers University Press, 2004.

Steinberg, Ted, "Down to Earth: Nature, Agency, and Power in History", *American Historical Review*, vol.107, no.3, June 2002, http://continuuum.uta.edu;2190/journals/ahr/107.3/ah0302000798.

＿＿＿, *Down to Earth: Nature's Role in American History*, New York: Oxford University Press, 2002.

Steingraber, Sandra, *Having Faith: An Ecologist's Journey to Motherhood*, New York: Berkeley Trade, 2001.

＿＿＿, *Living Downstream: A Scientist's Personal Investigation of Cancer and the Environment*, New York: Vintage, 1998.

Strubbe Wittenberg, Janice, *The Rebellious Body: Reclaim Your Life from Environmental Illness or Chronic Fatigue Syndrome*, New York:

Insight, 1996.

Sullivan, Shannon, *Living across and through Skins: Transactional Bodies, Pragmatism, and Feminism*, Bloomington: Indiana University Press, 2001.

_____, "Pragmatist Feminism as Ecological Ontology: Reflections on Living across and through Skins", *Hypatia*, vol.17, no.4, Fall 2002, pp.201~217.

Supersize Me (movie), directed by Morgan Spurlock, Samuel Goldwyn Films, Roadside Attractions, 2004.

Susan G. Komen for the Cure, www.komen.org (accessed: 2009.6.18.).

Swander, Mary, *Out of This World: A Journey of Healing*, Iowa City: University of Iowa Press, 2008.

Thurston, Michael, *Making Something Happen: American Political Poetry between the World Wars*, Chapel Hill: University of North Carolina Press, 2001.

"Toxics and Health", Physicians for Social Responsibility, http://www.psr.org/site/PageServer?pagename=Toxics_main (accessed: 2008.9.1.).

"Trade Secrets", Candide Media Works for Washington Media Associates and Public Affairs Television, http://www.pbs.org/tradesecrets (accessed: 2008).

Trent, Lucia, "Breed, Women, Breed", 1929, ed. Cary Nelson, *Anthology of Modern American Poetry*, Oxford: Oxford University Press, 2000.

Tuana, Nancy, "Fleshing Gender, Sexing the Body: Refiguring the Sex/Gender Distinction", *Southern Journal of Philosophy*, vol.35, suppl., 1996, pp.53~71.

_____, "Material Locations: An Interactionist Alternative to Realism/Social Constructivism", eds. Nancy Tuana and Sandra Morgen, *Engendering*

Rationalities, Albany: State University of New York Press, 2001, pp.221~243.

_____, "Viscous Porosity", eds. Stacy Alaimo and Susan J. Hekman, *Material Feminisms*, Bloomington: Indiana University Press, 2007, pp.188~213.

Van Dijck, José, *The Transparent Body: A Cultural Analysis of Medical Imaging*, Seattle: University of Washington Press, 2005.

Van Wyck, Peter C., *Signs of Danger: Waste, Trauma, and Nuclear Threat*, Minneapolis: University of Minnesota Press, 2004.

Vint, Sherryl, *Bodies of Tomorrow: Technology, Subjectivity, Science Fiction*, Toronto: University of Toronto Press, 2007.

Wadley, Jared, "Detroit Mothers Reveal Environmental Abuses through Photography", University Record Online (University of Michigan), http://www.ur.umich.edu/0607/Jun25_07/13.shtml (accessed: 2008.9.15.).

Ward, Chip, *Canaries on the Rim: Living Downwind in the West*, New York: Verso, 1999.

Warner, Michael, "Introduction: Fear of a Queer Planet", *Social Text*, vol.9, no.4, 1991, pp.3~17.

WebMD, http://my.webmd.com/hw/allergies/zp3200.asp (accessed: 2004.7.8.).

Wechsler, Shoshana, "A Ma(t)ter of Fact and Vision: The Objectivity Question in Muriel Rukeyser's The Book of the Dead", *Twentieth Century Literature*, vol.45, no.2, Summer 1999, pp.121~137.

White, Eric, "'Once They Were Men, Now They're Land Crabs': Monstrous Becomings in Evolutionist Cinema", eds. Judith Halberstam and Ira Livingston, *Posthuman Bodies*, Bloomington: Indiana University Press,

1995, pp.244~266.

Williams, Joy, *Ill Nature*, New York: Vintage, 2002.

Wilson, Elizabeth, *Neural Geographies: Feminism and the Microstructure of Cognition*, New York: Routledge, 1998.

_____, *Psychosomatic: Feminism and the Neurological Body*, Durham, N.C.: Duke University Press, 2004.

_____, "Somatic Compliance-Feminism, Biology, and Science", *Australian Feminist Studies*, vol.14, no.29, April 1999, pp.7~19.

Winder, Chris, "Mechanisms of Multiple Chemical Sensitivity", *Toxicology Letters*, vol.128, nos.1~3, March 10, 2002, pp.85~97.

Wing, Steve, "Environmental Justice, Science, and Public Health", *Environmental Health Perspectives*, 2005, http://www.ehponline.org/docs/2005/7900/7900.html (accessed: 2008.12.1.).

_____, "Objectivity and Ethics in Environmental Health Science", *Environmental Health Perspectives*, vol.111, no.4, November 2003, pp.1809~1818.

Wolfe, Cary, *Animal Rites: American Culture, the Discourse of Species, and Posthumanist Theory*, Chicago: University of Chicago Press, 2003.

Wolosky, Shira, "Medical-Industrial Discourses: Muriel Rukeyser's The Book of the Dead", *Literature and Medicine*, vol.25, vol.1, Spring 2006, pp.156~171.

World Health Organization, "Environmental Health", http://www.who.int/topics/environmental_health/en (accessed: 2010.1.23.).

Wright, Beverly Hendrix, and Robert D. Bullard, "The Effects of Occupational Injury, Illness, and Disease on the Health Status of Black Americans: A Review", ed. Richard Hofrichter, *Toxic Struggles: The Theory and*

Practice of Environmental Justice, Salt Lake City: University of Utah Press, 2002.

Zwillinger, Rhonda, *The Dispossessed: Living with Multiple Chemical Sensitivities*, Paulden, Ariz.: Dispossessed Project, 1998.

_____, Telephone conversation, July 2009.

찾아보기